L'ANNÉE OÙ LE MONDE A TREMBLÉ

1947

Dominique Desanti

L'ANNÉE OÙ LE MONDE A TREMBLÉ 1947

AM

Albin Michel

Collection « H comme Histoire »
dirigée par Philippe Bourdrel

22 rue Huyghens, 75014 Paris

ISBN 2-226-00315-0

A la mémoire de George Henein
poète d'Égypte, de France
et de partout.

Sommaire

Je tiens à remercier ici, tout spécialement, Georgette Elgey, l'historienne de la *République des Illusions* et de la IVe République dans son ensemble qui m'a, avec une généreuse amitié, ouvert ses très riches archives. Je remercie de même – et pour les mêmes raisons – Annie Kriegel, écrivain et professeur d'Histoire, ainsi que les historiens qui ont facilité et aidé mon travail aux États-Unis. Tout spécialement Mark Poster, professeur à l'université de Californie (Irvine) et Robert Potter.

Je remercie également ceux qui ont bien voulu m'apporter leurs souvenirs et leurs documents. Leur nom figure dans le livre, sauf quand ils m'ont demandé l'anonymat (ce qui est le cas, par exemple, des militants communistes et des habitants des pays de l'Est européen).

L'histoire contemporaine ne prenant vie que par les témoignages qui montrent la répercussion des documents sur le vécu, ce livre, sans eux, aurait manqué de chair et de sang. Comment prétendre traiter les époques que l'on a traversées avec la neutralité, au moins présumée, de ceux qui ressuscitent un passé sans survivants? La passion de l'historien reste, qu'il l'avoue ou non, plus vive quand il touche le temps et le pays qu'il a lui-même aimés, haïs, découverts et soufferts...

PREMIÈRE PARTIE

L'hiver du grand tournant

1.

La désalliance.

De Gaulle, beaucoup plus tard, a baptisé 1947 l' « année terrible ». L'épithète hugolienne s'y applique, en effet. Il suffit de rappeler les étapes-clés de ces douze mois pour savoir qu'ils pèsent encore sur nous.

Plan Marshall d'un côté; début du Kominform de l'autre : le monde s'est, officiellement, scindé en deux. La France, l'Italie, la Belgique rejettent hors de leurs gouvernements les ministres communistes : vingt-neuf ans plus tard, ils n'y sont pas revenus. En Europe de l'Est, les communistes rejettent des gouvernements les autres partis importants; la situation n'a guère changé.

Ces grands moments d'histoire internationale, on s'en souvient. Mais pour le reste, la mémoire est prolixe... et fausse; je l'ai expérimenté sur la mienne.

Les historiens n'aiment pas l'histoire contemporaine, sans doute parce qu'on ne peut pas, à son propos, citer d'autres... historiens. Il faut aller à la source. C'est-à-dire : les documents officiels; la presse qui, en recoupant les journaux de tendances opposées donne une tonalité d'ensemble; les souvenirs écrits, également recoupés. Enfin les témoignages. Les professeurs soupirent : « Les témoins sont subjectifs. » Mais eux, pour reconstituer la Grèce antique ou les Croisades sont bien obligés d'écrire avec leur propre, et donc moderne, sensibilité. Il faut accepter d'être, pour l'histoire contemporaine, un témoin, un figurant. Et donner la parole au plus de figurants possible.

Les nouveau-nés de 1947 ont aujourd'hui des enfants qui commencent à poser des questions.

Pour répondre il faut retrouver – ce n'est pas facile – l'état d'esprit d'alors.

Pas de télévision : elle en est au stade expérimental. Pas de fusées interplanétaires. On commence à se passionner pour des romans de science-fiction américains qui les imaginent. Le voyage dans la Lune? Il demeurait un rêve pour descendants de Cyrano de Bergerac. Les commodités ménagères? Lave-linge, lave-vaisselle? On en avait entendu parler : c'était un projet d'avenir. Même le moulin à café électrique représentait un luxe. La salle de bains était encore un signe de « confort moderne »; à Paris une bonne partie des appartements n'en comportaient pas.

Les mœurs? Aujourd'hui, l'acte sexuel « complet » s'étale sur les écrans; un quart ou un cinquième des films ont la violence pour thème central. Comment imaginer le choc des spectateurs de l'Athénée? Ce théâtre très bourgeois, dirigé par Louis Jouvet, le plus célèbre des acteurs et metteurs en scène, a monté *Les Bonnes* de Jean Genêt, ancien prisonnier de droit commun. Cet érotisme implicite, cette cruauté raffinée ont paru des attentats, moins à la pudeur qu'au confort moral.

Des sujets aujourd'hui un peu « usés » : l'égalité des femmes, la liberté ou l'éducation sexuelle, la régulation des naissances, l'avortement, la mise en question du mariage comme institution, demeuraient « tabous ». En parler témoignait qu'on vivait dans un milieu dit « avancé ».

L'écart entre Paris et le reste de la France n'était aboli ni par la télévision, ni par la rapidité des transports (avions ou trains express, autoroutes), ni par la multiplication des boutiques, ni par les maisons de la culture. Aujourd'hui la régionalisation, si elle n'est pas accomplie administrativement, est faite dans les esprits; elle était à peine en germe en 1947. L'esprit régionaliste, en ce temps, c'était du folklore.

En 47, la province était sortie des fièvres apportées par les Parisiens repliés pendant l'occupation. Ceux-ci reviennent rarement au lieu de leur exil : la cohabitation n'avait pas fini en fusion. Les émigrés de l'intérieur avaient jugé les paysans durs et les habitants des autres villes hostiles. Les non-Parisiens trouvaient les réfugiés prétentieux, hautains, incompréhensifs, incompréhensibles, railleurs. Les provinciaux grognaient contre les restrictions; les Parisiens disaient qu'ils en souffraient davantage et s'efforçaient pourtant de faire en sorte que « Paris soit toujours Paris ».

La guerre terminée depuis deux ans, l'esprit de l'après-guerre, la dualité Libération-Collaboration allument encore les haines, les rancœurs, les accusations réciproques. C'est la première année où aux mots-clés d'épuration, de résistance, s'ajouta un motterreur : la « menace de guerre ». Celle d'une Troisième Guerre mondiale.

Les procès en trahison, en collaboration avec l'occupant ne sont pas encore tous jugés. Les règlements de compte ne sont pas terminés. Mais pour la première fois, en levant son verre de champagne – ou plus souvent de mousseux – le 31 décembre 1946, on trinquait à la paix, à l'intérieur comme à l'extérieur. Peut-être parce qu'on la sentait menacée. Les valeurs pesantes de l'héroïsme et de la trahison étaient rejetées. A peine revenus, déportés et prisonniers se sentaient oubliés. Les anciens combattants, ceux des champs de bataille comme ceux des clandestinités auront moins l' « esprit-du-feu », l' « esprit-Poilu » que ceux de 14-18. Peut-être parce que les combattants de la nuit n'ont pas, pour ranimer leur flamme, les officiers, ces professionnels de l'héroïque commémoration, qui avaient entretenu le souvenir de Verdun et du Chemin des Dames. D'ailleurs on fête encore l'armistice de 1918 le 11 novembre, mais celui de 1945, le 8 mai, n'est plus un jour chômé.

En 1947 n'allaient à New York ou à Los Angeles que les riches, les puissants ou les célèbres. On ne pouvait encore les surnommer « jet-set » : le jet, l'avion à réaction, ne volait pas encore. Se rendre à Moscou, à Varsovie, à Sofia, exigeait des mois de démarches. Aller en Orient, en Extrême-Orient, c'était rejoindre soit une guerre soit un poste. Du tourisme, il n'était encore guère question.

L'enseignement se donnait du haut de la chaire, les classes des écoles et collèges commençaient d'être surchargées. Le baccalauréat donnait encore du lustre dans la petite-bourgeoisie.

On entra, cette année-là, dans la guerre froide. Mais comment ceux qui à nouveau lisaient le mot « guerre » dans les journaux autrement qu'au passé auraient-ils pu savoir qu'elle ne les brûlerait pas? Il faudra dix ans de prospérité, et la découverte des « résidences secondaires » (car la maison de campagne existait depuis toujours, bien sûr, mais ne s'était encore ni transformée en mythe, en signe de réussite, ni démocratisée), pour que les Parisiens retournent aux champs.

Dans la vie de chaque jour, on n'a plus peur, mais on continue d'avoir froid. Manger reste la grande affaire, se chauffer demande des intrigues savantes du type : « Puisque vous partez en voyage pour deux mois, pourriez-vous me céder votre attribution de charbon? », et la négociation de commencer... La ration de pain – 250 grammes puis à la « soudure » 200 – n'excédait pas les attributions les plus basses de l'occupation. Boulangeries et boucheries seront bientôt fermées deux à trois jours par semaine. Dans les restaurants et cantines, comme à la maison, il y a les jours « avec » (viande, poisson, etc.) et les jours « sans ». Pourtant, la confiance revient : le louis d'or tombe de 4 000 F (son prix de 1946) à 2 800.

Ceux qui circulaient en voiture (la « traction avant » Citroën était reine, et les petites 5 CV d'avant-guerre n'étaient encore que rarement relayées par la fameuse « 4 CV Renault », mini-souveraine des années qui vont suivre) manquaient à la fois de bons d'essence, de bons de pneus... il fallait des « bons » pour tout. Les métaux non ferreux restaient rares et remplacer un robinet exigeait de difficiles recherches. Dans les rues encore très mal éclairées, des voix chuchotaient : bas de nylon? cigarettes américaines? café? Le plus souvent les marchands à la sauvette étaient jeunes; ils revendaient des surplus américains que les GI's leur avaient soit vendus, soit troqués... le marché noir et la prostitution gardaient leur étroite imbrication du temps de guerre.

Alors, bien sûr, la morale... Les moins de dix-huit ans, les quinze à dix-huit ans, les « J3 » (c'était une catégorie favorisée par le rationnement) écoutaient sans patience les leçons de morale. Leur enfance, leur adolescence s'étaient écoulées dans un pays où tout était défendu, illégal, passible d'amendes, d'arrestation... Danser? interdit; les « p'tits bals » étaient clandestins, dans des caves. Fumer? Les jeunes n'ayant pas d'attribution de tabac, toute cigarette constituait un flagrant délit... impuni, certes, mais c'était une simple tolérance. Autour d'eux, les adultes avaient vécu dans le mensonge. Celui, sordide mais souvent nécessaire, du marché noir. Celui, héroïque mais constant, de l'action clandestine. Puis à la Libération les valeurs s'étaient inversées. Les clandestins devenaient des héros. Ceux qui avaient choisi ou accepté trop joyeusement l'occupant, ceux qui avaient dénoncé, plastronné, gouverné, se trouvaient à leur tour traqués, emprisonnés... La faible proportion de jeunes qui avaient choisi ou pour qui l'on avait choisi la Résistance se sentaient soudain démobilisés, rejetés dans la grisaille. Et s'ils ne tremblaient plus; les grands élans exaltés, le Grand Jeu ne les haussaient plus au-dessus d'eux-mêmes : il fallait à nouveau préparer des examens, apprendre un métier, trouver du travail... sans constater, dans le quotidien, d'autres améliorations que morales.

Mais justement la morale, ils n'y croyaient plus. Pendant la guerre, on exaltait le courage, on promettait le changement. Pendant la guerre, l'argent n'osait pas s'étaler. Pendant la guerre, parlant des commerçants qui refusaient tout au prix normal mais trafiquaient de tout dans l'arrière-boutique, on disait : « Ils verront, à la Libération. » On voyait...

Ceux que l'on surnommait les « B.O.F » les « Beurre-Œufs-Fromage », les profiteurs de la pénurie (l'étiquette couvrait aussi les bouchers, les marchands de tissus ou de cuir, tout enfin), les nouveaux riches, les « parvenus » n'avaient plus à se contraindre. Leur luxe éclatait en manteaux de fourrures féminins (en pelisses masculines, bientôt, à partir de février, en coûteux vêtements new-look), en voitures archi-neuves. On les voyait entrer dans les restaurants où tout était libre et où tous les jours étaient « avec »... tout. Une sortie dans les boîtes de nuit à champagne valait un trimestre de salaire d'employé. On les voyait acheter – déjà – les coûteuses villas de la Côte d'Azur et les appartements parisiens à vue imprenable. La vieille bourgeoisie a vendu 30 % de ses biens immobiliers à la nouvelle. Depuis la Libération 300 000 sociétés commerciales ou industrielles nouvelles s'étaient inscrites au registre du commerce. Deux ans après la fin de la guerre, l'établissement des B.O.F dans la « café-society » parisienne se confirmait. « Café-society », mot américain, s'adaptait : ils n'étaient reçus en effet que dans les lieux publics ou ces moments publics que représentent galas de charité, œuvres (qui prenaient alors pour objet les prisonniers ou déportés revenus, les familles des victimes et les camps de « personnes déplacées » qui parsemaient l'Allemagne). Les B.O.F envoyaient leurs fils dans les écoles privées les mieux cotées.

Quant à la vie parisienne, à un quart de siècle de distance, notons qu'a survécu dans les livres et la mémoire ce qui était alors « minoritaire », et touchait peu la grande masse.

Le jour Un du règne Auriol

Le 16 janvier, exceptionnellement, le temps était au soleil frisquet, au ciel bien lavé...

Députés et sénateurs, qui devaient élire le président de la République française, déjeunaient – sans tickets mais avec une extrême sobriété – dans la galerie des Batailles, à Versailles.

Une ombre, jamais évoquée, frôlait les mémoires : celui qui était parti en janvier 1946. Ce monde politique, en grande partie resurgi de la IIIe République, incorporant avec peine les nouveaux venus de la Résistance, se passe avec soulagement du Libérateur encombrant et de son entourage. Mais l'absence même du général de Gaulle oblige les présents à resserrer leur cohésion... pour éviter qu'on ne le regrette dans l'électorat, dans la rue. Ils sont trois.

Le Mouvement Républicain Populaire (MRP) groupait la droite modérée (plus à droite commençait le PRL [1]). Les socialistes (la SFIO, Section Française de l'Internationale Ouvrière, que ce sigle rattache aux socialistes hors de France). Et les communistes, le PCF qui a rejeté depuis une génération son sigle internationaliste de SFIC [2]. Ce sont les trois groupes-clés du Parlement, obligés de s'entendre par la mathématique des assemblées. Les vieux routiers, communistes, socialistes, ou radicaux, le savent; les nouveaux venus l'apprennent vite et leurs chuchotements, leur fausse camaraderie en témoignent, entre les tableaux de cette galerie des Batailles.

A une dame grisonnante, souriante, vêtue avec une prudente élégance, un petit homme rond à grosses lunettes dit :

« Je vous l'assure, ce soir vous coucherez à l'Élysée... »

Elle sourit, rassurée. Jacques Duclos l'éloquent ne dit, en ces matières, que les choses utiles : ce n'est pas une phrase « pour dame », c'est un engagement politique. Les communistes se sont engagés à voter pour Vincent Auriol, président de l'Assemblée nationale depuis deux jours, candidat du parti socialiste SFIO. Ils auraient pu présenter leur candidat : soit le n° 1 du PCF, Maurice Thorez, revenu de Moscou depuis novembre 1944, soit leur doyen d'âge, Marcel Cachin. Mais, après d'assez laborieuses négociations secrètes, il fut entendu que les communistes voteraient pour le candidat socialiste, et que les socialistes soutiendraient Maurice Thorez dans sa candidature à la présidence du Conseil... En réalité, rien n'était acquis le matin même de l'élection.

Le groupe communiste, réuni au théâtre, à Versailles, a décidé de voter pour le candidat socialiste. C'est ce qu'annonce la phrase de Jacques Duclos, vice-président de l'Assemblée nationale, à sa voisine, Mme Vincent Auriol.

La fille de l'ouvrier verrier Aucouturier, militant socialiste, éprouve, à voir et entendre son voisin, un sentiment de grande familiarité... et peut-être le regret que la politique divise ainsi les militants. Michèle Aucouturier se nomme depuis ses vingt ans Mme Vincent Auriol : elle a douze ans de moins que son mari, juste la cinquantaine. Heureuse grand-mère, elle ne cache pas son âge.

Les Aucouturier faisaient partie de cette aristocratie ouvrière que constituent les militants. Chez eux le jeune Vincent Auriol, avocat, journaliste au *Midi socialiste* rencontrera le grand Jean Jaurès quelques mois avant son assassinat, en 1914. Auriol, fils du

1. Parti Républicain de la Liberté, groupement de droite d'orientation anti-communiste accentuée.

2. Section Française de l'Internationale Communiste.

boulanger de Revel, était le poulain de l'autre grand de la SFIO : Léon Blum, normalien et agrégé comme Jaurès, et pourtant son contraire. Le gouvernement Blum, sous le Front populaire, donnera le portefeuille des Finances à Vincent Auriol. Le Toulousain, qui avait l'envolée socialiste, déclara : « La Bourse? Je la ferme. Les banquiers? Je les enferme. » Le mot a fait fortune; il ne recouvrira jamais aucune réalité.

Ce 16 janvier 1947, la future « première dame de France » regarde son voisin en souriant. Oui, ce Pyrénéen de la région de Pau, dont la voix semblait un gave roulant sur ses cailloux, dont le petit corps rond, les bras courts, l'allure de pingouin ou de poisson-chat inspiraient les caricaturistes et qui en riait beaucoup, plaisait assez à Mme Auriol. Bien qu'en bonne socialiste SFIO elle ait été élevée dans la méfiance des frères ennemis depuis la scission de Tours en 1920...

Le premier magistrat de France

Vincent Auriol est une figure-clé du socialisme « ranplanplan » – comme disaient les Jeunesses socialistes qui, elles, en 47, bouillaient encore du feu de la Résistance et de la Libération.

Sa biographie est exemplaire de l'ascension à l'intérieur de la IIIe République. Comme celle de son symétrique – et aîné – radical socialiste Édouard Herriot – ou celle de son symétrique communiste Jacques Duclos. Moins populaire, moins prolétarien d'extraction toutefois qu'Herriot, fils de cuisinière, ou Duclos qui fut lui-même boulanger. Vincent Auriol, né en 1880 a eu, lui, droit aux études, qui furent refusées à Duclos. Borgne à six ans, mais pas moins bon élève pour cela. Étudiant mais n'ayant pas l'ambition – ou peut-être pas les moyens intellectuels – d'Édouard Herriot : au lieu de préparer une grande école, il se contente de devenir avocat, de fonder un journal. Déjà à l'ombre des grands hommes, il suit Jaurès.

Tout en Vincent Auriol est exemplaire de la patrie de Descartes, donc de la raison; il est un sage pour pièces de Jean Giraudoux, un idéal politique pour petits fonctionnaires. Le père spirituel de son âge mûr, c'est Léon Blum : le président de la République était relié par téléphone direct à la demeure de son maître à penser, à Jouy-en-Josas. Et c'est à « La Bourdette », près de Muret, chez les Auriol, que Blum trouve asile en 40. Auriol y restera, surveillé, jusqu'à son évasion pour Londres. De Gaulle avait pour lui une condescendante indulgence, le déclarant « raisonnable » au point qu'il se laissa convaincre par lui de ne pas parler à la radio en janvier 46, quand il quittera les « affaires ». Ce qui n'empêchera pas le Général de refuser d'accompagner le Président, le 18 juin 1947, sur la tombe du Soldat inconnu. Ce qui n'empêchera pas Pierre de Gaulle, le frère du Général, élu en novembre 47 à la présidence du Conseil municipal de Paris, de se dispenser de la visite à l'Élysée. Ce qui n'empêchera jamais de Gaulle de montrer sa hauteur et son mépris : il tolérera, en 48, que les gaullistes insinuent que Paul, le fils du Président, n'est pas insensible aux influences et que Vincent n'est pas sourd aux recommandations de son fils.

Ce fils de la Laïque savait tout des subtilités du vocabulaire politique : que « finesse » signifiait intrigue, que « compréhension » équivalait à compromis, que la « tolérance » impliquait que l'on sache se montrer indulgent au bon moment...

Son *Journal* est un étonnant mélange de crédulité, et notamment aux plus invraisemblables ragots policiers, de naïf attachement aux vertus traditionnelles, et d'acceptation des rumeurs internationales. Puis, soudain, éclate cette volonté de puissance si soigneusement dissimulée sous le sourire et la poignée de main.

Président de la République il est « en congé » de la SFIO, n'admet plus que ses camarades le tutoient – sauf s'il choisit de les tutoyer.

Envers les communistes son attitude résume celle du socialiste moyen de l'époque. Il admire et jalouse ce parti de savoir imposer une si stricte discipline, obtenir de si entiers dévouements. Mais quand ses camarades commencent, dès le début de 47, à chuchoter : « Ils ne sont pas à gauche, ils sont à l'Est », le Président n'est pas opposé à la formule; lui qui doit sa présidence aux voix du PCF. Et dès l'affaire indochinoise et malgache, dès que les députés communistes ont voté contre le gouvernement tandis que leurs ministres y demeuraient, il était résolu à mettre fin au tripartisme.

Si proches, Duclos et lui se détestaient depuis longtemps. Thorez? Il reconnaissait ses qualités de clarté, d'ordre, admirait l'éducation qu'il s'était donnée, mais le craignait. Quant aux autres... ils n'étaient pas vraiment pour lui des hommes politiques puisqu'ils se disaient – héritage déjà périmé de l'Internationale – des « révolutionnaires professionnels » et que pour lui la politique, ça se faisait au Parlement. Mais ces hommes avaient le maniement d'un outil qu'il rêvait de voir revenir aux socialistes : les syndicats et la rue. Très vite, son propre parti, la SFIO, lui paraîtra dangereusement utopiste. Il détestait plus, peut-être, Guy Mollet que les communistes. Ce « Robespierre-nain », ce « jacobin attardé » l'agaçait quand il tentait de ne pas se laisser déborder sur sa gauche. Quant aux Jeunesses, ces « trotskystes » lui paraissaient plus dangereux que les jeunes du PCF.

En janvier, le Président ignorait encore comment évolueraient les rapports américano-soviétiques, mais savait déjà ce qu'il voulait pour la France : qu'elle demeure fermement dans le camp occidental. Dès le 16 janvier, il se déclarera « ni président-soliveau, ni président personnel ». Il avait confiance en la « magistrature morale » : il est l'arbitre. Mais le plus sûr pour un arbitre est de choisir à l'avance ses champions. Quant à sa politique internationale, elle est joliment résumée par une caricature de Sennep dans *Le Figaro,* montrant le Président se préparant pour son voyage en Angleterre. Répétant son discours, en bretelles et bras de chemise, il dit à son chef du protocole, en uniforme chamarré : « Le difficile, voyez-vous, Dumaine, c'est de s'exprimer en français avec l'accent d'Oxford et en anglais avec l'accent de Muret. » Tout est là : montrer à la France la grandeur de sa tâche mondiale, et aux Anglo-Américains le rôle privilégié, unique, original, de la France.

Sans imagination politique, sans culture internationale, sans élan, Vincent Auriol, Français moyen plus moyen qu'aucun autre, est pourtant parvenu à devenir le premier personnage de la politique française. Il savait jouer sur les oppositions entre les partis et les accords entre les personnes. Il tenait à son image populaire, à ses goûts sans snobisme. Les villes qui le recevaient savaient qu'à l'Opéra, il fallait lui offrir *Mireille.*

Le premier président de la IVe République avait compris sa tâche : faire sortir la France de l'après-Libération; la faire entrer dans cette après-guerre dont la première phase : la Guerre Froide commencera précisément à l'an I de sa magistrature.

Le numéro Deux du parti communiste

Jacques Duclos venait de sortir des années où il avait, avec Benoît Frachon, dirigé les destinées du PC clandestin en France, renouant les fils rompus par la mise hors la loi du PC lors de la signature du pacte germano-soviétique, en 1939. Sitôt Thorez revenu – avec une amnistie par laquelle de Gaulle effaçait sa condamnation pour « désertion » – Jacques Duclos avait repris sa place d'avant-guerre : deuxième au Parti, mais premier du groupe parlementaire. Le Parlement, dont il connaissait les détours, c'était son domaine. A-t-il souhaité devenir ministre?

En tout cas, il n'a pas fait partie des cinq communistes à maroquins.

Ce petit homme brillant, subtil, souriant, inflexible, cet apparent bon vivant, ce liseur boulimique qui s'était fabriqué une belle culture classique, ne s'intéressait vraiment qu'à la politique. Dès l'enfance – quand, élève surdoué, il s'est vu refuser les études à cause de l'impécuniosité familiale –, il s'est fixé comme but la lutte pour les opprimés... Sa décision s'était, pendant la guerre très dure qu'il avait connue dans l'horreur de Verdun, affermie de la résolution des combattants « plus jamais ça »...

Il a, dès la révolution d'Octobre, rejoint ceux qui lui semblaient mener le combat le plus efficace. Tout s'éclairait à cette seule lumière. Ce qui n'empêchait ni son extrême curiosité d'esprit, son goût des récits et chansons des Pyrénées, ni d'autre part les subtilités du sérail parlementaire. Le meilleur sans doute des orateurs de la Chambre, il n'en remettait pas moins dans la ligne de stricte orthodoxie les partis communistes des pays voisins dont il avait le contrôle : espagnol (dès 1931), suisse, luxembourgeois, belge, sarrois...

Voilà l'homme qui (en tant que vice-président de l'Assemblée nationale) proclama élu le président Vincent Auriol.

Sur 883 votants, le candidat des deux partis de gauche en a rassemblé 452. Le candidat présenté par le parti le plus à droite, le PRL, Michel Clemenceau, fils du Tigre, à peine revenu de déportation, en avait eu 60; le candidat du MRP, ancien ministre très malade, Champetier de Ribes, 242; le candidat des radicaux, autre parlementaire chevronné, Gasser, en recueillit 60... il y eut 7 voix perdues, comme on dit.

En plus des socialistes et des communistes, Vincent Auriol rassembla onze députés d'Afrique Noire revenus en toute hâte de leurs lointaines circonscriptions.

Dans le petit salon où le candidat attendait les résultats avec sa femme, son fils Paul, sa belle-fille Jacqueline, la plus célèbre des aviatrices françaises, et leurs enfants, le premier à l'embrasser a été son patron, Léon Blum.

Les socialistes

Pour Vincent Auriol, la marche vers la présidence qui semblait, du dehors, avoir été facile fut en réalité semée d'obstacles dans son propre parti.

C'est que la situation de la SFIO en cette troisième année

d'après-guerre restait complexe. Sortie moins glorieuse de la clandestinité que le PCF, elle avait en cours de route subi beaucoup de pertes. Des ex-socialistes s'étaient rangés soit autour de Pétain, soit – et par là ces collaborateurs sont apparus comme « criminels de guerre » – autour de Marcel Déat, au nom d'un pacifisme à tout prix. La formation reconstituait sa virginité grâce aux « jeunes ». Ceux-là l'étaient souvent moins par l'âge que par leur non-participation au pouvoir. Le Comité directeur, dès le 13 novembre 1946, avait posé la question de la participation des socialistes au gouvernement. Une femme respectée par tous pour sa pureté, Andrée Vienot, avait déclaré :

« Nous devons d'abord redevenir un parti ouvrier. »

Jean Rous, que son attitude pendant la clandestinité faisait écouter, avait parlé de « mystique de l'unité », de la nécessité d'agir en commun avec les « staliniens ». Dans la bouche de ce marxiste naguère trotskysant, le mot prenait du poids. Un autre résistant, Déchezelle, évoqua le danger de créer un « bloc antimarxiste ». Pierre Bloch se déclarait favorable à une unité d'action avec le PC...

Le Comité directeur a été suivi d'un Conseil national (organisme de décision élargi). Celui-ci, à la surprise des vieux leaders, a décidé, à la majorité de 3 121 mandats, de soutenir Maurice Thorez comme candidat à la présidence du gouvernement.

Mais le 4 décembre, à l'Assemblée, quelques voix socialistes, échappant à la discipline de vote, ont fait défaut au secrétaire général du PCF. A l'échec communiste succéda celui, beaucoup plus éclatant, de la grande formation catholique, le MRP (Mouvement Républicain Populaire) : Georges Bidault fut ainsi exclu... et c'est aux socialistes qu'il revenait de former le ministère. Ministère provisoire qui prendrait fin le 16 janvier avec l'élection du président de la République, lequel appellerait à nouveau les chefs des groupes.

Vincent Auriol, que l'on considérait déjà comme le « patron », obtint de Léon Blum qu'il consente à l'intérim de ce « gouvernement de première urgence ».

Avant qu'il ne s'efface dans les boiseries claires de son appartement de l'île Saint-Louis, d'où il contemplera le fleuve jusqu'à sa mort, le 30 mars 1950, l'esprit vif et la mémoire longue, considérons ce personnage hautement romanesque du socialisme réformiste français : il représente, en 1947, l'une des rares grandes figures que la social-démocratie d'avant-guerre ait léguée. Auprès de lui, venu au contraire de l'anarcho-syndicalisme, seul Léon Jouhaux, le « roué » de la CGT, fait le poids.

Léon Blum

Né en 1872, il avait vingt-huit ans au tournant du siècle. La dernière année du XIXe, il avait adhéré au parti de son maître Jaurès et s'était lié avec Anatole France.

Ce long jeune homme à lorgnon, parisien, normalien, publiait dans *La Revue blanche* des articles d'esthète. Il suivait la « mode artiste », moustache à la gauloise, très claire, tombant sur une lavallière à pois, lorgnon étroit sur son œil d'eau, sous le feutre à grands bords, manteau aux allures de cape. Silhouette néo-romantique ou plutôt symboliste et « fin de siècle » il charriait la culture comme un sang nourricier qui l'animait jusqu'au bout de ses longs doigts.

Pour lui, l'affaire Dreyfus avait été un choc terrible. Juif alsacien, il pensait – comme beaucoup de socialistes dont Rosa Luxemburg qui était d'un an son aînée – qu'une fois venu le temps du socialisme, la question des origines ethniques (comme la question du sexe) reculerait dans le bourbeux marais des préjugés vieillis. Léon Blum répétait avec Marx que la religion est l'opium du peuple. Et voilà que des gens, des officiers français, condamnent un innocent parce qu'il est juif? Ce capitaine Dreyfus, si fier de figurer dans l'État-Major, sans cette accusation, de quel dédain Léon Blum l'eût-il couvert! Pour un socialiste convaincu, en ce temps-là, l'armée, la « grande muette » c'était l'assemblée des « sabreurs », pour tous l'Internationale restait vraie « ...et que nos balles soient pour nos propres généraux ». Le plus grand paradoxe de l'affaire Dreyfus réside précisément dans cette défense d'un bourgeois snob par ce que la France comptait de plus progressiste, par ceux qui mettaient en question la société que le capitaine Dreyfus se donnait pour tâche de défendre.

Le monde de la politique pratique, et non plus des grandes constructions d'avenir, s'est ouvert à Léon Blum. Ces romans de Zola, que l'esthète, le symboliste, trouvait d'un naturalisme « photographique » et plat, devinrent des reflets de la réalité quand il fut entré en contact avec l'homme courageux et généreux qui les avait écrits, qui écrivait *J'accuse*, acceptait le procès, la condamnation, la foule prête à le lyncher, les crachats, les insultes.

Comme à toute sa génération, l'Affaire donna à Léon Blum à la fois le choc avec une réalité qu'il croyait dépassée et la démonstration de la nécessité d'agir. La guerre mondiale ne fut plus qu'un grossissement, à l'échelle de l'Europe, de l'injustice que la société renfermait; il répétait avec Jaurès : « Le capitalisme porte en lui la guerre comme la nuée l'orage. » Pacifiste convaincu, il était prêt, lors de l'assassinat de Jaurès, à se battre contre « la bêtise au front de taureau ». Les socialistes qui participent au gouvernement le déçoivent. Dès 1919, élu député, il se lance dans la reconstruction du parti.

Le grand embrasement rouge à l'Est, la révolution de Lénine et de Trotsky ne l'attirait pas, contrairement à ses camarades, Ludovic-Oscar Frossard et Marcel Cachin. Il a fortement pesé, au congrès socialiste de Noël 1920, pour qu'une minorité au moins se détache, refuse d'adhérer à une IIIe Internationale qu'il trouve, dès lors, trop dominée par les bolcheviks russes. Ainsi a-t-il reconstruit la Section Française de l'Internationale Ouvrière (SFIO), ce parti « réformiste » relié à la IIe Internationale, certes très compromise par ceux de ses membres qui avaient participé aux divers « ministères d'union sacrée » de France, de Belgique, d'Allemagne, mais dont il répétait qu'après tout c'était aussi l'organisation socialiste mondiale contre – mais dans – laquelle s'étaient battus Lénine, Trotsky, Rosa Luxemburg. Les communistes le traitaient de « social-traître »; mais à droite il unissait tout ce que l'on craignait. En 1928, il ne figurait plus parmi les 104 députés socialistes; l'année d'après, Narbonne la rouge le renvoya au Parlement.

En juin 1936, présidant le ministère de Front populaire (appuyé par les communistes, qui ne participaient pas), Léon Blum fut, dans la France du XXe siècle, le premier socialiste chef de gouvernement. Ses ennemis soulignaient qu'il était aussi le premier Juif. A lui le mérite historique d'un ministère qui a promulgué congés payés, semaine de quarante heures, allocations familiales, nationalisation de la Banque de France et des industries d'armement. Mais, rappelle l'extrême-gauche, il porte aussi la responsabilité de la non-intervention dans la guerre civile d'Espagne (où Hitler et Mussolini, eux, intervenaient). Sa propre gauche, notamment les Jeunesses socialistes, le désapprouvait tandis que financiers et industriels murmuraient : « Mieux vaut Hitler que Blum. » Après diverses fluctuations, il refusa d'être ministre dans le gouvernement Daladier qui approuva les accords de Munich à l'automne de 1938, ce ministère du « lâche soulagement », comme on le surnomma.

Dès la défaite de 1940, tandis qu'un nombre suffisant de parlementaires, repliés à Vichy, votaient pour Pétain, tandis qu'en zone occupée un ancien socialiste, Pierre Laval, présidait un gouvernement ouvertement pro-nazi, les dirigeants du Front populaire étaient déclarés « responsables de la défaite ». En octobre-novembre 1942, Léon Blum et ses compagnons furent traduits devant une Cour spéciale, à Riom. De la prison d'Alger où il se trouvait avec les autres députés communistes condamnés après l'interdiction du PCF en 1939 (ils avaient soutenu le pacte germano-soviétique), François Billoux a écrit à Pétain. Il se proposait comme témoin à charge contre Paul Reynaud, président du dernier gouvernement d'avant la défaite, mais aussi contre Léon Blum. Les communistes ne pardonnaient pas au leader socialiste la non-intervention dans la guerre d'Espagne. Ce témoignage ne fut pas accepté. (En 1947 nous verrons François Billoux, ministre dans un gouvernement présidé par un SFIO, s'entendre constamment reprocher cette lettre.) En 1942, la défense présentée par Léon Blum et ses co-accusés à Riom avait été à tel point percutante, leurs arguments si indiscutables, que Pétain et ses ministres préférèrent suspendre les débats.

Mais le Don Quichotte en feutre mou était intérieurement brisé : l'occupation, les mesures raciales... et qu'elles fussent appliquées par un collègue du Parlement, jadis socialiste, Pierre Laval... L'utopiste du socialisme français, qui fut si confiant en une vue quasi rousseauiste de l'homme, procédait à la plus déchirante des autocritiques. Aux temps heureux, le 10 mai 1936, au Conseil national de son parti, il s'était interrogé : « Je ne sais pas si j'ai les qualités d'un chef dans une bataille aussi difficile. Je ne peux pas le savoir, pas plus qu'aucun d'entre vous... »

Depuis l'affaire Dreyfus, où il s'était jeté dans la défense du capitaine injustement condamné, Blum se référait volontiers à ses origines, se montrait fier de sa double culture, à la fois française et juive. Colette Audry[1] note qu'il a été ce que juifs et protestants nomment « un juste » et les catholiques « un saint ».

Prisonnier « d'honneur » à Buchenwald, c'est-à-dire non mêlé aux déportés jetés dans l'enfer de la mort lente, ayant sa femme et un compagnon près de lui, il était tombé dans une dépression qui se manifestait par un total silence : il communiquait par écrit. « Parler me fatigue », disait-il.

Cette fatigue, il la portera à travers l'après-guerre, prenant sur lui d'aller à New York solliciter des prêts, de diriger le ministère en attendant l'élection de Vincent Auriol, son poulain. Il n'est pas à l'aise : son propre Comité directeur désavouait son action d'avant-guerre. Auprès des Français, il doit excuser ce ministère uniquement socialiste : il n'a pas réussi à former un gouvernement

1. *Léon Blum ou la politique du Juste*, édit. Denoël.

de « concentration républicaine et socialiste ». « J'ai échoué dans cette entreprise. Peut-être cet échec m'est-il imputable à moi-même. Peut-être dans la conjoncture actuelle ma tentative était-elle irréalisable... », dira-t-il.

C'était en effet « paradoxal » d'avoir été investi par 575 voix sur 600 mais de gouverner avec un parti représentant seulement 100 sièges... La fatalité a voulu que ce dernier gouvernement de Léon Blum soit marqué par le début de la guerre d'Indochine, comme le premier avait été marqué par le début de la guerre d'Espagne.

C'est également du voyage de Blum aux États-Unis que date la conviction, pour les socialistes – et en particulier pour Vincent Auriol –, qu'il faudrait payer l'aide américaine de l'éviction des ministres du PCF. Ce prix semblait léger.

Ce voyage, en fin 1946, avait été longuement délibéré. Vincent Auriol avait eu un mot en privé :

« Personne ne hait les communistes mieux que ne le savent Léon Blum et les Américains... »

Jean Davidson [1], correspondant de l'AFP, va voir Blum à l'ambassade de France à Washington. On lui chuchote en secret que Fred Vinson, secrétaire d'État américain au Trésor, a expliqué au Français l'urgence de débarrasser le gouvernement des communistes. Autrement, comment les USA pourraient-ils accéder à ce que demandait Jean Monnet, l'économiste français officiel? (Il veut voir la France produire 25 % de plus en 1950 qu'en 1939.) Monnet, pour son plan, a besoin qu'on lui fasse crédit, sur quatre ans, de plusieurs milliards de dollars. Et, de plus, que les États-Unis lui permettent d'importer un million et demi de travailleurs immigrés (il pense aux prisonniers allemands et aux personnes déplacées)... De telles exigences doivent bien sûr s'accompagner de garanties.

Jean Davidson, enfin admis auprès de Léon Blum, « cette ombre du socialisme européen », lui demande : « Demeurez-vous marxiste, monsieur le Président? » L'aristocrate populiste se rejette en arrière de surprise « comme si la question l'avait frappé au creux de l'estomac », puis prend le bras du journaliste :

« Entre nous, n'est-ce pas... bien entendu, je demeure un marxiste convaincu. Mais nos amis américains confondent encore un peu marxisme, socialisme et communisme... »

A ses amis américains, Blum exposait sa pensée profonde : pas de meilleur rempart contre le communisme, en France, que la

1. Jean Davidson, *Correspondant à Washington*.

SFIO... Puis il ramène en France sa « fatigue pleine de flamme ».

Le souci des socialistes se compliquait de la nécessité de ménager, à droite, le troisième grand : le MRP et ses deux personnages-clés contradictoires : Francisque Gay et Georges Bidault.

Francisque Gay

Avec sa barbiche, son œil étincelant derrière des verres dont il se servait comme d'un masque, l'enfant terrible de l'Église, le poil salé, toujours en éruption, « entretient un volcan de billevisées », soupire Bidault. Avant-guerre, il avait mené contre la hiérarchie ecclésiastique des batailles honorables. Partageant avec Bidault la direction du MRP, dont il était d'ailleurs le vrai fondateur, l'ancien directeur de journaux catholiques sociaux exaspérait le prof' d'histoire par son « caractère impulsif et tâtillon ». Parfois, tout de même, son humour vous laissait sans réplique. Ainsi le post-scriptum de cette lettre à Bidault : « Défense de publier cette lettre, même après ma mort, sans mon autorisation que d'ailleurs je refuse. »

Sur les communistes, qu'il respectait, les trouvant plus dévoués, plus travailleurs, plus honnêtes, plus soucieux du bien public que ses propres compagnons, il portait pourtant un jugement définitif : « Gouverner avec eux, c'est la paralysie. Gouverner sans eux, c'est vivre sous l'épée de Damoclès des troubles sociaux. »

La sentence demeure d'actualité trente ans plus tard.

Benoît Frachon lui dit un jour :

« Savez-vous qu'il y a plus de catholiques pratiquants à la CGT qu'à la CFTC? »

Faunesque et souriant, Francisque Gay susurra :

« Si le Christ revenait, vous seriez donc obligé de lui céder votre place? »

Georges Bidault

L'autre figure du MRP avait plus d'envergure, mais posait plus de problèmes.

Georges Bidault, brillant professeur agrégé, avait été nommé à la présidence du Comité national de la Résistance après l'arrestation de Jean Moulin. Cet universitaire avait du courage et des formules heureuses. On répétait que si son humeur, ses interventions et son éloquence étaient inégales, son goût pour l'alcool y contribuait. Curieux homme, aussi peu bourgeois que possible. Jusqu'à son mariage – avec une diplomate – il n'aima que les chambres d'hôtel dont on pouvait changer en transportant quatre valises. En janvier, attendant que leur appartement fût prêt, les Bidault logeaient à l'hôtel Bristol, au septième, et lui ne cessait de vanter la vue quand on voulait lui parler du gouvernement. Il avait ce détachement de l'homme politique sûr de lui, certain de reprendre bientôt en main les Affaires étrangères qui seules, au fond, l'intéressaient.

Jusqu'à la conférence de Moscou, il croyait pouvoir « parler avec les Russes » mieux qu'aucun Occidental. D'abord parce que les ministres communistes au gouvernement lui semblaient un garant de leur bienveillance, ensuite parce que, représentant la Résistance intérieure, il pensait avoir droit à leur sympathie. Un traducteur raconte qu'un soir, à Moscou, durant la Conférence, il disait à Molotov – après de longues libations :

« Moi je ne suis jamais allé ni à Londres ni à Alger pour rencontrer de Gaulle. »

Molotov avait jeté avec le sérieux de la dérision :

« Staline non plus ne se dérange pas pour les rencontres; sauf à Potsdam, mais c'est presque chez nous maintenant. »

Bidault a-t-il senti la lourde ironie? C'était un homme trop souvent humilié par de Gaulle et trop hanté par lui pour ne pas avoir besoin de revanches. C'est pourquoi son échec à Moscou – nous le verrons – l'a rendu soudain et pour jamais d'un anticommunisme sans mesure.

Bidault, barrésien, cacique d'agrégation, dévoré d'ambition mais sans goût pour le faste et la pompe, se sent lui aussi appelé, habité, et sait que de Gaulle ne l'admettra jamais. Leurs rencontres seront toujours sur le modèle de cet « En arrière s'il vous plaît », que le Général avait sifflé quand, le jour de la triomphale marche sur les Champs-Élysées, il s'était – exprès sans doute – trouvé à ses côtés. Quand, le jour de son mariage, Bidault était arrivé en retard au Conseil des ministres, c'est un blâme qu'il reçut en guise de félicitations. La disproportion des tailles rendait caricatural ce rapport du fils mal aimé au père. Bidault trouve des phrases, mais néglige ses dossiers et sa politique est parcourue de mots, non d'un fil conducteur.

1947 fut, pour lui aussi, un tournant. Une pellicule floue et terne a recouvert son brio de la Libération. Son manque de profondeur apparaissait par moments comme, sur une toile réemployée, les couleurs primitives affleurent sous une deuxième couche trop mince. Ce subtil ne reculait pas devant de *grosses* ruses qui lui valurent des haines compréhensibles. Ainsi, à la Libération, il avait fait jurer à ses compagnons du CNR de ne pas accepter de portefeuille, de rester au-dessus de la mêlée. A peine le serment fait, il devint ministre. Il filait le paradoxe sur l'autorité : elle ne se justifiait que comme soutien de la démocratie. Mais, incapable d'autorité sereine, le sens de la démocratie lui manquait. Ses origines modestes inspiraient à cet homme si cultivé une curieuse crainte de manquer de « manières », d'« usage ». Bizarrement, cet intellectuel souvent brillant avait pour idéal l'homme du monde. S'il enviait leur aisance aux enfants des privilégiés, il l'enviait aussi aux communistes. L'ouvrier Thorez, l'ouvrier Croizat, l'ouvrier Duclos étaient toujours à l'aise, sûrs de représenter la classe montante. Lui, par contre, se sentait en porte-à-faux entre son hostilité craintive envers ces hommes et le dédain que lui témoignait son chef, le Général.

Quoi qu'il en soit, il agissait en gaullien de stricte observance, rejetant et Moscou et Washington. Une historienne[1] a rendu publique une note du 1er mars 1946 qui creuse le fossé entre USA et France au sujet de l'avenir de l'Allemagne : Bidault refuse de coopérer à une administration centrale de l'Allemagne qui reconstruirait sa puissance militaire : la France « ne saurait en tout état de cause donner son accord à l'extension aux territoires de la Ruhr, de la Rhénanie ou à plus forte raison de la Sarre de la compétence de telles administrations ». C'était la poursuite du rêve d'une Allemagne « fédérée » dont chaque Land aurait une large autonomie : Bidault se voulait l'anti-Bismarck... nous verrons qu'en mars 47, à Moscou, il lui faudra changer de direction en refusant l'internationalisation de la Ruhr cherchée par l'URSS. La même crainte de l'influence soviétique (« locomotive » à laquelle se rattacheraient les « wagons » africains), le poussait à refuser toute réforme tendant à augmenter l'indépendance dans l' « Empire » colonial français : la libéralisation, il l'envisage pour un avenir indéterminé, une époque où la « locomotive européenne » serait lancée.

Aimé Césaire, député de la Martinique, était alors communiste. Il m'a raconté une entrevue bizarre avec Bidault en septembre 1946. Déjà, l'affaire d'Indochine tournait mal. Bidault, ministre des Affaires étrangères, refusait d'écouter Marius Moutet, ministre de l'Outre-Mer, et de rappeler l'amiral Thierry d'Argenlieu. Carme combattant, moine guerrier, ce personnage de roman

1. Georgette Elgey : *La République des illusions*, édit. Fayard.

avait mis Paris devant un fait accompli : il venait de « fédérer Cambodge, Laos et Cochinchine sur orbite française ». Or, au même moment on négociait (ou faisait semblant de négocier), avec Ho Chi Minh à Fontainebleau. Césaire et ses amis avaient toute illusion bu : la France n'accorderait pas la personnalité internationale et la représentation à l'ONU au gouvernement de Ho Chi Minh. La hantise de la « locomotive soviétique » freinait donc la négociation.

Ce jour de septembre 46, Georges Bidault faisait face à quatre hommes habités par la même volonté d'arracher la décolonisation. Aimé Césaire, normalien, agrégé, poète déjà célèbre; Lamine Gueye, député socialiste du Sénégal, musulman; Gaston Monnerville, Antillais au sang mêlé d'Europe; Ferhat Abbas, Algérien musulman nationaliste. Tous avaient fait des études supérieures. Tous possédaient la culture française qu'ils avaient conquise pour pouvoir la contester. Tous s'opposaient à la France. Bidault se sentait désarmé : sa force habituelle, la culture, Césaire en jouait mieux que lui.

Césaire s'amusait de voir le ministre si mal à l'aise sous les lambris du salon, se tortillant dans un fauteuil trop vaste. Il s'amusait des phrases humanitaires de Marius Moutet, fleurant bon la laïcité de la IIIe République et auxquelles Gaston Monnerville savait répondre sur le même ton, celui de l'humanitarisme maçonnique.

Les députés de l' « Empire » font savoir aux ministres qu'ils refusent de rester à la Commission pour l'Outre-Mer, qu'ils n'admettent pas le projet du double collège électoral (l'un pour les « citoyens » l'autre pour les « sujets ») :

« Nous ne pouvons ni ne voulons être des parlementaires de seconde zone. Ou les ressortissants de l'Union Française sont des Français comme les autres... et alors pourquoi deux collèges? Ou ils ne le sont pas, et alors nous ne pouvons représenter des citoyens de seconde zone. Ce n'est ni ce que nous leur avons promis, ni ce que vous nous aviez promis... ».

Bidault s'indigne : la démission des élus coloniaux montrerait au monde que la France est raciste. C'est impossible.

« La question est de savoir si nous sommes ou non des Français comme les autres », insiste Césaire.

Bidault déteste les discussions avec ce Martiniquais qui lui est supérieur dans le seul ordre qu'au fond de lui il trouve important : celui de l'université, qu'il confond candidement avec l'ordre de l'esprit. Césaire, les critiques classiques comme les surréalistes l'ont sacré grand poète... et de plus il sait entraîner les hommes.

Bidault, sur le plan de la création et celui de l'action, se sent dépassé. Ce qu'il supporte mal.

Encore Césaire n'est-il pas, ici, l'adversaire le plus menaçant : les Antilles n'ont ni l'économie ni la démographie qui permettent de revendiquer l'indépendance.

Ferhat Abbas

Par contre Ferhat Abbas, député de Sétif, est redoutable. Fils d'un caïd collaborateur fidèle des Français (et commandeur de la Légion d'honneur), cet intellectuel musulman si parfaitement au fait de la culture chrétienne voulait, avant-guerre, l'assimilation. Puis vint le pétainisme. Curieusement, c'est l'abrogation du décret Crémieux [1] – qui pourtant concernait seulement les Juifs – qui lui a fait prendre la mesure de la colonisation. Ainsi, dit Ferhat Abbas, « la citoyenneté française, un gouvernement peut vous la donner, et un autre vous l'enlever? ». Quand il demande à la France de ne rien « imposer », on lui répond du ton de la bonne conscience : « A qui devez-vous de savoir lire? » Quand Ferhat Abbas refuse un texte « qui perpétue la tradition coloniale et le privilège des Européens », Ramadier lui répond par de dédaigneuses pirouettes.

La lutte entre les premiers militants nationalistes algériens au Parlement et les députés français se terminera, le 3 octobre 1946, par le rejet du projet de statut pour l'Algérie que Ferhat Abbas avait déposé.

Il est possible que l'adoption du statut ait reculé l'échéance et prolongé la présence française en Algérie. Mais députés et ministres communistes ont, au dernier moment, consenti à se ranger sur les positions du gouvernement. Une négociation de coulisses avait troqué cet acquiescement contre... le vote du statut de la Fonction publique. Assurément, pour tous les partis, c'était là une réforme plus payante électoralement.

Après ce vote, l'Assemblée constituante se séparera. Le 13 octobre 1946, la nouvelle Constitution sera approuvée par le corps électoral. Très faiblement : 31 % des électeurs se sont abstenus et 53 % seulement des votants ont approuvé.

1. Adolphe Crémieux était ministre de la Justice lorsque, à son instigation, le gouvernement de la Défense nationale replié à Tours déclara citoyens français, le 24 octobre 1870, les Juifs d'Algérie. Le gouvernement de Vichy annulera ce décret le 7 octobre 1940.

C'est ce résultat peu glorieux qui déterminera de Gaulle à sortir de sa retraite pour, au printemps de 1947, fonder son Rassemblement du peuple français.

De toute façon, le tripartisme ne survivra que jusqu'en mai.

2.

De la paix difficile aux modes du temps

Au majestueux salon de l'Horloge, au Quai d'Orsay, se signent des traités de paix délicats. Les alliés de l'Axe restés fidèles presque jusqu'au bout à Hitler et ceux qui s'étaient retournés contre lui sont là, et leurs représentants tentent, chacun, d'obtenir des avantages spéciaux. Seule la Finlande ne demande rien : reprise entre le sentiment de culpabilité de sa mauvaise alliance et la nécessité – vitale – de bon voisinage avec l'URSS, ainsi que sa volonté de ne pas être rangée parmi les démocraties populaires, le petit pays des glaces et des lacs se terre, se tait et signe... Par contre Bulgarie, Hongrie, Italie, Roumanie protestent, jouent sur les difficultés entre bloc soviétique et bloc atlantique, et négocient, c'est-à-dire marchandent. La Yougoslavie, elle, touche le bénéfice de son éclatante résistance : ni Britanniques ni Américains ne peuvent récuser des partisans qu'ils ont admirés à l'œuvre.

Les représentants, surtout ceux de l'Est européen, sont impressionnés par la table sur laquelle sont apposés les paraphes. C'est là que fut étendu, le 9 Thermidor (1794) Robespierre blessé. Les ministres communistes et socialistes touchent la table comme on touche la relique d'un martyr. Par contre les Italiens s'intéressent davantage à l'encrier, qui a appartenu à Vergennes. Bref la nouvelle Europe se fait sous l'égide des gloires passées de la France. Belle revanche historique : dans le présent la France n'était partie prenante que dans le traité avec l'Italie; les autres se passaient entre les Grands et le pays intéressé.

La température favorisait mieux la bonne humeur des Finlandais et des Russes que des Italiens par exemple : le thermomètre descendait à moins six; pour Paris, c'était le pôle Nord. Le manque de charbon mettait dans tous les journaux et sur toutes les lèvres un de ces vers faits de rien mais qui s'aggrippent aux mémoires, et dont le père Hugo avait le secret : « Voici venir l'hiver si dur aux pauvres gens. »

Jacques Dumaine, chef du protocole, chauffait à grand mal le salon de l'Horloge et les salles de réception. L'Italien faisait pitié : le traité était si cruel à son pays et ressemblait si fort à une reddition que le comte Sforza et de Gasperi avaient ressorti, des fonds diplomatiques, un comparse compassé, cireux et périmé comme un santon de procession. Ce pauvre marquis, Lupi de Soragna porta son pays en terre au matin du 10 février avec une douloureuse dignité.

En réalité, d'ailleurs, ce traité avec l'Italie avait déjà été signé durant les semaines précédentes par l'Anglais Bevin, l'Américain Byrnes, le Russe Molotov, mais en dehors de la présence des Italiens qui se voyaient ainsi spécifier jusqu'au nom des navires de guerre à remettre aux vainqueurs. Les pourparlers avaient commencé quand Pietro Nenni était ministre des Affaires étrangères; démissionnaire entre-temps il avait pourtant remis auparavant une note de protestation aux Grands, le 20 janvier. On y retrouve son pur langage garibaldien : ce traité « blesse la conscience nationale »; il en demande la révision « sur la base d'accords bilatéraux avec les États intéressés et dans le cadre de l'ONU ».

Le 10 février, en Italie, des défilés de protestation se sont heurtés à la police. Le 11 février, le comte Sforza parle à la radio française, invoquant « l'héritage de la civilisation latine ».

D'ailleurs le traité doit, pour avoir force de loi en Italie, être ratifié par l'Assemblée constituante (celle-ci sera élue le 3 mars). Son président était un communiste, Umberto Terracini. Il envoya aussitôt des télégrammes, répétant la demande de révision de Pietro Nenni aux présidents du Sénat américain, de la Chambre des Communes, de l'Assemblée nationale française et du Soviet suprême.

En mars un accord italo-français prévoyait l'entrée en France de 20-000 ouvriers italiens, avec droit pour eux de rapatrier leurs économies et traitement privilégié. Le besoin de main-d'œuvre devenait, en France, un frein à la reconstruction; il fallait, les prisonniers allemands ayant le droit de se faire rapatrier, les Polonais incitant leurs nationaux à quitter les mines, attirer des travailleurs. Les organisations nationales ne facilitaient pas le transfert et l'embauche des personnes déplacées; les Américains se montraient réticents, quant aux Allemands... Le ministre (communiste) du Travail, l'ancien métallo Ambroise Croizat, aux manières parfaites, à la distinction souriante, alla jusqu'à promettre au comte Sforza des livraisons de charbon proportionnelles aux 25 000 mineurs de fond italiens.

Parmi les signataires de traités de paix, les Yougoslaves avaient la cote d'amour : c'était le pays-étoile de l'Est européen, le seul qui se targuât de s'être libéré lui-même. Il ne le proclamait pas sans outrecuidance par la bouche de son ministre des Affaires étrangères, Simitch, à qui le chef français du protocole trouvait l'air d'un chanoine en maraude. Les Anglo-Saxons pariaient : la Yougoslavie, c'était *the thrill,* le suspense : allaient-ils signer?

Indifférent à la température polaire, Simitch, entouré d'amis yougoslaves ou français, errait rive gauche. Il hantait les expositions : les Van Gogh prêtés par le musée d'Amsterdam par exemple. Il y envoya des Russes, des Bulgares qui trouvèrent cette peinture « formaliste », ce qui faisait rire Simitch. Il s'amusa, dans une minuscule galerie de la rue Jacob, d'une exposition des statues de Maillol, représentant chaque fois la même femme. Au milieu de cette image coulée dans l'airain circulait une petite dame ronde et très brune, Dina Vierny, avec des œillades et des roulements de ses hanches alourdies. On chuchotait tristement : « Ah! Ce que la vie fait de nous! »

Ces ébats artistiques et le murmure que les Yougoslaves hantaient aussi les boîtes de la bohème intellectuelle n'étaient d'aucun secours pour deviner s'ils allaient ou non signer. C'était le seul sujet de conversation qu'ils évitaient.

Le 10 février, sous les regards rougeoyants de curiosité, Simitch s'est avancé vers la table où Robespierre vécut les premières heures de sa défaite – et parmi les dernières dc sa vie. Des deux paumes, il toucha le bois qui avait porté le martyr de la révolution bourgeoise... puis il alla vers le traité et, sans hésitation, le signa.

A la cheville : le new-look...

Ce même 10 février, au moment où les Yougoslaves signaient le traité de paix engageant plusieurs millions d'hommes, se déroulait un événement qui a beaucoup plus fait parler de lui et toucha d'abord quelques centaines, puis des centaines de milliers de femmes à travers le monde.

Au n° 30 de l'avenue Montaigne, entre les Champs-Élysées et la place de l'Alma, un couturier présentait sa collection... Un scandale de mode, c'est une tornade... dans une œillère.

Ce couturier, Christian Dior, capitonné de chair ferme et de bonnes manières, semblait nier exprès les coutumes du milieu dans lequel il faisait son entrée. Rien de bohème dans la tenue, le langage, aucune des excentricités esthètes de Paul Poiret, le grand ancêtre. Un bourgeois, de bonne souche d'hommes d'affaires, mais ruiné. Ancien marchand de tableaux, intime ami de Christian Bérard, le roi des décorateurs, il prenait modèle sur Lucien Lelong, dont il était l'un des modélistes, pour la distante et discrète distinction des manières. Il comptait plus d'intimes parmi les créateurs (Francis Poulenc, Henri Sauguet) ou les écrivains (l'historien Pierre Gaxotte) que dans les boîtes de nuit.

Voici peu, des amis l'avaient présenté au roi du coton, Marcel Boussac qui, non content d'écouler sa production dans la confection (on ne disait encore que rarement le « prêt-à-porter »), sous la marque « Toile d'avion », avait décidé de lancer un couturier. Pas de meilleur stimulant pour des usines de textile : il faut se contraindre à imaginer des nouveautés de luxe pour pouvoir imposer des tissus à la masse des acheteuses; la « toile d'avion » manquait de prestige. Dès sa première conversation avec Christian Dior, le roi du textile, l'empereur du « vichy » (cotonnade à petits carreaux) comprit qu'il avait trouvé le collaborateur idéal. L'industriel, lui-même fils d'une dame de lettres (Jeanne Catulle-Mendès) aimait les gens cultivés... à condition qu'ils sachent « se tenir ».

Christian Dior avait la sensibilité bourgeoise : il comprenait que les vraies femmes du monde ou celles qui voulaient le devenir, en avaient assez de l'utile, du pratique, bref des privations.

La tenue post-guerrière était baroque au sens où on le dit d'un style : avec des illogismes contradictoires. Longue la veste, brève la jupe, hautes les socques en semelles sans cuir, hautes les mèches crêpées au-dessus du front, avec des cheveux descendant sur des épaules carrées. Une silhouette mi-guerrière, mi-poupée. Tenue pour vélo forcé, pour trains bondés, pour quête éperdue de nourriture. Périmée maintenant pour celles qui propulsaient la mode : l'argent avait repris sa toute-puissance, et elles pouvaient tout s'offrir. Mais elles se fatiguaient aussi de l'autre tenue, celle des bohèmes germano-pratines : pantalon-fuseau de ski noir et chandail col roulé, grosses chaussures, « canadienne » de peau retournée ou duffle-coat et longs cheveux plats. C'était l'uniforme des « rockeuses ». Les « dames » rêvaient d'autrefois, de « vraies robes »... Nous dirions qu'elles avaient des nostalgies « rétro ».

La persistance des restrictions et de l'austérité, les deuils, la difficile adaptation des prisonniers et déportés à un monde qui les accueille mal, elles refusent tout. Pour se venger elles assurent la prospérité des boîtes, clubs, restaurants où les « jours sans » n'existent que sur le menu. Les épouses et les « petites » des nouveaux riches BOF se voyaient vaporeuses et fatales.

Dans ce milieu, l'escalade sociale des enrichis était plus assurée, moins furtive, moins quémandeuse qu'au lendemain de la Première Guerre, tel que Proust le décrit.

Christian Dior a donc pensé la situation mûre pour un double grand coup : lancer sa nouvelle maison de couture, et transformer « la femme »... tout en assurant de nouveaux débouchés à son commanditaire. Il ne le ressentait pas ainsi, bien sûr, disant et se disant :

« Ma rencontre avec Marcel Boussac m'a permis de réaliser mon rêve... »

Bref, le 10 février à 10 h 30, dans des salons blancs, bien chauffés, journalistes de mode des États-Unis et d'Europe, grands acheteurs et personnalités qui assurent le succès de ces premières, se réunissent. C'est la fin de la « semaine de collections » les professionnels sont harassés, l'œil et la tête blasés; beaucoup – surtout les Américains – sont déjà repartis.

De plus, des transformations s'étaient accomplies dans cette industrie de la haute couture si importante pour les exportations françaises : les Américains et même les Anglais voulaient profiter du grand creux de la guerre pour mettre fin au règne de Paris. Les confectionneurs américains suivaient la puissante Sophie Gimpel qui diffusait massivement ses propres modèles dans les succursales de Saks, Fifth Avenue, et le couturier de la reine d'Angleterre, Norman Hartnell, se faisait envoyer à travers le monde, avec ses mannequins et ses malles aux frais du gouvernement. De Rio à Buenos Aires, d'Ottawa à Montréal, les dames-vitrines des industriels et des exportateurs voyaient ce qu'on faisait à Londres ou à New York et non ce qu'imaginait Paris.

Dans les salons blanc et or ont pris place des célébrités : Jean (Cocteau); « Bébé » (Christian Bérard); Jeannot (l'acteur Jean Marais). Et voilà que devant ces esthètes et ces professionnels blasés de la mode se sont mis à défiler, non les guerrières, les fausses sportives, les petites filles du marché noir, mais des femmes-fleurs aux jupes à la cheville. Des robes étranglées à la taille par une guêpière, rondes aux hanches, cachant les jambes, des corsages aux épaules tombantes et mettant en valeur une poitrine haute : un trapèze arrondi en haut, et une cloche en bas. Elles laissaient un sillage neuf, métallique, derrière elles : un parfum qui rendait hommage à la sœur du couturier, résistante active : « miss Dior ».

Le soir, à qui tentait de parler des traités de paix on répondait par la guerre des jupes. Les anecdotes sur les diplomates s'éteignaient sous les descriptions d'évanescentes héroïnes de romans. A la boîte de nuit élégante, chez Carrère (lancé en 1941 pour distraire les officiers d'occupation) ou au bon vieux Schéhérazade, des mannequins de Dior devenaient le vrai spectacle... Ses mannequins ont parfois des maris, plus souvent des amants puissants. Ses vendeuses sortent des meilleures familles. La petite guerre des jupes prend sa vraie dimension – qui est financière – aux USA : les confectionneurs américains avaient déjà leur collection prête. Comment jeter au rebut des dizaines de millions de dollars? La presse américaine déclare le « Dior-look », le « new-look » scandaleux, injurieux pour les anciens combattants, pour les reconstructeurs des villes détruites. L'Europe et la France viennent à Washington pour mendier des crédits et gaspillent des textiles? Mystérieusement, le lobby des confectionneurs parvient à conquérir les ligues féminines puritaines : les gardiennes de la vertu qui auraient dû applaudir à la disparition des jambes ont crié à la perversion : quelle ruse du « sexy! » Les dictatrices de la mode, une « dynamitera » irlandaise, Carmel Snow et la puissante self-made woman Hattie Carnegie prennent parti pour Dior : « C'est une révolution! »

Le « révolutionnaire », si discret que nul ne le reconnaît quand il débarque à New York, vient conquérir l'Amérique. Il se fait photographier près des dames portant des pancartes batailleuses « Mr Dior- we abhorr- dresses to the floor [1] ». Triomphant, il jette les bases de sa filiale de la 5e Avenue.

En 1947, avec Rochas qui continue, Fath qui grimpe, Lelong qui dure et Dior qui fait sauter le plafond, la haute couture française redevient une industrie importante. Seule Chanel, la Grande de l'avant-guerre, ronge en Suisse, jusqu'en 1954, le frein d'une collaboration par trop voyante.

Pour une catégorie nouvelle de femmes – les titrées, les lancées, les fortunées –, travailler devient un snobisme. La baronne qui dirige la cabine des mannequins fait venir des filles d'émigrés russes, aristocratiques et désargentées, des Eurasiennes lointaines et cette nouveauté : une femme de moins de 1 m 70. Dior habille les « petites » aussi. Une Anglaise, fille de peintre, devenue comtesse et que vêtait la plus lancée des couturiers-femmes, Schiaparelli, consent à poser des robes de Dior pour les photographes américains; elle touche des cachets de « star ».

1. « M. Dior, nous avons horreur des robes jusqu'au sol! »

Deux ans plus tard, Dior représente 5 % des exportations françaises et 75 % des exportations de couture. Aux USA, il est le Français le plus célèbre après de Gaulle et Maurice Chevalier.

Voilà donc février à Paris : afflux d'étrangers, froid polaire. Là-dessus les grèves. Pendant dix jours, aucun quotidien ne paraît. Les hôpitaux, les pompes à essence, les transporteurs de lait et même la police multiplient les actions... La CGT et le PCF contiennent les grévistes plus qu'ils ne les poussent : des ministres communistes sont au gouvernement et la devise reste : « Reconstruire – travailler... »

Le milieu politique assiste le 25 à la première réception de Vincent Auriol. La presse remarque que l'orchestre de la Garde républicaine y joue de la harpe. Le lendemain le Prince-régent Charles de Belgique est l'hôte du président.

Les modes de l'esprit et les frivoles de l'existentialisme

Se développant depuis la Libération et prenant, en 47, une place honorable dans les journaux, une philosophie et ses séquelles, visibles dans l'existence, devenait mode. La philosophie n'avait guère donné que son nom : l'« existentialisme ». C'était une aventure de détournement d'une doctrine. Chanel dira plus tard qu'une mode doit « descendre dans la rue »; c'est vrai aussi des modes intellectuelles. Elles ne prennent leur valeur de phénomène social qu'en se dépouillant de leur originalité profonde, et en s'enrichissant d'excroissances visibles, c'est-à-dire en s'implantant dans le langage. Ainsi au XVIIIe siècle, à Paris, tout incroyant ou mécréant était nommé « encyclopédiste », tout joueur-noceur-viveur passait pour « voltairien » surtout s'il jurait et blasphémait. Mais en ce temps le rayonnement, la mode d'une doctrine n'excédaient pas quelques salons répandus à travers l'Europe. Déjà au XIXe siècle le « romantisme » a touché, à travers les étudiants et leurs jeunes amies grisettes, un milieu plus étendu... que l'on retrouvera aux barricades de 1848...

Entre la Libération et les années 50 un couple de philosophes est devenu le symbole, et leur philosophie la bannière, d'une façon de vivre dans un quartier de Paris qui deviendra un point de référence à travers le monde. Jean-Paul Sartre et Simone de Beauvoir, tous deux professeurs agrégés de philosophie, tous deux romanciers – et lui dramaturge – étaient devenus les vedettes pourchassées par les journalistes, modèles favoris des caricaturistes, cible des polémistes. Plus tard, Sartre deviendra le père spirituel des mouvements d'indépendance à travers le monde et surtout le monde francophone, et le père des groupes gauchistes.

En 1947 on les rendait, Simone de Beauvoir et lui, responsables de la mode des caves à rock, des orchestres de jazz hot, des silhouettes déjà « unisexe » des « rats de cave » tout en noir, bref de la bohème noctambule, de la vie de café et d'un désespoir existentiel qui n'a jamais été le fond de la doctrine mais que, par contre la dureté des temps expliquait fort bien.

Jean-Paul Sartre, petit homme qui savait faire de sa laideur « objective » un rayonnement de généreux génie, était connu depuis l'avant-guerre d'un cercle assez large et très jeune de lecteurs. Son premier roman, *La Nausée* (1938), traduisait en effet la philosophie « existentialiste» née en Allemagne avec Husserl et Heidegger, qu'il a transplantée en France, modifiée, enrichie. Un homme, prof' dans une ville de province mesquine, fermée, est pris de « nausée existentielle », c'est-à-dire prend conscience de l'isolement de chacun et de sa responsabilité, de son choix à chaque instant, de l'obligation où l'on est de choisir, sans dieu, sans institutions protectrices : seul et sans médiateur. Choisir pour cette vie puisqu'il n'en est pas d'autre, et selon son époque parce qu'elle vous enserre malgré vous, inéluctablement.

Mais dans les faibles limites de cette vie toute cernée par l'époque chacun devrait assumer sa liberté. Choisir entre le monde des repus, satisfaits, acceptant les œillères, refusant de voir le monde tel qu'il est... ou profitant de lui : c'étaient les « salauds ». Ou bien frayer sa percée d'homme, malgré ses cauchemars et sa nausée, faire acte de volonté : s'engager sur les chemins de la liberté. C'était le surtitre du roman en trois volumes que Sartre publiait depuis la Libération : *Les Chemins de la liberté*. Pendant la guerre Simone de Beauvoir, sa compagne – liée à lui par un admirable contrat où la fidélité durait par-delà les passions diverses, se fondait sur un choix existentiel – avait publié un roman. Aussitôt ressenti comme une contestation profonde, le livre atteignit à la Libération un vaste public scandalisé. *L'Invitée* montrait un conflit de libertés qui se termine en drame. Tout scandalisa : des amours féminines mêlées à des amours d'homme-à-femme, un éclairage d'une lucidité encore inconnue sur la rivalité, la jalousie et la profonde connivence. C'était le roman du «contrat » libre entre un homme et une femme déchirés, chacun de son côté, par des passions. Le récit finissait sur un crime. Une phrase cruelle de Hegel faisait crier les conformistes : « Toute conscience veut la mort de l'autre. »

Les pièces de Sartre : *La Putain respectueuse*, *Morts sans sépulture, Huis clos,* faisaient salle comble pendant des mois. Elles abordaient les sujets les plus brûlants de l'époque. Est-on sûr de résister à la torture? A quelle profondeur l'aliénation sociale rend-elle chacun raciste? Comment chacun ressent-il ses actes et comment est-il jugé? La conclusion générale était celle de *Huis clos :* l'enfer, c'est les autres, l'image qu'ils ont de nous.

Mais ce n'était pas leur œuvre qui faisait de Sartre et Simone de Beauvoir les responsables, involontaires mais amusés, d'une mode. Était-ce parce qu'ils vivaient alors à l'hôtel, travaillaient au café? Était-ce parce qu'ils aimaient, eux qui ne dansaient pas, passer un morceau de nuit dans une cave à écouter du bon jazz, à voir les bondissements fous et parfois stimulants pour l'imagination, des rockeurs? Parce qu'ils répudiaient, non seulement dans leurs écrits, mais dans leur vie, toutes les hypocrisies, les conventions de leurs deux bonnes bourgeoisies natales? Parce qu'en ce temps les compromis du quotidien sapaient les pures et dures résolutions de la Résistance et que le marais de la nécessité engloutissait les espoirs révolutionnaires, ce que les écrits de Sartre mettaient en évidence?

En 1947, Jean-Paul Sartre était le « pape de l'existentialisme » et l'existentialisme une mode, avec son langage, ses vêtements, ses rites : un mode de vie ayant pour capitale un quartier de Paris : les petites rues rayonnant autour de Saint-Germain-des-Prés. Sartre était aussi l'auteur le plus attaqué par la droite, c'est-à-dire les conformistes; par les communistes qui voyaient en lui l'incarnation de « l'anarchisme libertin petit-bourgeois », et le plus suivi par la gauche non communiste. Il répétait sans amertume, plutôt avec amusement :

« Je n'ai choisi ni l'une ni l'autre de ces absurdités. L'existentialisme est né en Allemagne à une époque où j'étais au lycée. Son fondateur est Husserl, son continuateur Heidegger. Si mon œuvre y plonge certaines racines, elle n'a guère de rapports avec le rock'n' roll'. »

Il le disait en riant de l'œil et de la pipe. L'an suivant, en 1948, il fera jouer *Les Mains Sales* qui, pour lui, était une pièce sur la liberté impossible et les chausse-trapes de l'engagement, mais sera considérée par les communistes comme l'attaque la plus vive de l'année. Avec l'autre idole de l'existentialisme (il se sentait peu de similitudes avec lui), Albert Camus, et un déporté de la Résistance, David Rousset, Sartre avait fondé un groupe politique : le Rassemblement Démocratique Révolutionnaire (RDR). Le groupe aura la vie brève et éloignera les trois fondateurs les uns des autres. Pour Sartre et Camus le malentendu eut la cruauté des ruptures d'amitié (qui sont à peine moins sensibles et généralement plus tristes pour la conscience que les ruptures amoureuses).

Le déchirement s'est produit à propos des camps de concentration en Union Soviétique : fallait-il les dénoncer, coupant ainsi les ponts avec tout le mouvement communiste? Les communistes français et tous ceux qui leur faisaient confiance niaient l'existence et même la possibilité de ces camps : une telle entreprise serait contraire au marxisme-léninisme, donc elle ne pouvait avoir lieu. En évoquer la possibilité, c'était assimiler à l'Allemagne nazie, ses tortures et ses horreurs, l'Union Soviétique qui avait perdu vingt millions d'hommes pour vaincre Hitler et sauver la démocratie mondiale. Cette attaque faisait « objectivement » le jeu de l'impérialisme américain. Donc elle était réactionnaire...

Or, les Américains et les Anglais étaient entrés dans la guerre froide dès 1946 avec le discours de Churchill à Fulton. La peur panique de la guerre chaude, d'une troisième guerre mondiale commençait, nous le verrons, à se développer à l'est de l'Europe. Ces pays encore détruits savaient qu'un nouveau conflit les efface-rait de la carte et du monde. Sartre jugea impossible de dénoncer ces camps. Plus tard il dira :

« C'est un de ces cas limites où l'on peut se demander si la vérité est toujours révolutionnaire. D'ailleurs l'auteur de la formule, Lénine, avait de la vérité une conception particulière : il ne la disait, semble-t-il, que s'il la pensait révolutionnaire. » Or Sartre, fidèle à sa philosophie, considérait la vérité, non comme une entité-en-soi, mais comme un phénomène où l'époque jouait un rôle. En 1947 il considérait les USA intacts et l'URSS très affaiblie, l'Europe en ruine et divisée, le Japon hors jeu, la Chine terminant sa guerre antijaponaise (et dont on prévoyait qu'elle verrait bientôt un grand affrontement intérieur). C'est parce qu'il mesurait la portée de la charge explosive d'une vérité – qu'il rendrait plus pesante en la défendant, lui, l'intellectuel français le plus illustre de ce moment – que Sartre a refusé de révéler la face cachée de l'URSS.

En 1947 paraîtra à New York le livre d'un Soviétique transfuge, Kravchenko. *I choose freedom* se vendra à des millions d'exemplaires. Deux ans plus tard la traduction française, *J'ai choisi la Liberté,* attaquée par l'hebdomadaire communiste *Les Lettres françaises* (dont Aragon n'était pas encore le directeur en titre, mais déjà le responsable réel), donnera lieu à un procès retentissant, qui dura des semaines, et opposa les témoins anti- et les militants pro-soviétiques. Les débats ont été noyés sous une telle tornade de passions partiales que les incontestables vérités sur les persécutions en URSS se sont trouvées recouvertes par l'affrontement de deux politiques.

En 1948, après la première des *Mains Sales,* un journaliste américain écrira : « Les papes de ce monde haïssent également le pape de l'existentialisme. » Effectivement, le PC et le Saint-Office dénonçaient Sartre en des langages différents mais au nom du même crime : le sacrilège.

En 1947, des écrivains d'idéologies opposées – Thierry Maulnier, fidèle de la maurrassienne et royaliste *Action française,* ou Mauriac d'une part, et d'autre part Sartre ou Camus – se rencontraient sur un point : il n'est de littérature qu'engagée.

A la Libération, Sartre avait, avec Simone de Beauvoir et leur groupe, fondé une revue mensuelle, *Les Temps modernes.* Avec eux la dirigeait un autre philosophe, ancien camarade de Sartre à l'École Normale Supérieure : Maurice Merleau-Ponty. Philosophe également sorti de sa tour d'ivoire, il avait implanté la phénoménologie en France. Le rusé Heidegger, qui se trouvait à l'époque fort gêné par un passé – bref mais évident – de nazi, tentait de diviser les existentialistes français en déclarant Merleau-Ponty plus proche que Sartre de son maître à lui, Husserl. Or Husserl, étant juif, avait été privé de sa chaire et Heidegger avait, fût-ce malgré lui, profité de l'éclipse de son maître. Tout ceci contribuait, en cette après-guerre, à donner à l'existentialisme français plus de rayonnement qu'à l'existentialisme allemand parmi les jeunes d'Europe et d'Amérique. *Les Temps modernes* étaient vraiment « la » revue des jeunes intellectuels de l'époque. Maurice Merleau-Ponty, dans *Le Yogi et le prolétaire,* prendra position contre les communistes, au nom même d'une analyse dialectique de la société.

Aujourd'hui, il suffit de feuilleter le premier trimestre des *Temps modernes* pour constater que les auteurs publiés sont devenus l'objet de cours de philosophie ou de littérature dans toutes les universités d'occident.

Le Yogi et le prolétaire de Merleau-Ponty voisine avec *Pour une morale de l'ambiguïté* de Simone de Beauvoir et avec le texte-clé de Sartre : « Qu'est-ce que la littérature? » Ce manifeste pour l'engagement, traduit dans toutes les langues y compris le japonais, commence par : « Si vous voulez vous engager, écrit un jeune imbécile, qu'attendez-vous pour vous inscrire au parti communiste? » Et Sartre pose à partir de là les questions fondamentales : Qu'est-ce qu'écrire? Pourquoi écrit-on? Pour qui? Que signifie : défendre la liberté? De quelle liberté parle-t-on? Des « valeurs idéales » ou d'une « liberté concrète, quotidienne qu'il faut protéger en prenant parti dans les luttes politiques et sociales »?

La revue publiait aussi des noms inconnus qui deviendront célèbres : Nathalie Sarraute, Étiemble, Colette Audry, Boris Vian.

Mars qui rit malgré les tempêtes...

C'est en mars que tout s'assombrit...

Les coups de gong de la presse ont ponctué ces trente jours. Idylle franco-anglaise à Dunkerque, mais loi martiale proclamée par les Anglais en Palestine. A Moscou, la Conférence constate la *désalliance* et prélude à l'hostilité. A la fin du mois de Gaulle fonde son parti, le « Rassemblement du peuple français ». Peu avant, et bien après, l'insurrection de Madagascar suscite un véritable massacre. Il aura, sur la politique intérieure française mais surtout sur les rapports avec l'Union française, des conséquences durables.

Pourtant, les « troubles de Palestine » seront, de tous les moments forts de cet avant-printemps, ceux qui pèseront le plus longtemps sur l'ensemble du monde. En réalité, la résistance sioniste avait commencé dès avant la fin de la guerre. Les terroristes des divers groupes faisaient éclater des bombes en Angleterre. Dès l'armistice, les travaillistes venant au pouvoir à Londres, l'Agence juive exigea l'application du « programme de Biltmore ». Les travaillistes, jusqu'alors partisans du sionisme, se trouvaient freinés par les intérêts vitaux de l'Angleterre dans le monde arabe. Ils ont tenté d'obtenir l'aide des États-Unis pour créer une situation d'équilibre entre Arabes et Juifs, mais se sont heurtés à la communauté juive américaine. Le 22 avril 1946 à Jérusalem, à l'Hôtel du roi David, un attentat a tué 91 fonctionnaires, anglais, arabes et juifs. En février 1947 les travaillistes anglais, suivant en cela l'avis pressant de leur adversaire Churchill, ont posé le problème palestinien devant l'ONU... les troubles avaient commencé.

Deux dames et un traité

Le 2 mars, pendant que la Palestine commençait sa guérilla, les Anglais étaient attendus à Dunkerque pour signer un traité qui officialisera l'amitié franco-anglaise pour un demi-siècle.

Dunkerque avait été détruit, comme Brest « dont il ne reste rien » (chante Prévert). Dunkerque était encore ville-chantier, ville de baraques provisoires. Mars est glacial, venteux, traversé de grêlons et de pluie. La préfecture, reconstruite en priorité, possédait une salle pour cinquante personnes; le 2 mars sont arrivés deux cents journalistes et une centaine d'officiels et de techniciens.

Les Dunkerquois n'avaient guère de spectacles dans leurs rues dévastées. Les voilà tous sortis de leurs baraques, surgis des caves et des pièces uniques pour familles nombreuses. Les plus aisés portent des canadiennes de mouton retourné, les autres des imperméables de couleurs vives. La foule est dans la rue malgré le vent et le grésil, criant des vivats et levant l'index et le médius en V : le signe de la victoire popularisé par Churchill. On chante *La Marseillaise* et *God save the Queen;* on chante *Ami entends-tu,* le chant des Français de Londres que la radio envoyait aux occupés pendant la guerre. Et parfois même on siffle la chanson de la « drôle de guerre » qui avait servi ensuite aux Allemands à tourner les Anglais en dérision. Mais la voilà redevenue réaliste : *We'll hang up our washing on the Siegfried line. If the Siegfried Line's still there*[1].

Les Français sont arrivés par train-pullmann où avaient pris place deux femmes. L'épouse de l'ambassadeur britannique, Lady Diana Cooper, reine de Paris, en new-look de Dior. Et Suzanne Bidault, conseiller d'ambassade, épouse du ministre des Affaires étrangères, vêtue avec une simplicité classique dont la démonstration muette n'a pas semblé culpabiliser l'Anglaise. A l'arrivée, Mrs. Bevin, femme du chef du Foreign Office, Mrs. Alexander, et Mme Massigli, femme de l'ambassadeur français à Londres ont montré qu'elles avaient opté, elles aussi, pour la sobriété.

Le traité avait exigé des préparatifs minutieux. L'alliance militaire n'était prévue qu'en cas d'agression allemande; on débattit la question de savoir si l'attaque « menaçante » suffisait ou s'il la fallait « caractérisée ». Les chancelleries faisaient des gorges chaudes de ces *distinguo*. A noter – c'est un signe que la guerre froide n'est pas encore admise comme une évidence – qu'il n'était pas question de défense contre une éventuelle attaque venant de l'Est. Le mois suivant, de Gaulle en évoquera la possibilité, faisant ainsi entrer la menace de la guerre froide parmi les hypothèses d'avenir.

Les parlements anglais et français ont, enfin, approuvé la convention. La grande salle de la Préfecture semble un métro aux

1. « Nous pendrons notre linge sur la ligne Siegfried. Si la ligne Siegfried est encore là... » La ligne Siegfried, ensemble de fortifications, était l'équivalent de la ligne Maginot du côté français.

heures d'extrême pointe. Bevin-le-corpulent a peine à s'insérer entre table et fauteuil. Les journalistes se sont presque battus avec Jacques Dumaine, le chef du protocole.

Au dernier moment, une courte panique. Le traité, le parchemin n'est pas là. Le chef du « Treaty Department » est en panne sur la route de Calais. Enfin un coup de téléphone parvient; on envoie des voitures à la rescousse et on le trouve, très digne, très raide, assis dans son auto immobilisée, portant sur les genoux la boîte de maroquin rouge qui contient le document, lié d'un ruban. On le ramène. Flashes, bousculades, empoignades; la signature a lieu.

La cérémonie déroule ses péripéties juste avant que les ministres des Affaires étrangères britannique et français partent pour Moscou où va s'ouvrir la Conférence des quatre alliés sur l'Allemagne. Bidault et Bevin savent-ils que les désaccords y deviendront antagonismes? Savent-ils que, pour la première fois, cette menace de Troisième Grande Guerre, jusqu'alors agitée comme un spectre, va prendre la consistance d'une éventualité, d'un possible futur? Sont-ils conscients que la guerre froide deviendrait l'unique alternative à la catastrophe?

C'est probable pour le Britannique. Ce n'est pas certain pour Bidault : il garde le fantasme d'un privilège de la France auprès de Staline. Anticommuniste, antisoviétique, il pense pourtant, comme de Gaulle, que l'URSS, en grande partie européenne, ne doit pas être exclue des alliances françaises.

Bevin partira directement de Paris pour Moscou. Bidault est accompagné au train par la direction du MRP et Francisque Gay, austérité d'ermite et humour de faune, l'embrasse. La fanfare joue un air inconnu : l'hymne à Jean Bart, chant du MRP. Les Français ont vu passer en transit le chef américain victorieux que Truman vient de nommer secrétaire d'État.

George Marshall, Américain de légende

Nul ne décrit mieux le général George Marshall que sa deuxième femme, Katherine Tupper[1], veuve pourvue de trois enfants qui l'a rencontré chez des amis en Géorgie (USA). Il était alors colonel, veuf, sans enfant. Debout devant la cheminée, il refuse un cocktail : pas d'alcool. Il raccompagne la jeune veuve et sa fille; Katherine lui dit qu'elle n'aimerait pas la vie des officiers. Il lui demande :

1. Katherine Tupper : *My husband, General G. Marshall.*

« Avez-vous connu beaucoup d'officiers? »

Il l'épousa au mois d'octobre suivant.

Pendant la guerre, ils sont séparés : elle espère qu'à la victoire ce sera la retraite et la paix dans le domaine. Le 9 octobre 1945 le ministère de la Guerre publie en livre un rapport biennal du Général, qui devient un best-seller pendant trois mois : les droits vont à la Caisse de Secours de l'Armée.

A la fin de l'année, il est envoyé en Chine. Le couple arrive d'abord dans Chun-King, ancienne capitale, ville purement chinoise grouillant de réfugiés; quinze jours après la capitale est transférée à Nankin où ils s'installent dans l'ancienne ambassade d'Allemagne qui a l'avantage d'être intacte. Tous les samedis, George partait à Kunling, capitale d'été, pour converser avec Tchang Kaï-tchek. Le vainqueur américain de la guerre s'imposait toutes les semaines une heure et demie en petit avion, la traversée du Yang Tsé sur une canonnière japonaise, plus un parcours de quarante minutes en auto, suivi de trois heures de chaise à porteurs (ce qui pour lui était hautement désagréable), à six coolies par chaise pour franchir neuf kilomètres en montagne. Puis, tous les lundis, le général Marshall redescendait vers Nankin pour conférer avec Tchou En-laï. Ces entretiens entre l'homme qui avait subi pendant tant d'années la discipline de l'Internationale pour assurer à Mao un lien avec Moscou, et un homme incarnant aussi parfaitement les valeurs traditionnelles de l'Amérique, devaient offrir une densité romanesque exceptionnelle. Après ces efforts, le général Marshall avait renoncé au rêve américain de concilier les deux Chine. Il est donc résigné à soutenir Tchang Kaï-tchek contre Mao quand il revient à Washington, le 7 janvier 1947. Il assure sa femme que désormais ils vivront sur leur domaine. Mais, quelques jours plus tard, il était nommé secrétaire d'État et, six semaines après son retour d'Extrême-Orient, il partait pour la conférence de Moscou.

A son passage, à Paris, ceux qui l'ont approché ont trouvé qu'il incarnait parfaitement l'idéal lincolnien : transparent dans sa vie privée, et d'une simplicité d'allure paternelle dans sa vie publique; éternel soldat en service civil, éternellement prêt à servir l'humanité. On le disait expert en affaires soviétiques? Il répondait par le mot du journaliste Paul Winterton :

« Il n'y a pas d'expert de l'Union Soviétique; il n'y a que des degrés dans l'ignorance. Heureusement, j'ai confiance dans mon ambassadeur à Moscou. »

Cette humilité, son dédain de l'étiquette, sa prestance solide ont fait l'admiration de Vincent Auriol, de Ramadier et du général Juin avec qui il s'est entretenu de l'Afrique du Nord. Les Français ne voyaient pas sans inquiétude l'implantation de l'influence américaine, au moins économique, au Maroc.

Marshall à Moscou

L'ambassadeur des USA, William Bedell-Smith, avait fait son possible pour transformer son ambassade, « Spaso-House » en lieu de rencontres Ouest-Est; il crut au début avoir remporté quelques succès, mais aux premiers jours de 1947 la situation devenait déjà plus difficile. Dans ses rapports au State Department il écrivait : « L'étiquette en URSS est plus rigoureuse que dans une cour royale. »

Le corps diplomatique des pays occidentaux tout entier s'était imposé de se trouver, sous le vent glacial de février, à l'aéroport de Moscou pour accueillir le maître – après Truman – des États-Unis. Chacun se demandait, et Bedell-Smith le premier, comment ce soldat à l'image de Lincoln, qui n'avait de l'URSS qu'une connaissance livresque, allait naviguer parmi « cette bande de rusés marchands levantins » (c'est ainsi que l'ambassadeur américain voyait les gouvernants soviétiques).

La première poignée de main soviétique, George Marshall la reçoit du plus occidental des Russes : André Vichynsky. Pas grand, les traits réguliers, les manières sobres, le ci-devant hobereau, ancien procureur des procès de Moscou après avoir été menchevik pendant la Révolution, dirigeait en 1947 le département américain du ministère des Affaires étrangères soviétiques. Les Occidentaux auraient sans doute apprécié son sens de l'humour s'il avait été moins noir quand on l'éclairait aux événements de sa vie. Longtemps, Vichynsky avait volontiers montré son vieux stylo : c'était celui qui avait signé la Constitution soviétique, admirable monument juridique qui lui devait beaucoup. Il cessa de le montrer le jour où quelqu'un observa – comment l'avait-il su? – que ce stylo lui avait été donné par celui qui avait contrôlé et formulé cette Constitution : Boukharine, le plus populaire des vieux bolcheviks, à qui Vichynsky avait arraché non seulement la vie, mais l'honneur en le contraignant aux aveux les plus humiliants et les plus faux « pour servir le Parti ». Mais, à ceux qui voulaient oublier le passé, Vichynski pouvait paraître plein de charme. Ainsi, récemment, lors d'un séjour à Paris, l'ancien procureur avait revu un condisciple de la

Faculté de Saint-Pétersbourg devenu professeur à la Sorbonne, le sociologue Georges Gurvitch, et avait véritablement ensorcelé cet antibolchevik convaincu.

La voiture américaine roulait vers Spaso-House, et l'ambassadeur montrait Moscou au général-ministre. Les passants luttaient contre le vent, emmitouflés de tout ce qu'ils avaient pu trouver en fait de vieilles vareuses de cuir, de peaux de biques, de bottes en feutre déchirées. A peine distinguait-on les hommes des femmes sur les chantiers où plus de femmes que d'hommes portaient les rails, pelletaient les décombres, maniaient les seaux de ciment. Dans les vitrines l'ambassadeur désignait jambons, flacons, vêtements : « Ou bien c'est factice, ou bien ce sont des modèles inaccessibles : pour les faire fabriquer il faut posséder le tissu ou le cuir et en plus une autorisation. »

Bedell-Smith rappela que depuis le 17 février – trois semaines déjà – la « Voix de l'Amérique » émettait en russe pour les Soviétiques. Correct, il avait averti le ministère des Affaires étrangères. Il n'y avait pas eu de réponse. Le 10 avril, Ilya Ehrenbourg, spécialiste de l'Occident, commencera dans *Culture et Vie* à dénoncer cette nouvelle « entreprise de subversion de l'impérialisme ». Le 30 avril, le journal satirique le *Krokodil* publiera une caricature. Le brouillage ne commencera que deux ans plus tard. A ce moment près d'un million de postes de radio, à travers l'URSS, captaient cette critique incessante de leur gouvernement, de leur politique et de leur mode de vie : c'était sans doute la première qu'ils entendaient.

Bedell-Smith avait préparé pour le secrétaire d'État une liste de prix calculée sur les salaires horaires des ouvriers soviétiques et américains. Mais avait-il choisi des catégories également qualifiées d'ouvriers? De toute façon, il ne tenait pas compte du salaire « non officiel » que les Soviétiques touchaient en fait en nature, ni de l'extrême modicité des loyers, de l'électricité, bref du minimum nécessaire. Le général Marshall fut stupéfait. Ici, on n'était ni au Japon ni en Allemagne, chez des vaincus, ni dans une Chine séculairement maintenue dans le sous-développement : on était au cœur de la deuxième puissance victorieuse, dans le pays qui avait triomphé de Hitler.

D'après le tableau de Bedell-Smith, une douzaine d'œufs demandait 38 minutes de travail à l'Américain et 4 h 57 au Soviétique; une livre de café, 22 minutes à New York et 14 h 05 à Moscou; une paire de chaussures ordinaires, 7 h 15 à Detroit et 105 heures en URSS; un complet, 28 minutes à Chicago et 508 heures en pays soviétique... (Comment savoir si ces chiffres correspondaient à une comparaison véritable ou s'ils étaient « poussés »?)

Un fait éclatait : le rendement du travail baissait en URSS : cela, l'ambassadeur le démontrait avec des extraits de la presse soviétique. Déçus de ce que le niveau de vie restait aussi bas tant de mois après la victoire, les travailleurs ménageaient leur effort. Les paysans mangeaient, dissimulaient, troquaient leurs récoltes. La pénurie des villes n'était atténuée que par le « marché kolkhozien » officiel où les cultivateurs venaient vendre à leur prix, mais de préférence troquer. Les denrées, en principe, ne pouvaient provenir que de leur lopin de terre personnel, mais en fait... On voyait des paysannes de Crimée ou de Géorgie monter en avion avec leurs paniers de tomates et de fruits : même au prix du transport aérien, la vente restait avantageuse.

Il y avait des chiffres que Marshall connaissait déjà par les rapports des ambassades. Par exemple qu'en Inde la ration journalière de calories était tombée de 1 970 à 1 570, seuil mortel, alors qu'aux États-Unis elle était montée de 3 150 à 3 240. En Europe occidentale, l'Anglais moyen consommait 3 100 calories au lieu de 3 120, ce qui était sans importance, et en France la moyenne était tombée de 2 830 à 2 790. De ces chiffres, Marshall commençait à tirer l'idée du Plan d'aide qui portera son nom, plan qu'il désira peut-être sincèrement étendre à tous les pays... sachant qu'une influence économique prépare solidement le terrain à l'influence politique. Sans aucun doute il pensait au rayonnement encore inégalé qu'en tireraient les USA, et avait parfaitement bonne conscience : quelle œuvre pouvait être plus utile que la remise en route de l'Europe? Pour le reste du monde, il comptait sur la FAO créée par Roosevelt juste avant sa mort.

Les premiers jours du séjour à Moscou se sont passés pour Marshall à l'ambassade, où Bedell-Smith lui expliquait le fonctionnement du Bureau politique du parti communiste soviétique. Tous les membres du Politburo n'étaient pas équivalents. Leur importance réelle ne se mesurait pas à leurs fonctions officielles. On pouvait par contre la déduire du rang dans lequel ils étaient cités dans les écrits officiels du Parti et ce rang pouvait varier en peu de semaines. Pour le moment venaient, dans l'ordre, après Staline, la « troïka » : Molotov, Beria, Jdanov. En janvier 47, ils étaient suivis de Vorochilov; Khrouchtchev l'ukrainien ne venait qu'en neuvième position. Quant à Mikoyan, dont en 1953 tous croiront qu'il succéderait à Staline, il était cité en dixième. Le onzième et dernier ne figurera plus sur la liste à la fin de l'année. C'était un économiste brillant, dirigeant du « Gosplan »[1], Voznessensky, premier vice-président du Conseil des ministres. Il disparaîtra. Il faudra attendre la publication, en 1972, du livre de Roy Medvedev sur le stalinisme pour apprendre ce qui s'était passé. L'auteur cite les Mémoires – inédits – du secrétaire de Voznessensky qui se nommait V. V. Kolotov *(Aspirations vers l'avenir*, sans doute publié en Samizdat). Kolotov raconte qu'un soir de 1947, ouvrant comme à l'ordinaire un envoi de Béria à son patron, il y trouva une liasse agrafée.

« Sur une première feuille on lisait, imprimé, " Liste de personnes susceptibles de..." Je tenais en main une longue liste de condamnés à être fusillés. A la fin de la liste Beria, Chkiriatov et Malenkov avaient signé en diagonale. La liste était envoyée à Voznessensky pour approbation.... »

Kolotov avait porté la liste à son patron qui l'avait lue très lentement pour ensuite dire avec indignation qu'il fallait la renvoyer. Il avait téléphoné à l'envoyeur : « Jamais je ne signerai une liste de ce genre. » Voznessensky savait-il qu'ainsi il signait sa propre condamnation? Au début de 1949, il aura perdu toutes ses responsabilités au gouvernement et ne figurera plus au Comité central. Staline refusera de le recevoir pour l'entendre. Beria tentera de l'impliquer dans le procès qu'il fabriquera de toutes pièces contre les dirigeants du Gosplan : la cohérence de cette équipe d'économistes, et leur pouvoir, concret parce qu'économique, l'inquiétait. Il avait l'impression d'un groupe indépendant sur lequel la police manquait de prise. On les a donc accusés de sabotage : « Voznessensky a cassé le spectacle en niant purement et simplement les accusations et en déclarant, dans sa première déposition, que ce procès était une pure provocation. » On ne l'a donc plus cité; on n'en a pas moins condamné les autres. Voznessensky sera fusillé en 1950. Puis, en 1963, toute cette affaire sera publiée dans la revue *Questions d'Histoire*.

Un Soviétique me dira : « La vérité finit toujours par se faire connaître. Mais les victimes ne sont pas toujours là pour le voir. »

En ces premiers mois de 1947 Voznessensky était encore bien en cour. On le voyait même parfois aux réceptions officielles américaines. Le général Marshall eut l'occasion de lui serrer la main sans soupçonner le drame qui commencerait à la fin de l'année. A ce moment Jdanov aura pris la place de Beria qui, lui, descendra de trois crans pendant que Kaganovitch montera de deux. Grâces et disgrâces fluctuaient sur l'échelle mobile des humeurs staliniennes, avec la mort pour contrepoids.

1. Le « Gosplan » était le programme du gouvernement pour la production de toutes les entreprises d'URSS.

Bedell-Smith dit à Marshall : « Kaganovitch est le meilleur organisateur de l'URSS depuis l'Armée rouge de 1918. Ce cordonnier d'Ukraine est bolchevik depuis 1911. L'URSS lui doit le métro de Moscou et le Dnieprostroï... Pour ce dernier il employa la main-d'œuvre déportée. C'est l'usage depuis les Pyramides, et ce fut celui des tsars. D'ailleurs, comme il ne paraît à aucune réception je n'ai sur lui aucune impression personnelle. On dit mille choses de lui : qu'il est le seul Juif du Politburo, que Staline jadis a vécu avec sa sœur, etc. »

Plus tard, Kaganovitch déclenchera en Ukraine neuf mois de « jours noirs ». Des milliers de gens ont été arrêtés ou, au moins, licenciés de leur emploi pour « nationalisme ». Il est vrai que les maquis ukrainiens continuaient à rendre les routes peu sûres. D'ailleurs dans toute l'Union Soviétique la campagne contre le « cosmopolitisme et l'idolâtrie de l'Occident » privera de leur travail ceux qui avaient trop complaisamment cité des sources occidentales dans quelque secteur que ce soit.

Bedell-Smith a également parlé de Lozovsky, qui s'était occupé des questions d'Extrême-Orient au ministère des Affaires étrangères après avoir, au temps de l'Internationale, dirigé le Profintern, l'Internationale syndicale. Ce petit homme grisonnant avait été, après Litvinoff, un grand premier rôle de la diplomatie. Nul n'avoua jamais qu'il avait été éliminé comme juif, mais en fait ce dirigeant aux décisions rapides fut le dernier haut fonctionnaire d'origine israélite des années staliniennes.

Marshall voulut savoir qui venait aux réceptions américaines. Bedell-Smith eut du mal à répondre. Le jour de la fête nationale, le 4 juillet, les officiels apparaissaient. Molotov viendra à l'occasion de la Conférence. Il dînera avec pour voisin Bevin, et un interprète entre eux. Pour la première fois l'ambassadeur américain entendra rire le n° 2 soviétique : c'est que Bevin lui racontait une histoire irrévérencieuse sur Lénine. L'interprète sera si choqué qu'il dira à l'Anglais « Chez nous on ne plaisante pas sur Lénine. » Bevin répondra : « Chez nous, on fait de l'humour et sur la Reine, et sur Dieu. »

Bedell-Smith détestait l'agressivité verbale de Molotov, ses outrances, les rages qui le faisaient bégayer. Le ministre russe avait l'anti-américanisme d'autant plus chatouilleux qu'un frère de sa femme, Sam Karp, était un businessman américain du Connecticut, ce qui vaudra à Mme Molotov d'être déportée durant les années de folie antijuive de Staline.

L'ambassadeur américain était allé voir Goering dans sa prison de Nuremberg, et le nazi lui avait raconté, entre autres, la visite de Molotov à Ribbentrop, en 1940, pour demander que les Allemands retirent leurs troupes de Finlande et de Roumanie. « J'ai failli tomber de ma chaise de stupeur, avait ajouté Goering. C'est un homme qui ne sait pas jusqu'où l'on peut aller trop loin. »

Avant l'été, et le refus du plan Marshall qui consommera officiellement la scission des deux blocs, d'autres Soviétiques se montraient à l'ambassade des USA. Einsenstein, gloire du cinéma russe révolutionnaire viendra jusqu'à sa mort aux présentations de films, amenant son disciple Alexandrov. Apparaissait aussi un extraordinaire personnage qui professait à l'Académie militaire, le général-comte Ignatieff, seul vestige des officiers supérieurs tsaristes, revenu d'émigration pour mourir sur la terre natale. Celui-là avait le charme et la folie des Russes de jadis, habitués de la Côte d'Azur et des boîtes de nuit parisiennes. Mais même Ignatieff n'osera plus paraître chez les Américains quand fut promulguée la loi sur les secrets d'État : tout pouvait être considéré comme secret, à volonté.

« Nous avons également, comme tous les chefs de poste occidentaux, nos correspondants soviétiques désignés », dit Bedell-Smith. Les anges gardiens et informateurs sur ordre des Américains étaient un jeune couple. Quand ces Alexandrov invitaient les Bedell-Smith, ils recevaient dans un appartement de fonction qu'ils n'habitaient pas et qui servait à plusieurs correspondants, alternativement. Ils y organisaient soit un concert, soit une projection de films. Les Bedell-Smith, tout en connaissant leur rôle, s'étaient attachés à eux. Mais en 1949 les Alexandrov ont disparu. On apprit par la suite que la jeune femme avait été libérée et que le mari fut condamné pour « divulgation de secrets d'État ».

Mais lors de la visite de Marshall, l'ambassadeur ignorait la fin de l'histoire. C'était l'époque où Staline accordait une interview à Harry Hopkins et lui disait, entre autres, que les Soviétiques seraient autorisés à frayer avec les étrangers dès que leur niveau de vie se serait amélioré.

Le secrétaire d'État américain portait peu d'intérêt aux interlocuteurs désignés et se montrait plus curieux de Beria et Jdanov dont parlaient constamment les rapports des services secrets. De Beria on ne savait pas grand-chose : il était, pour l'Occident, le Mal absolu, l'arbitraire, la police secrète. Jdanov, par contre...

Le fils de la musicienne

André Jdanov, roux, rouge, à petite moustache, avait l'air le plus ordinaire et le moins compatible avec ses fonctions de dictateur à la culture. Il était le grand patron de l'idéologie. Donc des intellectuels, mais pas d'eux seulement. Fils d'une enseignante de musique il aurait, sans la révolution, été musicien. Aussi prit-il un plaisir sans doute très vif à remettre au pas, dès 1946, les grands compositeurs soviétiques. A leurs réunions il venait avec un phono et des disques, faisant jouer quelques mesures des œuvres classiques, Moussorgsky, Tchaïkovsky, puis quelques mesures des œuvres modernes pour démontrer sur pièces le « formalisme décadent », le « manque d'attention aux richesses populaires » dont se rendaient coupables, à des degrés divers, Prokofieff (revenu d'émigration), Chostakovitch ou Katchatourian. Les séances de l'Union des Musiciens avaient été épiques et le phono à manivelle de Jdanov s'était transformé en appareil de torture intellectuelle et morale.

Depuis 1946 d'autres réunions de ce genre avaient remis au pas peintres, sculpteurs, écrivains, etc. Zochtchenko, l'humoriste, avait été exclu de l'Union des Écrivains : or, c'était l'Union qui distribuait les cartes de rationnement. Zochtchenko avait donc été contraint à une autocritique et à redemander humblement qu'on veuille bien lui rendre ses titres d'alimentation; ce qui lui fut accordé comme une grâce. Cet épisode, Jdanov le racontera lui-même au Yougoslave Milovan Djilas en riant de la bonne plaisanterie [1].

Si Zochtchenko avait été châtié pour crime d'ironie, « dérision de la société soviétique socialiste », la tendre et lyrique poète Akhmatova le fut pour des vers que murmuraient tous les amoureux : son « individualisme petit-bourgeois » l'avait fait exclure de l'Union. D'elle, comme des poèmes d'amour d'Alexandre Korneitchouk, l'un des écrivains et correspondants de guerre les plus célèbres du pays, Staline avait dit : « Leurs vers auraient dû être publiés en deux exemplaires : un pour elle, un pour lui. » Après ce trait d'esprit, la poésie lyrique se trouvait officiellement liquidée.

Blâmes, brimades, diffamation s'abattaient également sur le plus authentique des poètes russes vivants : Boris Pasternak. Eisenstein et les cinéastes de la première époque, Poudovkine inclus, ont également été accusés de « formalisme ».

1. M. Djilas, *Conversations avec Staline.*

Mais déjà Jdanov perdait du pouvoir en faveur de Beria. Il mourra d'un infarctus le 31 août 1948. Sa maladie de cœur, l'ambassadeur américain l'attribuait à la tension de la lutte pour le pouvoir.

Quand la cote de Jdanov baissera, les diplomates occidentaux en rendront responsable l'affaire Lyssenko qui, d'après eux, avait été montée par Beria précisément pour triompher de son rival.

Lyssenko était un biologiste qui prétendait avoir pratiquement démontré l'hérédité des caractères acquis et la fausseté des lois de Mandel. En somme, une plante, un animal auquel on avait fait acquérir des caractères particuliers par greffe, etc., pouvait les transmettre, ce qui modifiait tout, depuis la qualité du blé jusqu'au rendement des vaches.

Plus tard, en 1948-1949, dans les divers partis communistes, mais surtout en France, l'affaire Lyssenko mènera à rejeter du Comité central un savant qui niait ces affirmations ou du moins leur certitude. Une revue communiste, *Europe,* publiait un numéro spécial, préfacé par Aragon, à la gloire de Lyssenko. Or un parent de Jdanov – on disait même que c'était son fils – biologiste généticien, avait pris parti contre Lyssenko. Cependant, en novembre 1947, Jdanov devait encore monter d'un cran qu'il gagnait sur Beria tandis que Malenkov aussi gagnait une place, arrivant ainsi en neuvième position dans le Politburo.

Malenkov, gros homme de quarante-huit ans au visage mou, tenait en main l'appareil du Parti. Il était depuis 1946 responsable de l'Orgburo (bureau d'Organisation). Bolchevik depuis 1920, il avait, pendant la guerre, réorganisé l'aviation et, depuis, les régions libérées. Il gardait encore l'uniforme gris à petit col rabattu des temps révolutionnaires, que presque plus personne ne portait.

Quant à Laurenti Beria, ce maître absolu des combinaisons obscures, ce chef officiel de la Sécurité ressemblait plus à un savant qu'au policier le plus puissant du monde. Front large, visage fin, air distingué, bolchevik dès 1917, il avait lui aussi quarante-huit ans et, depuis 1938 – c'est-à-dire depuis les procès, il dirigeait le MVD, le ministère des Affaires intérieures, ayant convaincu Iéjov, son prédécesseur, de trahison quelques mois après lui avoir été adjoint. Il jouissait d'autant plus de la confiance de Staline que, Géorgien, c'est dans leur patrie commune qu'il avait fait ses premières armes, y organisant la Sécurité puis les Affaires intérieures. Les Occidentaux qui, par hasard, le rencontraient, lui trouvaient le « regard direct »...

Sous les yeux d'Occident...

Avec les officiels une petite armée de journalistes campait à Moscou. Parmi eux, un ami de Bidault Georges Le Brun-Kéris, qui voyagea en URSS pendant sept semaines, tentait de répondre à l'insoluble question : quel trait venait du communisme, et quels autres de l'éternelle Russie?

Moscou? Un immense village asiatique. Presque toutes les façades modernes dataient encore, à l'époque, d'avant la révolution. Derrière elles, s'étendait le lacis des maisons de bois, avec des détritus parfois à même la cour. Les intérieurs où les familles s'entassaient (chaque Moscovite avait officiellement droit à 6 m^2) surprenaient par contre par leur propreté. Dans une maison de 8 pièces Le Brun-Kéris compta 34 personnes. Pas d'eau, mais chacune des 11 familles avait le téléphone. Le loyer, calculé sur le revenu, se réduisait à presque rien.

Les journalistes ont parcouru les 26 stations du métro, cathédrale du modernisme soviétique. Ils ont piétiné dans la boue pour contempler la momie de Lénine, idole de la foi marxiste. La nuit de Pâques, ils ont vu la foule, debout dans la neige fondante, devant les églises trop pleines et chantant les psaumes en slavon devant un service d'ordre sans brutalité. Le Brun-Kéris se dit que « 6 millions de communistes gouvernaient 200 millions de chrétiens ».

Les rations alimentaires étaient alors plus élevées qu'à Paris : 450 grammes de pain par jour, et, par mois 1 livre de sucre, 600 grammes de matière grasse, 750 grammes de viande. En plus du marché kolkhozien, il y avait le marché noir des travailleurs privilégiés qui avaient droit à plusieurs rations (par exemple, certains intellectuels, comme les journalistes de la *Pravda,* en touchaient cinq). C'est pourquoi les calculs de Bedell-Smith étaient inexacts. A la question « Combien gagnez-vous »? il fallait, ici, ajouter : « Et combien de rations? » Le salaire, pour combattre l'inflation, était partiellement donné en nature.

Ce qui permet de mesurer la profondeur des disgrâces : le droit aux magasins spéciaux, aux coopératives, était réservé aux membres des Unions professionnelles : exclu, on perdait la possibilité de toucher ses rations.

Les journalistes français, durant toute l'année, compareront avec la France : les communistes feront ressortir avec véracité que les rations de Vincent Auriol (200 grammes de pain par jour à la soudure) défavorisaient l'Occident...

D'autres points de comparaison s'imposaient. Une Américaine parlait de l'antisémitisme : l'URSS, disait-elle, « est le seul pays où l'on soit aussi antisémite qu'aux USA où l'on a confiné les Juifs dans le ghetto de New York. Et si les carrières d'argent où ils sont confinés n'existent pas ici, on en trouve peu dans la diplomatie ou la haute administration : chez les deux grands existe donc un numerus clausus secret »? (Nul ne savait à quel point l'antisémitisme soviétique surpassait celui – purement mondain et social – qui subsistait en Amérique.)

A Moscou on tolère une synagogue aux airs d'Orient. « Le temps est loin, remarque Le Brun-Kéris, où de jeunes Juifs révolutionnaires jetaient la Thora au ruisseau. » Le temps était loin aussi où l'on brûlait les icônes.

La Conférence s'enlise

Appuyé par Bevin, le général Marshall soutient l'idée d'un pacte quadripartite de quarante ans qui protégerait le monde d'une nouvelle guerre. Bidault est d'accord : il voit en ce pacte un « statut de la paix » qui engagerait l'Allemagne... sans qu'aucun gouvernement allemand l'ait signé, puisqu'il n'y a pas de gouvernement chez la grande vaincue. Plus réalistes, Molotov et Bevin exigeaient la création d'un gouvernement habilité à signer. L'URSS, en 1947, voulait la réunification du Reich vaincu, et qu'il soit gouverné de Berlin. Ce que les Américains n'admettaient pas, puisque les Russes occupaient une partie de Berlin.

Molotov avait divisé le problème en huit chapitres : Démilitarisation, Dénazification, Démocratisation, Réorganisation économique, Réparations, Réorganisation territoriale, Organisation de centres administratifs, Problème des personnes déplacées.

Les Américains ne parlent guère que du « statut de la paix ».

Les séances traînent. Tandis que les ministres discutent, leurs suppléants s'occupent des questions annexes. L'Italie demande si elle pourra signer le traité. Le 25 mars Vichynski répond oui. Et l'Albanie? Et l'Allemagne? Sur ce point Bidault s'obstine : non, le pays de Hitler n'a pas à signer, on signe pour lui.

« Ce sac de questions, murmure Bidault, il faudra bien l'ouvrir un jour... » En attendant on hésite.

L'opposition entre Occidentaux et Soviétiques durcit. Pendant quelque temps la France essaie une position d'équilibre, soutenant un camp, puis l'autre selon les cas.

Ainsi, pour la démographie, elle se range aux côtés de l'URSS.

Le trop-plein de l'Allemagne, une Allemagne surpeuplée, fût-ce artificiellement, en y accumulant les personnes déplacées, fait lever le spectre – à peine dissipé – de « l'espace vital », du « Lebensraum » au nom duquel l'Europe fut envahie. De même Bidault s'oppose à l'accroissement du potentiel industriel de l'Allemagne, non par crainte mercantile, pour préserver l'expansion française, mais à cause de l'angoissant souvenir du « Deutschland über Alles ».

Les phrases de Bidault semblent dérisoires un quart de siècle plus tard, quand l'Allemagne est devenue, des deux côtés de la barrière idéologique, une puissance industrielle incontestée. Molotov renchérissait sur le Français, mais pour en tirer des conclusions opposées : « Les Allemands sont dangereux partout. Ils le seraient donc dans les pays où ils émigreraient. » En 1945 on lisait en russe sur les routes frontalières : « Ici commence la maudite Allemagne. » Dans les familles françaises se transmettait l'horreur sacrée de l' « Allemagne éternelle », de l' « ennemie héréditaire ». Les Prussiens de 1871, les Boches de 1914 et les Chleuhs ou les doryphores (c'est un parasite de la pomme de terre, or l'occupant monopolisait la nourriture) de 1939-1945, expliquent la position de la France. Mais qu'un agrégé d'Histoire, humaniste et lettré, ait à ce point mal analysé les effets du traité de Versailles et n'en ait tiré aucune leçon, reste surprenant. Bidault explique sans sourire :

« L'Allemagne doit refaire l'apprentissage de la démocratie et de ses méthodes. Elle ne peut le faire au début que sur le plan local. »

Et il propose, prenant position contre Molotov, un programme d'émigration organisée. Par contre, plus de transfert de populations, fussent-elles germaniques d'origine, sur le territoire allemand (ceci visait les habitants de la Silésie désormais polonaise, et des Sudètes). Interdiction aux « personnes déplacées » (anciens des camps et des prisons) de s'établir en Allemagne.

En fait, la France se débattait dans des difficultés de main-d'œuvre qui l'amenaient à supplier les Américains de lui « prêter » des prisonniers de guerre : ils en avaient prêté 426 000 ce qui, avec les prisonniers faits en France, portait à 632 000 les Allemands des mines et des champs. Il faut les rapatrier. Or, parmi les Français revenus des camps, près d'un demi-million sont inaptes au travail. La France obtiendra à grand mal des Anglo-Saxons le droit de proposer aux Allemands de choisir entre le retour et le statut de travailleur libre. En même temps des commissions de recrutement parcouraient les zones occidentales d'occupation.

Bidault ne pouvait se permettre d'oublier, à la conférence de

Moscou, le besoin de bras en France (qui sera finalement résolu par l'afflux des Italiens).

Un prof' d'histoire chez le tsar des peuples

Le 17 mars, premier des Occidentaux, Georges Bidault est reçu chez Staline. Il l'avait déjà rencontré quand le Kremlin avait reconnu le « Gouvernement provisoire de la République française ». Pour un professeur d'histoire, entrer au Kremlin évoquait inéluctablement Ivan le terrible.

Quelqu'un avait raconté à Bidault une histoire qui le hantait. C'était au temps des grandes épurations, en 1938. On préparait le procès de Boukharine, l'homme le plus populaire du gouvernement, celui qui défendait les paysans contre la collectivisation forcée. Toutes les nuits, Staline se glissait hors de ses appartements. Il allait s'entretenir avec Boukharine. Pourtant, le scénario était déjà au point : on allait plonger l'accusé dans la boue des trahisons imaginaires. On lui extorquerait des aveux qui l'anéantiraient aux yeux de la postérité. Pourtant, disait-on, Staline et Boukharine parlaient de tout, comme avant l'arrestation : de l'avenir de l'URSS, de la construction du socialisme. Boukharine fut condamné à mort. Un soir dont tous, sauf Staline, ignoraient qu'il était le dernier, que Boukharine serait fusillé le lendemain, le Maître était revenu à pas lourds. Le général aide-de-camp, stupéfait, l'a entendu lui donner l'ordre de l'accompagner dans la salle des bijoux du trône, au musée du Kremlin, en apportant les clés des vitrines. Staline a fait ouvrir celle de la couronne, sorte de tiare constellée, du monarque, du « monomach ». A sa demande, le général l'a tendue vers la mauvaise main du Maître, celle que Staline mettait volontiers dans sa vareuse. Il faillit laisser tomber la tiare. La rattrapant des deux mains, Joseph Vissarionovitch dit d'une voix funèbre : « Ah qu'il est lourd, le couvre-chef du Monomach! »

Bidault a-t-il pensé à cette scène de grand opéra quand l'huissier gris soutaché de rouge l'accueillit? Sitôt après, botté, revolver à la ceinture, épaulettes d'or et uniforme vert olive à passepoils rouges, surgit un colonel souriant. Il prend livraison de l'hôte et de son traducteur et les conduit au troisième étage où ils suivent lentement un couloir à méandres. A chaque recoin se tient un homme de la Sécurité.

Les voilà devant la double porte, capitonnée de vert sombre. Des salles de réception, compassées et vieillotes, s'ouvrent en enfilade. Dans la deuxième se trouvent des officiers de la Sécurité autour d'un gros général chauve. C'est le chef de cabinet. Il se lève de son bureau, s'incline, serre les mains, fait entrer les visiteurs dans une salle boisée.

Là, entouré de Molotov et de son interprète, se tient Joseph Djougachvili. Trapu, très droit, en uniforme de maréchal, il rayonne d'hospitalité. Ses yeux sourient au-dessus de sa seule décoration : celle de héros de l'Union Soviétique. Au-dessus d'eux, au mur, les portraits des généraux de la sainte Russie, Souvorov et Koutouzov.

Les voilà face à face. Un intellectuel français, rodé aux concours scolaires, imbu de culture classique, plein de faiblesses humaines mais ferme dans son patriotisme. Sans doute a-t-il le goût de l'influence et du pouvoir, mais à la façon d'un pays aux tendances, aux partis, aux courants multiples. Georges Bidault ne dispose, et le sait, que d'une mince parcelle de pouvoir délégué, provisoire et fragile.

En face de lui, l'homme qui sourit de ses yeux de félin redoutable exerce, depuis vingt ans, le pouvoir absolu sur deux cents millions d'hommes. Il est porté par un pays partiellement détruit, exsangue, mais indubitablement victorieux. Cette victoire, de plus, donne à ce « monomach », souverain au nom du marxisme, le droit de rappeler les vieilles démocraties à la reconnaissance.

Cet homme, très peu de Soviétiques l'ont vu autrement que de loin, sur une tribune, le 1er mai ou lors du défilé de la victoire. On pourrait compter ceux qui lui ont serré la main. Contrairement à de Gaulle ou à Churchill il n'a jamais éprouvé le besoin d'un « bain de foule », lui préférant les immenses cortèges encadrés qu'il regarde et patronne de loin.

Dans l'entourage de Bidault, plusieurs Français ont tenté de savoir si Staline était remarié, ou même simplement s'il s'était rendu sur le front pendant la guerre. Nul ne savait ou n'a voulu le dire. Ce que l'on sait de tous les chefs d'État occidentaux, ici même les hauts fonctionnaires l'ignoraient de leur maître. Ses voyages ne sont jamais officiels. Une seule fois il a quitté les frontières soviétiques... sans les quitter vraiment : il s'était rendu à Potsdam, mais ses troupes occupaient le palais des rois de Prusse. Une fois l'an, dans un déploiement de force policière, il se rend au stade Dynamo; deux fois l'an il prend place sur une tribune de la place Rouge. Nul ne sait quand il part en villégiature au bord de la mer Noire, ni quand il en revient.

On ignore tout de lui, sauf ses horaires de travail qui commencent l'après-midi et se prolongent fort après minuit : c'est à ce moment qu'il aime, parfois, recevoir.

Les yeux qui regardent Bidault n'évoquent ni l'acier ni le velours, comme certains l'ont dit; ils débordent d'une incoercible vitalité. Avec tranquillité, Staline griffonne, tout en écoutant, des sortes de petits cœurs.

Bidault affirme que la France garde sa position de l'immédiate après-guerre. Mais aussi qu'elle est prête à sortir du cadre fixé à Potsdam, à la seule condition que l'Allemagne ne devienne pas l'arbitre de la situation. De même estime-t-on à Paris qu'il faut différencier les pays selon leur participation à la guerre contre Hitler.

Bidault a eu l'impression que Staline était d'accord. Et même qu'il ne s'opposait à la position de la France ni sur les réparations ni sur la Sarre.

Le prof' d'histoire a donc quitté le potentat le plus puissant du monde avec l'impression de l'avoir convaincu.

L'illusion meurt à Moscou

Le jour même de l'entrevue Bidault-Staline, à la Conférence, Molotov est intervenu. Chez Staline il n'avait rien dit. Voilà que soudain il se déclare d'accord avec Bevin :

« Oui, il faut relever la capacité industrielle de l'Allemagne. »

C'était le contraire exact de la thèse française. Bidault croit à une ruse, insiste, exige qu'on se mette d'accord une bonne fois sur la limitation du tonnage d'acier que l'Allemagne aura le droit de produire... Il n'obtient rien. Le 28 mars, la seizième séance commence à marquer le découragement général.

Bevin : « Où en sommes-nous? »

Bidault : « Dieu seul le sait! »

Bevin : « Oh, je ne savais pas qu'il participait à notre Conférence... »

Les mots d'esprit soulagent parfois, mais n'apportent guère de solutions. Les Anglo-Saxons acceptent de soutenir la position française sur la Sarre si la France s'oppose au contrôle de la Ruhr par les Soviétiques (ce n'était pas au début le plan français). Molotov, très chat jouant avec la souris, promet son soutien pour la Sarre dans le cas inverse.

Le 10 avril, la question de la Sarre vient à l'ordre du jour. Marshall et Bevin soutiennent la thèse de la France : la Sarre appartient, économiquement en tout cas, à la zone d'influence française...

Molotov : « Nous voulons une réponse sur la Ruhr avant. »

Bidault : « Mais la question de la Sarre doit être tranchée aujourd'hui... »

Molotov : « Je n'ai rien à ajouter... »

Pour le ministre français, c'était la défaite, sans phrases. Le *Canard enchaîné* ne résistera pas à titrer : « Bide pour Bidault. » C'était la pire humiliation de sa carrière; les autres, d'ordinaire, lui avaient été infligées par de Gaulle. Au moins était-ce le patron, un personnage historique, un héros mythique. Mais là... Bidault n'était pas pro-soviétique en partant pour Moscou. Cependant, il avait l'impression de disposer d'atouts dans le jeu avec l'URSS : la position de la France pendant la guerre; les liens noués par l'escadrille « Normandie-Niémen » qui s'était battue avec l'aviation soviétique. Enfin la présence de ministres communistes dans son gouvernement, et particulièrement de Maurice Thorez, qui passait pour très aimé par Staline... Tout s'écroulait. Bidault deviendra d'un anticommunisme et surtout d'un antisoviétisme que les communistes français qualifieront d' « organique » et les Russes de « bestial ». Dans les deux cas, c'était l'expression consacrée.

Le 10 avril, Bedell-Smith donna un banquet en l'honneur de son secrétaire d'État. Les convives observaient discrètement Bidault. Il ne touchait à aucun plat; on ne pouvait en dire autant de son verre. Il parlait avec brio, comme d'habitude. Mais quelque chose sonnait brisé. Son tour est venu de porter un toast. Un instant, il a eu l'air perdu. Puis il a dit très vite :

« A ceux d'entre nous qui, ici, sont épris de liberté. »

Puis il s'est rassis. Bedell-Smith le trouva pathétique.

Bidault a obtenu de revoir Staline, le 12 avril. Le cérémonial fut identique; pas un mot ne changea dans l'attitude russe. Bidault a compris que rien ne subsistait de l'alliance de guerre quand Staline dit :

« Vous autres, Occidentaux... »

En fait, la Conférence aurait pu être imaginée à partir de l'entrevue de l'ambassadeur américain avec Staline en 1946. Walter Bedell-Smith avait osé demander :

« Pourquoi croyez-vous qu'un groupe de puissances menace l'URSS?

– A cause de Churchill. Il veut fomenter une guerre contre l'URSS depuis 1919...

– Vous croyez vraiment que les USA et la Grande-Bretagne veulent s'allier pour étouffer l'URSS?

– Da... »

Pour finir, Staline avait dit ce qu'il répétera à Marshall : « Ne nous alarmons pas. Même dans les familles il peut y avoir des querelles. »

Les quatre-vingt-huit minutes du général Marshall

Le 17 avril, dernier des Occidentaux, le général George Marshall se rendit enfin au Kremlin. Staline l'accueillit comme il avait reçu Bidault : avec cordialité. Marshall exposa les difficultés surgies depuis Potsdam. Staline tirait sur sa cigarette à bout de carton, puis :

« Ne prenons pas nos difficultés au tragique; ce sont des querelles de famille. Quand les gens sont épuisés à force de discuter, ils finissent par trouver un compromis. »

Après quoi il rappela que l'URSS avait demandé des crédits, voilà deux ans, sans recevoir de réponse.

Bedell-Smith griffonna un mot pour Molotov : la réponse avait été apportée par lui-même, il y avait un an. Molotov se pencha vers l'oreille de Staline qui le regarda, courroucé, puis grogna :

« Même un an, c'est trop... »

Bedell-Smith n'a pas osé dire la vérité : la lettre avait été « égarée » à Washington, dans les services. (Comme la lettre de Ho Chi Minh à Marius Moutet l'avait été par les services français : ce genre de désordre est généralement organisé par quelqu'un.)

L'entrevue Marshall-Staline avait duré quatre-vingt-huit minutes. Sans résultat. La Conférence durera près de trois mois, sans résultat.

En une minute et un trait de plume on avait aboli le IIIe Reich; mais tous ces mois de réunions n'avaient pu établir ce que serait le nouveau gouvernement allemand. En 1947, l'URSS ne l'admettait que central. La France voulait une fédération. On en resta à une « bizone » anglo-américaine qui en fait deviendra une trizone. Peu à peu la zone soviétique s'isolera. Jusqu'au jour où surgiront, d'un côté, la République démocratique et de l'autre la République fédérale.

Mais en 47 encore, toute la propagande de l'URSS et des différents PC tournait autour du thème d'une Allemagne réunifiée et démocratique (dans le sens des démocraties populaires de l'Est européen). Nous savons à présent que, trente ans plus tard, la thèse française de la fédération semblera exagérée, que l'URSS aura très vite abandonné l'idée d'une Allemagne unifiée, et que les

Anglo-Américains auront réussi à institutionnaliser la « trizone » : ce sera la RFA.

L'URSS de 1947, en proie à la psychose de guerre, développe ce que Le Brun-Kéris nommait « l'égoïsme viscéral des camps de concentration ». Le problème était de survivre. Une réforme monétaire avait été décrétée pour obliger les paysans à ravitailler les villes. On donna un rouble nouveau pour dix anciens, mais nul ne pouvait changer plus de 3 000 roubles. On dévalua des deux tiers les bons de l'État dans lesquels les paysans avaient investi. Les gens de la campagne n'avaient plus rien : on espérait ainsi les contraindre à vendre dans les villes.

C'est alors que Voznessensky avait proposé un plan pour l'agriculture : les États baltes nouvellement rattachés résistaient à la collectivisation. Des rumeurs de déportations massives commençaient à circuler à Moscou sans que l'on puisse les contrôler. Voznessensky ne survivra pas plus à son projet en faveur de la paysannerie que Boukharine n'avait survécu au sien... (Staline est-il allé voir Voznessensky aussi dans sa prison? Non : les temps avaient changé depuis Boukharine et le rival heureux était devenu le « petit Père des Peuples ».)

Les journalistes communistes présents à Moscou découvraient avec stupeur que les écoles n'étaient pas les mêmes pour tous : les meilleures étaient réservées aux enfants des hauts fonctionnaires et des responsables du Parti, ou des intellectuels. Mais dans une classe, sur 23 élèves, 18 avaient perdu leur père à la guerre.

La conférence de Moscou a marqué la vraie entrée dans la guerre froide. Hypocrite aveuglement : jusqu'en mai-juin, jusqu'aux positions envers le plan Marshall, on prétendra qu'il est encore de possibles retours. En fait, de part et d'autre, on considérait le fossé comme infranchissable.

Mais Molotov a pris congé de Mme Suzanne Bidault en lui offrant une pierre superbe et à son mari... un tableau... cadeau ironique de la patrie du réalisme socialiste à la patrie de la peinture non figurative.

Bidault soupirait qu'il rapportait un peu de charbon (300 000 tonnes par mois promises par les Anglo-Saxons) et la certitude que le monde était divisé en deux blocs.

Au Conseil des ministres, Bidault annonça que le charbon de la Sarre serait extrait sous contrôle français et que la France en recevrait une plus grande part (*Le Monde* du 12 avril publiera d'ailleurs le texte du traité).

A sa surprise totale, Thorez a déclaré :

« Les communistes ne soutiendront pas la politique française d'annexion de la Sarre. La France devient la dupe du bloc occidental. »

Il ajouta qu'à Moscou c'était l'URSS qui s'était montrée la plus proche de la position française sur les points essentiels.

Bidault a répliqué qu'à son départ tous les ministres étaient d'accord sur les positions françaises.

Le 22 avril, Thorez développera sa thèse dans *L'Humanité*. Bidault soupirait...

« Décidément, on ne peut compter sur les communistes ni à Moscou, ni à Paris. »

Dans les *Cahiers du Communisme* de mars-avril, Duclos accusera les USA d'avoir exploité l'affaire de la Sarre pour séparer la France de l'URSS et « jeter les bases d'un bloc occidental » et reprochera à Bidault d'être tombé dans le piège en acceptant de séparer la question sarroise de celle de la Ruhr sur laquelle il aurait dû mettre l'accent. Ce n'était pas de la Sarre que la France tirerait le charbon nécessaire : « L'important, c'étaient les réparations, donc la Ruhr. La délégation française, concluait Duclos, avait tout cédé pour une cuillerée de potage... »

Les Soviétiques ont commenté l'accord dans des termes presque identiques. La *Pravda* faisait ressortir que la Sarre donnerait à la France un maximum de 270 000 tonnes par mois alors que le plan Monnet en demandait un demi-million, puis un million. « Le caractère politique de cet accord est évident », conclut le journal.

Cependant, quand le Conseil des ministres a ratifié l'accord Marshall-Bevin-Bidault, les ministres communistes se sont abstenus, sans menacer de quitter le gouvernement. Ils ont même fait savoir (*Le Monde*, 3 mai) que leur abstention n'avait pas le caractère d'une rupture de la coalition gouvernementale.

3.

Premier acte du drame indochinois

A présent nous le savons : l'Indochine, ce fut le premier coup – mais définitif et mortel – qui a mis fin à une certaine image de la France. Celle d'un Empire portant les Lumières aux « barbares » – fussent-ils civilisés des siècles avant nous et même s'ils montraient des œuvres immortelles remontant à l'époque où les tribus de nos ancêtres cuisaient leur viande sur des pierres à l'entrée de leurs grottes.

Ici l'inconscient collectif français unit toutes les philosophies. De Gaulle, le croyant habité de Dieu, comme Léon Blum nourri d'humanisme ou Thorez pénétré de Marx et de Lénine sont sûrs de leur fait. La France éternelle (ici les images se disjoignent : pour de Gaulle tout commence à Louis XI; pour Blum et les siens la France c'est celle de l'*Encyclopédie,* des Lumières, pour Thorez celle de Robespierre, Marat, Saint-Just et de la Commune), donc de toute manière la France éternelle apporte à tous les peuples l'Idée de la Liberté (avec bien sûr l'Égalité et la Fraternité à l'appui).

Rien de plus difficile à concevoir, de plus repoussé par l'inconscient que l' « anticolonialisme », c'est-à-dire le refus de l'affirmation de sa supériorité.

En dehors de la politique, l'affaire indochinoise se compliquait de la culture raffinée des chefs nationalistes indochinois. Et de leur double appartenance au patrimoine de civilisation de l'Annam et de l'Europe. Et, particulièrement de la personne même de Ho Chi Minh. « Mon passé n'intéresse personne, aimait-il à dire : ce qui importe, c'est ce que je fais à présent. »

Il faut pourtant bien récapituler quelques points de la biographie de Nguyen Tât Thanh, fils d'un lettré pauvre, né le 19 mai 1890, instituteur de village, puis aide-cuisinier de la marine autour du monde, établi à Paris dès 1917. C'est là que le retoucheur-photographe devient Nguyen Ai Quoc, Nguyen le patriote. Là qu'il devient membre du parti socialiste, écrivant dans *l'Humanité* de Jaurès comme dans *Le Populaire,* et s'initie à Marx tout en devenant l'ami de son petit-fils, Jean Longuet. A la conférence du traité de Paix de Versailles il présente – déjà – les vœux des patriotes vietnamiens. En 1920, au congrès de Tours, il est pour l'adhésion à la IIIe Internationale et commence son chemin de communiste. Qu'il continuera à Moscou, au Komintern, à Canton pendant la lutte révolutionnaire, à Hong-Kong où il fonde le Parti Communiste Indochinois. Emprisonné, il est libéré pour cause de tuberculose, retourne à Moscou. Il rentre au Viêt-nam en 1941 et, à travers la Chine, les arrestations, il se joint à la Ligue révolutionnaire du Viêt-nam, forme l'Armée de Libération du Viêt-nam qui prend une part active à la lutte contre les Japonais. Nguyen le patriote est devenu Ho Chi Minh : Celui-qui-éclaire, et lutte pour l'indépendance du Haut-Tonkin (les six provinces de Cao-Bang). En août 1945, avec le général Giap et Pham Van dong, le Congrès du Comité national de Libération du Viêt-nam décide l'insurrection générale. Le 19 août, Hanoï est entre leurs mains. Le 2 septembre le gouvernement provisoire présidé par Ho Chi Minh proclame l'indépendance que confirment les élections du 6 janvier 1946.

Le 6 mars 1946, la France représentée par Jean Sainteny signe un accord avec le gouvernement de Ho : le Viêt-nam entre dans l'Union Française; 15 000 soldats français débarquent; un cessez-le-feu est établi à Saïgon.

Ho arrive en France, est reçu à Fontainebleau. Le 14 septembre, Georges Bidault est d'accord sur un « modus vivendi ».... mais les faux-pas, les hypocrisies, les difficultés s'accumulent. Marius Moutet reste partisan de l'accord. Mais Thierry d'Argenlieu manœuvre à sa guise en Indochine sans qu'on le rappelle. Le 18 octobre, Ho sait les pourparlers désormais inutiles, destinés seulement à gagner du temps. Il rentre.

Dans la nuit du 19 au 20 septembre le « malentendu » voulu déclenche le bombardement de Haïphong. Et le 20 décembre, ayant épuisé les possibilités d'entente, Ho Chi Minh lance l'appel à la résistance, tout en spécifiant qu'il reste toujours la possibilité de négocier.

Décembre 1946 pèse lourd sur la mémoire de l'amiral Thierry d'Argenlieu.

Donnons la parole à Jean d'Arcy, chef de cabinet d'Edmond Michelet, ministre des Armées, qui a fait la connaissance des Vietnamiens du gouvernement à Hanoï en avril, puis les a convoyés

– on lui avait dit de les « balader » – de Hanoï à Pau, durant treize jours, vécus « comme des collégiens en goguette » à Rangoon Calcutta, Karachi, Bagdad, Le Caire, Tunis, Pau puis Biarritz. La « balade » avait été suggérée par Thierry d'Argenlieu, dont Jean d'Arcy dit :

« ...un drôle de bonhomme qui de la Marine était passé prieur des Carmes. Il se prenait très au sérieux, vraisemblablement persuadé qu'il incarnait tour à tour Richelieu et Talleyrand. C'était une espèce de mystique, convaincu que le général de Gaulle l'avait choisi parce que lui seul saurait représenter à la lettre le pouvoir légitime. Il croyait fermement que de Gaulle l'avait désigné pour que la France conservât l'Indochine au sein de l'Église ».

Jean d'Arcy conserve de ses rapports avec les Vietnamiens (Ho Chi Minh, le général Giap et Pham Van dong), un souvenir chaleureux. Ho, dit-il, voyait le peuple français comme les petits-fils de Voltaire, d'Anatole France et de Victor Hugo et n'imaginait pas que l'opinion française pût être d'un autre bord que lui.

Tous ceux qui ont approché Ho – moi comprise – sont d'accord avec ce que note d'Arcy :

« C'était un homme du XIXe siècle, une sorte de socialiste proudhonien, alors que Giap et Dong étaient vraiment des révolutionnaires de leur siècle, des marxistes-léninistes remarquables... ils restent pour moi la synthèse extraordinaire de deux civilisations. Ce sont des “ Français ” tels que je les aime... »

Ajoutons que Ho Chi Minh était trop marxiste pour rejeter une source souvent oubliée de Marx : ces socialistes français – qu'on a baptisés utopistes. Ce Kominternien, envoyé par l'Internationale à travers toute l'Asie, avait su ne pas laisser dessécher son humanisme révolutionnaire au bain d'acier du post-léninisme : Ho restait un marxiste tel que Marx les rêvait.

Le compliment affectueux de Jean d'Arcy aux Vietnamiens : « des “ Français ” tels que je les aime », qui de nous n'a cru flatter les intellectuels et militants d'Asie et d'Afrique en le leur décernant? Et pourtant, durant cette phase de leur lutte pour la libération et pour l'identité, ils ne pouvaient le ressentir que comme une critique, et presque une injure. Ne leur fallait-il pas, avant tout, se démarquer du colonisateur? Refuser cette assimilation, rejeter cette culture qu'ils avaient conquise – et qui les avait conquis? Rien ne marque l'ambiguïté des rapports dans ces années-là, comme ce malentendu.

L'oncle Ho à Paris

Edmond Michelet, ministre des Armées, use presque des mêmes termes que son chef de cabinet pour parler de Ho Chi Minh : « Je l'ai reçu avec des amis et je l'ai reçu en famille de sorte que les relations que j'ai eues avec lui, à ce moment-là, sont telles que, quittant la France, il m'a envoyé un télégramme, célèbre dans la famille, dans lequel il me remerciait, ainsi que ma femme et embrassait tous mes enfants. ...C'est dire que ce personnage qu'était Ho avait une certaine notion familiale, intime des choses, qui faisait que mes rapports avec lui ont toujours été sur un plan qui n'était pas le plan officiel. »

Marius Moutet pouvait en dire autant. Et ce télégramme que – nous le verrons – il avait reçu, qui avait une importance politique si grande, où Ho embrassait Gustave, le fils du ministre, tenait compte de ce plan large, humain, profond, sur lequel le révolutionnaire avait toujours situé ses rapports.

A Edmond Michelet, Ho semblait « beaucoup plus nationaliste que communiste ». On peut évidemment se demander si le compagnon de De Gaulle ne se faisait pas du communiste une idée trop schématique (pourtant, en déportation, il en avait connu pour qui l'idée de patrie importait plus encore que l'idée de révolution). De Gaulle, expose Michelet, avait beaucoup de « considération » pour ces militants de l'Indépendance et Ho avait l' « intuition géniale » qu'il aurait pu obtenir plus du Général que des hommes politiques alors au gouvernement... et qui cependant étaient des socialistes.

Sainteny avouait son amertume du refus de De Gaulle qui n'a jamais voulu rencontrer Ho, lequel lui portait une profonde admiration. Les vues de Sainteny – l'homme du général de Gaulle, l'homme de la négociation sur l'Indochine, sont importantes pour comprendre la complexité de la période – et la complexité de Ho.

Jean Sainteny n'a jamais pu pardonner aux gouvernements post-gaulliens d'avoir désavoué les accords que, le *6 mars 1946*, il avait personnellement signés avec le gouvernement du Viêt-nam. Il dit : « ... Il y a eu la réussite du 6 mars, puis un échec quatre mois plus tard... La négociation a été menée par le gouvernement Gouin, puis par le gouvernement Bidault. » Ni Sainteny ni même Ho Chi Minh n'étaient présents aux pourparlers de Fontainebleau : ils s'étaient mis à l'écart « de façon à ménager une issue si la conférence échouait ». Sainteny rappelle un déjeuner chez lui avec

Marius Moutet, où saisissant les doigts des deux Français, l'homme de l'indépendance vietnamienne les a suppliés : « Ne me laissez pas repartir les mains vides, armez mon bras contre ceux qui veulent me dépasser... »

A ce moment crucial où il incarnait l'indépendance de son pays, mais aussi le « négociateur » possible, qui était Ho Chi Minh? Échappons à la puérilité : ni le passé, ni les phases diverses de sa vie ne suffisent à « déterminer », à expliquer ce qu'est, à un moment précis, un chef révolutionnaire... Ceux qui veulent, par exemple, expliquer Chou En-laï par ses années de Komintern se trompent autant que ceux qui l'imaginent totalement imperméable aux idées de l'Internationale sous Staline. De même pour Ho. Sainteny le note très finement : certes il jouait de son personnage de « bonhomme » humaniste, d'homme pénétré par deux cultures; il jouait de son goût – réel – pour les grands écrivains de la générosité, Michelet, Hugo... mais il était également cet homme-là. Il aurait certainement voulu être le Gandhi de l'Indochine; les circonstances du combat l'ont contraint au rôle de guerrier.

L'attitude de tout homme politique dépend aussi de l'interlocuteur. Au début, sans doute, Ho Chi Minh, qui fréquentait les plus progressistes parmi les Français, a pu penser que l'idée de la fin de l'Empire colonial était déjà enracinée dans l'opinion et surtout dans les masses populaires. Or la majorité des Français espérait qu'en remplaçant « Empire » par « Union Française » la Constitution avait simplement changé l'étiquette et, au plus, projeté des modifications progressives et lointaines. Ho Chi Minh en 1947 croyait en une indépendance instituée par étapes, remplaçant les administrateurs par des ingénieurs, médecins, professeurs et journalistes. C'est avec sincérité qu'il disait en janvier 1946 : « Nous n'avons aucune hostilité contre la France. » Très longtemps il réservera son hostilité au gouvernement; jamais il ne l'étendra au « peuple ». Par contre, le Français moyen ne comprenait pas la modification profonde apportée par la guerre.

Les Japonais avaient occupé l'Indochine; en 1945 ils en ont été chassés par les Américains et les Chinois de Tchang Kaï-tchek, auxquels, depuis 1943, s'étaient joints des volontaires indochinois dépendant du gouvernement de Hò Chi Minh. C'était un état de fait, reconnu par les Américains qui remettaient à ce gouvernement indochinois le prix de l'entretien de ces hommes, ce qui représentait une reconnaissance implicite.

A Potsdam, Staline, Churchill et Truman avaient divisé l'Indochine : les Anglais étaient stationnés au sud du 16e parallèle, les Chinois au nord. Les Américains avaient soutenu l'empereur

Bao-Daï qui, le 11 mars 1945, avait proclamé l'indépendance de son royaume; mais le 24 août il devenait simplement le « conseiller suprême » de Ho Chi Minh, dont l'autre conseiller était le général Giap.

Giap avait à coup sûr lu Clausewitz; mais c'est à Yenan, où il s'était réfugié en 1941, qu'il avait appris la guérilla. Tandis qu'il se formait au contact de Mao, sa femme (une révolutionnaire rencontrée en prison en 1929) et son enfant périssaient dans les prisons françaises. Même Giap – bien qu'il eût extirpé de lui-même la culture française acquise dans l'adolescence – disait : « Nous n'avons d'hostilité que contre la France réactionnaire, non contre le peuple français. » Cette position restait très proche de celle d'un Français célèbre, André Malraux. S'il était désormais, par la Résistance, entré dans la zone d'influence directe du général de Gaulle, celui qui en ce temps n'avait pas encore écrit *La Voie royale* avait été arrêté à vingt-cinq ans pour menées subversives en Indochine. Car on ne l'aurait sans doute pas jugé pour avoir emporté des statues (c'était à l'époque, banal) s'il n'avait édité le journal des nationalistes révolutionnaires indochinois.

Le piège

Ce n'est pas Malraux que les Indochinois trouvaient en face d'eux. Et Sainteny même, depuis le départ de De Gaulle, avait moins de poids que les militaires. Parmi eux le général Leclerc (de Hauteclocque), le libérateur de Paris, croyait possible de conserver une partie de l'Empire, à condition de céder là où la situation l'exigeait. Et le Viet-Minh, le Front de l'Indépendance indochinois lui semblait un adversaire dont mieux valait faire un partenaire.

Leclerc acceptait donc cet accord du 6 mars 1946 dans lequel à coup sûr un homme comme le général Giap voyait « un Brest-Litovsk ». Mais d'Argenlieu, indigné qu'un homme de sa classe, comme Leclerc, partage les vues des « excités » de l'Indépendance déclarait avoir « une faible considération pour l'intellect » du général. C'est que ce dernier avait un sens dont le moine guerrier manquait totalement : celui du réel. C'est d'ailleurs ce qui l'avait poussé, lors de la libération de Paris, à admettre que le commandant des FFI, Rol-Tanguy, contresigne – après coup – l'acte de reddition de von Choltitz. De Gaulle lui reprochera ce demi-faux... mais quel autre moyen d'avoir à ses côtés les Résistants de l'armée intérieure? La mort de Leclerc, à la fin de 1947 dans un accident d'avion, a certainement influé sur l'avenir de la guerre d'Indochine qu'il voulait, lui, achever.

D'ailleurs, il pouvait s'appuyer sur le gouvernement. Blum n'avait-il pas dit, le 23 décembre 1946, à l'Assemblée : « Dans notre doctrine républicaine la possession coloniale ne trouve sa véritable justification... que le jour où elle cesse. La récompense du peuple colonisateur est alors d'avoir suscité dans le peuple colonisé des sentiments de gratitude et d'affection. »

On demeure confondu d'une si incompréhensive – et incompréhensible – naïveté chez ce marxiste de très grande culture. A cette phrase nous pouvons mesurer combien l'ensemble de l'opinion adhérait à l'illusion jacobine de la civilisation apportée à la pointe des baïonnettes et des porte-plume administratifs. L'étrange, c'est que ces mots datent d'après ce qu'on nomma « le coup d'Hanoï ».

En Indochine tout se mêlait sans jamais s'interpénétrer. D'abord, la Banque d'Indochine, les grandes Compagnies du caoutchouc et des mines, les Compagnies de navigation. Puis les « courants » : celui des colons ultras et de l'amiral-moine; celui réaliste de Leclerc que doublait celui, plus libéral peut-être, de Jean Sainteny; le courant des socialistes socialisants, radicaux-socialistes fluctuants, impressionnables, éloquents sur les principes, effrayés par les actes : ils se nommaient, au sommet, Léon Blum ou Marius Moutet. Dès que les colons de Saïgon – qui jugeaient de l'état d'esprit de la population d'après l'empressement de leurs nhaqués – surprenaient une démarche « dangereuse » (c'est-à-dire libérale), ils bombardaient de télégrammes catastrophés et Sainteny, et l'état-major et le ministère à Paris.

Leclerc insiste : c'est pour assurer la présence française qu'il faut traiter avec Ho Chi Minh; mais Paris enjoint au général de débarquer à Haïphong avant que les Chinois aient signé leur accord de départ.

Sainteny se débat dans les pourparlers sémantiques. « Doc Lap » c'est quoi? Pas l'indépendance : l'autonomie?

Le 6 mars 1946 la flotte française, obéissant à des ordres de Paris que Leclerc n'approuve guère, arrive devant Haïphong. Les Chinois ouvrent le feu. Les Français ripostent et, le lendemain, les troupes françaises débarquent dans un port terrorisé et partiellement détruit. Deux semaines plus tard le drapeau français flotte à Hanoï.

Or le même 6 mars Ho Chi Minh signe, avec Sainteny, la « Convention préliminaire » qui reconnaît la république du Viêtnam comme un État libre, ayant son gouvernement, son parlement, son armée et ses finances et faisant partie de la Fédération indochinoise, et de l'Union Française. L'accord promet un « accueil aimable » aux Français.

Cet accueil était du côté français préparé par le plus mystérieux des généraux. On le disait « de gauche », ce qui pour un officier supérieur impliquait, en ce temps, une appartenance maçonnique. On chuchotait qu'il « fumait ». D'Argenlieu lui reprochait d'être « mou » face à Giap, de ne pas tenir assez haut le fanion de l'Empire... c'était le général Raoul Salan, future idole de l'OAS d'Algérie.

D'Argenlieu, depuis le départ de De Gaulle, se croyait entouré de bradeurs d'Empire « manipulés » par les communistes; ses idées étaient plus répandues chez les Américains que chez les Français. Les Américains assurent vingt-neuf ans après qu'ils avaient alors proposé des interlocuteurs beaucoup plus valables... mais leur épopée indochinoise ne rend pas leurs favoris très crédibles.

Voyant qu'il faut faire la part de ce feu nommé Ho, l'amiral se dit qu'au moins la Cochinchine peut éviter le sort de l'Annam et du Tonkin, et il soutient une République autonome présidée par le Dr Nguyen Van tinh... qui se suicidera le 11 novembre en constatant qu'il avait fait le jeu des grandes compagnies...D'Argenlieu était aussi le dernier homme à vouloir complaire aux caoutchoutiers, au « lobby de l'hévéa ».

Les malentendus s'accumulant, le conflit menaçait. Mieux vaut, sans suivre la chronologie, récapituler les événements d'Indochine.

Ho Chi Minh, avec le général Giap et son ministre Pham Van dong avait, guidé par Sainteny, pris l'avion le 22 juin avec Jean d'Arcy et, faisant escale tout le long du chemin, fini par atterrir à Pau et par être installé dans un grand hôtel de Biarritz. La France était sans gouvernement. On attendait. Ho Chi Minh pouvait se poser des questions. Jean Sainteny le rappelle : après tout Ho Chi Minh avait été condamné à mort par les tribunaux français. « Au moment où Fontainebleau commençait, il se disait : " vont-ils me laisser repartir au Viêt-nam? " Beaucoup songeaient à le mettre sous les verrous... »

Le général Valluy, commissaire de la République au Tonkin en 1946, dira en 1970 – donc après la mort de Ho Chi Minh : « Je crois que le général de Gaulle m'avait investi pour arbitrer les différends qui surgiraient inévitablement entre Leclerc et d'Argenlieu... pourquoi de Gaulle avait-il désigné deux personnages aussi dissemblables? Peut-être par défiance des capacités militaires de l'un ou des vertus politiques de l'autre? »

Pour le général Valluy, celui qu'il nommait lui aussi l'« Oncle » était le « personnage central » parfaitement désintéressé, ayant accumulé toutes les cultures révolutionnaires de France et de Russie, mais d'un « autoritarisme absolu ». Il ne le croyait pas quand l'Oncle prétendait n'avoir aucune influence sur les « jeunes nationalistes exaltés ». Le général reste convaincu de sa duplicité et que Ho espérait lasser les Français par un terrorisme qu'il feignait de désapprouver. Or, à l'arrivée de Ho Chi Minh, tout s'est détérioré : les socialistes ne sont plus au gouvernement, même ces fragiles alliés disparaissent. La Cochinchine a proclamé son indépendance avec la bénédiction de Thierry d'Argenlieu. Hanoï manifeste contre les « marionnettes cochinchinoises des Français... »

Les semaines passent sans que Ho Chi Minh obtienne de négocier. Au point que le PCF s'émeut et que Charles Tillon arrive à Biarritz, exigeant de voir « Bac Hô », l'oncle Ho « séquestré ».

Le général Leclerc écrit à plusieurs hommes politiques. Georgette Elgey publie [1] sa lettre à Maurice Schumann : « En Indochine, la partie est gagnée pour la France... Il importe avant tout de ne pas oublier que (Ho Chi Minh) est un grand ennemi de la France et que le but poursuivi par lui-même et son parti il y a six mois était notre mise à la porte pure et simple... Nous avons en main tous les documents, télégrammes captés, qui peuvent en faire foi... » Il accuse Ho d'avoir fait assassiner des pro-Français, dénonce ses « artifices de langage (démocratie, résistance, France nouvelle) », et insiste pour que l'on réintègre l'Indochine dans l'Union Française. La lettre d'un homme qui, au début, se montrait partisan de la négociation aura un grand effet sur Bidault. D'autre part, il tenait à l'alliance atlantique et connaissait l'anticommunisme sans réserve des Américains.

Ici, constatons que souvent des militaires, mais aussi des hauts fonctionnaires, qui se déclaraient libéraux et de bonne volonté à leur arrivée dans un pays colonisé en révolte, se retournent facilement contre lui. C'est d'abord que les excès – inévitables – des guerres pour l'indépendance, qui sont toujours à la fois des guerres contre l'occupant (le colonisateur) et des guerres civiles, ébranlent à la fois le sens de la justice et les nerfs. Les victimes sont souvent des gens innocents de tout... sauf d'appartenir au pays ou au parti du colonisateur. Le terrorisme offre toujours des meurtres atroces... que les journaux et radios du colonisateur font immédiatement connaître. Les excès, tortures, représailles, incendies, déportations, arrestations massives en sens inverse sont par contre couverts par

1. G. Elgey : *La République des Illusions*, t. I, édit. Fayard.

des vocables décolorés, sécurisants, tels que « pacification » ou « action des forces de l'ordre ». Les consciences, en métropole et dans les milieux coloniaux, ne sont donc ébranlées que par les atrocités des insurgés.

Pour toutes ces raisons, quand s'ouvrent les pourparlers de Fontainebleau – auxquels ni lui ni Jean Sainteny ne participent directement – Ho Chi Minh sait qu'il est vaincu d'avance. Aussi le ministre Pham Van dong peut-il commencer par un discours violent : les Vietnamiens savent qu'ils n'ont plus rien à perdre. Le chef de la délégation française, un MRP athée, Max André, sait qu'il ne peut accorder à la République du Nord-Viêt-nam le signe essentiel de l'indépendance : la personnalité internationale.

Cette Conférence sans but débouchera le 14 septembre sur un « modus vivendi » sans grande signification. Le ministre français que « Bac Hô » avait pour interlocuteur maniait le même langage que lui, plein de Michelet, de Victor Hugo et de Jaurès, ruisselant de ce que les disciples du Grand Architecte nomment l'humanisme, avec des réminiscences de Saint-Simon qui sont généralement attribuées à Marx. Marius Moutet est certes un homme libéral, ouvert, généreux... mais aussi extrêmement influençable et profondément pétri de jacobinisme. Ho Chi Minh se lie d'amitié avec son fils Gustave Moutet.

Interrompue, la Conférence devait reprendre en janvier 1947. Donc après les élections, la mise en place du président de la IVe République.

Le 19 septembre, le président Ho s'est embarqué sur le *Dumont d'Urville* et arrive à Hanoï. Le 11 novembre, il écrit à Bidault : les Français violent les accords du 6 mars : ils ont installé un Bureau des douanes à Haïphong. Le prétexte semble innocent : empêcher le trafic des piastres. En fait, c'est le retour à l'administration française. Le 23 novembre, à 10 heures, les Français envahissent le quartier chinois. Dans le port, le croiseur *Suffren* ouvre le feu sur le quartier vietnamien. Il y a six mille tués ou brûlés. L'agence de presse gouvernementale, l'AFP, ne diffuse pas – ou peu – la nouvelle. Thierry d'Argenlieu est à Paris, comme souvent. Le télégramme de Ho Chi Minh arrive *six jours* après le coup de force que ni Moutet ni Bidault ne désiraient. La lettre de Leclerc à Schumann parlait de « télégrammes captés ». On peut dire que ces « retards postaux » serviront parmi les armes de cette guerre.

Le conflit armé a donc commencé à Haïphong.

Le moine et l'orateur

En 1947, Marius Moutet a dit [1] :

« Nul plus que moi n'avait conscience du caractère archaïque de l'amiral Thierry d'Argenlieu. Connaissant mon idéologie, vous ne pouvez me soupçonner d'aucune complaisance pour la sienne : moine guerrier contre humaniste pacifiste, avouez que le duel était curieux. Il descendait des croisades; moi d'Henri de Saint-Simon et de Jaurès. Vous ne pouvez davantage me soupçonner de sympathie pour les grandes compagnies de caoutchoutiers, le " lobby de l'hévéa ", les seigneurs de l'arbre qui pleure... Mais si vous aviez comme moi reçu soudain le choc des photographies d'atrocités du Viêt-minh... je sais, vous les avez vues depuis, elles ont été largement publiées. J'ai vu les originaux : je vous jure que ce ne sont pas des montages : femmes et enfants, mutilations, éventrations, égorgements... Et moi, pendant ce temps, j'échangeais avec l'oncle Ho des lettres que je croyais être de sincère amitié!... Comment traiter avec un homme double? »

Pourtant, le 31 décembre 1946, Ho Chi Minh avait écrit de sa main à Marius Moutet, proposant ce que diffusait à présent la radio du Viêt-minh : la libération des prisonniers français et des négociations immédiates.

Marius Moutet affirmait n'avoir jamais reçu la lettre... Fut-elle « égarée » par un officier fidèle à l'amiral et travaillant à la mission franco-vietnamienne? On l'a dit, et les démentis n'ont guère convaincu.

En tout cas, plusieurs personnalités insoupçonnables, dont M. Pignon, affirment que le ministre a bien reçu, à Saïgon, un télégramme de Ho Chi Minh – qui provoqua leurs rires parce qu'il envoyait ses « amitiés à Gustave » (le fils de Marius Moutet). Tout s'est joué en quelques jours.

Le 10 décembre 1946, Léon Blum était encore chef du gouvernement. *Le Populaire,* journal de son parti, parle de la « nécessité d'un accord sincère avec le Viêt-nam ».

Le 18, Léon Blum envoie Marius Moutet à Saïgon. L'amiral Thierry d'Argenlieu le suit, ce qui constituait une incompréhensible maladresse : le moine-guerrier représentait tout ce que les Vietnamiens détestaient de la France, le symbole de ce qui leur était ennemi. A ce moment, une simple révocation de l'amiral aurait

1. Entretien avec l'auteur, destiné à l'hebdomadaire *Action* (et non publié).

sans doute retardé les événements. D'Argenlieu, en décembre 46, a joué le rôle du symbolique nez de Cléopâtre.

A Hanoï le 20 décembre, Jean Sainteny et le général Morlière entrent en rapport avec Ho Chi Minh... mais d'Argenlieu, précurseur de la Commission des activités anti-américaines, les tient pour des sortes bizarres de « quasi-communistes ». Ho Chi Minh espère en Blum, en sa réponse au télégramme. Les éléments durs du Viêtminh et les unités de protection, les « Tu-Ve » sont en alerte. On chuchote : « La guerre est pour cette nuit », mais le président demande à Giap de décommander l'attaque. Certaines unités Tu-Ve n'ont-elles pas reçu le contrordre, ou n'en ont-elles pas tenu compte? Il est 8 heures du soir. Elles prennent des armes, des otages... Le massacre commence. Il durera jusqu'à 4 heures au matin du 21 décembre 1946. Dans la nuit, Giap fait partir Ho Chi Minh du siège gouvernemental et lance un appel à la résistance... A peine le président parti les couleurs françaises sont hissées sur la maison.

Haïphong : le non-retour

Dans une interview de 1970, le général Valluy dira[1] : « Je n'ai jamais dissimulé mes responsabilités dans cette regrettable affaire d'Haïphong, mais nous vivions dans un climat de violence dont les Français de la métropole n'avaient qu'une faible idée... Le terrorisme... ne pouvait être regardé à la longue que comme un nouvel aspect de la guerre... Certains restent convaincus qu'il y eut là... une sorte de coup que nous aurions monté pour impressionner les Vietnamiens... Non... Comment traiter une maison d'où fusent de partout des feux nourris, et généralement de haut en bas, si ce n'est par les canons des blindés? Et comment traiter tout un quartier, si ce n'est finalement par l'aviation ou par l'artillerie? » A la question : « M. Georges Bidault vous aurait dit : " N'hésitez pas à employer le canon ", le général Valluy répond : " Il est possible que M. Bidault ait tenu de tels propos, mais pas à moi " » (il ne le connaissait pas encore : il ne le rencontrera qu'en 1947).

Le général Valluy assume donc la responsabilité du bombardement et des massacres d'Haïphong. Aussi est-il sévère pour la politique de Ho Chi Minh dans son ensemble. Il imagine que si en 1946 le gouvernement de Ho avait accepté l'application pure et

1. In *Planète-Action* du 15 mars 1970 (spécial Ho Chi Minh).

simple de l'accord du 6 mars sans vouloir pousser plus loin, cet accord prévoyant la relève du cinquième des troupes françaises par des troupes vietnamiennes tous les ans, et cette relève ayant eu des chances d'être accélérée, « les Vietnamiens auraient pu être maîtres chez eux dès 1948-1949 ». Cette vue stipule une parfaite loyauté du côté du colonisateur : la conduite des gouvernements français successifs, durant cette période, laisse au moins subsister un point d'interrogation.

Le 22, Ho Chi Minh prend la parole à la radio : «Luttez – luttez, sauvez l'Indépendance.»

Le général Leclerc écrivait alors : « Le problème militaire ne peut... être conçu séparément du problème politique. » Il ne considérait pas cette guerre comme inévitable. L'amiral, si. Le fanatique a battu le réaliste... à coups de lettres détournées, de photos d'atrocités unilatérales, de récits, à coups « d'intox », comme nous dirions aujourd'hui. Le groupe de pression des colons de Saïgon a réussi auprès du ministre ce que le moine-guerrier, agissant en personne, n'aurait pas obtenu.

Le 23 décembre à l'Assemblée, Blum prononça sa phrase utopique sur la possession colonialiste qui « trouve sa justification le jour où elle cesse ». Trop tard. D'Argenlieu parlait de morceler l'autonomie entre des gouvernements locaux multiples.

A peine Marius Moutet, le ministre, avait-il quitté l'Asie que l'amiral entreprit d'établir un gouvernement « sage » en Cochinchine.

Au parti socialiste, tous n'avaient pas été atteints du traumatisme-Moutet. Ni Guy Mollet ni Ramadier ne lui donnaient raison : comme Blum ils voulaient remplacer d'Argenlieu par Leclerc. Le libérateur de Paris avait du problème une vue lucidement réaliste : nullement obsédé par le spectre du communisme, il voyait que la majeure partie des élites indochinoises était plus nationaliste que marxiste. En rétablissant des nations on allégeait au contraire la pression communiste, qui profitait des refus et des incompréhensions du colonisateur.

De Gaulle conseille à Leclerc de refuser : il pensait plus habile de laisser d'Argenlieu « redresser » la situation militaire avant de commencer une « politique différente ». Pierre Mendès France dira [1] que ce fut l'une de ses pires erreurs.

Le gouvernement tripartite envoie en Indochine, pour une mission de six mois, Émile Bollaert, radical-socialiste, résistant incontesté, humaniste. Le gouvernement l'autorise à intégrer l'Indo-

1. A Georgette Elgey.

chine à l'Union française dans l'esprit de l'accord du 6 mars 1946.

D'Argenlieu pique une colère et, sûr qu'on le retiendra, télégraphie qu'il est « prêt à démissionner ». Ce que le ministre prend au mot. Voilà donc Émile Bollaert haut-commissaire. Tout le monde est content : le gouvernement dispose d'un laïque; le PC voit dans la fin de d'Argenlieu le premier pas vers une négociation.

Le PC vote les crédits de guerre

Ce qui permet aux ministres communistes, le 20 mars, de voter les crédits militaires pour l'Indochine (ainsi n'ont-ils pas à quitter le gouvernement). Les parlementaires du PC, eux, s'abstiennent. Des cellules protestent : le Parti a l'air de soutenir ce qu'à la base, depuis le début, on surnomme la « sale guerre ». Désormais, aux photos des atrocités vietminh, la presse américaine, anglaise et, en dernier lieu, les publications de gauche françaises opposent les têtes de «terroristes» plantées sur des bambous, yeux crevés et langue coupée. (*Action* publie les documents le 25 avril seulement, avec en légende : « Avertissement des troupes françaises à la population civile du Viêt-nam ».) D'ailleurs, des jeunes hommes reviennent d'Indochine, qui y étaient partis à la fin de la guerre, venant des FFI ou des FTP. Ils voulaient continuer à se battre contre le Japon, allié de Hitler... et se sont trouvés pris dans ce qu'ils réprouvaient le plus : une guerre coloniale.

La guerre d'Indochine mettait le PCF dans l'embarras. Les reprises de carte, dans les cellules, en janvier, n'avaient pas été un succès : après l'immense élan qui avait gonflé les effectifs jusqu'aux approches du million (près de 900 000 membres en tout cas), le reflux s'amorçait. A vrai dire, dès 1946, deux sortes d'adhérents étaient déjà partis : les opportunistes qui avaient cru à une révolution immédiate avec prise du pouvoir, et ceux qui pensaient faire oublier une conduite peu glorieuse – encore que sans scandale – en se rangeant à l'extrême-gauche. Ce qui avait donné 100 000 membres de moins. Mais voilà qu'en 1947 il faut dénombrer des pertes égales?

Au bureau politique, les motifs en étaient clairement exposés par Marty, par Casanova, et par Mauvais : quand on est à la fois au ministère et dans l'opposition, les militants de base cessent de comprendre. Or leur opposition, à eux, devient de plus en plus cohérente. Des grèves spontanées éclatent çà et là à travers la France, que les syndicats s'efforcent de reprendre en main, mais dont ils ne sont pas les instigateurs : les gens n'arrivent plus à vivre, les rations diminuent et souvent les tickets ne sont pas honorés; le marché noir, devenu quasi légal, le marché libre, creusent des fossés non seulement entre ouvriers et bourgeois mais à l'intérieur de la petite bourgeoisie.

La guerre d'Indochine et, en mars, l'insurrection et la répression de Madagascar donnent aux revendications populaires pour le chauffage et la nourriture une sorte de caution tragique : tout va mal... Les Français commencent à grogner qu'on peut toujours leur raconter qu'ils ont gagné la guerre... ils ne le sentent pas.

Peu de temps avant sa mort, Guy Mollet dira à l'auteur : « Bollaert est parti en Indochine avec des instructions que Maurice Thorez, vice-président du Conseil, avait contresignées. Pourquoi accuser Blum et Moutet? Nous étions tous solidaires. »

DEUXIÈME PARTIE

Grêles et tornades du printemps

1.

De Gaulle revient

En avril se sont découverts tous les fils.

Ceux que tirait de Gaulle. Le 30 mars, le Général effectua ce retour en vedette que les gens du spectacle (du « chobizenesse ») nomment un « come-back ». Ceux que maniaient les deux partis bourgeois du gouvernement. Les centre-droit du MRP et les socialistes tissaient secrètement leur filet à manne américaine. Ils en savaient le prix : impopularité, troubles sociaux, donc répression.

A l'un de ses amis le ministre de l'Intérieur, brave homme et bon socialiste, Édouard Depreux (il finira au PSU) avoue : « Quand on tient l'appareil de l'État on peut toujours faire régner l'ordre... enfin, presque toujours. Mais des caisses vides, une industrie vétuste, une reprise trop lente ne peuvent se passer de capitaux extérieurs. »

Des raisonnements de ce genre ont été tenus en Autriche, en Belgique, en Finlande, en Italie, au Luxembourg. Les semaines de mai verront, partout, exclure les communistes des gouvernements. Pourtant, partout, ils s'affirmaient parti de gouvernement. De plus, en Italie comme en France ils représentaient plus d'électeurs et d'adhérents qu'aucun autre parti.

Mais les gouvernements d'Europe occidentale savaient quels fils tiraient les Américains. Dès 46, à Washington, Léon Blum avait entendu des allusions qui seront répétées à tous les économistes, financiers, industriels venus quêter du secours.

Le sens en était clair : même si elle restait à l'état de menace, la possibilité d'une nouvelle guerre mondiale obligeait aux alliances sûres. Mais comment faire confiance aux pays qui gardaient des « agents soviétiques » parmi leurs ministres? Car comment les communistes ne seraient-ils pas l'œil et la main de Moscou?

Le PC, en France comme ailleurs, tirait aussi sur des fils soudain raidis : sa position devenait de plus en plus difficile. Sur le plan des principes, comment continuer à se proclamer seul héritier légitime du marxisme et demeurer dans un ministère qui intensifiait la guerre en Indochine, ensanglantait Madagascar, arrêtait les nationalistes, interdisait leurs organisations en Afrique du Nord; sur le plan de la pratique intérieure, comment s'affirmer le parti de la classe ouvrière, en freinant grèves et manifestations?

Le PC connaissait ses risques. Souvent, dans les cellules, les plus éprouvés des militants ronchonnaient : « Quand donc quitterons-nous ce gouvernement de malheur? A la boîte (on disait encore : à la " taule ") ils me rendent responsables de toutes les saloperies des ministres. Que répondre? » On avait beau citer Lénine et la NEP; ils répondaient que la NEP avait pour but de vivre mieux; sous Ramadier on vivait de plus en plus mal.

Le MRP sera balayé sans retour aux élections municipales d'octobre; le courant de la démocratie chrétienne à peine surgi de la Résistance commence son reflux. Le RPF lui arrache ses électeurs les plus conservateurs. Il se résoudra à n'être qu'un filet d'eau avant de ne laisser que de lointains vestiges dans le « Centre démocrate » de Jean Lecanuet. Les socialistes fondent aussi à vue d'œil. Les communistes perdront des voix mais ils demeureront en face des gaullistes. Ainsi est née la fameuse bi-polarisation qui, jusqu'au départ définitif du Général en 1969, coupa en deux la France politique.

Et de Gaulle? Pourquoi a-t-il choisi le printemps 47 pour retisser sa toile sur le pays? Voici quinze mois, il avait proclamé sa retraite « irrévocable ». A-t-il senti les Français exaspérés par les vieux partis et l'inexplicable pénurie? A-t-il vu, dans la faille de la désalliance, se dessiner la figure de son nouveau destin international? Tout à la fois, sans doute. D'importants financiers l'ont assuré de leur soutien. Désormais le rideau de sa rentrée en scène est tiré.

L'amorce du RPF

Tandis qu'à Moscou la Conférence s'enlise, de Gaulle bouge à Colombey-les-Deux-Églises, et à Paris rue de Solférino. Voici venu pour ses fidèles le temps d'une « nouvelle résistance » : ce n'est pas un parti qu'ils vont fonder (le Général n'a-t-il pas toujours tonné contre « la république des partis »?), c'est le Rassemblement du Peuple Français, avec des majuscules.

Soustelle devient le secrétaire général. Le colonel Rémy, ravi d'une nouvelle activité quasi clandestine, trouve le lieu de baptême : Strasbourg; vous n'aurez pas l'Alsace et la Lorraine; croix de Lorraine. Tout va bien. Le jour du deuxième anniversaire de la libération de l'Alsace le Libérateur prendra la parole. Mais avant, il faut insuffler vie aux gaullistes dispersés des réseaux de la « France combattante. »

Le lieu doit être symbolique. Or en 1942, grâce aux informations des clandestins gaullistes, un commando anglo-canadien avait pu se faire parachuter sur la falaise normande et détruire une installation allemande.

Là, à Bruneval, le 30 mars, de Gaulle se réincarnera. Vélos, motos, jeeps, voitures, cars, et même charrettes paysannes confluent vers une lande balayée d'un grand vent. Les hommes et femmes des réseaux amènent leurs enfants, venus à l'âge politique. Ceux qui vaguement regrettent de n'avoir pas pris de risques, ou qui s'étaient « trompés de choix », voient ici l'occasion d'un baptême tardif dans les eaux lustrales de la Résistance. Dans les cars, dans le froid humide de la lande, devant la falaise qui émerge à grand mal de la brume, ceux qui avaient acclamé Pétain et les paras en uniforme, et les déportés en tenue rayée, se retrouvent.

Les officiels sont glorieux. Près de celui qui – treize ans plus tard – deviendra le symbole de la décolonisation, se tenait l'irréductible de la présence française en Indochine, l'amiral Thierry d'Argenlieu, avec son expression la plus inspirée. Près de Soustelle, trapu et à ras du terroir, se tient Edmond Michelet, ancien déporté, entouré par tous les Compagnons de la Libération qui ne sont ni communistes ni socialistes. Maurice Schumann montrait l'émotion des grands jours. Le colonel Rémy jouait à être l'homme de ses récits de réseaux clandestins. Pour rappeler la mémoire de leurs premiers soldats morts pour libérer la France, se tenaient l'ambassadeur d'Angleterre Sir Duff Cooper à la parfaite élégance et le général Vanier, ambassadeur du Canada.

De Gaulle, entouré d'un buisson de micros, en uniforme de campagne, parle dans le vent : « ...la masse immense des Français se rassemblera avec la France... »

Des cris montent : « De Gaulle au pouvoir! »

Le même 30 mars, le chef officiel du gouvernement, Ramadier, parle dans l'Aveyron. Il cite l'Internationale : « Il n'est pas de sauveur suprême – ni dieu ni césar ni tribun. »

Le même jour encore Laurent Casanova, ministre des Anciens

combattants et membre du Bureau politique du PCF, annonce qu'à la rentrée parlementaire il déposera une interpellation sur la présence, à Bruneval, d'officiers en uniforme et de hauts fonctionnaires (les préfets) ainsi que de la musique militaire.

Au soir du même jour, l'insurrection éclatait à Madagascar.

Le lendemain, des mesures sont prises pour enlever aux manifestations publiques de De Gaulle leur caractère officiel. Quand ils seront considérés comme politiques, et dirigés contre le régime, les discours du Général ne seront plus transmis par radio. Par contre, les honneurs militaires continueront à être rendus au Général quand il se rendra à une manifestation où assiste un membre du gouvernement.

Le président du Conseil veut informer lui-même le Général. Mais l'entourage lui fait comprendre sans ménagements que de Gaulle n'a pas l'intention de venir à Paris. Alors Ramadier décide de se rendre à Colombey. Une panne de voiture l'y fait arriver, sous des trombes d'eau, en pleine nuit. Les habitants, l'ayant reconnu, refusent de lui indiquer « La Boisserie ».

Enfin, lourd, pataud, glacé, trempé par la pluie froide, le ministre symbole de la « république des camarades » arrive devant l'interminable officier en civil qui le reçoit, debout et glacial, sans même lui offrir à boire.

Ramadier délivre son message. De Gaulle laisse tomber, féodal :

« Tous mes discours sont politiques. »

Puis :

« Je ne répondrai pas à votre interpellation. »

Que faire sinon partir, symbole de cette démocratie que dédaigne le Libérateur?

A Strasbourg, le préfet quitte le balcon de l'Hôtel de Ville avant que de Gaulle annonce la naissance du Rassemblement du Peuple Français. La foule est venue par trains spéciaux de la France entière pour l'entendre reprendre sa voix de la radio de Londres :

« Aujourd'hui est créé le Rassemblement du Peuple Français. J'en prends la direction... »

Les partis réagissent avec violence et amertume, mais aussi avec une invraisemblable incapacité de compréhension. Chez les socialistes, on tente de comparer avec le temps qui précéda le Front populaire. Guy Mollet parcourt les fédérations pour mettre en garde contre les « sirènes du gaullisme ». Il déclare incompatible l'appartenance à la SFIO et au RPF.

Les dirigeants du MRP en font autant. Ils constatent avec

amertume et véracité que bien des partisans de Pétain et de Vichy se rangent derrière l'ennemi de Pétain : ce passé-là est encore trop proche pour ne pas résonner dans les esprits.

La fondation du RPF a-t-elle été la cause directe de la fin du tripartisme et de l'exclusion des communistes? En 1948, Maurice Schumann disait à de Gaulle :

« Reconnaissez, mon Général que nous avons réussi à éliminer les communistes...

– C'est vrai, mais reconnaissez, vous, que les communistes vous y ont bien aidé », aurait répondu de Gaulle. (C'est Schumann qui rapporte ce propos.)

Vincent Auriol sait que la présence des ministres communistes favorise la propagande du général : les anticommunistes commencent à relever la tête et à élever la voix. Jacques Duclos notera dans ses Mémoires que le Rassemblement attira des radicaux et des hommes « plus ou moins marqués à gauche qui, voyant la IVe République mal partie, n'hésitaient pas à associer leur destin à celui de De Gaulle ».

De Gaulle contre son mouvement?

Le plus extraordinaire, dans la formation et l'importance du RPF, c'est le reniement de son fondateur. Reniement par omission. On lit dans les *Mémoires* du Général :

« ... Cette atmosphère qui m'enveloppa au cours de l'action publique que je menai, tout d'abord, une fois quitté mon rang officiel : faisant connaître, à Bayeux, ce que devaient être nos institutions; condamnant, en toute occasion, la Constitution arrachée à la lassitude du pays; appelant le peuple français à se rassembler sur la France pour changer un mauvais régime; lançant, depuis maintes tribunes, des idées faites pour l'avenir; paraissant devant les foules, dans tous les départements français et algériens, deux fois au moins pour chacun d'eux et, pour certains, davantage, afin d'entretenir la flamme et de prendre le contact de beaucoup d'émouvantes fidélités. Ce sont les mêmes témoignages qui m'ont été prodigués après 1952, quand je pris le parti de laisser là la conjoncture, jugeant le mal trop avancé pour qu'on pût y porter remède avant que ne se déchaînât l'inévitable secousse. »

Texte étonnant, où l'on pourrait déceler une certitude prophétique ou selon les points de vue, entaché de mégalomanie. Texte étrange. Tout ce travail de grand politique assemblant, en cercles concentriques, autour de ses fidèles, des hommes qui, en tout cas depuis la Libération, s'étaient éloignés de l'image gaullienne, est réduit à une longue phrase... Le plus pertinent (et le mieux accepté par son modèle), des biographes gaulliens, Paul-Marie de La Gorce, commente : « Les années du RPF – sans que le nom même en soit prononcé – apparaissent seulement comme une ombre fugitive qui voile mélancoliquement les dernières étapes de sa vie publique [1]... »

François Mauriac, le plus engagé – avec André Malraux – des écrivains gaullistes, jugera le RPF « la plus grande erreur de De Gaulle ». « Cela ne s'explique que par la psychose de guerre de l'année terrible », ajoutera-t-il, dans un entretien avec le journaliste anglo-américain, Alexandre Werth.

Pourtant – avant même le triomphe électoral d'octobre – ce fut en effet un rassemblement.

Le 15 avril, rue Serpente, au quartier Latin de Paris, il suffit de vingt-quatre heures pour que 12 700 personnes apportent leur adhésion, plus 5 000 en province, mais en mai l'organisation proclamait 800 000 adhérents (les chiffres d'aucun parti ne peuvent être contrôlés, sinon par de longs recoupements. Ainsi le PCF en 46 déclarait 1 million de membres et n'en comptait probablement que 800 000 : les partis comptabilisent les cartes envoyées à leurs centres provinciaux, non celles qui trouvent effectivement preneur et cotisant régulier, exactement comme les éditeurs annoncent le nombre d'exemplaires envoyés aux libraires et non de ceux qui sont réellement vendus.)

Dans le cas du RPF, on est frappé aujourd'hui par la fragilité du ciment entre ces Français si divers : seuls les unissaient le magnétisme d'un homme, et leur horreur du PCF. Malraux, longtemps procommuniste, Soustelle, qui fut sympathisant du Front populaire voisinaient avec les généraux Catroux et de Monsabert, anticommunistes déclarés. Michel Debré conservateur de la droite classique se rapprochait ainsi de récents compagnons de route du PCF comme Louis Vallon ou Yvon Morandat. Le Corse Paul Giaccobi, personnalité du Rassemblement des Gauches Républicaines, applaudissait le RPF de mener le même combat que son mouvement : la lutte contre le dirigisme, et la défense de l'Union Française. Nous voyons ainsi celui qui accordera l'indépendance à l'Afrique puis à l'Algérie réunir les partisans les plus intraitables du néo-Empire.

A eux se joignaient des banquiers, des promoteurs immobiliers qui avaient en horreur le dirigisme – plus proclamé que réel –

1. P.-M. de La Gorce : *De Gaulle entre deux mondes*, édit. Fayard.

des gouvernements socialisants. (L'époque gaullienne qui suivra 1958 sera l'âge d'or de la promotion et de la spéculation immobilières.)

L'une des idées-forces gaulliennes, l'association capital-travail qu'il baptisera « participation », donnera à l'« action ouvrière RPF » un succès électoral bref, mais indéniable. Les ouvriers qui y adhéraient se classaient dans cette droite-coup-de-poing que dans les milieux prolétariens on baptise « fasciste », quelle que soit son idéologie proclamée (aujourd'hui on dit « fascho »).

Cette fraction ronchonneuse et violente de la classe ouvrière avait rallié avant guerre les ligues fascisantes ou « bonapartistes », nostalgiques de Déroulède et de Boulanger, attirées par l'exemple mussolinien, comme le PSF du colonel de La Rocque ou le PPF de Doriot. Si beaucoup d'ouvriers ont voté pour le RPF, si bien plus encore voteront pour de Gaulle en 1958, les adhérents ouvriers du Rassemblement gaulliste furent surtout des gardes du corps et des hommes de main.

Dans les milieux les plus modestes de la petite bourgeoisie, les combatifs que le PC n'influençait pas se sont, eux, tournés en masse vers le gaullisme.

P.-M. de La Gorce observe fort justement : « Derrière le vague des formules on pouvait discerner que le RPF n'entendrait se définir ni par son idéologie ni par l'appel à une tradition politique ou sociale, mais par des objectifs. Ceux-ci renvoyaient eux-mêmes à une certaine conception de l'intérêt national... »

Ce vague idéologique attira par exemple beaucoup de socialistes et de radicaux. Au point que la direction de la SFIO dut expressément interdire la double appartenance. Sans franc succès sur le plan électoral. L'étonnant est que des électeurs socialistes, c'est-à-dire acquis à un certain dirigisme au moins économique, se soient lancés à la suite du Général sur les sentiers de la défense de la libre entreprise. La confusion était due en partie aux mesures sociales prises par le premier gouvernement De Gaulle.

Les 19 et 26 octobre – nous le verrons – les listes RPF ont effectivement rassemblé les Français : 40 % dans les villes (dans les villages on vote pour un homme non pour des idées). A Paris, la liste RPF remportait 52 sièges, les communistes 25. Pour les socialistes ce fut l'effondrement : 8 sièges. Pour le MRP ce fut le coup de grâce : 5 sièges.

C'est de ce moment, sans doute, que nous pouvons dater le bipartisme inavoué qui a régi la France bien après la retraite et la mort du Général : les gaullistes, ou ceux qui se réclamaient de ce nom d'une part; les communistes et leurs compagnons de route de l'autre.

Cette division fait l'originalité de la France. Dans les autres pays occidentaux – comme d'ailleurs en Inde, en Égypte, comme dans beaucoup de pays d'Amérique Latine, l'affrontement, l'opposition dressent les partisans des États-Unis contre ceux de l'Union Soviétique (ou ceux qui trouvent l'alliance soviétique moins dangereuse, moins contraignante). En France, vingt ans durant, les partisans des États-Unis se sont avancés masqués. Le gaullisme était anti-américain, et hostile au pacte de l'Atlantique au moins dans l'esprit de son chef. L'idée d'« Europe des patries » que de Gaulle exprimera plus tard, s'opposait également au plan d'une Europe « atlantique » liée à Washington, au Pentagone et à une Europe incluant le bloc de l'Est que l'URSS aurait dominée.

Quelles que soient les intentions gaulliennes, le RPF – et par là s'explique le peu de place qu'avec ingratitude son fondateur lui accorde dans ses Mémoires – exprimait surtout la peur de toutes les droites devant le communisme, ou même le dirigisme, si faible soit-il, de la SFIO, la peur aussi de perdre l'Empire, que l'Union Française préservait. Alexandre Werth souligne :

« Les Français... étaient tellement convaincus que la guerre était imminente qu'ils préféraient l'affronter avec le Général qu'avec M. Ramadier. »

C'était en effet la clé presque unique de la politique mondiale comme de la politique intérieure française, italienne, anglaise, américaine, soviétique : le spectre de la « Troisième » Grande Guerre mondiale.

Werth constate aussi : « De Gaulle s'était résigné à toutes les démarches de la démagogie... Pourquoi? » Sans doute, répond Werth et pouvons-nous supposer, parce qu'il s'imagine à nouveau le sauveur d'une France menacée de mort. Sa stratégie ultérieure nous montrera que dans ces moments-clés il ne recule ni devant des promesses qu'il est déterminé à ne pas tenir, ni même devant les reniements... fût-ce de lui-même (ainsi en 58 le décolonisateur promettra-t-il assistance aux colons d'Algérie dont il savait la défaite inéluctable).

Méandres gaulliens

Dès 47, nous trouvons les prémisses de sa tactique. A Rennes, le 27 juillet, le Général a pris la parole devant 60 000 auditeurs, mais pas sur la place centrale que la municipalité avait refusée.

Dans la foule on reconnaissait un nombre surprenant d'hommes intéressés au maintien de l'Algérie dans l'Union Française. Ici, de Gaulle amorce le tournant de sa politique coloniale, qu'il prendra plus explicitement dans un discours du 18 août. Lui, depuis longtemps partisan explicite de l'autonomie des territoires colonisés, lui qui voulait limiter les pouvoirs coloniaux à l'armée, à l'économie, à la diplomatie, voilà qu'il exigeait autant de pouvoir pour les Européens que pour les Musulmans dans la future Assemblée algérienne?

Autre surprise : l'antisoviétisme d'un dirigeant qui avait été (et sera bien plus encore, dans l'avenir), opposé à l'exclusion de l'URSS, à son rejet hors de l'Europe. Où était l'état d'esprit de 1945 quand un gaulliste résistant, retour de déportation, pouvait écrire dans *Esprit :* « ... Les éléments de base du gaullisme sont révolutionnaires »? A vrai dire, Roger Secrétain dès cette époque ne le rappelait que pour constater qu'on l'avait oublié et que c'était là un échec de la Résistance.

A Rennes, de Gaulle rappellera qu'il avait donné « leur chance » aux communistes en les appelant dans son gouvernement. Mais ils avaient choisi un autre chemin. Le PC était devenu une « V^{e} colonne » visant à réduire la France à la situation des satellites soviétiques.

A Rennes encore, de Gaulle rappelle que l'armée soviétique, stationnée en Allemagne, se trouve « à deux étapes du Tour de France cycliste » de la frontière française. Et qu'à l'intérieur le PCF représente un puissant groupe de pression.

De Gaulle ne dit pas – mais suggère – qu'en cas de guerre la France serait à nouveau occupée, cette fois par les Russes. Donc qu'il fallait prévoir un territoire de repli, et le mieux adapté lui semblait l'Afrique du Nord, l'Outre-Méditerranée « française ». Donc le maintien de l'emprise sur l'Algérie devenait essentiel.

Chaque fois que cette hypothèse sur les motifs de sa position d'alors a été évoquée devant lui, de Gaulle s'est tu; mais sans démentir. Si l'hypothèse est juste, elle explique à la fois sa position de 47 et pourquoi elle changera : en 1958 de Gaulle ne croira plus en la probabilité de la guerre mondiale.

(Rien : ni l'attitude gaullienne, ni l'agressivité américaine, ni le gel hostile de l'URSS ne s'explique sans la psychose de guerre.)

Fulgurant en 47, le RPF déclinera très vite. Si en 48 il déclarait 1 million d'adhérents, le chiffre probable pour 1950 tourne autour de 350 000. Dès 1949 Paul Giaccobi disait, mélancolique :

« Beaucoup, qui lui faisaient confiance, ont maintenant perdu la foi. »

La courbe du RPF coïncide avec celle de la menace de guerre. En 48, l'URSS annonça qu'elle possédait la bombe atomique ce qui, curieusement, rassura l'opinion : à égalité, les deux Super-grands hésiteront devant la conflagration. On en resterait donc à la guerre tiède.

A l'étranger, le triomphe du RPF provoqua des réactions contradictoires. Les plus à gauche des journaux anglais, italiens, hollandais, se demandaient si la France allait devenir fasciste. L'ensemble de la presse américaine par contre se réjouissait : « La meilleure nouvelle de l'après-guerre », proclamait le *Daily Mirror* de New York. « Une victoire du plan Marshall sur la 5ᵉ colonne » renchérissait le *New York Times*. Le Britannique Harold King, de l'agence Reuter de Paris, admire de Gaulle au point de trouver comme lui que l'Assemblée nationale ne représente plus l'opinion de la France.

Cependant, le RPF se heurtait, à sa droite, à des irréductibles. Leur état d'esprit est résumé par une lettre que Maurice Bardèche, fasciste impénitent, et qui eut à la Libération de la chance, écrit à François Mauriac :

« Votre général de Gaulle estime que la guerre avec l'URSS est inévitable. La défense du droit et de la civilisation étant une espèce de chalumeau oxhydrique qu'on dirige dans le sens qu'on veut, cet appareil sera braqué sur l'URSS par ses propriétaires actuels, et nous serons invités à faire bonne figure dans l'opération. Naturellement les blindés soviétiques seront à Bayonne au bout de trois semaines, sinon au bout de six jours. Alors le général de Gaulle nous chantera son grand air de la bataille perdue qui n'est pas la défaite et nous invitera à tirer sur les colonels russes assis dans le métro... Nous serons de grands patriotes, des héros de la Résistance; nous donnerons au commandement soviétique de bonnes raisons d'envoyer quelques millions de Français en Sibérie pour assurer la tranquillité de leur zone d'occupation, et nous applaudirons à la destruction de nos villes et de nos usines par les bombes atomiques de la Libération. Moyennant quoi le général de Gaulle aura quelques chances de défiler entre l'ancien emplacement de l'Arc de Triomphe et la baraque de bois commémorative de Notre-Dame... »

La fin du tripartisme a donc quatre motifs. La guerre d'Indochine, la fondation du RPF, l'échec de la conférence de Moscou. Mais surtout la pression américaine.

Les communistes disaient que Blum et Jouhaux, lors de leurs voyages aux USA, s'étaient entendu répondre que l'aide économique américaine avait pour prix l'éviction du PCF hors du gouvernement. L'exigence n'a sans doute pas été formulée. Les Américains savaient pouvoir compter sur les hommes politiques d'Occident. Leur façon d'agir était plus efficace en se montrant indirecte.

Dès avril 46, à Félix Gouin, ministre du Ravitaillement, l'ambassadeur des États-Unis faisait suggérer de marquer, dans ses discours, une différence en traitant de « massive » l'aide américaine et de simplement « appréciable » l'aide des Soviétiques (qui venaient d'envoyer 500 000 tonnes de blé).

En fait, au printemps de 47 les jeux étaient faits. Et c'est à la conférence de Moscou que le monde était entré dans la guerre froide. Ou du moins l'Europe... Car pour l'Asie c'était la guerre. Le Commonwealth bougeait, l'Empire français avait cessé de se taire.

2.

Le sang malgache

Sur un territoire double de la France vivent 4 200 000 habitants. L'ethnie la plus développée, la plus nombreuse, les Hovas, sont venus de Malaisie avant l'an mille. Ce sont eux qui ont déterminé la prise de conscience malgache. Ce sont eux aussi que l'on rencontrait surtout dans les troupes coloniales et parmi les commis d'administration : ils ont donc eu plus facilement accès au monde de la métropole.

Comme dans toutes les colonies françaises, comme en Indochine, la guerre a révélé la possibilité d'un changement dans la situation coloniale. Tandis que des milliers d'habitants de l'île se trouvaient en Europe ou en Afrique du Nord, sous commandement français, les Anglais ont débarqué dans l'île. Les insulaires faits prisonniers par les nazis ne sont le plus souvent pas rentrés : la détention était trop dure pour leur résistance.

Cependant, en 1947 très peu des soldats qui s'étaient battus pour la France ont été rapatriés. Ceux qui rentraient comme ceux qui attendaient, ont pu mesurer comment la France tenait – ou plutôt ne tenait pas – ses promesses. Aussi, au retour, ont-ils fourni ses cadres les plus experts aux milices combattantes du Mouvement Démocratique de la Rénovation Malgache (MDRM) à peine formé. D'autant qu'à Madagascar la situation était désastreuse pour les autochtones. Réquisitions, travail forcé, privations s'aggravaient tandis que l'importation d'objets manufacturés restait presque nulle. Les salaires n'avaient plus guère de valeur. Textiles, chaussures et outils étaient inaccessibles. Seuls les très riches pouvaient se procurer le nécessaire. Alors, à quoi bon s'exténuer? La « productivité » baissait, disaient les Européens.

De plus l'Indonésie s'insurgeait. L'Européen ne semblait plus intangible. Aux élections, deux Malgaches médecins, le Dr Raseta et le Dr Ravohangy ainsi que M. Rabemananjara ont été envoyés à l'Assemblée et ensuite M. Raherivelo au Conseil de la République. Fondateurs ou militants du MDRM (le Mouvement avait été régulièrement déclaré à la Préfecture de Tananarive en janvier 1947), ils étaient partisans du maintien de Madagascar dans l'Union Française. Mais ils voulaient que leur pays devienne « un État libre ayant son gouvernement, son parlement, son armée, ses finances ».

Pour leur faire échec, l'Administration française a aussitôt favorisé la fondation du PADESM (Parti des Déshérités Malgaches). Le programme, soufflé par les Français, était plus anti-Hova (l'ethnie dominante et la plus modernisée) qu'anticolonialiste : c'était le parti des « descendants d'esclaves (qui) voulait empêcher le féodalisme hova ».

En janvier et février 1947 ont lieu des élections pour les cinq Assemblées provinciales (au rôle purement consultatif). Dans quatre d'entre elles le MDRM a obtenu la majorité. Par contre, à l'Assemblée représentative (chargée de gérer le territoire) des élections plus « orientées » ont donné 12 sièges au PADESM et 9 au MDRM... Mais dans la nuit qui précédait ces élections l'insurrection a éclaté.

Mystères et certitudes de l'insurrection malgache

Deux choses demeurent aujourd'hui incontestables. Les quelque 37.000 Européens incluaient une multitude de « petits Blancs » souvent rongés d'alcool et d'endémies, que manipulaient quelques grands colons. Ils souhaitaient non la sécession mais une autonomie de l'île sous leur gouvernement.

Ils s'opposaient violemment au haut-commissaire, M. de Coppet qui, à la Libération, avait aboli le travail forcé, appliquant une décision prise en France pour l'ensemble des pays africains. Comme Marius Moutet, le ministre, de Coppet semblait aux colons plus redoutable, comme adversaire, que les nationalistes malgaches.

Dans toute l'île, l'atmosphère était à la haine, aux chuchotements. Les communautés s'observaient.

Le jeudi 27 mars se réunissait le Bureau politique du MDRM. Trois parlementaires y assistaient : les députés Rabemananjara et Ravohangy et le conseiller de la République Raherivelo. On dit que le Dr Raseta, resté à Paris, est d'accord avec les décisions. Il faut s'emparer des postes militaires, du siège du gouvernement, prendre les villes, proclamer un gouvernement national et se pourvoir d'otages comme monnaie de négociation.

C'est du moins les aveux, arrachés indubitablement sous la torture, et de ce fait, douteux, d'un dirigeant du MDRM, M. Rakotovoa. Ils datent du 12 avril.

Cependant le texte – que l'on possède – du télégramme envoyé par le Mouvement à ses cellules locales dit seulement : « Garder calme et sang-froid absolu devant manœuvres et provocations de toute nature destinées à susciter troubles sein population malgache et à saboter politique pacifique MDRM. » (Les provocations en question, constatées et certaines, avaient pour objet les élections à l'Assemblée représentative.)

Version française : c'était un télégramme chiffré par antiphrase.

Dans ses « aveux », Rakotovoa rejette la responsabilité sur les communistes français (dont l'attitude durant l'affaire malgache démontre pourtant qu'ils ne l'avaient ni directement inspirée ni, encore moins, dirigée). Les « aveux » affirment d'ailleurs simplement que des députés communistes ont dit aux parlementaires malgaches qu'on ne peut obtenir un changement qu'en se battant comme au Viêt-nam. Le propos est probable, mais implique seulement une idée générale, alors banale dans tous les PC, et sans rapport direct avec l'insurrection du 29 mars. Celle-ci ne pouvait qu'embarrasser les communistes, déjà déchirés entre l'internationalisme et la participation au gouvernement à cause de la guerre d'Indochine.

La nuit du 29 mars – autre certitude – les insurgés ne possèdent que des sagaies. Ils ne peuvent s'emparer d'armes plus efficaces qu'en tuant des militaires blancs. Les anciens des troupes coloniales servent d'officiers. On attaque les postes d'abord, puis des demeures de colons. Des maisons flambent. Des Français tombent, mais aussi des Malgaches amis des Français.

Dès le 30 mars, les colons exigent l'état de siège et des otages. Ils les prennent, avant toute permission... et les exécutent. Les Français massacrés se chiffrent par dizaines; les Malgaches par milliers. Cette proportion juge l'insurrection et la répression.

Le haut-commissaire parcourt le pays, aussi mal accueilli par les Français que par les Malgaches. Il fait arrêter un bon millier de militants sur simple dénonciation. Prisons et camps débordent. Comment faire le compte des arrestations et des tortures « pour faire parler »?

En France on publie : « Émeute d'indigènes, entraînés par les communistes ». On évoque le banditisme, le pillage.

Dans l'île, la police et l'armée ont peur. Les dizaines de milliers d'hommes de renfort n'arriveront qu'en juillet. A ce moment, sur la côte orientale de l'île, des villes entières sont aux mains des insurgés, comme Vohilava, Anosibé ou Fort-Carnot. Quand les troupes ont repris les villes, elles ont « fait place nette ». Comment chiffrer les morts?

Élue dans cette atmosphère, la section européenne de l'Assemblée représentative vote la méfiance à de Coppet. A Paris le haut-commissaire est condamné à la fois par la droite et par les communistes.

Le juge d'instruction de Tananarive réclame la levée de l'immunité parlementaire des deux parlementaires arrêtés dans l'île, ainsi que celle du Dʳ Raseta resté à Paris.

Le 16 avril, enfin, Maurice Thorez a évoqué l'affaire malgache au Conseil des ministres. Cette insurrection ne bouleversait pas les communistes seuls; peut-être même les touchait-elle moins que les milieux intellectuels progressistes qui s'exprimaient dans la presse. Le silence des ministres du PCF tournait au scandale... mais pour le PCF l'insurrection malgache avait — on le chuchotait parmi les responsables — « mal choisi son moment ».

A la table de l'Hôtel Matignon Maurice Thorez demande donc l'annulation des mandats d'arrêt des parlementaires, ou du moins (il s'était ménagé une position de repli), le refus de demander la levée de leur immunité parlementaire. La seule façon de poser le problème donnait à ses adversaires le moyen d'y répondre d'une façon irréfutable. Le garde des Sceaux, Pierre-Henri Teitgen, emboucha les trompettes de la séparation des pouvoirs. De quel droit l'exécutif, affirma-t-il, interviendrait-il dans les affaires du judiciaire (arrestations) ou du législatif (immunité parlementaire)?

Pris entre l'anticolonialisme de principe et une certaine méfiance envers le MDRM qu'ils ne contrôlaient pas, les communistes n'ont pas mis à la défense des Malgaches l'obstination et la fermeté déployées pour les Vietnamiens. C'est que le Viêt-minh était un mouvement communiste : l'URSS était derrière Ho Chi Minh, tandis que les Malgaches... on chuchotait que les Américains pourraient n'être pas étrangers à l'affaire. Cette défiance envers les mouvements nationalistes où le parti communiste ne joue pas le « rôle dirigeant » se répétera au début de l'insurrection algérienne.

Cependant il était impossible au PCF de ne pas défendre les insurgés, et il fallait manifester du mécontentement. Au conseil des ministres, Maurice Thorez s'est donc levé et est sorti, suivi de ses quatre camarades du gouvernement.

« Bouder, voilà une tactique révolutionnaire inédite », ironisa Ramadier.

Ni la répression malgache ni la guerre d'Indochine – remarquons-le – ne pousseront les ministres communistes à se désolidariser officiellement du gouvernement. Il faut toujours « tomber à gauche », mais aussi tomber du côté national, c'est-à-dire en défendant les intérêts qui touchent directement les électeurs...

Cependant – ici nous anticipons sur la chronologie – c'est après l'élimination des ministres communistes qu'aura lieu le débat à l'Assemblée.

Député socialiste du Sénégal, Lamine Gueye monta à la tribune. Orateur de talent, phrases et gestes amples, il a démontré que les députés et sénateurs des pays colonisés étaient traités en parlementaires de deuxième zone... le savaient et le refusaient.

De son banc, le Dr Houphouet-Boigny, député de la Côte-d'Ivoire et fondateur du Rassemblement Démocratique Africain (RDA) a crié :

« Lamine, tu peux dire que tu parles au nom de tous les Africains! »

Levés, les députés de toute l'Afrique applaudissent. Le seul d'entre eux qui soit inscrit au MRP, l'abbé Boganda, du Cameroun, s'est dressé lui aussi...

Ce qui n'empêchera pas l'Assemblée de lever, à l'automne, l'immunité des députés malgaches, qui seront torturés.

Le 5 juin, les parlementaires de l'Union Française organisent un meeting présidé par Léopold Sedar Senghor, poète et député du Sénégal et où parlera Aimé Césaire, poète député de la Martinique. C'est donc sous le signe de la culture universitaire (tous deux étaient agrégés), et de la poésie française qu'eut lieu le meeting de défense des patriotes malgaches. A cette réunion le Mouvement pour le Triomphe des Libertés Démocratiques (MTLD), d'Algérie, empêcha l'orateur représentant l'UDMA, mouvement plus modéré, de se faire entendre : en Algérie les extrémistes, c'est-à-dire les partisans de l'indépendance, commençaient à gagner du terrain, mais personne ne les prenait encore au sérieux.

Le meeting n'a pas retenu le Parlement de voter, le 6 juin, la levée d'immunité de M. Raseta, de deux autres députés et de trois conseillers de la République par 392 voix contre tantôt 183, tantôt 191. Raseta était le plus populaire, l'ami de tous; nul n'a jamais entendu parler que de sa gentillesse et de son charme. Il y eut pourtant 324 députés français pour le livrer à ses tortionnaires.

Qui avait organisé, mais surtout ordonné, déclenché l'insurrection? Les députés malgaches ont fini par la désavouer. Le PCF n'y est à coup sûr pour rien : ce soulèvement le gêne. En 1947, dans cette partie du monde il n'y a aucun mouvement international révolutionnaire. Tout au plus les nationalistes (plus ou moins révolutionnaires) d'Indonésie pouvaient-ils trouver un écho dans l'île.

L'ensemble du mouvement fut incontestablement nationaliste... ce qui permit aux communistes français d'avoir meilleure conscience en se contentant de protestations verbales. Au moins ont-ils protesté. A part quelques intellectuels touchés par Me Pierre Stibbe, avocat passionné des accusés, et le journal *Combat,* ils furent les seuls.

Vingt-sept ans après les documents restent peu accessibles. On peut toutefois distinguer deux courants.

L'un, nationaliste, né dans cette classe nouvelle qui connaissait les deux cultures, européenne et autochtone, n'acceptait plus le système colonial. Il lui avait fallu beaucoup de tentatives pour constater que la voie légale, pacifique, menait à des promesses jamais tenues.

L'autre, presque spontané, venait de la révolte de gens simples dont les salaires ne suffisaient même plus à réparer les forces usées au travail. Au reproche de paresse ils répondaient : Nous n'avons plus l'énergie de l'effort, et se tuer au travail ne rapporte plus rien.

Très vite, la révolte spontanée avait débordé les cadres du MDRM. Sur une population de 4 200 000 Malgaches, on compte généralement qu'un demi-million a été touché par la révolte; proportion rarement atteinte par les insurrections réussies. Mais les forces en présence étaient par trop inégales. De plus les divisions internes, le manque d'une direction cohérente ont exposé les Malgaches à l'une des répressions les moins connues mais les plus cruelles de l'histoire coloniale française.

Il faut nous l'avouer, une bonne génération plus tard : en 1947 la France de la Libération, de la victoire sur le nazisme et le fascisme, la France tripartite avec les socialistes et les communistes au pouvoir a laissé se déclencher la guerre en Indochine, et a ensanglanté Madagascar. Officiellement on a dit : « Nous avons ramené le calme avec trois avions et quelques centaines de soldats. » En fait, entre juin et août la métropole envoya 15 000 hommes et des navires pleins d'armement.

Me Pierre Stibbe assura la défense des députés malgaches. C'était une sorte de Don Quichotte aux jambes longues, aux bras courts, d'une bonté et d'un courage sans égal. Durant l'occupation, lui qui avait du mal à se fondre, indistinct, dans une foule a circulé à travers toute la France avec des papiers (vrais, mais qui n'étaient pas les siens) établis au nom de « Saint Bézard ». Tout, la bizarrerie du nom et celle du personnage rendaient ses voyages périlleux. Il ne s'en est jamais avisé, ou bien a refusé d'en tenir compte. Sitôt revenu de son camp de prisonniers, et jusqu'à la Libération, il anima le groupe « Ceux de la Résistance ». Il défendit les Malgaches avec le même dévouement total. Le jour où ils furent condamnés à mort, le jour où leur pourvoi en grâce fut rejeté (par le socialiste Vincent Auriol), il se trouvait en zone française d'occupation, à Baden-Baden. Il a téléphoné à son cabinet de Paris pour apprendre le rejet du pourvoi. Il est sorti de la cabine téléphonique, en larmes, et a dit à une camarade de Résistance communiste qui se trouvait là : « Que vos camarades aient laissé faire cela les prive du droit de se référer à Marx et à Engels qui rêvaient la fraternité... »

L'affaire de Madagascar pèsera sur l'atmosphère de l'Union Française.

Après la répression les cadres de l'Union Française, même les plus francophiles, les plus occidentalisés savaient que les promesses et protestations des ministres ne valaient pas leur poids de paroles...

Le 25 avril, Aimé Césaire disait : « Ce n'est pas sur les questions coloniales que les ministres communistes démissionneront; et pourtant ils savent bien que bientôt les autres les forceront à partir. Alors pourquoi ne pas partir avec éclat, pourquoi ne pas tomber – puisque la règle est de " toujours tomber à gauche " – sur l'internationalisme? » Il le disait un jour où l'hebdomadaire *Action*, contrôlé par les communistes, publiait deux poèmes de lui : « Ex-voto pour un naufrage », et « Depuis Akkad, depuis Elam, depuis Sumer – Maître des trois chemins... ».

Le bilan de Madagascar?

80 000 Malgaches tués; 20 000 restaient détenus en 1948. En 1951, il y eut encore 71 exécutions après jugement pour crime d'insurrection. Le nombre d'années de prison infligées par les tribunaux se monte à 590, dont 21 condamnations à la prison à vie. Il y eut de plus 375 déportations.

L'Afrique du Nord bouge...

En Algérie, la population croissait (démographie galopante et moindre mortalité grâce aux antibiotiques et à l'hygiène), les prix sautaient au plafond, la pénurie se faisait disette et la crise du logement fléau. Depuis 1943 les sécheresses s'étaient succédé. La ration journalière moyenne des Musulmans était maintenue à

1 520 calories par jour alors que le minimum en métropole était à 2 500 (chiffres des ministères).

En 1944, sous le gouvernement provisoire du général de Gaulle qui siégeait à Alger, certaines catégories de Musulmans (élus, fonctionnaires, officiers) avaient obtenu les droits de citoyens français. En 1946, ces droits ont été étendus aux anciens combattants et aux titulaires du certificat d'études. A ce collège des « citoyens » (élisant l'Assemblée algérienne) s'opposait le « deuxième collège » où les femmes avaient le droit de vote. Cette ligne de démarcation entre collèges passait à l'intérieur des familles.

En 47, un statut qui retardait sur la situation réelle au lieu d'anticiper sur une inéluctable évolution à venir, a semé les germes du conflit algérien. Il éclatera sept ans plus tard. Les mouvements nationalistes étaient nés; la jonction arabe était faite. La situation mettra des années à mûrir à cause de la division des forces. C'est sur quoi comptaient les plus lucides parmi les colons... mais ils n'étaient guère nombreux.

Le conflit deviendra évident en 54 sans que nul ose le nommer. Au début de 56 des élections où socialistes et communistes s'étaient alliés au deuxième tour ont donné, pour président du Conseil, le secrétaire général de la SFIO, Guy Mollet. Il est venu à Alger; les colons français l'ont accueilli à coups de tomates. Alors seulement on a commencé à parler de « conflit », avant de parler de guerre.

C'est de l'Algérie que mourra la IVe République. En 58, plus de 80 % de Français appelleront de Gaulle qui fondera la Ve. Il lui faudra quatre ans de vraie guerre, de fausses promesses, de tactique et de mises hors la loi; il faudra quatre ans de bombes posées par les Français d'Algérie chez les Français de France qui leur paraissaient trop promusulmans; il faudra quatre ans de morts, de tortures, de villages rasés pour effacer ce statut d'août 47.

De même la guerre française du Viêt-nam qui avait pris en 47 son rythme de vraie guerre ne s'achèvera qu'en 54. De même les mouvements d'Afrique Noire – celui de Madagascar étant le plus précoce et le plus tragique – n'aboutiront-ils aux indépendances politiques – Madagascar comprise – qu'en 60.

Les semailles de 47 ont eu la gestation longue.

En 47 le mouvement nationaliste algérien s'était structuré, après le retour en Algérie de l'ancien secrétaire général de l'« Étoile Nord Africaine », Amar Imache.

Le 15 février, le Ier congrès – clandestin – du Mouvement pour le Triomphe des Libertés Démocratiques, dirigé par Messali Hadj, a établi la nécessité de se préparer à la lutte armée.

Le parti communiste algérien trouva cette décision à la fois prématurée et mal formulée : on appelait à la lutte pour l'indépendance sans distinction de classes. Le PCA, nominalement dirigé par Louarbi Bouhali, était en fait contrôlé de près par le PCF et, à l'époque, très personnellement, par André Marty. La situation coloniale était ainsi reflétée par la contre-société communiste.

Le Congrès décida de former trois organismes. Un mouvement MTLD légal. Un Parti Populaire Algérien (PPA) clandestin. Une organisation para-militaire clandestine, qui sera dirigée par le Dr Lamine Debaghine. De plus, le congrès prévoyait une union de panarabes panislamiques et une autre de laïcs. Ainsi le mouvement pour l'indépendance envisageait de rassembler, dans l'un ou l'autre groupement, l'ensemble des Algériens las de la situation coloniale.

En avril, Amar Imache, qui n'avait pu se mettre d'accord avec Messali, crée le Parti de l'Unité Algérienne.

Aucune unité réelle des mouvements ne put être réalisée. Au début d'octobre — juste avant les élections municipales — l'UDMA s'est désolidarisée et du MTLD et du PPA.

Le résultat fut immédiat : le MTLD remporta tous les sièges du deuxième collège dans 110 municipalités, y compris toutes les grandes villes.

Symétriquement au Ier collège, celui des Européens et assimilés, ce fut le raz de marée du RPF... Ce qui permit au parti communiste algérien de montrer que « le MTLD faisait le jeu de la droite colonialiste » (« objectivement, camarades » bien entendu).

Mais le MTLD est accepté par la Ligue arabe, aux côtés de l'Istiqlal marocain fondé en 1937 par Si Allal el Fassi et au Destour et Néo-Destour de Tunisie avec Salah ben Youssef et Habib Bourguiba. Ces chefs nationalistes sont tous des intellectuels, ayant obtenu des diplômes français et possédant donc les deux cultures. Pendant toute l'année 1947 ils prépareront le Comité de Libération de l'Afrique du Nord, qui verra officiellement le jour en 1948.

En avril le sultan du Maroc, Mohammed V, a fait un voyage à Tanger avec son fils, Moulay Hassan et sa fille Lala Aïcha. Le faste, habituel à ces déplacements, ne laissait en rien présager que celui-ci ferait date. Le Maroc était sous protectorat français depuis 1912; dans les années vingt, la guerre du Rif avait montré que les tribus montagnardes, au moins, n'acceptaient pas facilement cette soumission. Or, le 10 avril, le sultan du Maroc a prononcé son fameux discours, parlant de l'indépendance des peuples maghrébins en général et du sien en particulier. Il déclare que tous les mouvements nationalistes doivent s'unir. Ainsi relie-t-il les trois pays maghrébins aux Arabes du Machrek, d'Égypte, de Syrie, du Liban.

Depuis la guerre mondiale, Le Caire était redevenu un exemple, un centre de référence et de rayonnement pour les pays musulmans et arabes. L'Égypte avait conquis l'indépendance politique, malgré l'emprise économique pesante des Anglais. La Ligue arabe, à peine fondée, devenait un symbole d'espoir.

En Afrique du Nord, les remous touchaient les trois pays. En octobre, Bourguiba écrira dans *Combat :* « Nous ne voulons pas être Français » et « La France ne peut pas élever indéfiniment un rideau de fer entre la Tunisie et le reste du monde arabe. » Celui qui présidera le Comité de Libération, le vieux rebelle Abd el-Krim (qui s'évadera au Caire d'un navire venant de La Réunion où il était exilé depuis 1926), prononcera en juin un discours que *Le Figaro* reproduira :

« Nous avons fait deux guerres à vos côtés. Alors, pourquoi nous refusez-vous notre indépendance à nous? »

En fait le Comité sera dirigé par deux hommes : le Marocain Allal el Fassi, professeur à l'université musulmane (la Karayouine) de Fez qui, lui, parle peu le français et par le Tunisien Habib Bourguiba, médecin de Tunis, parfaitement bilingue.

France : l'opinion et la politique divorcent

Si avril a marqué un pas vers la fin de l' « outre-France », en France même (dans ce que l'on nommait la « métropole »), s'opère le divorce entre le gouvernement, les partis qui y participent et le soutiennent, et la population.

Les ministères successifs n'avaient pas réussi à établir un équilibre salaires-prix. Ramadier était fier de sa « déflation » (baisse autoritaire de 5 % sur les articles-clés). Son seul effet avait été de faire disparaître les produits taxés de la circulation et de faire monter le prix des objets, produits, denrées non taxés qui pouvaient en tenir lieu.

La CGT avait revendiqué un minimum garanti de 7 000 F par mois pour 40 heures de travail; les gouvernants n'avaient accepté ce chiffre que pour 48 heures. Donc les horaires normaux, qui étaient de 40 heures, ne pouvaient atteindre que le minimum de 5 833 F, ce qui représentait, pour le manœuvre, à peine le niveau de vie de l'occupation.

C'est ainsi qu'on en arrive au divorce. L'opinion le comprend quand l'usine Renault de Billancourt, la plus importante des usines nationalisées, la plus nombreuse, entre en grève. Renault est un baromètre infaillible.

Les socialistes accusèrent les communistes de l'avoir provoquée. Ils ne l'avaient pas fait... mais comment se désolidariser de leurs masses en reniant la grève? Et comment la prendre en charge sans se désolidariser du gouvernement? Ceux qui avaient – peut-être – inspiré, et en tout cas immédiatement compris l'importance du mouvement, savaient bien qu'il obligerait le PCF à sortir du ministère... ou permettrait au ministère de se débarrasser du PCF.

Le jour même de la conférence de presse du général de Gaulle le 24 avril, la CGT s'est trouvée devant une épreuve de force. Pour la première fois la Confédération Française des Travailleurs Chrétiens, la CFTC, lui enlevait sa suprématie dans l'administration des Caisses Primaires de Sécurité sociale et des Caisses d'Allocations familiales. Jusqu'alors les Conseils – provisoires – de ces Caisses comptaient 2/3 de cégétistes : la Centrale laïque déclarait six millions d'adhérents. Et voilà que la Confédération chrétienne, – qui d'après la CGT ne comptait qu'un demi-million d'adhérents – arrache 26,3 % des voix, n'en laissant que 59,27 % à la grande centrale tandis que mutualistes et associations familiales obtiennent 14,36 % des votes. Dur camouflet. Des responsables du PCF sont battus, y compris Costes, le vieux secrétaire des Métaux.

Le Bureau politique tire aussitôt les conclusions : si, pour l'Indochine ou pour Madagascar, le fait de la participation communiste au gouvernement n'a gêné que certains militants – et aux militants on pouvait toujours faire accepter les « nécessités tactiques » – par contre, la masse des ouvriers refusait d'accepter la politique du gouvernement en matière de salaires et de prix. Il fallait agir vite.

25 avril à Billancourt...

Agir vite? N'était-il pas déjà trop tard? Quelques heures après cette séance du Bureau politique où Benoît Frachon n'a caché ni la profondeur du mécontentement ni les commentaires sur les ministres, le PC a reçu en pleine face cette désapprobation des ouvriers.

L'usine Renault de Billancourt s'est mise en grève. Jusqu'alors la direction du Parti était parvenue à juguler les grèves au nom de la reconstruction. Les dirigeants promettaient la venue des lendemains qui chantent par le jeu combiné des élections et du poids des syndicats. Quand les grèves persistaient, *L'Humanité* ou tout au moins les discours les qualifiaient de « provocation ». Ainsi celle des ouvriers du Livre : corporation entêtée, anarchisante et redoutable, avec laquelle les communistes même devaient composer, pour faire sortir leur presse.

Le 24 avril Pierre Bois, militant trotskyste (IVe Internationale), et ouvrier chez Renault, avait fait voter son atelier (celui des engrenages), puis celui des boîtes de vitesse (les ateliers 6 et 18). La revendication était précise : dix francs d'augmentation horaire pour les OS ce qui mettait le minimum vital à 9 000 F. Le vote a eu lieu à bulletins secrets. Jusque vers les années 60, les communistes auront ce mode de scrutin en horreur : il permet, diront-ils, toutes les « manipulations et provocations ».

Le vendredi 25 à 6 heures et demie du matin un piquet de grève interdisait l'entrée de l'usine et canalisait les ouvriers vers le hall pour un meeting. Les grévistes surveillaient les transformateurs électriques : sans courant, impossible de travailler. La leçon fut vite comprise : bientôt il n'y eut, par un subtil noyautage, que des communistes ou des sympathisants aux commandes électriques (c'est ainsi que pendant des années le Parti a contrôlé les grèves chez Renault).

Mais le 25 avril 1947, ce sont Pierre Bois et ses camarades qui ont constitué un comité de grève.

A 8 heures Pierre Bois a parlé et 1 500 ouvriers votent, à 85 %, une grève illimitée. Des mots tombent que l'on croyait oubliés :

« Une seule arme : la grève générale! »

Poussé à bout, à court d'arguments, Plaisance, militant de la CGT, a crié :

« La grève, c'est l'arme des trusts! »

Pierre Bois réplique :

« C'est en effet ce qu'on dit à Moscou. »

La CGT refuse de soutenir le mouvement, ainsi que le comité d'entreprise. Le directeur de la Régie, M. Lefaucheux, reçoit syndicat et comité d'entreprise, mais refuse tout contact avec le comité de grève.

Ici nous trouvons une situation qui deviendra constante à la fin de la guerre froide, quand le PCF sera redevenu — par l'intermédiaire de la CGT — l'interlocuteur valable de l'autorité patronale et du gouvernement. M. Lefaucheux, grand bourgeois, reconnaissait que les permanents de la CGT ou du PCF tout en le contredisant parlaient son langage : celui d'un ordre global. Par contre, ces nouveaux venus, ces inconnus du comité de grève, comment les considérer sinon avec une réprobation méprisante? Nous pouvons dire que cet état d'esprit ne s'est écroulé, n'est apparu comme périmé qu'en mai 68. Le moment où son caractère archaïque a éclaté fut sans doute celui où Pierre Mendès France est apparu au stade Charléty, aux côtés des contestataires. D'ailleurs ni à gauche ni à droite on n'a pardonné cette démarche au maire de Louviers : il avait violé la « règle du jeu »...

Parmi les ouvriers, certains lisaient *Révolution prolétarienne*, vieux titre ressuscité. Le directeur en était une figure du mouvement ouvrier, Pierre Monatte. Il avait été l'un des premiers à soutenir la IIIe Internationale après la révolution de Lénine, avant de rompre avec éclat. Il publie à présent une brochure : « Où va la CGT? » Ses lecteurs ont senti revivre en eux le démon anarchiste.

Les « Jeunesses socialistes » (qui au lendemain de la guerre comptaient 30 000 membres et passaient, chez les anciens du Parti, pour être « manipulés par les trotskystes »), soutenaient la grève. Si bien que le 28, le comité de grève formé chez Renault en dehors de la CGT a été soutenu par *Le Populaire*, organe de la SFIO, en principe porte-parole des ministres socialistes, voire des présidents de la République et du Conseil. Vincent Auriol et Paul Ramadier auraient dû manifester un furieux désaccord. Impossible, vingt-neuf ans après, de savoir avec certitude – ni de prouver – si les socialistes du gouvernement ont profité d'une occasion imprévue où l'ont suscitée. En tout cas, ils savaient mettre ainsi les communistes dans l'impasse.

L'organe du MRP à sa naissance, *L'Aube*, qui est censé refléter l'opinion des ministres démocrates-chrétiens, a également soutenu la grève Renault. Mais *L'Aube* aimait le rôle d'enfant terrible.

Le comité représente, le 28, environ 10 000 grévistes. Dans la journée, la CGT a rallié la grève et l'a, très rapidement, prise en main. Ses responsables ont aussitôt engagé les négociations avec la direction. Un nouveau vote à bulletins secrets révèle que 80 % des grévistes veulent continuer l'action.

Douze jours plus tôt, au Conseil des ministres, s'est produit un sérieux accrochage à propos des députés malgaches. Thorez a crié « Colonialiste! » à Marius Moutet. Teitgen a prétendu que les parlementaires malgaches se trouvaient « en état de flagrant délit permanent ». « Notion juridique nouvelle », a ironisé Tillon. Les ministres communistes sont sortis de la salle du Conseil. Ramadier donnait un déjeuner pour les soixante-quinze ans de Léon Blum; ils n'y sont pas venus. Blum commenta : « Bouder n'est pas jouer. »

Le chef historique de la SFIO restait la bête noire des communistes depuis la non-intervention dans la guerre d'Espagne. En 1940, l'*Internationale communiste*, bulletin du Komintern, lui attribuait « la férocité de Mussolini » et « la haine de Trotsky contre l'Union Soviétique ». Le soir de la mort de Léon Blum le secrétaire général de *L'Humanité* ouvrit une bouteille de champagne. Le lendemain il en fut blâmé. Pourtant, tel était bien l'état d'esprit du PC envers le « gérant loyal des affaires bourgeoises ». En 1947, les dirigeants communistes le croyaient sans influence, « out » et « K.O. ». En fait, Auriol et Ramadier lui demandaient conseil; il était le seul que Jules Moch n'osait pas contredire. L'écoutait-on? Les jeunes le trouvaient archaïque; les militants d'avant-guerre remplissaient encore salles et préaux pour l'entendre.

Un historien de la SFIO [1], Roger Quilliot, évalue le rapport des forces. Vincent Auriol a profité de son « congé de parti » pour, le 22 janvier, six jours après son élection, choisir Ramadier sans consulter le secrétaire général du Parti, Guy Mollet :

« Léon Blum à Jouy-en-Josas, qui rédige l'éditorial quotidien du *Populaire;* Vincent Auriol, en congé de parti qui, par des entretiens personnels, n'en exerce pas moins une influence profonde; Paul Ramadier à la présidence du Conseil qui, de loin en loin, assiste à une séance du Comité directeur mais dirige la barque à sa guise; le secrétaire général enfin, et le Comité directeur, souvent amers... »

SFIO : Un « coup de vieux »

Le parti socialiste manque de ce que nous appelons « charisme » et qu'à l'époque on nommait charme. En face, au PCF, Thorez exerce une autorité sans appel et souvent inspirée de loin, mais il le fait sous le couvert d'un Bureau politique, d'un secrétariat et même de ce chœur nommé Comité central, les uns et les autres régulièrement élus (à main levée, mais élus tout de même).

La SFIO demeurait un parti de cadres. A la Libération elle avait connu un « coup de jeune »; elle redevenait à présent la machine à parlementaires et à ministres, où les jeunes ne reconnaissent rien de leur idéal, qui était marxiste. Certes, Auriol en choisissant Ramadier avait expliqué : « Il sait tout... il déborde d'humanité. » Mais il n'exerçait sur les moins de trente ans aucun attrait.

Les Jeunesses socialistes ont alors tenté de faire cavalier seul. La grève de Renault, ils y avaient travaillé avec les trotskystes de Pierre Bois, avec les anarchisants à la Monatte. L'appareil de la

1. Roger Quilliot : *La SFIO et l'exercice du pouvoir 1944-1958*, édit. Fayard.

SFIO a profité de la grève de Renault pour rejeter les communistes hors du ministère. Aussitôt après, les dirigeants ont accusé le Bureau national des Jeunesses d'avoir déclenché cette grève contre un gouvernement SFIO. Le PCF reprochait la même chose aux mêmes. Dans l'« affaire Renault » le responsable, pour les deux adversaires, sera l'ombre de Trotsky. Accusés, donc, de « trotskysme » les Jeunesses socialistes ont vu leur parti agir comme les communistes selon l'adage du Komintern : « Faire la politique de l'opposition, mais sans l'opposition. »

Le 12 juin, les sanctions contre les Jeunes entraîneront la démission d'Yves Dechezelles, secrétaire général adjoint de la SFIO. Il expliqua à l'auteur, à l'époque : « Le fossé est devenu trop profond entre les militants et les ministres et députés qui prétendent les représenter. » Il citait pour exemple le mandat donné par le Conseil national au ministre Marius Moutet de reprendre des négociations avec « des représentants qualifiés de la République du Viêt-nam », « dans le respect des accords du 6 mars », autrement dit avec Ho Chi Minh... et le jeu de Moutet avec des « gouvernements fantoches ». Il rappelle encore l'arrestation des députés malgaches et l'envoi du général Juin au Maroc.

Bref, il démissionne sur la question coloniale. C'était la « chute à gauche », qui honore un socialiste et lui vaut la confiance des jeunes. Dechezelles fondera à la fin de l'année l'« Action socialiste révolutionnaire » qui ne trouvera guère d'écho. Guy Mollet ne répondra à la lettre de démission que sur un seul point : on avait dissous les Jeunesses, non pour leur politique mais pour leur « indiscipline ».

Ces tempêtes dans les eaux dormantes des partis gouvernementaux (au MRP la lutte contre une double appartenance au RPF donnait peu de résultats) exaspéraient les ministres.

Quand le général Marshall, retour de Moscou et ayant constaté l'échec de la Conférence, est arrivé à Paris et a pris des contacts politiques à l'ambassade des USA, il a été effrayé : « L'Europe est en train de sombrer. L'Europe des accords de Potsdam n'est plus. Il faut d'urgence en recréer une autre. »

On peut dire que sa visite à Paris, en pleine grève Renault, en pleins préparatifs du 1er Mai, a brusquement mûri son Plan. Les Américains se posaient certes la question de la guerre mondiale mais, avec plus de vraisemblance et d'urgence la question d'une guerre civile en France et en Italie. L'aide américaine peut l'enrayer en supprimant la misère... Mais à condition, au moins, d'être sûrs des gouvernements. Les entretiens discrets, place de la Concorde, ont été très explicites. Marshall a parlé comme Churchill : « Il faut une encaisse or derrière les billets de banque et une encaisse de vérité derrière les mots. » Il pensait que Staline voulait dévaster l'Europe par la pénurie et la guerre civile afin d'atteindre les États-Unis.

Le 29 avril, Georges Bidault était également revenu de Moscou. Comblé de cadeaux, en même temps que de refus, il répétait :

« C'est fini... »

Il se laisse aller de plus en plus, tourne des mots d'esprit sur « le seul être vivant que l'on fréquente librement et même obligatoirement : la puce... ». « D'ailleurs, ajoute-t-il, Maïakovski la célébrait... » Il assure que le niveau de vie s'améliore, « mais seulement de ce que l'URSS pompe aux démocraties populaires comme la puce vous pompe le sang... »

Après manger et boire, Bidault perd le courage de faire rire. Il murmure :

« La guerre est inévitable à présent. Il faut choisir son camp. J'ai choisi le mien... »

Un de ses camarades de la Résistance, resté fidèle à leur idéal de jadis et se souvenant du slogan communiste : « Pas d'ennemis à gauche », a murmuré :

« Pas d'ennemis à droite! »

L'esprit perdu dans les nuées, Bidault n'a pas répliqué.

La « question russe »

En cette même fin d'avril revenait de Moscou le plus doué des journalistes français, Pierre Courtade, qui avait assisté à la conférence. Pour l'hebdomadaire *Action* dont il avait été l'un des cofondateurs et le rédacteur en chef, il écrit un article sur la « question russe » qui donne, avec une grande justesse, le ton de l'espoir en l'URSS qui soutient alors les moins dogmatiques des communistes français :

« ... Maintenant, j'écris de chez moi à Paris, dit-il. La maison est située tout près de la Seine, à l'endroit où elle longe le Louvre. Quand je vais à *Action* le matin, je passe le pont Royal et je traverse ensuite les jardins devant l'Arc de triomphe du Carrousel. Ainsi j'ai la chance de commencer mes journées en ayant sous les yeux un des plus beaux spectacles du monde. Que je le veuille ou non, je me suis fait ainsi, et vous-même également, une idée du monde et de ce qui peut être le bonheur inséparable de ce paysage et de cet air des choses qui est propre à la France... »

Nous voyons ainsi se dessiner, inexprimée, l'idée qu'un socialisme communiste en France serait forcément très différent de ce « paradis soviétique » dans la réalité duquel Courtade ne croyait pas : « ... Dans une ville comme Moscou, poursuit-il, des millions d'hommes n'ont qu'une expérience très récente de la vie urbaine »; en Asie, les sociétés sont en une génération passées de la féodalité au socialisme. Il fait, de cette manière, justice de quelques absurdités de raisonnement qui aboutissent à confondre ce qui tient à l'histoire russe et ce qui appartient à Marx. Après avoir discrètement égratigné ce qui en Russie choquait les communistes français, depuis le style des bâtiments jusqu'à la « peinture officielle », il attaque la « calomnie systématique » imposée par les directeurs de journaux sur l'URSS.

Non sans courage, dans ce milieu littéraire de Saint-Germain-des-Prés où il évolue, Courtade parle de la liberté de l'écrivain : « Nos amis soviétiques nous disaient qu'à leurs yeux une certaine forme de littérature était une injure aux souffrances d'un peuple qui avait vécu le siège de Leningrad... » S'il convient du danger que recèle une telle attitude, il rappelle Robespierre exaltant « tout ce qui tend à exciter l'admiration de la patrie ». Et il conclut sur la confidence d'un vieil auteur soviétique admettant les difficultés, les erreurs et les revers mais enchaînant aussitôt : « ... Nous avons gagné la guerre et nous avons supprimé l'exploitation de l'homme par l'homme... »

Cette Russie en plein combat, « sachant accepter certaines nécessités du moment pour revenir ensuite au dessin initial » paraît plus exaltante que « l'image un peu conventionnelle qu'on nous en a parfois donnée... »

Ce texte, d'une clarté si française, a servi de réponse et d'argument à ceux des sympathisants ou membres du PC qui se sentaient parfois chanceler. Cette explication des différences par l'histoire, banale sans doute, aidait pourtant l'espoir qu'ici, en Occident, le socialisme serait différent, qu'il serait mieux, parce que l'URSS avait, en somme, essuyé les plâtres du changement de société. Comment ne pas être sensible à l'efficacité de l'argument : admettre, de la part d'un communiste, que le communisme n'est « pas encore » réalisé, mais en rejeter la responsabilité sur l'histoire et le poids du passé.

Les communistes français, dans la mesure où ils ne se sentaient pas encore isolés, pouvaient, pour peu de temps, prendre quelque distance avec la propagande.

Maurice Thorez

Les enfants terribles de la propagande communiste, ceux qui en avaient assez du « langage de bois », des clichés, trouvaient à l'époque un appui dans le secrétaire général du Parti, vice-président du Conseil.

Maurice Thorez, avait, comme le siècle, quarante-sept ans. La stature solide, le front et le regard rayonnants, le sourire accueillant, il se sentait visiblement à l'aise dans le faste de la société officielle autant que dans le culte que commençait à lui manifester sa « contre-société » communiste.

Il se donnait un aspect cordial et simple, mais était d'une grande complexité, avait cette « profondeur » des personnages que Balzac montrait lancés contre le monde. Dans l'histoire officielle, il avait déjà une figure contradictoire. En premier lieu, il venait à peine d'évincer son rival Doriot à la tête du Parti communiste quand fut conclu, avec les socialistes, le pacte du Front populaire qui permit à la gauche de gagner les élections de 1936 et de gouverner. On sait qu'il avait alors proposé au Bureau politique de participer au gouvernement de Léon Blum, et qu'après la guerre Duclos et Frachon (celui-ci peut-être du bout des lèvres), ont fait leur autocritique pour n'y avoir pas consenti.

En deuxième lieu on l'accusait d'avoir « déserté » en temps de guerre : il avait en effet quitté son régiment, « disparu », puis reparu à Moscou. Pour effacer, amnistier cette « désertion » le PCF dut négocier avec de Gaulle qui, en échange du retour en France d'un Thorez lavé de toute accusation, avait obtenu que le PC désarme les milices patriotiques et rende les armes (au moins en partie), plus des concessions mineures.

En fait, la première biographie fondamentale de Thorez nous révèle [1] des dessous à strates multiples. Il faut bien, malgré la répugnance bien connue des communistes pour ces « diversions petites-bourgeoises », faire intervenir la psychologie et la biographie de l'homme, pour expliquer certaines de ses prises de position.

Maurice Thorez, petit-fils d'un mineur de Noyelles-Godault, est un provincial, enfant des corons, tributaire, dans sa jeunesse, d'une morale très conventionnelle. Révoltés contre l'ordre social, certes, son grand-père et sa mère l'étaient. Mais ils acceptaient pourtant les valeurs, les institutions de cette société. Adolescent,

1. Philippe Robrieux : *Maurice Thorez,* édit. Fayard.

apprenant qu'il n'était pas le fils de Louis Thorez, le mari de sa mère, mais d'un amour de jeunesse, un « notable » du coron, le fils de l'épicier, Maurice Thorez fut humilié par sa « bâtardise » comme un personnage de roman hugolien et en conçut – comme dans un drame romantique – le besoin de s'imposer, de se prouver son pouvoir sur lui-même et les autres, bref de « compenser ». Ce qui explique son goût de la hiérarchie dans le Parti, de l'apparat dans la vie, et donc la séduction qu'exerça très vite sur lui le mode de vie que Staline élabora pour les dirigeants. Cette savante manière de les arracher à la masse, de leur donner une distance, une supériorité visible au premier coup d'œil, répondait à ce besoin d'être « reconnu » que Maurice Thorez portait en lui (et qu'un homme comme Benoît Frachon, ou un homme comme Palmiro Togliatti, plus fondamentalement sûrs d'eux, ignoraient).

Éloquent, organisateur, Maurice Thorez offrait des qualités certaines de dirigeant. De plus il montra toute sa vie une boulimie de culture, de savoir, de perfectionnement. Mais très vite – c'était le début de la liquidation des compagnons de Lénine par Staline – les événements de Moscou démontrent au jeune homme que tout dépend du Centre, de l'Internationale, du Komintern, et bientôt d'un seul homme : Staline.

Ces expériences transformeront le militant révolutionnaire du Pas-de-Calais en dirigeant communiste national.

L'Internationale lui enverra un conseiller, un ex-membre du Bureau politique tchécoslovaque sanctionné pour gauchisme, Eugène Fried, qui deviendra pour Thorez le guide, le formateur et le plus intime – peut-être le seul – ami. Quand Thorez au Bureau politique demande à « réfléchir », on sait qu'il veut consulter le « camarade Clément ». L'intimité des deux hommes sera resserrée encore quand, Thorez quittant sa première femme, Aurore, pour l'ardente, explosive, volontaire, ambitieuse et véhémente Jeannette Vermeersch, le camarade Clément deviendra le compagnon d'Aurore et élèvera le premier fils de Thorez.

Dans l'affaire du Front populaire, Fried – et donc Thorez – ont hésité, et longtemps reculé devant l'alliance avec les socialistes. Pourtant, Hitler était au pouvoir. Pourtant à Paris le 6 février 1934 les ligues d'extrême-droite descendaient dans la rue pour « déboulonner la République, la gueuse ». En avril 34 encore, Thorez disait : « Nous ne voulons pas nous unir à la social-démocratie. » Mais le 27 juillet sera signé le pacte d'unité d'action qui amènera le triomphe de la gauche aux élections de 1936 et le gouvernement de Front populaire.

Entre-temps, Thorez se sera débarrassé de son rival Doriot,

qui fondera aussitôt un groupe pro-fasciste – le PPF – dont l'engagement aux côtés des Allemands sera, pendant l'occupation, sans réserve : les « doriotistes » s'engageront derrière les bannières de l'antibolchevisme et iront combattre au coude à coude avec les nazis en Russie. Retour de Moscou en 1935, Fried est sûr à présent de la nouvelle ligne de l'Internationale. Il peut se dire avec fierté que, sous son égide, le PCF l'a influencée. Les directives recommandent de réaliser la plus large union. Et Maurice Thorez déclare : « Ouvrier catholique, nous te tendons la main... » Au grand dam et aux grands cris des anticléricaux. Eugène Fried, romantique figure de l'ombre, trouve la formule que scandera toute la gauche française : « Front populaire pour le pain, la paix, la liberté ».

Le pacte germano-soviétique conduira à la mise hors la loi du PCF. Sur le conseil probable de Fried, mais exprimant à la fois ce qu'il ressent certainement et ce qui pourrait éviter le rejet des communistes hors d'une société qui se prépare à la guerre, Thorez fait approuver une résolution, le 1er septembre :

« Face à l'insolente agression du fascisme hitlérien, dont ils furent et restent les adversaires clairvoyants et résolus, les communistes seront les meilleurs défenseurs de la démocratie et de l'indépendance du pays. »

Sur l'ordre de l'Internationale, Eugène Fried oblige Thorez à quitter son régiment : finalement il fait état d'un ordre qu'il a reçu de Dimitrov, secrétaire général de l'Internationale. Thorez revient à Paris, se trouve devant des décisions qu'il ne comprend pas : il faut proclamer « injuste » la guerre contre Hitler? Le 4 octobre il quitte son régiment, auquel il était revenu. Même s'il ne l'était pas encore entièrement il sera – désormais sans recours – dans la main de Staline. Il rejoint l'URSS... C'est durant ce séjour que fut achevée, accomplie la « kremlinisation » de cet homme si profondément français.

De 1945 à 1947, Maurice Thorez a vécu sans aucun doute la période la plus heureuse de sa vie : il se sentait parfaitement adapté à son double rôle : ministre de son pays, chef de son parti, époux et père également aimé.

C'est certainement pour lui que la rupture sera la plus complexe et la plus dure.

3.

Les communistes s'en vont

Le 1er mai, la Conférence terminée, Moscou fête la journée rouge par un défilé militaire dont l'ordre et la puissance frappent les diplomates présents sur la place Rouge.

La peur de la guerre est à présent déclarée. On en parle. Chacun rejette sur l' « autre bloc » la responsabilité de la tension grandissante.

A Paris le défilé du 1er mai était redevenu traditionnel depuis deux ans. En 47 il ne suivra plus l'itinéraire habituel, en quelque sorte « prolétarien » qui le menait, symboliquement, des places de la Bastille à celles ou de la République ou de la Nation. Il investira les « beaux quartiers », les régions bourgeoises et élégantes : de la République, par les boulevards et l'Opéra il se déroulera vers la Madeleine, puis la Concorde. Là – à l'endroit même où est tombée la tête du dernier monarque absolu et de droit divin, les dirigeants des partis prolétariens et des syndicats unis attendront la foule et la harangueront. Ainsi le Paris populaire remplira les voies larges prévues par le baron Haussmann pour éviter les barricades des révolutionnaires et longera les monuments de la bourgeoisie à son apogée.

La CGT avait tout calculé. Benoît Frachon cita en riant (à l'auteur) le vers de Victor Hugo : « Je suis une force qui va. » La CGT assurera que le cortège réunit un million de participants. Chiffre exagéré? Peut-être. Mais la foule de la chaussée plus celle des trottoirs aurait peuplé une grande ville. Les jeunes communistes chantaient : « Prenez garde... à la Jeune Garde qui descend sur le pavé, sur le pavé. » Mais on avait remplacé « les sabreurs et les curés » par « les richards et les gavés ». Les jeunes socialistes reprenaient le même chant. On entendait davantage *La Marseillaise* que *L'Internationale*.

Les chars montraient l'esprit internationaliste du moment. Les Vietnamiens du Viêt-minh; des Malgaches; des Africains; les délégations des syndicats d'Algérie, de Tunisie, du Maroc. Les démocrates grecs en exil portaient d'immenses photos de villes en ruines avec la légende « l'aide de Truman ». Les antifascistes espagnols, en exil eux aussi, provoquaient comme toujours de longs applaudissements.

Les sections de la CGT (qui déclarait 6 millions d'adhérents) avaient préparé le défilé par des collectes et envoyé des délégations du pays entier. Mineurs en barrette et « loques de fosse »; dockers; matelots de la marine marchande; char des PTT; char du Bâtiment portant une maison avec la banderole : « Pour une politique du logement. » Les plus applaudis de tous étaient les grévistes de chez Renault. Les déportés étaient venus en tenue rayée. Une banderole proclamait : « Plus de 1 Français sur 3 a voté communiste. »

Tous convergeaient vers la Concorde.

Là était dressée la tribune de l'unité dont tous les occupants avaient traversé la ville en tête du cortège.

A côté de Thorez, Duclos, Frachon et Jouhaux siégeait Daniel Mayer. Il avait perdu le secrétariat général de la SFIO (« par accident », dira Guy Mollet à l'auteur, « à cause de son manque de souplesse et de son dogmatisme »). A l'époque, les socialistes voyaient en lui l'aile droite du Parti et en Guy Mollet l'aile gauche. En fait – comme me le dira un militant socialiste de l'époque, l'historien Jean Rabaud – « Daniel Mayer n'a cessé d'évoluer de droite à gauche et Guy Mollet de gauche à droite; mais nous ne pouvions le prévoir. »

Quand Daniel Mayer prend la parole devant la foule de la Concorde, en ce 1er mai, il se fait huer. On crie : « Réaction! », ce qui l'indigne. Les organisateurs ont très vite fait de couvrir l'injure par l'appel d' « Unité! ».

A la fin Daniel Mayer, apostrophant de Gaulle, s'est fait applaudir.

Thorez fait hurler la foule de joie :

« La classe ouvrière ne doit pas faire les frais du relèvement national. »

Pendant ce défilé se trament, à l'insu des communistes, des événements d'importance.

Services secrets à Marseille

Autour du 1er mai, les services secrets américains reprennent leurs contacts à Marseille. L'Overseas Secret Service dirigé par Allan Dulles, frère du secrétaire d'État qui précéda George Marshall, vient de changer de sigle : l'OSS devient CIA (Central Intelligence Agency).

Ses agents ont toujours considéré Marseille comme leur point stratégique. Ils ont toujours des fonctions honorables, diplomatiques, consulaires, militaires. Ce sont souvent des « conseillers techniques » des services officiels. En 47, ils visent la gauche : n'est-elle pas au pouvoir? Ils ont la possibilité d'approcher Gaston Defferre : or, les socialistes représentent la gauche qui peut sauver la France du chaos communiste.

Des Américains ont repris contact avec les frères Guérini, chefs du « gang des Corses », mais aussi héros de la Résistance. Ils avaient servi dans les réseaux tenus par les Américains.

Beaucoup plus tard, un ancien de la CIA, McCoy, écrira :

« En août 44 pendant la bataille de douze jours pour la libération de Marseille, le jeune frère, Barthélemy (Mémé) a rendu des services inestimables à l'entourage du socialiste Gaston Defferre... plus tard on lui décernera la Légion d'Honneur pour services de guerre. » Or, écrit McCoy, la CIA était déterminée « à sauver la France d'un « coup communiste ». (On la verra à l'action à l'automne.) En ce début de mai, ce n'est encore qu'une prise de contact. « Mémé » Guérini chuchotait mystérieusement qu'il n'y avait pas d'inquiétude à avoir, que de toute manière les « Amerlos ne nous laisseront pas tomber ».

Kolko dans *The limits of Power : the world and US foreign policy* révèle :

« Le général J.-T. McNarney, commandant des forces américaines en Europe, a demandé si, en cas d'insurrection communiste, il pouvait envoyer des troupes en France. *Le 2 mai, le Département d'État l'a autorisé à le faire* s'il le jugeait indispensable (« essential »), pour protéger la vie et la propriété de citoyens américains. » Une autorisation similaire avait été donnée pour l'Italie.

Qui avait envoyé l'autorisation? Un haut fonctionnaire du State Department, J.-D. Hicherson, en avait entendu parler le 1er mai. Il avait mis l'information « au frigidaire » en attendant de consulter Dean Acheson. Le surlendemain, celui-ci l'avait modifiée : on devrait évacuer les Américains et non pas intervenir. Mais, plus tard Truman, poussé par Forrestal et Patterson, a de nouveau autorisé l'envoi de troupes. Marseille, de plus en plus, devenait un centre de préoccupations.

Ainsi s'ébauchera la sollicitude des Services secrets américains pour la deuxième ville de France.

Conspiration à Paris

Nous trouvons étrange aujourd'hui l'inquiétude quasi-panique des socialistes du gouvernement, et surtout de Ramadier, quand les notes de police lui ont montré l'ampleur de la préparation du 1er mai par le PCF et la CGT... Comment ne pas se demander si cette « inquiétude » n'était pas feinte et n'avait pas pour but l'élimination des communistes?

Des précautions « invisibles » étaient prises comme en prévision d'un coup d'État (auquel le PCF ne pensait pas). Vincent Auriol étant en Afrique et Herriot à Lyon, le « pouvoir » revenait pour ces quelques heures au vice-président de l'Assemblée nationale, en l'occurrence Jacques Duclos. Cette situation affole visiblement Jules Moch : il envoie un avion chercher Herriot qui en rit beaucoup, mais arrive.

Notons que, si les communistes avaient voulu prendre le pouvoir, ils auraient pu le faire; ils ont rassemblé à Paris des milliers de militants de province : entre 10 heures et midi Jacques Duclos aurait pu exiger l'obéissance de l'armée et de la police. Sans contestation possible, l'idée d'un « coup d'État » ne les a à aucun moment effleurés : ce n'était pas la stratégie du moment ni, d'ailleurs, le style du PCF.

Le général Revers (seul général sorti du rang) racontera, des années plus tard :

« A ce moment le président Ramadier – comme après le départ des communistes – est venu s'installer au ministère de la Défense nationale où un réseau complet de transmissions était mis sur pied, et d'où il pouvait commander toute la France. »

A midi, Vincent Auriol était revenu d'Afrique. D'après lui le seul danger, là-bas, était la propagande communiste. Comme les Américains d'ailleurs, il confondait le mouvement nationaliste que, certes, Moscou encourageait, avec le communisme, dont les Africains ont fait peu d'usage.

A 16 heures, Ramadier, suivi de Soso, son cocker borgne, se trouve au ministère de la Défense. Le ministre (le MRP Coste-

Fleuret) est à Madagascar; son remplaçant, autre MRP, Letourneau, joue les maîtres de maison. Jules Moch parle en termes de haute martialité. Deux heures plus tard, le cortège se dispersant sans incidents, Ramadier et Soso quittent le boulevard Saint-Germain.

Quelques militants et parmi eux des intellectuels ont été conviés (par Marcel Servin) à boire un verre chez Thorez, rue Saint-Florentin, à la vice-présidence. Thorez confie : « Je ne sens plus la situation. Il se passe quelque chose que je ne comprends pas bien. Je me demande ce qui va arriver. »

A 9 heures du soir, Vincent Auriol réunit le gouvernement à l'Élysée. Thorez insiste sur la hausse des prix, exige la fin du blocage des salaires. On lui répond : cercle infernal salaires-prix; inflation. Thorez attaque les « profits capitalistes ».

Ramadier constate que les ministres communistes ne semblent plus d'accord avec le gouvernement.

Charles Tillon : « Voilà trois mois que je ne suis plus d'accord... »

Ramadier déclare qu'en ce cas il faudra poser à l'Assemblée la question de confiance. Alors commencent les quatre derniers jours du tripartisme et de la présence communiste au gouvernement.

Il semble difficile de nier l'évidence. La France avait besoin de l'aide américaine. Qui pouvait alors ignorer son prix? Pourtant, des années après l'affaire, les appréciations des ministres ou dirigeants de groupes d'alors diffèrent sur la forme prise par l'exigence américaine. Certains considèrent que le gouvernement Ramadier, profondément occidental, n'avait nul besoin de demandes précises ni de pressions expresses.

En 1967, une polémique écrite s'est déclenchée à ce sujet entre Benoît Frachon et Jules Moch. Dans son recueil d'articles « Au fil des jours » Frachon écrit :

« ...le socialiste Ramadier se sépare des ministres communistes sous prétexte qu'ils soutiennent les revendications d'augmentation de salaires des travailleurs des usines Renault, en réalité parce qu'il s'engage dans la voie de la soumission aux exigences américaines qui réclament ce départ. »

Pourquoi Jules Moch éprouve-t-il le besoin de contredire? Dans la *Revue socialiste* il spécifie (« L'histoire vue par Frachon », nov. 1967) que Ramadier « ne pouvait accepter » que les trois ministres-députés aient voté contre le gouvernement à l'Assemblée. « Il en a conclu qu'ils s'étaient eux-mêmes mis hors du ministère et les a remplacés. Mais le quatrième, le sénateur Marrane, n'ayant pas eu à participer à ce scrutin, n'a pas été visé par Ramadier. Il a spontanément démissionné le lendemain pour se solidariser avec ses camarades... L'Amérique, bien entendu, n'est pour rien dans ce remaniement, qui a tout de même un caractère international, mais bien différent : l'URSS et Staline s'écartant de l'Occident, notamment à propos du plan Marshall, *les communistes quittent, sous des prétextes divers,* qu'ils provoquent parfois, les gouvernements occidentaux dont ils font partie (France, Belgique, Italie, etc.). »

Curieusement, Jules Moch, ce polytechnicien méticuleux, mêle les mois de l'année : le plan Marshall est lancé le 5 juin; le refus définitif du bloc de l'Est n'est sûr qu'après le 10 juillet et la rupture des Alliés à propos de Berlin se fait en plusieurs étapes. Or, dans un entretien privé Jules Moch dira :

« Ramadier estimait impossible de gouverner avec des gens qui n'étaient pas solidaires *(du gouvernement)*. C'était une décision de principe. On ne peut pas dire que Ramadier ait agi pour des raisons de politique internationale. C'était beaucoup plus nuancé », et à nouveau il mêle le plan Marshall et la rupture pour Berlin.

Ce qui d'ailleurs montre fort bien à quel point le choix était global : une vision de la France, une idéologie, un choix.

Guy Mollet, également dans un entretien privé, plus d'un quart de siècle après l'événement (puis à l'auteur peu de mois avant sa mort) tente – c'est le soin de tous les socialistes – de laver Ramadier de l'accusation d'agir sous la pression des Américains. Il dira :

« Je ne crois pas que Ramadier ait pensé à un danger de guerre. Il croyait à un danger d'absorption et de noyautage de l'Europe par les Russes. Une intervention de Jefferson Caffery, l'ambassadeur des États-Unis? Alors elle aurait été purement verbale. »

Ce que confirme le général Revers; mais lui paraît plus affirmatif :

« Jefferson Caffery a dû intervenir oralement auprès de Ramadier. Autrement, sa note aurait dû passer par le Quai d'Orsay. Ce n'était pas dans sa manière. Il profitait de ses relations très amicales avec les ministres français, tant ceux du MRP que les socialistes, pour s'exprimer. Personnellement, j'ai été informé du point de vue américain de source sûre. Je ne me rappelle plus si ce fut par le général Tate ou par quelqu'un d'autre[1]. »

Edmond Michelet, l'honnête homme du MRP, va plus loin :

1. Archives G. Elgey.

« Ramadier avait donné la Défense nationale à François Billoux. Cela a eu des effets catastrophiques, dont l'amendement McMahon aux États-Unis a été la conséquence. »

D'où l'urgence d'agir : la Grande-Bretagne jouait les filles aînées des États-Unis; l'Allemagne leur offrait un terrain d'investissements quasi vierge. Si la France voulait se « placer » dans les bonnes grâces de l'oncle Sam, pour elle – comme pour l'Italie ou la Belgique – le temps pressait.

Se contredisant lui-même, Edmond Michelet ajoute : « Les communistes se sont mis eux-mêmes hors du gouvernement. Personne ne pensait qu'ils partiraient. Ils ont voulu jouer au plus malin. »

Nous verrons bientôt qu'en effet les gouvernementaux craignaient un coup d'État communiste. Personne n'ajoutait foi aux déclarations de légalité du PCF. Pourtant, Thorez, Duclos, leurs camarades répétaient qu'ils quittaient le gouvernement sur une manipulation inadmissible, qu'ils y reviendraient par la volonté du peuple. Leurs adversaires traduisaient : ils tenteront de soulever le pays, de le mettre – selon Jules Moch – « à feu et à sang » et de reprendre le pouvoir par la force. C'est ce que Michelet appelle « jouer au plus malin ».

De fait, dans les sections et les fédérations les militants s'apprêtaient à livrer de dures batailles. Jusqu'à la fin de septembre et la formation du Kominform, la direction pensa à des « mouvements de masse » pour appuyer des alliances électorales et légales. Si à partir d'octobre il leur fallut démontrer à Moscou qu'ils représentaient un « groupe de pression » capable de paralyser le pays, d'appuyer le « tournant dur » du bloc soviétique, ils connaissaient la limite. La supposition de De Gaulle : l'armée russe « à deux étapes de Tour de France » et franchissant la frontière, ils la savaient sans réalité. Aucun dirigeant communiste d'Europe n'ignorait que Staline désirait s'en tenir aux accords secrets de Yalta : l'important, pour lui, était d'en obtenir le respect. Ne voulant pas la guerre, les Soviétiques désiraient avant tout affermir leur pouvoir à l'intérieur du bloc de l'Est sans que les Américains interviennent... sinon par des discours indignés et des complots de services secrets.

Ramadier se serait déterminé pour des raisons de politique intérieure? C'est partiellement vrai : il voulait priver le RPF de son argument-massue : « Le gouvernement est aux mains des communistes. » Les socialistes mesuraient le danger « gaullien » pour leur électorat : Guy Mollet ne cessait de parcourir la France, de section en section pour exposer l'équation : « Gaullisme = néo-fascisme. »

Les socialistes voulaient montrer qu'ils n'étaient pas plus tenus par le PCF que de Gaulle.

Michelet estimait encore : « Pour de Gaulle, le communisme était un épiphénomène ennuyeux, mais sans plus. Lui au pouvoir, il estimait possible de ramener les communistes dans la communauté nationale. Après son départ, les communistes sont, pour lui, redevenus des agents de l'étranger. »

Pris entre l'exigence américaine et le danger gaulliste, Ramadier a mis en place ses grandes manœuvres. Le vendredi 2 mai, à l'Assemblée, il pose la question de confiance. Il précise :

« C'est le sort de la République qui est en jeu. »

Guy Mollet racontera – dans un entretien privé :

« Ramadier répétait : " La République va sauter. " Je disais : pour la sauver il ne faut pas que le parti socialiste soit parmi les gestionnaires de la République. Je condamnais la politique du strapontin. Je trouvais que Ramadier devait démissionner. D'accord sur la nécessité de rompre avec les communistes, j'étais en désaccord avec sa méthode. »

Tout au long du tripartisme, la «méthode » préconisée par le secrétaire général de la SFIO était d'un indéniable machiavélisme :

« J'aurais voulu, dira-t-il, montrer, par des mesures tactiques que le PC aussi se compromettait, au pouvoir : pourquoi ne pas donner aux communistes le ministère du Ravitaillement? Ou même la présidence du Conseil? »

Ce qui corrobore un mot assez amer de Thorez, disant que Guy Mollet lui avait promis de soutenir sa candidature à cette présidence. D'ailleurs le Comité directeur socialiste a voté en faveur de la démission de Ramadier par 12 voix contre 9.

Quoi qu'il en soit, le vote de confiance est remis au dimanche 4 mai. Le gouvernement obtient 360 voix contre 186. Le groupe socialiste de l'Assemblée avait approuvé auparavant la tactique de Ramadier par 69 contre 9. Le Comité directeur retire son opposition. A une voix près, Ramadier aurait été tenu de démissionner par discipline de parti.

André Ferrat, ancien membre du Bureau politique du PCF – avant le Front populaire –, revenu au parti socialiste après sa rupture, nous dira :

« Il n'y avait plus qu'à opérer à chaud.»

C'est ce que fit Ramadier dès le 4 mai.

Ce soir-là, Thorez, dans son bel appartement de fonction de la rue Saint-Florentin, recevait quelques militants. On discutait du mécontentement de la base, de la difficulté de participer au gouvernement quand on est un parti révolutionnaire.

Le téléphone : un Conseil des ministres est convoqué à l'hôtel Matignon. Thorez dit à ses visiteurs de rester : ce ne sera sans doute pas long.

Il est 21 h 15 quand le vice-président arrive à la présidence du Conseil toute proche. Ramadier, Naegelen, semblent contraints. Maurice Schumann, du MRP, exagérément cordial.

Ramadier expose que le gouvernement ne peut pas mettre fin au blocage des salaires : ce serait l'inflation. Le Comité directeur de la SFIO avait décidé exactement le contraire et *Le Populaire* s'en était fait l'écho. Ramadier soutient que la politique de la baisse des prix a réussi. Naegelen, Schumann, d'autres l'approuvent. Ramadier demande l'avis des communistes.

Maurice Thorez réfléchit un moment, puis dit d'une voix forte : « Nous soutenons les revendications des travailleurs. Le cahier des charges des métallurgistes de la Seine est largement justifié. »

Ramadier, d'une voix cafarde, fait remarquer que c'est là aller contre la politique du gouvernement approuvée par l'Assemblée. Thorez confirme son opposition. Ramadier demande si, dans ce cas, sa participation au gouvernement ne devient pas impossible. Thorez affirme avec sérénité :

« Je n'ai jamais démissionné de ma vie. »

Alors Ramadier lit l'article 40 et ajoute qu'il « retire la délégation de pouvoir qu'il avait accordée aux camarades communistes ». Thorez s'insurge : mais comment peut-il agir ainsi? Le gouvernement se doit de démissionner. Ramadier répète l'article 40.

Vincent Auriol note dans son « Journal» que Thorez avait les larmes aux yeux. Tous les ministres comblent celui qui s'en va de compliments. Ramadier loue la loyauté des communistes et Teitgen assure qu'on « les regrettera».

Le président de la République prend Thorez par le bras :

« Vous avez été très courageux... »

Tandis que Tillon affirme avec simplicité :

«Moi, voici des semaines que j'étais en désaccord avec le gouvernement! »

21 h 50. Maurice Thorez est de retour rue Saint-Florentin où ses camarades l'attendent. Ils le félicitent. Lui répond que ce départ est temporaire, que les communistes reviendront au gouvernement, plus forts.

Cet ouvrage a été écrit vingt-neuf ans après, et il n'y a toujours pas de communistes dans le gouvernement français.

Le lendemain, 5 mai, le *Journal officiel* (qui d'ordinaire ne paraît pas le lundi), publie une édition spéciale. On y lit que les fonctions de vice-président du Conseil, des ministres de la Défense nationale, de la Reconstruction, du Travail dont les titulaires étaient des communistes «sont considérées comme ayant pris fin à la suite du vote qu'ils ont émis à l'Assemblée nationale du 4 mai... » [1].

Le 6 mai, le Conseil national extraordinaire de la SFIO a été d'une violence digne des temps héroïques. Guy Mollet a crié à Ramadier qu'il « tuait les chances du socialisme ». Mais au vote, Ramadier l'emporte de 104 voix.

Le 8 mai, interviewé par le *New York Herald Tribune*, Jacques Duclos assure : « Nous ne nous considérons pas comme dégagés d'une politique de responsabilité du fait que nos ministres ne sont pas dans le gouvernement... Les gens qui parlent de grève générale sont des imbéciles. »

Il répond ainsi à ce qu'on murmure à Washington : à ce que Forrestal baptise du mot français de « démarche » (coup).

Les Américains ne sont pas les seuls à craindre les violences. Le général Revers racontera à une journaliste :

« A ce moment le président Ramadier est venu s'installer au Ministère de la Défense nationale... Il acceptait avec beaucoup de fermeté la possibilité de violences à la suite de la réaction du parti communiste et était prêt à la riposte. Il désirait : 1° mettre en place, discrètement, sur Paris, un dispositif de sécurité à l'Élysée, au ministère de l'Intérieur et de la Défense; 2° Il avait demandé d'assurer des moyens de communication en cas de grève généralisée et plus spécialement de mobiliser les voitures de tourisme de l'armée. »

Au PCF la base et les responsables, y compris au comité central, se sentaient soulagés : l'équivoque était levée. Le parti ne portait plus les péchés du gouvernement. Par contre à l'exception peut-être de Charles Tillon, les autres ministres, ainsi que Jacques Duclos, croyaient à un simple accident de parcours.

Si Vincent Auriol avait noté des larmes dans les yeux de Thorez, l'entourage de Maurice enregistra son chagrin réel à quitter son superbe bureau et ses appartements de fonction. Il aimait le faste, assurément. Mais plus encore les signes du pouvoir dont la Nation investit ses élus (fussent-ils ouvriers).

Est-ce à titre de compensation que le culte de la personne de Thorez s'est gonflé à partir de sa démission pour culminer en 1950 dans les festivités de son demi-siècle?

1. Le cinquième ministre communiste, Georges Marrane, conseiller de la République, démissionnera par solidarité.

Le 18 mai, devant la foule enthousiaste, à Nîmes, Thorez confirme :

« Nous reviendrons au gouvernement parce que le peuple nous approuve. »

Cette persistance dans le ton, compte tenu du temps nécessaire aux transmissions, montre en tout cas qu'en mai 47 – et semble-t-il durant tout l'été – Moscou continue à trouver utile de maintenir les énormes groupes de pression que sont les partis français et italien à l'intérieur du système gouvernemental et parlementaire.

Il semble naïf, en effet, de supposer que Thorez – même si ses goûts le portaient vers un PCF ouvert, national, rayonnant sur l'ensemble du pays – aurait pu maintenir une position désapprouvée par Moscou. En ce cas d'ailleurs on comprendrait mal qu'il ait pris le virage aussi vite après la formation du Kominform et fait suivre son autocritique d'une action aussi prompte. Thorez n'était pas – toute sa carrière le démontre – homme à maintenir une politique personnelle contre des directives précises venues du « Centre », c'est-à-dire de l'entourage stalinien.

Le premier biographe réel de Thorez, Philippe Robrieux [1], attribue l'émotion de Thorez au fait que la « solution douloureuse » lui a été imposée « par Staline et son entourage ». Il suppose que Thorez a fait « circuler » les rumeurs selon lesquelles la décision de rupture lui avait été imposée par son propre parti alors qu'elle l'était par Moscou.

L'auteur de ce livre et ses contemporains peuvent témoigner qu'en tout cas dans les usines, les mines, les ports et les cellules les militants trouvaient en effet « logique » et « plus clair » (c'étaient des expressions dont on usait volontiers), que les responsables du Parti se trouvent hors du gouvernement.

Les questions posées par Robrieux n'en subsistent pas moins. Thorez « a-t-il, au préalable, informé exactement Staline de ses doutes? Les a-t-il exprimés auprès du " responsable " du mouvement chargé de faire l'intermédiaire? » Observons que ni Robrieux ni quiconque que nous ayons interrogé, ne sait *qui* à cette époque faisait la liaison entre le PCF et le bureau du parti soviétique (ou du cabinet de Staline), chargé des relations avec les partis occidentaux. Avant guerre, tout le monde connaissait l'envoyé de l'Internationale qui conseillait Thorez : Eugen Fried (dit le camarade Clément), l'une des figures les plus romantiques, les plus romanesques et les plus secrètes de l'histoire du communisme. Mais après la guerre? Robrieux pose la question. « Certes Thorez se

1. *Op. cit.*

devait d'informer la direction du mouvement et, sans aucun doute, il le faisait régulièrement. Mais jusqu'où allait-il dans la présentation de la situation française? Nous l'ignorons. Quoi qu'il en soit, les contacts décisifs et secrets de cette nature se déroulaient presque toujours sous forme d'entretiens oraux... »

Les mots ne laissant pas de trace, ceux qui parlent au nom de Staline pourront toujours se prétendre mal compris si leurs directives mènent dans une impasse.

Sur l'attitude des dirigeants socialistes durant cette crise, Daniel Mayer nous a répondu, au seuil de 1976 :

« Sur l'exclusion elle-même, nous étions tous d'accord, et pour la seule raison que les communistes s'étaient désolidarisés, par leur vote, du gouvernement auxquels ils participaient. Vous ne trouverez nulle part un gouvernement qui puisse accepter ainsi la désapprobation de certains de ses membres. Le groupe parlementaire du Palais-Bourbon n'avait pas voté la confiance à un gouvernement dont les communistes faisaient partie. Non, cette raison donnée de l'exclusion du PC n'était pas un alibi. La preuve en est que Georges Marrane, étant conseiller de la République, ne s'étant pas prononcé contre la confiance au gouvernement, n'avait pas été démis de ses fonctions : il avait démissionné. Certes, il y a eu deux tendances à l'intérieur de la SFIO, mais elles portaient sur l'esprit dans lequel cette exclusion avait été accomplie. L'une des tendances – celle d'Auriol et de Ramadier – considérait le départ des communistes comme sans appel.

« L'autre, qui était la mienne, voulait qu'on laisse leurs portefeuilles en quelque sorte " en attente ", qu'on les confie pour ainsi dire " en interim ". Guy Mollet avec lequel, comme on sait, j'étais rarement d'accord partageait ces vues...

– Ramadier, lui, était très anticommuniste...

– Il était, plus exactement, irrité de la constante contestation que tous ses actes rencontraient au sein du gouvernement qu'il présidait. On ne peut pas dire qu'il était fondamentalement anticommuniste. En 1939 ce socialiste situé à la droite de la SFIO fut le seul à refuser de voter la révocation des élus du PCF après qu'ils eurent approuvé le pacte germano-soviétique. Il considérait qu'on ne peut pas exclure des élus du suffrage universel...

« Ramadier était un curieux homme politique : non seulement il n'avait aucun souci de sa popularité, mais il montrait parfois comme une coquetterie de l'impopularité, infiniment rare à cette époque où un ministre, contrairement à la situation de 1976, ne dépendait pas du tout du président de la République mais de son parti et de ses électeurs. Il avait le sens de la Nation, plus encore que de l'État. Son désintéressement total faisait qu'une fois prise une décision il s'y tenait avec une obstination bretonne. Bourreau de travail, il dormait à peine, n'importe quand et n'importe où. A un moment de grande crise, en novembre, avant sa démission, nous avions reçu des délégations ouvrières jusqu'à 3 heures du matin. A ce moment j'ai pris congé de lui, qui m'avertit qu'il lui restait à recevoir les cheminots. Et comme je m'obstinais à partir, il demanda, candide et sans humour : « Mais qu'est-ce que tu vas faire à cette heure-ci? »

« Dormir ne lui semblait pas une occupation avouable en temps de crise...

– Francisque Gay, chef du MRP a-t-il été content du départ des communistes?

– C'est peu probable : son souci était d'empêcher le MRP de glisser trop à droite : la présence des communistes dans ce gouvernement freinait cette tendance.

– Quel est le communiste avec lequel vous avez le plus amicalement collaboré au Parlement?

– Indubitablement Thorez qui, dans ses rapports avec moi, a toujours montré une parfaite loyauté. Il m'a toujours paru plus ouvert, plus large d'esprit, plus curieux qu'aucun de ses camarades. »

Tel est le point de vue du plus à gauche des ministres socialistes de 1947.

Sur l'attitude des dirigeants communistes en mai 47, citons encore André Ribard. Ce conférencier brillant, économiste vulgarisateur, essayiste, avait été déporté. Il était revenu très prosoviétique. Les communistes, vers 47 précisément, l'ont dénoncé comme « agent »... d'on ne sait trop qui. Il en conçut beaucoup de peine, mais resta convaincu de la nécessité de l'alliance francosoviétique. En 46-47, il écrira dans un « Essai sur la France actuelle » :

« Le parti communiste sortait vainqueur de ces scrutins; de cette victoire à la Pyrrhus il eut la griserie. Ces hommes, à qui leur formation doctrinale enseigne qu'il n'est pas d'exemple d'une classe au pouvoir souscrivant à sa perte, crurent vraiment que la grande bourgeoisie se laisserait évincer de ses positions... quand nombre de communistes, à fouler tête haute les tapis des ministères ou à figurer sur les listes officielles des banquets, s'imaginaient avoir vaincu l'isolement... Il y eut ainsi quelques semaines d'étrange contraste entre les propos mesurés de Maurice Thorez et la rétraction grandissante des hommes de la bourgeoisie, résolus à interrompre au plus tôt un jeu inutile et dangereux. »

TROISIÈME PARTIE

Lumières et tonnerres d'été

1.

USA : Marshall vend son plan

Notre année terrible est, tout entière, hantée par l'Amérique dont les pays exsangues attendent l'aide, dont les partis de gauche redoutent l'idéologie, dont l'homme de la rue se fait, à travers les films, le jazz, le coca, les cigarettes de contrebande, les bas de nylon et tous les tissus à base de pétrole, une image tremblée, faite de désir et parfois de crainte.

Comme après la Première Guerre, l'Oncle Sam obsède l'Europe. Les communistes en font un méchant-de-mélodrame, un « héros-négatif »; les ministres voient en lui le Trésorier à ne pas mécontenter. Droite traditionnelle, gaullistes, bon nombre de chefs d'entreprises voient dans les USA une nouvelle Maison d'Autriche, un roi-de-Prusse, une perfide-Albion; bref le mythe du Patron. Pour les Allemands et la majorité des Italiens, ils sont l'espoir. Pour l'Angleterre, cette fille riche devient mère nourricière. Enfin les rares « Européens » de 1947, comme Jean Monnet, rêvent d'utiliser ce dangereux instrument pour fabriquer l'Europe.

L'homme de la rue, lui, comprend qu'un géant vient d'entrer en scène, sur *sa* scène. Qu'il s'oppose à un autre géant. Et que lui – Européen, Asiatique ou Africain – est dominé par le combat que ces deux cyclopes commencent par-dessus sa tête.

Jamais encore l'Europe occidentale n'avait à ce point senti que le sort de son économie, et donc de la vie la plus quotidienne, se décidait outre-Atlantique. Par réaction à cette dépendance sans doute, l'idée d'une Europe unie commençait à renaître... avant-guerre l'effondrement de la Société des Nations en avait montré la faiblesse et même l'impossibilité. Comment « unir » fascisme, nazisme, communisme, démocratie bourgeoise? Cette fois, à l'ONU aussi les USA parlaient fort, face au « Niet » russe. Mais à l'ONU entraient des états extra-européens sans cesse plus nombreux.

C'est pourquoi, en France surtout, certains – Robert Schuman par exemple – songeaient à une union européenne, au moins économique. Curieusement, l'idée était considérée comme « réactionnaire » ou en tout cas de droite. D'abord à cause de ceux qui la défendaient. Ensuite parce que l'URSS rejetait ce projet d'une Europe réduite à l'Occident, voulait une Europe englobant l'Est, ce que les hommes d'État effrayés par la constitution des deux blocs refusaient. Dès sa naissance le projet d'une Europe unie se heurtait donc à deux arguments affrontés. « L'URSS jusqu'à l'Oural, c'est le pays le plus riche d'Europe; les nations de l'Est sont aussi européennes que celles de l'Ouest », disaient et les communistes et une large partie de la gauche (jusqu'à des radicaux comme Édouard Herriot). « L'URSS ce n'est pas l'Europe, c'est l'autre Bloc », répondaient les autres. Ce qui à la fois contribuait à la division des blocs et devenait plus vrai à mesure que la division en deux blocs se stratifiait.

L' « autre » bloc, les USA, était, comme toujours, parcouru de courants divers, d'opinions affrontées, face au monolithisme impénétrable, pour l'Occident, du Kremlin. A l'intérieur même du personnel politique américain les courants divergeaient. (Voir appendice.)

Souvent les Européens jugent la politique extérieure des États-Unis (et celle de l'URSS) d'après des critères purement internationaux. Pourtant, comme tout gouvernement, les deux Grands se déterminent le plus souvent pour des motifs internes. 1947 sera, aux États-Unis, l'année des élections présidentielles. Harry Truman doit donc, d'abord, discréditer le parti républicain et son candidat, ensuite s'assurer d'être le favori sans mélange de son parti... Or les Démocrates sont partagés. Truman possède certes l'appareil du pouvoir, mais il est aussi victime de l'usure qu'il provoque; les autres ont pour eux le grand mythe du souvenir rooseveltien.

Le premier but? Convaincre l'opinion, et son parti, que le véritable héritier de Roosevelt, c'est lui. Le « brain-storming » doit précipiter les tempêtes sous les crânes de son état-major. Assaut d'imagination pour trouver des conduites inattendues et populaires pour renforcer l'Image (le mot était neuf encore) du Président.

La doctrine Truman, dans les entreprises audacieuses, précéda le plan Marshall. Ce qui suscite, aujourd'hui encore, l'admiration des partisans d'une lutte pour le « monde libre ». Ceux qui voient dans la détente américano-soviétique un danger, dans la conférence d'Helsinki d'août 1975 une duperie de la bonne volonté américaine soupirent que Truman avait été le plus grand Président depuis la guerre. La Doctrine, c'était d'affirmer que ce qui est bon pour l'Amérique est bon pour le monde libre et réciproquement.

De promettre une aide à la Grèce, à la Turquie et à tout peuple luttant pour éviter les totalitarismes situait certes les USA au centre de l'Occident. Mais provoquait des ripostes dans le pays. D'abord au parti démocrate même qui comportait – traditionnellement – une aile gauche. Puis chez beaucoup d'Américains (malgré toutes les pressions, les votes de 1948 montreront qu'ils sont presque un million et demi) qui, communistes ou non, se situent à la gauche du pays. Ils trouveront bientôt, pour les représenter, une figure de l'extrême-gauche démocrate et de l'entourage rooseveltien : Harry Wallace.

A l'autre extrémité, Truman et bien plus encore Marshall s'entendaient accuser de libéralisme aveugle, de sentimentalité internationaliste coûteuse, de manque de rigueur idéologique. Les sénateurs sudistes, isolationnistes traditionnels, ressuscitaient le vieux mot d'ordre « Amérique d'abord ». Au lieu d'imaginer les marchés futurs, l'expansion en marche, le clan des myopes calculait le budget de l'année et trouvait lourde l'addition de la gloire. A leur proue, ils avaient un banquier de cinquante-cinq ans dont Truman fera, au printemps, son secrétaire à la Défense. Dans les manuels d'histoire son nom est devenu un adjectif. James Forrestal a été le parrain d'une maladie idéologique, la « forrestallite », manie anticommuniste, folie antisoviétique à l'extérieur, comme le « maccarthysme » désigne à l'intérieur la chasse aveugle aux « sorcières rouges ».

D'ailleurs, depuis 1946, le sénateur McCarthy avait commencé ses investigations sur le « manque de loyalisme » civique. La Commission des Activités Anti-Américaines (nous la désignerons sous le sigle « AAA ») fonctionnait déjà activement. Dès 47 des communistes, dirigeants ou militants, ou simplement des sympathisants communistes ou progressistes, fonctionnaires, enseignants à tous les niveaux, étaient déjà inquiétés, interrogés et souvent licenciés. Des progressistes qui avaient simplement participé à des campagnes pour l'Espagne républicaine avant guerre ou à des réunions d'amitié soviéto-américaine depuis, sentaient s'appesantir sur eux d'incompréhensibles suspicions. On nous a dit (sans que nous puissions le contrôler) que dès lors les Services secrets qui, à la fin de l'année, allaient être réorganisés dans la Central Intelligence Agency, la CIA utilisaient déjà les « drogues de vérité », euphorisants, tranquillisants, excitants, pour extorquer des aveux vrais ou faux. En été 1975 la commission d'enquête sur la CIA révélera l'usage aux résultats parfois tragiques fait par ces services des drogues « dures » du style LSD, ce qui confère de la vraisemblance à cette assertion. Plusieurs personnes, en Californie, nous ont affirmé connaître des gens ayant livré de « faux aveux » et des noms sans fondement, et qui jurent ou qu'ils ne se souviennent de rien, ou qu'ils s'étaient ensuite longtemps sentis dans un « état anormal ».

C'est dans cette atmosphère et à l'échelle du monde que sont lancés la doctrine Truman d'abord, le plan Marshall ensuite. Pendant ce temps, les centrales syndicales – l'AFL surtout – se débarrassaient des « rouges » à l'intérieur. Après quoi l'AFL accentua son messianisme à l'étranger, en faveur d'un syndicalisme pro-occidental, pro-atlantique et donc libéré du contrôle des partis communistes. Ce fut la longue geste de l'AFL et de ses ramifications (dont en France les syndicalistes des « Amis de la Résistance », devenus « Amis de Force Ouvrière », avant de se constituer en fin 47–début 48, en « CGT-FO »).

Le temps de l'Europe

Le 27 mai Marshall avait commenté pour Truman son entrevue du 15 avril avec Staline ainsi que le rapport de William Clayton, grand homme d'affaires, importateur de coton qui venait, à la demande du secrétaire d'État, de dresser le bilan économique de l'Europe. William Clayton était alors sous-secrétaire d'État au Trésor. L'Europe, concluait-il, se trouvait au seuil de la faillite. L'ouvrier ne travaillait pas avec cœur, faute de pouvoir acheter les produits les plus nécessaires. Pour la même raison, le paysan mangeait ce qu'à l'ordinaire il aurait livré aux villes. La consommation de viande, de laitages à la campagne augmentait autant qu'elle diminuait chez les salariés des villes. Toute marchandise qui apparaissait était stockée. La monnaie se dépréciait de jour en jour. A la fin de 47, Clayton estimait à cinq milliards de dollars le déficit global de l'Allemagne, de la France, de la Grande-Bretagne et de l'Italie. Faillite certaine et révolutions probables. Guerres civiles possibles. Et où étendre de nouveaux marchés américains? Marshall faisait confiance à William Clayton qui confirmait ses propres impressions. L'Europe portait un voile de pénurie. Aider les amis de l'Occident? Oui. Mais ne pas être accusés de couper le monde en deux. Une seule voie : proposer l'aide à tous.

« Et si Staline accepte? »... « Si les conditions sont bien posées il n'acceptera pas. » (Marshall ignorait probablement qu'il répondait là comme Lénine à qui l'on demanda ce qu'il ferait si ses adversaires, parmi les partis socialistes, acceptaient les 21 conditions d'adhésion à l'Internationale. Le sphynx du bolchevisme avait répliqué : « En ce cas nous aurions trouvé une 22ᵉ condition. »)

Au cours de son entretien avec Marshall, Staline avait dit,

l'œil plissé : « Les difficultés sont le pain quotidien des négociations », et : « En toutes choses le grand maître, c'est le temps. » Or, le temps travaillait pour l'Amérique.

5 juin à Harvard. Le campus est à son plus exquis d'aristocratique et britannique verdeur. Vêtu de sombre, sans rien qui rappelât qu'il était général, même pas une décoration, le vainqueur occidental de Hitler a prononcé le discours qui ébranlera l'Europe.

Derrière lui, les autorités de l'université et du gouvernement. Tous affectaient la simplicité d'hommes d'affaires en conseil d'administration. Ils opéraient le cancer de la faillite européenne sans l'apparat des hommes en blanc ni des hommes en uniforme. Les deux conseillers de Marshall étaient assis derrière lui : George Kennan, qui deviendra le maître de la « kremlinologie » américaine, et Charles E. Bohlen qui deviendra le spécialiste de l'Europe occidentale.

Le discours est clair. L'Amérique offre cinq à six milliards de dollars par an pendant quatre ans pour reconstruire l'Europe. Plus une « aide amicale » pour élaborer et exécuter le programme...

« Notre politique n'est dirigée ni contre un pays, ni contre une doctrine, mais contre la faim, la misère, le désespoir et le chaos », affirme Marshall.

Kathryn, l'épouse du général, en a les larmes aux yeux. Comme il est clair, comme il évite toute ambiguïté, comme il rend évidente la générosité de cette Amérique qu'il incarne, celle de Lincoln.

L'horloge qui sonne quelque part sur le campus, c'est l'Heure Zéro du relèvement européen.

C'est en réalité l'Heure H, de l'An I de la guerre froide. Mais Marshall ne la désire peut-être pas, et quand Staline, cette même nuit, lira la traduction du discours, en aura-t-il la claire perception?

Le même soir Henry Wallace l'opposant, l'enfant-fugueur des Démocrates, offrant son œil clair et son profil pur, murmurera à ses amis qu'il avait, lui, élaboré ce projet bien avant Marshall : avant même de quitter le Cabinet. Mais que lui, Truman avait refusé de l'entendre.

Les isolationnistes du Sud ronchonnent : six milliards par an pour l'étranger? Oubliant le Rêve américain c'est leurs électeurs, épiciers, fermiers, employés, la majorité silencieuse et grommelante qu'ils imaginent.

Les 5 et 6 juin dans son « Journal » où il prétend consigner les faits saillants, James Forrestal ne mentionne ni le discours de Harvard ni le Plan.

Au milieu de ces contradictions, la plus grande initiative américaine depuis l'entrée en guerre commence à cheminer.

En juillet, George Marshall lancera le navire de son Plan sur le lac Salé devant les gouverneurs de 48 États. Le Général, modèle de la Bonne Amérique, avait soigneusement choisi son lieu, connaissant l'importance de l'image dans l'opinion.

Le 24 juillet 1947 était célébré le centenaire de la fondation de Salt Lake City, capitale de l'État de l'Utah, par les fidèles de « l'Église de Jésus-Christ des Saints du Dernier Jour », plus populairement appelés les Mormons. C'est en effet en juillet 1847 que 143 hommes, 3 femmes et 2 enfants, conduits par Brigham Young, successeur de Joseph Smith, étaient parvenus sur les rives du Grand Lac Salé. Dans ce paysage d'eau et de montagnes, la pureté de la nature leur parut devoir complaire au Seigneur. Ils avaient donc juré d'y établir leur cité. Ils venaient de 1 000 milles plus loin, de Nauvoo, dans l'Illinois, d'où les persécutions les avaient chassés. (Notons que leur établissement de Nauvoo sera vendu – la dévotion n'empêchant pas les affaires – à des communautaires français, conduits par Étienne Cabet, pour y établir le phalanstère de la Nouvelle-Icarie dont la vie, contrairement à celle de la communauté mormonne, sera brève.)

Avant 1869, Salt Lake City sera prospère, accueillant quelque 80 000 Mormons, venus en chariot à mules ou à bœufs, ou à pied poussant devant eux leur avoir dans une charrette. 6 000 mourront en route.

C'est donc dans les cérémonies du centenaire de ces vertueux patriarches polygames, non fumeurs, non buveurs, adonnés au travail et à la fécondation, que le général vainqueur de la guerre proposera d'aider l'Europe en ruines. Nul décor ne pouvait mieux sertir une proposition d'allure aussi généreuse et de rentabilité aussi évidente.

Le gouverneur de chacun des 48 États, et les politiciens, banquiers, journalistes, industriels, propriétaires terriens, avocats, médecins, exportateurs, commerçants qui assistaient à cette séance interprétaient sans mal le sous-entendu du discours : « Aidez l'Europe... sinon elle prendrait des directions qui ne seraient compatibles ni avec ses positions ni avec celles de notre pays! » Quoi de plus clair? Dépensons sans presque compter et, à moyen terme, nous ouvrons les marchés puis, à long terme, des investissements dans l'industrie à reconstruire, à reconvertir, à rénover. Soyons avares et nous ouvrons la voie, non seulement à l'idéologie de l'URSS, mais aussi à ses exportations une fois qu'elle se sera reconstruite... Et si l'URSS prenait au pied de la lettre l'invitation qui lui était faite de profiter de l'Aide américaine? » Ici les interprétations différaient. Les uns pensaient ce que Forrestal inscrivit dans son « Journal » : Marshall saura s'arranger pour qu'elle n'entre pas dans le Plan. Les autres comprenaient que ce serait la meilleure des garanties, un droit de contrôle américain sur l'expansion russe. Ils appréciaient les avantages de cette solution... improbable.

Avant tout, il fallait bien sûr relever l'Allemagne : sa reconstruction, puis l'investissement dans ses industries toutes neuves représentaient la plus intéressante des grandes affaires.

L'Italie? Affaire valable aussi : le Nord industriel aurait besoin de capitaux. Le Sud? réservoir de main-d'œuvre pour ces nouvelles usines, et d'hommes de main pour les maffiosi italo-américains; rien d'autre; aucun intérêt. A l'époque, en Italie, on lisait un roman néo-réaliste de Carlo Levi : *Le Christ s'est arrêté à Eboli :* la civilisation moderne avait visiblement suivi l'exemple du Maître.

La Hollande méritait d'être remise en route, ainsi que la Norvège et le Danemark.

Un mini-Lincoln : Henry Wallace

L'aile d'extrême-gauche des Démocrates rejoint les progressistes et les communistes pour soutenir la candidature pour 1948 d'un bel homme, profil régulier, cheveux grisonnants, œil profond. Le seul ancien du cabinet Roosevelt qui soit aussi un ancien du cabinet Truman, Henry Wallace. Il est l'Icare de la politique.

Dans le New Deal, c'est le plus audacieux qui l'attirait. Son entourage chuchotait qu'il « pouvait offrir aux Américains quelque chose de mieux que le communisme ». Il fut le « dear Henry » de l'Amérique minoritaire.

A presque trente ans de distance, on croit assister alors à l'un des fameux « bégayements » de l'histoire. Ascension, puis disparition du météore porteur d'une espérance de progrès mesuré. Doit-on penser à l'étrange effacement, en France, de Pierre Mendès France? Non : l'Américain sera comme un bourgeon jamais éclos. Ce n'est pas un homme d'État que l'on « gomma », que l'on effaça du pouvoir. C'est un politique qui, en route vers la conquête du pouvoir, disparaît sans avoir pu arracher leur « gauche » aux partis traditionnels. Comme pour rappeler aux Européens que les mots « droite » et « gauche » ne peuvent historiquement pas avoir le même sens aux États-Unis et sur le vieux continent.

Henry Wallace voulait amalgamer la Libre Entreprise du XIXe siècle et l'apport des socialistes utopiques. Il aurait voulu que revive l'enthousiasme des Américains qui croyaient en la nature, avec Thoreau, en la communauté avec le Nathaniel Hawthorne de « Brook Farm », dans la transformation de l'homme par l'éducation et le changement social avec Albert Brisbane, disciple de Fourier ou même les Icariens de celui que Marx avait surnommé « papa Cabet » et dont la « Nouvelle-Icarie » avait formé des disciples au Texas. Les Américains ont toujours vu surgir des prophètes – presque autant qu'en Afrique – voire des prophètes qui préféraient le progrès de l'humanité au culte de Dieu. D'écrire, « c'est en Dieu que nous avons confiance » sur la monnaie, ne se fait pas impunément. Wallace montrait déjà, du temps de Roosevelt, une tendance mystique; en 47 il s'est cru appelé par Dieu pour redresser la politique. Sullivan, l'un des conseillers de Truman, l'avait constaté au printemps : « Pas de doute : Wallace parvient à captiver l'imagination d'une bonne partie des gens. » Il avait réussi un retour spectaculaire, après avoir, sur un désaccord de politique extérieure, quitté le cabinet présidentiel.

La rupture datait de septembre 46, après un discours de Wallace à un meeting monstre à Madison Square, New York, lieu où l'on s'adresse aux masses. Le meeting était organisé par la CIO, centrale syndicale incontestée, mais aussi – on dira surtout – par le parti communiste. Il semble prouvé, d'après le biographe de Henry Wallace [1], que Truman ait eu connaissance du discours et l'ait approuvé, le 9 septembre, au cours d'une entrevue entre Wallace et lui. Le but du meeting n'était-il pas de « battre Dewey », le candidat probable des Républicains [2]? Donc les phrases, par la suite incriminées, de Wallace étaient connues du Président? Il avait dit : « Je ne suis ni anti-Britannique ni pro-Britannique; je ne suis ni anti-Russe, ni pro-Russe. » Et cette mise en garde : « Plus nous deviendrons durs, plus les Russes le deviendront. » Le lendemain, l'organe communiste, le *Daily Worker*, critiquait le discours comme trop proche de la politique officielle.

Le 12 septembre 1946, à une conférence de presse, Truman a été interrogé sur ce discours :

« Contredit-il la politique de Byrnes [3]?

1. Norman D. Markowicz : *Henry Wallace.*

2. Jo Starobin *(American communism in crisis, 1943-1957)* dit que Wallace aurait reçu l'approbation de Truman en juillet (ce qui changerait les perspectives, la politique extérieure ayant évolué depuis), mais confirme que ce discours avait pour but de faire campagne contre les Républicains.

3. James F. Byrnes était alors secrétaire d'État et négociait au même moment à Paris avec les Soviétiques. Le discours lui parut pouvoir être utilisé par ses interlocuteurs pour dire qu'il ne représentait pas l'opinion américaine.

– Non, avait dit Truman.

– Pourtant, envers la Russie?

– Il est absolument dans la même ligne », insista le Président.

Mais Byrnes, de Paris où il négociait, téléphona avec rage et Forrestal, alors secrétaire à la Marine, tonna sur place. Alors Truman prit position contre le discours et Wallace fut obligé de démissionner.

C'est que la « doctrine Truman » – qui était en fait la prise en main du monde libre – entrait dans sa phase d'élaboration. Elle sera mise en chantier au début de 1947. En février Truman, qui a eu connaissance du rapport d'une commission d'enquête envoyée en Grèce (elle est présidée par un Américain, Paul Porter), décide de relayer l'Angleterre défaillante. Tout a été parfaitement orchestré : le 21 février (le 24 selon Forrestal), le gouvernement anglais a fait savoir très officiellement, par son ambassadeur, qu'il ne peut plus supporter le poids d'une action en Grèce; aussitôt le président des États-Unis propose au Congrès une aide massive à la Grèce et à la Turquie. Ce n'est autre que l'un des aspects de l'aide américaine au monde libre, la fameuse doctrine Truman.

Non seulement l'URSS et les partis communistes, mais l'ensemble de l'opinion libérale, démocratique ou progressiste en Europe a dénoncé l'évidence des visées de domination américaine.

Le sénateur Arthur Vandenberg, par contre, déclare le 4 avril : « Ce n'est pas un plan impérialiste; c'est de l'intérêt personnel bien compris... » Il ajoutait d'ailleurs, conscient qu'il était un Républicain et avait affaire à un électorat tenté par l'isolationnisme : « Nous ne pouvons pas nous charger de l'ensemble du problème (il parlait de la Grèce et de la Turquie), d'autres problèmes surgiront. » Et il évoque la responsabilité prise en occupant la Corée du Sud qui « demandera bientôt une aide plus précise. Cela fait partie de la Deuxième Guerre mondiale ». Il prophétise qu'il faudra faire face aux exigences de la Corée « à moins, dit-il, que nous voulions perdre la paix ». Mot-clé de l'Amérique : ne pas « perdre la paix ». Ce qui, à l'extrême, pour James Forrestal par exemple, se traduisait par : mieux vaut risquer la guerre que de perdre la paix.

Henri Wallace, qui avait représenté auprès de Roosevelt l'aile gauche du parti démocrate, se sentait soutenu par toute l'opinion progressiste américaine en face de ce nouveau danger de guerre. Il se voyait devenir l'Abraham Lincoln de l'âge atomique.

L'un des conseillers de Truman, Clifford M. Clark, dans son Mémorandum pour le Président en vue des élections de 1948 (écrit durant l'automne de 1947), prend la mesure du danger que représentent pour Truman, d'une part les Républicains, d'autre part Henry Wallace. Surtout si ce candidat messianique de la Gauche abandonne son idée de fonder un « 3e parti » et se bat pour obtenir l'investiture des Démocrates.

Étrangetés du vocabulaire politique. Aux États-Unis le parti communiste, fondé dans les années 20 et qui, sous le « New Deal » de Roosevelt, a joué son rôle de groupe de pression, n'est pas considéré comme « 3e parti ». Ni le groupement new-yorkais nommé l'American Labor Party, ni l'organisation de certains anciens rooseveltiens du New Deal, l'A.D.A. (Americans for a Democratic Action). Non, un « 3e parti » implique un candidat possible, valable, aux élections présidentielles. Wallace, au printemps de 1947, semblait faire le poids. Or ce Troisième parti, les communistes, malgré bien des fluctuations et bien des désaccords internes, le soutiennent. Ils font campagne pour Wallace, amassent l'argent sur des listes de souscription, paient ou en tout cas soutiennent à la fois ses grands meetings et ses interventions à la radio. Jo Starobin[1] écrira que si en 1944 les communistes avaient montré autant d'enthousiasme pour Wallace qu'en 1948, il aurait peut-être pu, grâce à leurs voix, succéder à Roosevelt.

Wallace sait ce que ces cadeaux lui coûtent dans l'opinion, mais sur quelle autre organisation, aussi dévouée, disciplinée, et trouvant écho dans certains syndicats de la CIO, aurait-il pu compter?

Les communistes soutenaient ce croyant d'un socialisme humanitaire et libéral avec le plein appui de Moscou. Les plus lucides parmi les conseillers de Truman comprenaient le point de vue du Kremlin. D'après Clifford Clark comme d'après George Kennan, spécialiste et éminence grise de la politique envers l'URSS, les Russes jugeaient l'Administration républicaine plus favorable que celle de Truman. Staline, ignorant la réalité américaine, se laissait-il prendre au mythe de rooseveltien? Ou pensait-il que la tradition isolationniste du Sud républicain pèserait contre l'expansion américaine en Europe? Les communistes américains trouvaient en Wallace un centre pour regrouper les progressistes de tous bords : une organisation de masse (les Américains disaient «Front organisation»), idéale.

Henry Wallace faisait ressortir les éléments rassurants de la politique extérieure soviétique. Par exemple l'interview de Staline à Harold Stassen, le 9 avril 47 :

« Je désire témoigner le désir de coopération de l'URSS... Le

1. J. Starobin, *op. cit.*

problème de l'usage de l'énergie atomique pour la guerre deviendra, à la longue, une question de conscience pour tous les peuples et son usage sera interdit. »

Mais les documents soviétiques étaient toujours contradictoires. Avant même que son Plan fasse de lui le porte-drapeau de l'impérialisme américain, le général Marshall était accusé par les *Izvestia* du 28 avril de « détourner les propositions soviétiques de leur sens » quand il commentait la conférence de Moscou.

Sur le plan Marshall, Wallace avait une opinion claire : il croyait en avoir eu l'idée le premier.

A partir du moment où Truman prend fait et cause pour la Grèce sous prétexte que les USA sont chargés de défendre la liberté dans le monde, Wallace peut prendre position en s'appuyant sur tous les progressistes américains. Même le plus célèbre des éditorialistes américains, Walter Lippmann, libéral prudent, est effrayé de voir le Président se substituer ainsi aux tâches de l'ONU. D'ailleurs, George Kennan lui-même trouvait le discours de Truman malvenu : il aurait voulu voir dissocier la Grèce et la Turquie. De cette dernière Wallace disait avec simplicité que sa protection était surtout liée au pétrole du Moyen-Orient. Beaucoup de politiques de l'entourage même de Truman protestaient : pourquoi le gouvernement devait-il tremper dans cette aide à la Grèce sous prétexte que les banquiers américains demeuraient indifférents aux malheurs de la classe dirigeante d'Athènes? Même les dirigeants des Anciens Combattants de l' « American Veteran Committee », s'opposaient à la « doctrine impérialiste » du Président. Et George Kennan, en privé, analysait les menaces contenues dans la plus célèbre des phrases du message de Truman au Congrès :

« Aider les peuples luttant contre l'asservissement par des minorités armées ou par des pressions extérieures. » N'était-ce pas la promesse d'une troisième guerre mondiale?

Au début du printemps, les chances de Henry Wallace n'étaient pas négligeables. Que disait-il d'autre que George Kennan en critiquant cette détermination à s'opposer à la Russie et au communisme à travers le monde? Évidemment les adversaires de Wallace pouvaient objecter l'aide effective et constante que lui apportait le PC. Le sénateur McCarthy avait déjà commencé à agiter le spectre du communisme. Déjà le Anti-American-Activities Committe (AAAC), la fameuse Commission des Activités Anti-Américaines, entrait en action. Dès 1946 des citoyens nullement communistes commençaient à être inquiétés, et l'opinion publique montrait des signes d'intolérance anticommuniste.

En ce printemps de 1947, Henry Wallace critiquait la doctrine

Truman de la façon la plus constructive. La Grèce? Il proposait un gouvernement de coalition incluant l'extrême-gauche de l'EAM. La Turquie? Pour mettre fin à la rivalité avec l'URSS pour les voies d'accès au pétrole du Moyen-Orient, pourquoi ne pas internationaliser le détroit des Dardanelles?

Là-dessus Wallace part pour une tournée en Europe. Forrestal, sur le point d'être nommé secrétaire à la Défense, demande pourquoi on lui a accordé un passeport? Tout le long du voyage il déclarera à qui voudra l'entendre qu'il ne faut pas le laisser revenir : qu'on lui retire son passeport.

Ce voyage suscite de nombreuses démarches officieuses dont le résultat est immédiat. Wallace n'est pas encore arrivé à Londres que soixante-dix Anglais, qui se déclarent « libéraux », protestent auprès d'Ernest Bevin, premier ministre travailliste, contre les interventions publiques de ce « protégé du parti communiste américain ». Wallace a beau déclarer qu'il est un « Tory progressiste » le chef historique des Tories, Churchill, le traite de « crypto-communiste ». Partout il développe une thèse pourtant bien réformiste : capitalisme et communisme se rapprocheront avec le temps. « J'affirme que les conflits ne sont pas inconciliables. Ils peuvent être résolus sans recours à la guerre. » Il professe qu'en dehors des zones d'influence soviétique et américaine, l'ONU devrait être le maître.

A son arrivée en France, Henry Wallace fait tous ses efforts pour éviter d'apparaître comme le prisonnier des communistes. Emmanuel d'Astier de La Vigerie, directeur du quotidien *Libération*, député progressiste, lui fait grand accueil, mais l'Américain s'aperçoit vite que ce personnage séduisant est démonétisé dans les cercles bourgeois par ses liens avec le PCF. C'est peut-être à Paris que Wallace mesura le mieux à quel point les deux blocs sont déjà affrontés : Léon Blum, le prophète du parti socialiste SFIO, le reçut avec affabilité, mais en privé... et évita tout contact public. Wallace compara le chef vieillissant à... de Gaulle. Pour éviter de parler dans un meeting organisé par le PCF il ne lui restait qu'à faire venir ses partisans à une réunion des Comités des Anciens Combattants américains outre-mer.

Avant sa tournée en Europe plus de 24 % des Américains consultés par sondage voyaient en Wallace un président possible. Après son retour le chiffre tomba à 9 %. C'est que la presse américaine l'avait déchiqueté tout au long de ses tournées européennes.

Fullbright, sénateur influent, affirmait : « On croirait ses discours écrits au Kremlin. » Le sénateur Vandenberg le traitait de « saboteur itinérant ». Les journalistes assuraient que grâce à lui, à ses excès, Truman put faire approuver plus rapidement sa loi d'aide. Les correspondants en poste à Moscou écrivaient que Constantin Simonov, auteur à succès, montrait dans une pièce, « La Question russe », un Américain antifasciste du type de Wallace. Ils commentaient : « Oui c'est l'Américain tel que les Russes le voudraient. »

Pourtant à son retour il entreprend à travers les États-Unis une tournée que même *Time* et *Newsweek* qualifient de triomphale. Les foules, ajoutent les journaux, sont rassemblées par la propagande du parti communiste. Or les responsables du PC incitent les adhérents à soutenir Wallace... *parce qu'il* attire des foules et fait « gagner des voix ». Il est loisible d'en conclure que ce n'est pas uniquement le PC qui rassemble ces auditoires.

La logique de l'isolement pousse ainsi dear Henry, qui ne le désire nullement, vers les communistes et leurs alliés. Son attitude même envers le plan Marshall copiera celle du parti communiste. Dans les débuts, celui-ci avait évoqué la possibilité d'apporter son appui au Plan dans la mesure où il était en conformité avec la charte de l'ONU. Ce n'est qu'en septembre qu'il fera volte-face, après la formation du Kominform, et se décidera à passer à l'attaque, à lutter contre ce « projet de domination mondiale ». Wallace s'était engagé le premier : il part en guerre contre le Plan, dès le 20 juillet. C'est qu'il espère avoir encore quelques chances de convaincre l'aile gauche du parti démocrate, et pouvoir renoncer à fonder le « Troisième parti » auquel il ne croit pas. Dans une interview, en septembre, il affirme son espoir de demeurer au parti démocrate; il le répète à Madison Square, le 11 septembre, au cours d'un meeting organisé par les communistes.

En même temps, au mois d'août, en Californie par exemple, Al Richmond, dans le *Daily People World,* fait campagne pour Wallace et son « Third Party ». Le but principal, à l'époque, est la lutte contre la Guerre froide, et ce nouveau Parti promet d'y aider. Au cours d'un de nos entretiens, en 1975, Dorothy Healy, militante ardente aux yeux bleus, évoquera les « espoirs déraisonnables » qu'elle partageait avec ses camarades... « Si nous ne nous étions pas monté la tête, nous aurions été heureux de compter 1 157 172 voix pour Wallace dans un pays aussi marqué par la “ bipolarisation ” que le nôtre, mais nous espérions quatre millions d'électeurs, sinon la victoire. Nous étions aveugles à ce point que le comité AAA et les menaces contre la légalité, nous ne les prenions pas au sérieux. Nous faisions confiance au bon sens du

1. Quotidien communiste de Californie.

peuple américain. L'hystérie, pensions-nous, ne mordra pas sur l'opinion. » (En 1976 encore, une forte majorité d'Américains est convaincue que les communistes sont des « agents de l'étranger ».) Pourquoi le PC américain, après avoir hésité à soutenir un « Troisième parti » s'est-il ensuite lancé dans cette bataille avec tant d'ardeur?

D'abord en raison d'une entrevue entre Jacques Duclos et William E. Foster, secrétaire du parti américain. L'entretien eut lieu à Paris, avant la fondation du Kominform. Duclos, pour les Américains, passait pour l'œil et la parole de Moscou. N'avait-il pas, au printemps de 1945, condamné la déviation de Browder, qui voulait fondre le parti dans les organisations traditionnelles des USA, le réduire au rôle de « tendance », de « fraction », de club? Or en 47, Duclos pense que l'important n'est pas d'évaluer le plus ou moins grand danger de guerre. Mieux vaut constater que le monde entier est traversé par deux courants idéologiques, bien plus fondamentaux que la rivalité entre USA et URSS : le courant marxiste et le courant impérialiste. Les États-Unis sont le point d'équilibre de l'impérialisme. La nouvelle démocratie trouve son centre en Europe. Pour éviter une nouvelle guerre, il faut gagner du temps. Alors les communistes d'Europe construiront, sur les ruines de l'hitlérisme, une « avancée humaine formidable ». Supérieure encore à l'avance accomplie par les peuples soviétiques sur les ruines du tsarisme.

Tim Buck, dirigeant communiste canadien, assistait à cette entrevue. Il l'a racontée à Jo Starobin. Celui-ci note que Jacques Duclos semble donc, en 1947, envisager une sorte de polycentrisme. Rien, dans l'attitude politique de Duclos, ne corroborant pareille « hérésie », nous aurions tendance à voir dans ces paroles ce nationalisme jacobin qui, toujours, a soutenu, presque inconsciemment, l'idéologie du communisme français. Comment un pays, héritier des « géants de 1789, de 1848 et de la Commune », ne construirait-il pas un socialisme plus avancé et meilleur qu'aucun autre?

Deuxième raison, pour les *communistes* américains, de soutenir un « Troisième parti » : des décisions gouvernementales dont ils mesuraient encore mal les conséquences mais qui risquaient de faire le vide autour d'eux.

Le 23 mars fut prise à Washington la décision d'exiger un serment de loyauté de tout fonctionnaire. Peu après les travailleurs de toute industrie liée à la Défense Nationale y seront soumis.

Puis une loi, proposée par le sénateur Taft, un des chefs de l'extrême-droite, et le député Hartley, a renforcé le contrôle politique gouvernemental sur les syndicats. Tout syndicat désirant participer aux négociations des Conventions collectives *(collective bargaining)* doit remplir un formulaire où il se désolidarise des communistes. « Autrement dit, écrit Jo Starobin, un syndicat dont les responsables n'ont pas juré qu'ils n'étaient pas communistes ne peut pas participer aux élections dans les entreprises. Il ne peut donc fonctionner qu'en discutant directement avec la direction de l'entreprise. »

Or le rapport de forces entre employeur et salariés aux États-Unis a pour base la convention collective. Celle-ci est conclue entre la direction et les salariés de chaque usine, ou au plus pour une chaîne d'entreprises; plus rarement pour l'industrie dans une région. Le *collective bargaining* n'est pas, comme les Conventions collectives en France, une sorte de charte de la profession à l'échelle nationale. Nous voyons là, dans le monde salarial, toute la différence entre notre centralisme jacobin et la dispersion américaine, la multiplicité selon les États et les employeurs. Être exclu de la négociation de ces accords collectifs représente, pour un syndicat, une mutilation menant à une lente asphyxie.

La CIO, la grande centrale qui n'était pas encore, en 1947, fondue avec l'AFL, avait pour dirigeant Philip Murray. Pour les communistes il était un allié de poids. Impossible de « l'obliger » à prendre position pour le « Troisième parti » ou la candidature de Wallace. Au moins fallait-il le convaincre de minimiser les effets de la loi Taft. En effet, l'AFL avait déjà pris position contre le communisme et inspirait la lutte des « syndicats libres » (anticommunistes) à l'échelle mondiale.

Le secrétaire général du PC américain, Dennis, pris dans ces contradictions, opta pour une cote mal taillée. Le « Troisième parti »? Les communistes le soutiendraient localement. Mais en même temps, il fallait lutter pour acquérir l'aile gauche du parti démocrate à l'idée de la candidature de Wallace. Déjà, en ce milieu de 47 ces discours sonnaient creux : les communistes pouvaient-ils encore avoir de l'influence sur des non-communistes? Leur rayonnement diminuait à chaque mesure légale, et l'opinion se mobilisait mollement en leur faveur.

Cette chute des communistes dans l'opinion fut fatale à Wallace, d'autant plus qu'ils continuaient à le soutenir.

A l'automne, un ancien procureur général de Californie, Robert W. Kenny, créa un comité de « Démocrates pour Wallace ». Le 19 juillet, il réunit à Fresno 350 délégués représentant les 23 districts de l'État.

Au même moment le président du Syndicat des cuisiniers et

stewards de la Marine, le très influent Hugh Bryson, décida de fonder un parti indépendant en Californie.

Wallace espérait encore convaincre les Démocrates; il hésitait.

En attendant, il ne voulait pas se priver du soutien de masse que pouvaient lui fournir les communistes.

Dès octobre, des « tournants convulsifs » (dit Jo Starobin) bouleversent la direction du PC. Le Kominform, nouvellement fondé, l'appelle à s'opposer à l'impérialisme sans sous-estimer le « pouvoir combatif des masses ». Comment interpréter cette directive? Renoncer à l'alliance des syndicats du CIO? C'était le seul moyen – étant donné l'attitude de Philip Murray – de soutenir le « Troisième parti ».

Ajoutant à ces hésitations, John O. Rogge, ancien procureur général-adjoint, progressiste à la manière rooseveltienne, a fait venir mystérieusement, le 7 octobre, des dirigeants communistes. Grand, large, l'insigne maçonnique pendant à sa chaîne de montre, rougissant de tout son large visage, Rogge leur annonça qu'il était question de pousser le PC vers l'illégalité.

Dans ces circonstances, seule la création d'un « Troisième parti » pouvait assurer une base de masse et, en même temps, servir de couverture, en permettant à l'organisation clandestine de se manifester au grand jour.

Cette Gauche américaine, ainsi divisée, déchirée, incertaine, allait pourtant rassembler 1 million et demi de voix sur le nom de Wallace, en 1948... Comme elle avait espéré en réunir 4 ou 5 millions la déception fut grande.

Forrestal, chasseur de Rouges

A l'autre extrémité de l'échelle politique américaine, James Forrestal. Avant de mourir, en Floride, il vit dans son délire l'armée rouge grimper à l'assaut de son lit... Pour échapper à la « persécution russe » il se jeta par la fenêtre.

En 1947 il passa, en une irrésistible ascension, du poste de secrétaire à la Marine à celui de secrétaire à la Défense. Ce fut vraiment « Dr Strangelove », le Dr Folamour capable d'appuyer sur le bouton qui déclenche la bombe atomique dans une crise de paranoïa.

Si Henry Wallace est un homme de masse, un séducteur, un prophète du bonheur futur, James Forrestal est homme de bureau, et d'intrigues autour d'une table bien servie. Son « Journal » –

publié en 1951 – explique par des conversations de lunch et de dîner les grâces et disgrâces du personnel politique. Ses décisions sont ponctuées de « gossipy dinners », dîners à potins. En 1949 on le forcera à démissionner; deux ans plus tôt il tire, à tout moment, le gouvernement vers la droite.

On oublie trop facilement qu'aux USA les grandes affaires et la politique ont toujours été mêlées. Ce fils d'immigrants irlandais a trente-cinq ans en 1947. A vingt ans il est journaliste, puis – pendant la Première Guerre mondiale – marin et aviateur. Après l'armistice, il est entré dans le monde du Big Business, à Wall Street. Cet austère épouse une journaliste de *Vogue* et en a deux fils. Un accident de sport lui casse le nez. Le virus anticommuniste l'a atteint bien avant la guerre froide : pour lui, la propriété privée, marque de la faveur divine, représente le fondement intangible de la civilisation.

Roosevelt a confiance en ce banquier, spécialiste des investissements, qui sait le persuader qu'un financier est insurpassable comme homme politique : « Il a l'expérience des grandes affaires, c'est-à-dire de la vérité de la vie. »

Son « Journal » – il avait exigé par testament que les cahiers en fussent déposés à la Maison-Blanche – a paru très expurgé. Il est truffé de notes, pourtant, et d'enregistrements – déjà – de centaines de conversations téléphoniques. Il éclaire les coulisses de ces « pro » de la politique et de l'argent qui peuplent le Capitole.

James Forrestal était secrétaire de la Marine quand les bombes atomiques ont été lancées sur Hiroshima et Nagasaki. Le 4 juillet (jour de la fête nationale) 1944, il a convaincu Truman d'accepter la vice-présidence... pour éviter – déjà – que Wallace prenne trop de pouvoir. Dès avant la fin de la guerre, Wallace était donc sa bête noire : le Rouge. Le 7 septembre dans sa lettre à l'amiral Conolly il s'insurge contre « l'idée dangereuse que nous n'allons pas avoir d'autre guerre parce que nous venons d'en terminer une ». Le 19 février 1947 il veut faire remodeler sous-marins et bateaux en porte-missiles : « Les États-Unis auront un besoin constant d'utiliser la force à distance. » Le 3 mars, il dit au secrétaire au Trésor que, pour lutter contre le pouvoir soviétique, les Américains doivent « mettre tous les cerveaux de leur côté, et toute l'économie du monde libre ». Par conséquent il faut rendre espoir à l'Allemagne et au Japon et reprendre des relations commerciales avec eux. Eux et leurs anciens alliés doivent se remettre au pouvoir. L'aide américaine? Oui, mais à condition d'en contrôler toute utilisation. Il envoie un mémorandum au Président :

« Que faire pour que triomphe le système américain? »

Il rappelle à son ami « Jimmy » Byrnes qui, ayant cessé d'être ministre, joue les enfants terribles, qu'il avait été bon prophète :

« Vous trouviez que j'exagérais en disant que quand nous parlions dans la troisième dimension les Russes parlaient dans une quatrième et qu'il n'y a pas d'escalier. Et aujourd'hui? »

Byrnes soupire : « Tout le système des Russes met l'accent sur la hiérarchie, et les classes, et le rang. Ils ne comprennent même pas la démocratie. »

Il raconte un récent voyage à Moscou : l'amiral Conolly et le sénateur Vandenberg qui l'accompagnaient avaient été séparés de lui : pour les Russes les sénateurs étaient des personnages d'un rang inférieur... Fureur des parlementaires américains. Parfois, ces bonnes histoires de vieux collégiens prenaient une autre résonance. Le 25 avril, à un déjeuner au Pentagone, chacun, autour d'Eisenhower, général victorieux et futur président des États-Unis, ressasse ses anecdotes de guerre.

Ike rappelle que Churchill ne lui faisait jamais confiance : il le traitait d'« optimiste américain ». Il croyait notamment le débarquement dans le Midi de la France impossible.

« Peut-être est-ce par optimisme américain, mais je ne crois pas que les Russes prendraient l'initiative d'une nouvelle guerre », ajoute Ike.

Patterson se plaint de l'importance des troupes d'occupation immobilisées en Corée : les familles rechignaient, les boys se disaient malheureux...

Forrestal s'emporte :

« Notre planification en temps de paix est très inférieure à celle du temps de guerre. On dirait que nous avons considéré la guerre comme une sorte de bal qui devait finir le plus vite possible, sans penser aux relations entre États telles qu'elles existeraient après la destruction de l'Allemagne et du Japon. Il était insensé d'espérer que les Nations Unies pourraient aplanir des tensions centenaires : on a surévalué l'ONU jusqu'à la folie. »

L'inattendu, c'est qu'il inscrivait ces échanges d'opinions dans son « Journal », comme il aurait relaté des spectacles; sans commentaires. Ou bien l'« editor » les a-t-il coupés?

Le 28 avril, Marshall dit qu'à la conférence de Moscou les Soviétiques avaient deux arrière-pensées : l'argent; et les réparations dues par l'Allemagne, indispensables pour remettre en route leur production. Même le transport des usines avec leurs ingénieurs ne leur suffisait pas : l'URSS manquait de main-d'œuvre qualifiée pour mettre en marche ces usines.

Un mois plus tard Forrestal écrit au sénateur Austin : « J'ai soutenu (au Conseil des secrétaires d'État) que notre opinion publique pourrait avoir une attaque d'apoplexie *(oversanguine)* si l'on mettait trop l'accent sur les concessions mineures consenties par les Russes. »

Et il s'était opposé au contrôle de l'Énergie atomique par l'ONU.

Les efforts en faveur des préparatifs de guerre de l'homme qui passe de la Marine à la Défense sont donc très clairs en ces premiers mois de l'année. C'est à James Forrestal que pensait l'auteur du film « Dr Strangelove (Dr Folamour) en campant un responsable que la haine politique rend irresponsable et sanguinaire.

Pendant toute la tournée de Henry Wallace en Europe, Forrestal ne décolérera pas. Les ambassadeurs américains en place quémandaient directives et conseils : fallait-il envoyer des contradicteurs aux conférences de Wallace? Ou des démentis aux journaux?

Quand Forrestal demanda à Acheson, Secrétaire d'État, pourquoi l'on n'avait pas refusé son passeport à Wallace, Truman ne sembla pas surpris. On y avait pensé, visiblement, mais ce refus jeté à un ancien vice-président des États-Unis, ancien membre du cabinet Truman, aurait déclenché une telle marée de critiques...

Forrestal : « Mieux valait courir le risque de la critique que celui de la propagande de Wallace... »

Fait étonnant : les partisans de Wallace avaient l'impression que la tournée européenne tournait à l'échec, tandis que la Maison-Blanche s'affolait!

Jamais Forrestal n'abandonna son idée fixe : « contenir », « faire rétrograder » *(containment, roll-back)* les Russes, leur idéologie, leur expansion. Comme Marshall d'ailleurs il refusa à Patterson l'évacuation de la Corée. Il s'effrayait de la politique « socialisante » des Britanniques en Allemagne, demandait qu'on rappelle à ces Anglais qu'après tout « ils fonctionnent avec les milliards prêtés par les Américains. A quoi bon les aider s'ils se servent de cet argent pour établir un système contraire à nos idées? » (Ces phrases du « Journal » de Forrestal exprimaient la pensée d'une bonne part de la « majorité silencieuse ».) De même quand Forrestal demanda, plus tard, un droit de contrôle constant des USA sur l'emploi des sommes accordées par le Plan. Ce Plan, dont son prolixe « Journal » ne dit pas un mot le jour où il fut lancé. Par contre il consigne, le 4 juin, un lunch avec l'ambassadeur – en réalité le futur ambassadeur – de l'Inde. Le secrétaire américain à la Défense démontra à ce nouveau diplomate que sans banquiers, investisseurs et hommes d'affaires l'Inde ne pourrait édifier et faire fructifier son industrie. De même, déjeunant le 13 juin avec ses amis, l'amiral Sherman, le sous-secrétaire d'État Lovett, il les rassure : il n'était pas question que l'URSS se joigne au Plan... d'ailleurs l'Aide sera limitée à de petites sommes.

A aucun moment, l'homme chargé de la défense des États-Unis n'a compris l'importance du projet de George Marshall pour propager cet idéal américain qu'il prétendait répandre. Ni que l'Amérique pèserait plus lourd par ce Plan que par la bombe atomique.

Le 18 juin, il interroge l'amiral Nemitz :

« Que ferait le gouvernement si la Russie se livrait à une agression? » (Il emploie le mot français « démarche » qui dans son vocabulaire signifie « passage à l'acte », explosion inconsidérée.) Par exemple, quelle serait la riposte si elle « communise » la France et l'Italie et attaque l'Autriche?

Le 23 juin, au déjeuner du Cabinet, il pose cette question à Truman qui y avait réfléchi : l'éventualité d'un « coup » des Russes était donc sérieusement envisagée par le Président; il répond non sans machiavélisme :

« Nous en parlions précisément avec Marshall avant déjeuner. Je crains que la réponse doive être cherchée dans l'Histoire, celle des combats de Rome contre Carthage ou d'Athènes contre Sparte. J'espère que la situation ne nous contraindra pas à ce genre de réponse... »

Ainsi, dès juin 47, la possibilité d'une guerre de destruction contre les « Barbares » (*delenda est Carthago,* « Carthage doit être détruite »), faisait partie des possibilités froidement envisagées, à l'heure du whisky-apéritif ou du lunch.

Forrestal ne cesse d'intervenir et, face à ses excès, les réponses de Marshall brillent par leur bon sens.

Un jour le général Clay, gouverneur en Allemagne, demande comment il peut freiner les excès « socialisants » des Anglais dont la « coupable indulgence » freine, selon lui, la production de charbon dans la Ruhr.

Forrestal : « Si les Britanniques admettaient l'entrée d'Américains dans l'administration des mines, il y aurait du charbon... »

Marshall : « Voilà une chose que je ne peux pas demander aux Britanniques... »

Donc, à l'intérieur même du Cabinet, Marshall doit constamment lutter contre l'extrême-droite. Par contre, les modérés appuient le Plan avec enthousiasme. Pour Truman le Plan joue un rôle primordial : il déguise sa doctrine. Au lieu d'apparaître comme une intervention dans les affaires intérieures des pays, au nom des principes de la liberté individuelle et de la démocratie, le Plan montre un Oncle Sam porteur de cadeaux.

Les hommes du Président

Truman s'entourait de conseillers.

Clark M. Clifford, par exemple. Son rapport, chef-d'œuvre du genre, examine pas à pas les obstacles à vaincre pour gagner les futures élections.

Premier obstacle : Henry Wallace. « Il serait dangereux, écrit le rapporteur, de supposer que ses partisans sont tous communistes ...Autour de lui il y a surtout des jeunes. C'est qu'il est le seul à parler de l'idéal et de la mission humanitaire de l'Amérique. Ce sont les " fous marginaux " qui lui donnent leur argent et leurs voix. » Clark M. Clifford note que *le sort* des futures élections est entre les mains des progressistes et des indépendants. Il note aussi que les Républicains pourraient bien se détourner de Dewey et choisir un meilleur candidat : Eisenhower, par exemple, ou le sénateur Vandenberg. Le danger, ce sont ces électeurs qui fluctuent d'un Parti à l'autre selon les hommes et leur charisme.

Nous voyons ici le changement profond apporté par la guerre. Dans les deux Partis, l'Organisation, l'Appareil ne sont plus souverains absolus. Désormais des groupes de pression les manipulent.

Ainsi les syndicats, la CIO ou l'AFL, et même l' « American Labor Party » de New York représentent des puissances avec lesquelles il faut compter. (Le PC le sait, note Clark Clifford, et il soutient mollement l' « American Labor Party » parce qu'il ne peut le contrôler.) Aussi faut-il se garder de généraliser en simplifiant : Wallace garde des partisans en dehors des rangs communistes.

Truman doit donc s'acquérir les électeurs par catégorie. Ainsi les fermiers. Ainsi les ouvriers. A ceux-ci Roosevelt savait insuffler l'esprit civique. Par contre aux élections de 1946 ils se sont abstenus en grand nombre. Ici Clark Clifford révèle le mépris caché du politicien pour l'ouvrier : « Bien nourris, ils ne s'intéressent plus (à la politique). » Ou : « Assurer que (les chefs du Mouvement Syndical) seront fidèles au Président en 48 serait supposer qu'ils sont logiques. Ils le sont aussi peu que l'ensemble des hommes. »

Le Mouvement syndical était alors divisé entre l'AFL

(American Federation of Labour), la Centrale la plus ancienne, et la CIO (Confederation of Industrial Organisations). La CIO, dirigée par Philip Murray, comptait des syndicats « rouges » importants. Murray, assure Clark Clifford, pense plus à la prospérité de sa Centrale qu'à l'idéologie. Il souhaite calmer sa droite, laquelle ne pense qu'à se débarrasser de l'extrême-gauche. Murray a obtenu de ses syndicats progressistes qu'ils ne se prononcent pas en bloc pour Wallace, candidat du « Troisième parti. »

L'autre Centrale, l'AFL, plus conservatrice, voit déjà augmenter l'influence de son responsable new-yorkais, George Meany qui prenait sa stature nationale et internationale. Dans les années 50, il remplacera Green, qui en 47 restait le président. Green et Meany poursuivaient, en Europe, leur travail commencé depuis plusieurs années. Ils tentaient de rassembler les syndicats « libres », c'est-à-dire opposés à l'influence des communistes. En 47, l'AFL se dressait en adversaire de la FSM, la Fédération Syndicale Mondiale, contrôlée par Moscou.

Clark Clifford conseille au Président d'inviter les dirigeants de l'AFL à la Maison-Blanche et de discuter avec eux des avantages du plan Marshall pour la classe ouvrière américaine. Cette tâche, Truman devait l'accomplir lui-même : son rival républicain, le gouverneur Dewey, ne « ménageait pas sa démagogie... ».

Et les Libéraux? Ils sont très hostiles aux Républicains. Donc Truman peut tenter de les gagner, et en particulier l'ADA (Américains pour une Action Démocratique) : le président pour New York a déclaré qu'il préférait Truman à Wallace. Les progressistes l'avaient blâmé de « donner » ainsi sa voix un an à l'avance sans obtenir en échange aucune promesse, aucun avantage pour son groupement. Les Libéraux sont peu nombreux? Mais, hommes de plume ou de parole, journalistes ou enseignants, ils sont importants parce qu'ils sont cohérents. « L'homme de droite a l'argent; l'homme de gauche a sa plume », dit Clifford.

Les Noirs? Sauf à New York en 1946 ils votent généralement démocrate. Dans les États où ils sont concentrés, ils représenteront la charnière : à New York, dans l'Illinois, la Pennsylvanie, l'Ohio, le Michigan. Or Dewey a pris la défense des Noirs et des Italiens. « L'électeur nègre est devenu un négociateur dur et cynique », remarque Clifford. Il vise par là les chefs du mouvement, inquiets de voir les Sudistes prendre de l'importance chez les Démocrates. Le président de l'Association Nationale pour l'Avancement des Peuples de Couleur, Walter White, veut faire voter républicain. Clifford affirme aimablement : « Souvent vénale, la presse nègre est déjà fortement acquise aux Républicains. »

Les Juifs? Leur vote n'est massif, ne forme bloc qu'à New York. Leur intérêt central reste la Palestine : voilà où il faut que Truman intervienne.

Les Catholiques? Traditionnellement démocrates, ils sont dominés par la peur du communisme dont l'Église fait l'épouvantail n° 1. Il suffit que l'American Labor Party de New York passe pour contrôlé par le PC (ce qui, nous l'avons vu, est faux), pour que le sénateur démocrate Mead, qui en est membre, n'ait pas été élu gouverneur de New York par les fils d'Italiens, d'Irlandais, de Polonais.

Les Italiens? Impossible de compter sur eux : ils votent en bloc mais changent de parti. Roosevelt les avait gagnés en 1943 en déclarant que l'Italie, après la guerre, ne serait pas traitée comme une ennemie, mais aujourd'hui les responsables italo-américains sont mécontents du Président à cause des termes du traité de paix imposé au pays de leurs ancêtres. (Pourtant, au Salon de l'Horloge comme aux négociations préparatoires, les Américains avaient soutenu les revendications italiennes : les considérations électorales avaient, là encore, pris le pas sur la solidarité entre alliés.)

Les « Groupes des ex-ennemis? » Les descendants d'Allemands? Conscients de l'importance de leur vote, ils semblent déterminés à le vendre cher. Or, les Sudistes s'opposent à ce qu'on libéralise les lois sur l'immigration, et les Allemands veulent émigrer en masse. Ici les deux partis sont à égalité : démocrates ou républicains, les fermiers sudistes veulent un quota d'entrée bas pour protéger leur main-d'œuvre.

Alors, sur quel terrain se battre? Clifford répond tranquillement : sur celui de l'antisoviétisme. Les Républicains prétendent l'Administration infestée de « rouges ». ...Ainsi voyons-nous naître et se développer la Commission AAA du sénateur McCarthy pour des raisons platement électorales. Le plus antirouge gagnera, disent presque tous les conseillers, pour une fois d'accord. Le fond du MacCarthysme, c'est la course aux voix des Catholiques, Italiens, Irlandais, Polonais, des fermiers, des boutiquiers frais arrivés d'un Est européen où la main de Moscou se faisait plus lourde...

Clifford donne un autre conseil, plus tactique. Pour l'opinion, tout ce qui est bien dans la politique américaine vient du général Marshall dont la popularité grandit, même chez les Républicains, et tout ce qui est mal vient de Truman. On aurait pu, suggère l'adversaire, contenir depuis longtemps l'expansion soviétique sans les fricotages de Roosevelt à Yalta et de Truman à Potsdam. Pourquoi dépenser vingt-trois milliards de dollars pour une aide qui ne profite pas à l'Amérique? Et l'occupation en Allemagne, en quoi, à quoi sert-elle? On s'apprête à juger Truman sur la Grèce : gare s'il ne parvient pas à y écraser les communistes, alors qu'il appuie sa doctrine sur cet exemple.

Wallace représente un danger très sérieux. Et si les Russes, par l'intermédiaire des communistes, reportaient les voix qu'il recueillera sur les Républicains, pour en priver les Démocrates? (Clifford n'explique pas comment « les Russes » pourraient y parvenir.) Wallace, le 11 septembre, a fiché sa critique au cœur de la cible. Il a su agiter l'épouvantail qui fait horreur à tout Libéral : Wall Street. Il a fait le compte des financiers du gouvernement : Forrestal, Harriman, Lovett, etc.; il a parlé des visites à la Maison-Blanche de cette incarnation de la Haute Finance qu'est Herbert Hoover.

Au même meeting un responsable syndical, Dubinsky, a soulevé la foule en s'écriant :

« La politique extérieure n'est pas la propriété privée de financiers à la retraite! Elle est le brûlant souci de la grande masse du peuple... »

La presse s'était fait l'écho de ces appels.

Pour tenir tête à toutes ces critiques, que devait faire le Président? Clifford donne un conseil assez neuf pour cette époque où l'on commençait à peine à comprendre que le vedettariat hollywoodien était aussi utile en politique que dans le show-business. Assez des inaugurations, des paternels baisers aux fillettes porteuses de bouquets... Il faut montrer que tout concerne le Président, qu'il s'intéresse à tout et à tous. Le montrer si possible déjeunant avec Einstein, puis avec des savants atomistes, visitant leurs installations. Voilà pour la science. Puis un déjeuner avec Henri Ford II montrerait l'intérêt du Président pour la Libre Entreprise et ferait plaisir à tous les boutiquiers. Mais il fallait aussi des rencontres avec les chefs syndicaux. Il fallait que chaque Américain sente la sollicitude et l'inlassable bonne volonté de son élu...

L'Europe, elle, continuait à raisonner sur la politique américaine en termes de stratégie mondiale. Et à la Maison-Blanche on continuait à se demander, à chaque décision prise à l'échelle internationale : est-ce bon pour les élections de 1948? Il faut croire que les conseillers étaient bons : contre les 1 million et 100 000 voix de Wallace Harry Truman a gagné. Aujourd'hui encore les historiens américains parlent de « petit miracle ». Presque tous les sondages donnaient Dewey gagnant. Mais, écoutant ses conseillers, Truman a fait une campagne d' « arrêts au sifflet » : il s'est montré à des milliers d'électeurs partout... sauf dans le Sud.

Il a suivi aussi les conseils de Clifford sur sa meilleure arme : l'anticommunisme. Les Républicains disaient de plus en plus que la Chine avait été livrée aux Rouges après l'échec des négociations de Marshall. Le général n'avait-il pas perdu un an en va-et-vient inutiles entre Tchang Kaï-tchek et les « Rouges »? Et n'avait-il pas, pour finir, recommandé de retirer l'aide aux Nationalistes? Les Républicains publiaient ce que Forrestal disait à tous les lunchs, dîners et cocktails : l'affaire de la Chine, l'affaire de la Corée du Sud que l'on aidait insuffisamment, la proposition d'aider l'Europe entière quels que soient les régimes des pays, tout ceci était inspiré par les « Rouges » cachés dans l'Administration même. « Partisans de la réforme agraire »? Non : communistes, chuchotait-on... Truman appuya de plus en plus Joseph McCarthy. Il a tremblé quand, après son élection, Alger Hiss, haut fonctionnaire, ancien conseiller américain à Yalta, a été accusé (sur un dossier plein de faux et de fabrications), d'avoir communiqué des secrets à un agent soviétique. Alger Hiss a été condamné. Truman a pris prétexte de cette « preuve de l'infiltration communiste » pour soutenir plus officiellement McCarthy.

Les conseillers de droite ont gagné du terrain de mois en mois en 47 puis, après la réélection, d'année en année. Lors de l'affaire coréenne, en juin 1950, Truman n'a pas même demandé l'avis du Congrès pour intervenir par les armes; ensuite seulement il s'est fait couvrir par l'ONU.

Mais – les documents cités le montrent –, c'est en 1947 que la religion trumanienne de la gerre froide a été constituée, répandue et formulée en doctrine. Le programme de réformes sociales intérieures qui avait été établi par lui n'est jamais entré en action. Tout a été subordonné à l'urgence d'établir un front de guerre froide. Et le plan Marshall, après le refus – escompté – de l'URSS, et celui – moins souhaité – des pays de l'Est européen, s'est avéré à la fois le meilleur outil de propagande et la meilleure arme de guerre froide.

2.

Prague : rupture avec l'Ouest

Juin et juillet frapperont les trois coups du drame. Pourtant, en apparence, l'été débute par un « largo » d'allégresse.

Le 5 juin le général Marshall, en présentant son plan, jouera la symphonie des espoirs, la musique du rêve américain :

« Notre politique n'est dirigée contre aucun pays ni aucune doctrine, mais contre la faim, la pauvreté, le désespoir et le chaos. Son but devrait être de ressusciter une économie efficace à travers le monde, afin de permettre l'apparition de conditions favorisant les institutions libres... Tout gouvernement qui désire être aidé trouvera, j'en suis sûr, une coopération sans restriction de la part du gouvernement des États-Unis. Tout gouvernement qui tentera d'empêcher le rétablissement d'autres pays ne peut espérer aucune aide de nous. »

Ce n'est pas, dit Marshall, un plan tracé par les États-Unis pour l'Europe. C'est un accord des différents pays européens sur la manière de donner satisfaction à leurs besoins qui est recherché. L'initiative devra venir d'eux, le plan être accepté par beaucoup sinon par tous les États du continent. Passions politiques et préjugés devront être écartés.

Interrogé le 12 à sa conférence de presse sur le sens qu'il donnait au mot Europe, il précise :

L'Europe, c'est « tout ce qui se trouve à l'ouest de l'Asie », donc aussi bien l'URSS que l'Angleterre. Le 13 juin à Londres, Bevin le travailliste portait ce discours « au rang des plus grands de l'histoire mondiale ». C'est lui qui, après consultation avec Georges Bidault, a répondu oui pour les deux pays.

En France, le 2 juin, les boulangers sont en grève. Le gouvernement trouve habile, pour rendre cette grève impopulaire, d'annoncer que la ration de pain de 250 grammes sera réduite à 150 par jour.

Dès le 3 chez Renault, comme chez les cheminots et dans certaines mines, le travail s'arrête.

Ramadier parle à nouveau d'un chef d'orchestre clandestin et déclare la République en danger; mais il n'y aura pas de Valmy. Le 7 juin les cheminots entrent en pourparlers avec le ministère, tout en poursuivant leur grève. Le 18 juin, le RPF célèbre avec éclat l'anniversaire de l'appel de 1940.

A l'heure même où De Gaulle est acclamé, Bevin rencontre Bidault, à Paris, pour composer le communiqué d'acceptation réjouie à Washington. Ils proposent une rencontre des ministres des Affaires étrangères à Paris, le 23.

Le 19 juin les employés de banque, qu'ils soient syndiqués à la CGT ou à la CFTC [1], se mettent en grève. « Qui peut manger 250 grammes de pain par jour avec des salaires qui ne permettent pas de viande au " noir "? » demande une pancarte. Trois jours auparavant, à Moscou, la *Pravda* est partie en guerre contre le Plan. Elle rassure, à Washington, Forrestal, Dean Acheson, Vandenberg, tous les conservateurs terrifiés à l'idée d'apporter leur or aux Rouges. Mais elle tire ainsi le « rideau de dollars » entre l'ouest et l'est de l'Europe.

L'accord des Français et des Anglais a été presque immédiat. Que faire d'autre? Ne vivaient-ils pas, déjà – comme d'ailleurs les Italiens et bien entendu l'Allemagne de l'Ouest, « aux crochets » des États-Unis?

Les années donneront raison à Bevin : le plan Marshall garderait l'Europe d'un probable naufrage économique. Par contre, le prix était prévisible : désormais, l'Amérique mènerait le jeu occidental.

Le seul en Angleterre, à protester, en face des communistes dont on connaissait les motifs, est un pro-hitlérien méprisé, le chef des nazis britanniques, Sir Oswald Mosley, un bizarre demi-fou, qui grogne : « Bevin brade l'Empire. »

En France, la droite proteste à peine contre l'aide Marshall (quelques remarques piquantes dans les « Journaux » – publiés plus tard – de Galtier-Boissière et de Fabre-Luce).

La France a d'autres soucis.

« Le plan Marshall, disait la *Pravda,* ne vise qu'à influer sur la politique par l'argent. L'attitude américaine envers les pays

1. Confédération Française des Travailleurs Chrétiens; elle est alors – mais pas pour longtemps – la seule centrale importante face à la CGT. C'est d'elle que naîtra la CFDT.

de l'Est européen contredit la définition que Marshall avait donnée de l'Europe : donc la politique de Washington demeure inchangée et les discours ne servent qu'à dissimuler cette vérité au peuple américain. »

Une semaine chaude avait précédé l'article. Le 9 juin, en Pologne, on arrête des socialistes, accusés de trahison. Une épuration du parti est annoncée. Le même jour les États-Unis protestent contre le changement de gouvernement en Hongrie, où les communistes ont pris tous les postes importants. La note spécifie que ces changements sont « contraires aux arrangements de Yalta », témoignent d'une « intervention de l'URSS dans les affaires intérieures du pays », et demande que les trois Alliés forment une commission d'enquête.

Ceci trois jours avant que Marshall stipule que l'Europe englobe « tout ce qui est à l'ouest de l'Asie ». Le 14 juin, le président Truman avait signé les traités de paix avec les anciens alliés de l'Axe : Bulgarie, Hongrie, Roumanie, tout en regrettant que les gouvernants ne « respectent pas la volonté de la majorité du peuple ».

Le 15, Dean Acheson, parlant au Connecticut devant un auditoire des plus conservateur, dit que l'URSS empêche la renaissance d'une Europe saignée à blanc.

Cette même semaine, l'organisation mondiale pour la lutte contre la faim, la FAO, fait savoir que six pays : l'Autriche, la Grèce, la Hongrie, l'Italie, la Pologne, la Yougoslavie, se trouvent au seuil de la disette et ne pourront, sans aide, nourrir leur population.

Or trois de ces pays sont dans l'orbe soviétique.

Réveil allemand

Ces contradictions expliquent les craintes de Moscou : l'Amérique a les moyens – et avec le Plan le moyen – de sauver de la disette, mais aussi de s'attacher idéologiquement, les pays de l'est européen.

Pendant ce temps la « bizone » (qui, peu de mois plus tard, deviendra « trizone » par l'adhésion de la France) unifiait l'administration des occupants en Allemagne... et consacrait la coupure du pays. D'un côté les Occidentaux – que depuis longtemps déjà les Allemands appelaient, seuls, les Alliés – de l'autre l'URSS.

La partie est de l'Allemagne, le secteur oriental de Berlin se séparait du reste : ni la réglementation ni le ravitaillement ni les conditions de reprise et de reconstruction ne pouvaient se comparer.

L'URSS ne parlait plus d' « Allemagne maudite »; au contraire. Mais elle continuait – et le devait pour survivre – sinon à démanteler des usines, à les transporter sur son territoire, du moins à faire travailler l'industrie allemande à la reconstruction, en priorité, non de l'Allemagne mais des pays soviétiques ou satellites. Ce qui n'empêchait pas les Allemands de produire et de relever leur pays, des deux côtés. « Même les Russes n'arriveront pas à flanquer la pagaille en Allemagne », commençait-on à chuchoter dans les cafés.

Par contre, en Occident, le Directoire « biparti », présidé par les gouverneurs britannique et américain, dirigeait un Comité exécutif central mais donnait le plus de pouvoir possible aux représentants des Länder (provinces, régions, états).

Le 6 juin, à Munich, les premiers ministres des divers Länder se sont réunis pour la première fois. C'était juste deux ans et un mois après la reddition, la renaissance. Qu'ont pensé les ministres de la zone soviétique quand, sur ordre, ils se sont retirés, ayant posé en préalable la condition que l'on discute de l'unité de l'Allemagne?

Curieuse évolution de la politique soviétique... Pendant ces premières années, Moscou faisait de l'unité de l'Allemagne le problème n° 1 avant toute discussion. Après quoi, ayant constitué la RDA, tout espoir d'unité future a été traité de tentative impérialiste. Le virage a eu lieu peu après l'effondrement des communistes ouest-allemands aux élections, qui a rendu possible la mise hors la loi du PC et la « chasse aux sorcières ».

Le 6 juin, à Munich, les officiels ont lancé un appel aux Allemands de l'étranger. Ce qui contredisait les craintes exprimées par le président de la réunion qui avait demandé comment 70 millions de personnes, dont 12 millions de réfugiés des Sudètes et de la Silésie désormais polonaise, allaient trouver ce que l'on n'osait plus qualifier d' « espace vital » sur un territoire ainsi amoindri.

En fait, la « bi », puis la « trizone » allait rencontrer des difficultés du côté des ministres-présidents des Länder. Ceux-ci naviguaient entre les exigences des Alliés et une opinion publique renaissante. Exactement un an plus tard, ils n'oseront pas souscrire à la constitution d'une Allemagne occidentale. Ils murmuraient aux journalistes – en demandant que leur nom ne soit pas cité : « Les lignes de démarcation ont été tracées sans nous consulter. A Londres on a décidé d'une frontière qui devrait être sanctionnée par des lois allemandes et mettrait fin à l'espoir d'un pays unifié, avec Berlin pour capitale. C'est donner aux socialistes rouges de l'Est des mines pour nous couler. »

La déclaration est du Dr Schumacher, chef social-démocrate et tête de turc des journaux est-allemands. Conscient des réalités il ajoute : « Au moins fallait-il marquer le coup[1]. »

C'était un baroud d'honneur.

Le Quai d'Orsay soutenait curieusement cette opposition. Bidault était obsédé par la peur d'un gouvernement central, unifié, fût-ce d'une partie de l'Allemagne : le spectre de l' « ennemi héréditaire » n'était pas mort.

A cette époque, je voyageais beaucoup en « Trizonésie » (la trizone en 47 était déjà un fait sans encore porter ce nom). En zone américaine j'étais interdite de séjour, mes articles ayant déplu et mon passeport portant des permis du côté soviétique. Ce qui n'empêchait rien; je voyageais du « côté allemand », en civil et dans les transports en commun.

Le cardinal Pfrings, archevêque de Cologne, parlait volontiers de son amitié avec le cardinal Spellmann, le « pape américain » qui faisait affluer vers l'Église catholique allemande les dons des catholiques américains et permettait à l'Église d'accroître sa popularité par de substantiels secours.

Voyager en Allemagne, c'était constater la totale vénalité d'un pays démoralisé et détruit, assigné à la « charité » des Alliés. Les occupants (surtout les Américains, et le moindre sergent-chef faisait figure de potentat), pouvaient, avec des cigarettes, du café, les bas de nylon du « PX » (magasin pour forces d'occupation), acheter cristaux de Bohême, argenterie de toute l'Europe, fourrures de Pologne, de Hongrie, de Roumanie, bref tout ce que la Wehrmacht victorieuse avait accumulé dans le pays en guerre et qu'à présent les femmes seules, devenues l'épine dorsale du pays, étaient obligées d'échanger pour vivre.

De l'enfant au vieillard, l'Allemagne vidée de ses hommes adultes vivait de troc et de marché noir. Sexe contre survie, ce troc occupait les femmes, de la puberté à la ménopause. Pas toutes, ni tous : on déblayait les décombres, on construisait, on charriait n'importe quoi d'un lieu à l'autre, à travers les rues pleines de trous, les routes défoncées, des ponts de planches. L'Allemagne traînait, portait, hissait, entassait, emmitouflée de haillons superposés mais propres. Un pays de gitans résignés, âges et sexes confondus.

Le général Clay, proconsul d'Allemagne occidentale, était un surhomme tout droit sorti d'*Autant en emporte le vent*. Sa famille avait fait fortune dans les cigares et dans les plantations. Il se sentait sociable et social, répondait sans jamais se fâcher aux imper-

1. Entretien avec l'auteur, en juin 1948.

tinences des journalistes, et avait fondé un « Club pour militaires de couleur ».

A la conférence de presse (il en tenait régulièrement) qui a suivi la fondation de ce club, une Française correspondante de guerre et d'après-guerre (l'auteur), a demandé :

« Général Clay, pourquoi n'y a-t-il pas un club pour tous les militaires sans distinction d'origine? »

La réponse du bel Américain blanc avait vingt ans d'avance sur les refus des « Panthères Noires » :

« Parce que les Noirs n'apprécient pas l'humour des Blancs et que les Blancs ne comprennent pas l'humour des Noirs. »

En bi et tri-zones on jouait la parodie de la « dénazification ». Chaque Allemand voulait avoir été simplement un « nazi nominal ». Cette classification obtenue, plus aucun poste ne vous était interdit. A l'université de Heidelberg, les deux tiers des étudiants étaient d'anciens ouvriers démobilisés, « en reconversion ». Beaucoup étaient membres d'associations plus ou moins secrètes liées, au moins idéologiquement, au « Foyer de la renaissance nationale socialiste », dont le siège était à Madrid.

Les responsables nazis réfugiés en Argentine envoyaient des émissaires sous des prétextes divers, et beaucoup d'argent pour des mouvements de « renaissance allemande ». Dans des caves on chantait – je m'en souviens – le *Deutschland über Alles* et peut-être aussi – mais je ne l'ai pas entendu – le *Horst Wessel Lied.*

Au nom de la liberté d'opinion, la « trizone », la « bizone » plus encore admettaient tout... sauf le communisme qui tombait sous le coup de la chasse aux sorcières.

Par contre, on avait divisé le trust de l'Acier en quatre entreprises indépendantes. On évitait ainsi de nationaliser le trust, ce qu'à l'origine les travaillistes voulaient faire, la Ruhr étant en zone anglo-saxonne. A la tête des entreprises le Military Government avait nommé... le spécialiste de l'acier qui avait administré le trust sous Hitler et organisé la production du fer et de l'acier en Hollande occupée. Il en était de même de Siemens, également divisé en quatre : l'ensemble était administré, de Berlin, par un homme que le tribunal de dénazification de la ville avait refusé de blanchir.

Bientôt une loi du Military Government autorisera le rachat des usines allemandes.

Cette situation conduira en peu de mois au blocus de Berlin et au mur symbolique entre l'Allemagne rouge et l'Allemagne dorée. Nous savons à présent que le « miracle » économique aura lieu, étrangement, des deux côtés du mur.

En cet été de haute tension tout concourt à susciter l'angoisse. En URSS, le 10 juin, une loi renforce les règles du secret d'État : cette notion s'étend désormais, par exemple, à l'achat de produits à l'étranger, aux chiffres du commerce extérieur et aux ressources géologiques.

Les étrangers qui se trouvaient en URSS ont noté la méfiance presque névrotique des Soviétiques : le moindre contact pouvait vous rendre suspect d'espionnage. Les écrivains se sentaient menacés. Jdanov, après avoir mis au pas les musiciens trop « formalistes » et les poètes trop lyriques s'en prenait aux humoristes jugés décadents.

La mort lente de la Reine

Pendant ce temps, et sans qu'elle en eût clairement conscience, l'Europe changeait hors de ses limites.

L'Angleterre, en dépit d'un modernisme apparent, n'était pas sortie du règne de Victoria Regina. La conscience nationale restait associée à l'Empire dont la ronde et terrible petite dame avait été le symbole. La façon dont la Grande-Bretagne avait gagné la guerre, dont elle avait refusé le marché noir, dont elle continuait à interdire l'entrée de « ses » territoires (en Palestine comprise, où elle exerçait toujours son mandat), tout en elle exprimait le « Rule, Britannia ». Les mesures de nationalisation du gouvernement travailliste, la socialisation (qui révoltait la droite américaine, Forrestal en tête), représentaient des tentatives pour sortir du victorianisme. Mais celui-ci tentait de survivre dans les mœurs, malgré une libéralisation, sourde et inavouée. La hautaine conscience de la supériorité britannique s'accrochait à ses derniers vestiges.

Mendiante endettée à l'extérieur, la Grande-Bretagne gardait ses manières de lady sans concessions. Elle subissait les effets d'une pénurie persistante (« nous nous en sortirons grâce à l'austérité; la France s'enfonce dans le gaspillage... »), et feignait de garder son rôle dirigeant. Non sans amertume. Aux rares heures où les boissons alcoolisées sont permises, les barmen, manœuvrant les manettes à bière, philosophent :

« C'est nous qui, par notre résistance, avons sauvé l'Europe. C'est nous qui avons accueilli les gouvernements émigrés, depuis de Gaulle jusqu'à Anders. Et les étrangers font du marché noir sur notre sol, alors que nous nous privons pour eux... »

Malgré la crise du logement – due aux démolitions – et la

crise de la main-d'œuvre due à l'expansion de l'industrie, malgré le changement de style d'une bourgeoisie soudain privée d'aide domestique, c'est en Angleterre que le niveau de vie demeure le plus élevé d'Europe. C'est là que le tabac est le plus abondant, les tissus de meilleure qualité, la reconstruction des villes et la rénovation de l'industrie les plus rapides.

L'Angleterre vit au-dessus de ses moyens. Elle est, plus que le reste de l'Europe occidentale, tributaire du pays d'où lui viennent les investissements : des États-Unis. Elle leur a emprunté quinze milliards de dollars. Elle exporte le plus possible, importe le moins qu'elle peut. Et renonce à ces « dépenses de prestige », ces signes — effectifs — de puissance qu'étaient le contrôle de la Grèce, de la Palestine... et la royauté sur les Indes.

L'hiver 47 a été désastreux pour toute l'Europe. Les récoltes britanniques ont gelé. Le prêt américain s'use plus vite que prévu. La grève des mineurs fait manquer le charbon au pays même du charbon. Dès février le déficit atteint deux milliards de dollars.

Dans les glaces et les tempêtes, la plus grande île d'Europe se trouve au seuil de la banqueroute.

Elle découvre — en même temps que le découvrent la Belgique et les Pays-Bas — l'importance, la nécessité de l'Allemagne, comme client, comme marché. La peur du marasme triomphe de la crainte — pourtant historiquement fondée — de la puissance germanique. Aussi le gouvernement consent-il à la « bizone ». Les travaillistes savent-ils qu'en acceptant cette fusion ils renoncent, du même coup, à opérer dans leur zone d'occupation les nationalisations qu'ils avaient décidées mais que les Américains réprouvent?

Deux ans après la fusion des zones les voyageurs britanniques, en 1949, s'indignent qu'il y ait plus à manger à Francfort qu'à Manchester et à Hambourg qu'à Londres!

Dès 47, l'Allemagne était sortie de sa torpeur pathétique. L'immoralisme des ruines donnait naissance à une soif de gagner sans autre frein que la prudence devant la loi de l'occupant. Après son « Weltschmerz », son désespoir cosmique, après le vertige de la destruction, l'incompréhension suicidaire devant la défaite, la bourgeoisie allemande, petite et grande, s'était reprise. Les ruines étaient acceptées comme une laideur — provisoire — du paysage. Les plaies n'avaient plus qu'à cicatriser sous l'acharnement germanique au *labor improbus,* ce labeur probe réputé capable de vaincre toute adversité.

Mais le destin de l'Angleterre — comme celui de l'Europe entière — se jouait hors d'Europe.

Si, en 47, la France avait semé les prémisses de la guerre

d'Algérie, si elle était entrée avec inconscience dans l'interminable guerre d'Indochine, l'Angleterre aussi jouait son destin. En Palestine, nous avons vu avec quelle maladresse, et surtout en Inde.

Au début du xxe siècle, un tiers de Londoniens étaient encore considérés comme indigents, secourus ou non. Par contre, sitôt la mer traversée, tout Britannique devenait sahib aux Indes et sir partout. Caricaturé, raillé, le citoyen britannique souriait : officiellement ou officieusement, il était chez lui sur tous les continents. Jusqu'à la fin de la Première Guerre mondiale les États-Unis, toute première puissance financière qu'ils étaient, gardaient un net sentiment d'infériorité culturelle envers la patrie de leur langue. De New York à San Francisco c'est l'« anglais » et non l' « américain » que l'on parlait. C'est à l'étalon des usages d'Oxford que l'on mesurait le style des plus grands écrivains américains. Même dans l'entre-deux-guerres, l'écriture de Faulkner, révolutionnaire du langage américain, était analysée par rapport à l'anglais, et on admirait ou critiquait les somptueuses richesses du parler sudiste comme des « régionalismes ». La combinaison de la maîtrise des mers, de l'influence politique dans tout l'Orient, de cette domination sur la langue qui devenait universelle dans le commerce et la diplomatie, alimentait un orgueil national séculaire. Rien de plus psychologiquement vrai que cette histoire sans doute inventée : en France, rencontrant un Anglais, un Français lui dit : « Ah bon, vous êtes étranger? » Et le Britannique répond : « Étranger? Non, moi je suis Anglais. Mais vous, vous êtes étranger, n'est-ce pas? »

« Un soir de demi-brume à Londres » (comme l'écrira bien plus tard Apollinaire), Arthur Rimbaud s'éprit de la puissance anglaise : « Ce sont les conquérants du monde; le sport et le confort voyagent avec eux. »

Deux ans après la Première Guerre mondiale, le plus stable des pays européens avait commencé son irrésistible descente. Les Anglais s'en rendaient mal compte. Sauf la jeunesse, qui déjà refusait les valeurs morales du *can't* de la *decency,* de la *respectability.* La traditionnelle *excentricity* des aristocrates s'est démocratisée. Version britannique des « zazous » de l'après-guerre française, les *teddies* vivaient déjà comme des « jeunes gens en colère » et allaient, par la suite, donner naissance au cinéma d'avant-garde, aux théâtres *off-Piccadilly.* Plus tard encore les Beatles qui en 1947 n'en étaient pas encore à apprendre l'alphabet, révolutionneront véritablement la langue. L'engouement pour le « pop », venu de Londres, a eu pour l'Angleterre des jeunes un sens plus profond que pour la France ou l'Italie. En 47, les « classes dominantes » persistaient à juger un homme ou une femme sur leur accent, leur intonation : la moindre trace du parler faubourien ou de terroir le repoussait dans les « basses classes », quelle que soit sa compétence ou sa culture. Les Beatles ont popularisé le « cockney » de l'est de Londres ou les inventions patoisantes, les répandant dans les journaux, à la radio, et bientôt dans les conversations. Les Beatles ont été rendus possibles, sinon nécessaires, par le grand choc du jour symbolique où l'Empire s'est réduit à un ensemble d'îles européennes luttant dur pour conserver son influence sur un Commonwealth en ébullition.

Le 15 août 47, Londres a dit adieu aux Lanciers du Bengale, au Passage vers l'Inde. De ce jour est née la contestation d'une morale rigide que seule pouvait soutenir la réalité d'un pouvoir mondial.

La fin des Lanciers

Le 15 août 47 a mis fin à cent sept ans de colonisation pour 400 millions d'hommes.

La longue geste non-violente de Gandhi, les revendications du parti du Congrès de Nehru avaient retenti sur toute une génération.

En mars 46 une mission du Cabinet britannique est arrivée à New Delhi pour obtenir l'accord des principaux partis nationalistes. L'accord entre eux semblant impossible, la mission a proposé son projet : constituer, sous le contrôle d'un vice-roi, un ministère entièrement autochtone en attendant l'élection d'une Assemblée constituante. Le président du gouvernement serait le chef du parti national le plus nombreux, le pandit Nehru, président du parti du Congrès.

Sur la demande des partis présents, la mission rejette la demande du Pakistan qui désire son indépendance : musulmans, les Pakistanais refusent d'être gouvernés par des Hindis; ils repoussent leur système de caste et leur religion.

Le 2 septembre 1946, Nehru est entré en fonction et, aussitôt, les affrontements sanglants ont commencé. Il y a 7 000 morts.

Le 9 décembre 1946, l'Assemblée constituante est élue, mais la Ligue musulmane ayant boycotté le vote, les députés représentaient les Hindis, et non les Pakistanais. Les autres États, aussi bien le Bengale que le Punjab, refusent également d'être impliqués dans cette Assemblée et ce gouvernement.

Le 23 mars 1947 arrive le vicomte Mountbatten, le nouveau vice-roi, qui remplacera Lord Wavel. C'est le meilleur choix possible : il connaît la situation, comprend aussitôt l'état d'urgence, et fait savoir à Londres que la partition ne peut être évitée. En Angleterre, les ministres s'agitent : comment défendre une Inde divisée? Comment la protéger du « péril rouge » à la frontière chinoise? Mais d'autre part le réalisme constant des Britanniques les oblige à accepter.

Le 14 juin le Mahatma Gandhi, dernier des grands mystiques, le saint squelettique du Grand Refus, prend la parole. Pour tout habitant de l'Inde il porte l'auréole du martyr du colonisateur et du triomphateur mystique du plus puissant pouvoir. Il proclame qu'il faut accepter cette indépendance, même si elle est offerte par l'Angleterre. Et aussi accepter la partition : elle n'est pas réclamée par le colonisateur, mais par des partis nationaux. Grâce à lui la résolution est votée par 153 voix contre 29.

Nehru se lève alors. Sa veste, à la couleur près, rappelle celle de Mao. Ces tuniques à col officier feront fureur à la fin des années soixante; on les baptisera « mao » en Europe et « nehru » aux USA : elles deviendront des vêtements révélateurs d'idéologie; on en verra beaucoup sur les barricades de 68.

Le pandit Nehru, apôtre de la liberté, fait une déclaration d'intolérance : « ...nous ne reconnaîtrons l'indépendance d'aucun État de l'Inde par rapport à l'Union indienne souveraine », et il interdit aux autres nations de reconnaître de telles partitions : ce serait «un acte inamical ».

Par contre le chef de la Ligue Musulmane qui va gouverner le Pakistan, Juinnah, proclame que tout État a droit à son indépendance qui serait reconnue par le Pakistan. Il rappelle que les Britanniques n'ont transmis leur suzeraineté à aucun gouvernement en particulier.

Ce même 14 juin, au Punjab, 100 maisons flambent, 30 hommes tombent morts.

L'Inde renverse toutes les notions reçues : les prédicateurs de la tolérance se rangent derrière l'exclusif Parti du Congrès et la Ligue Musulmane se déclare libérale.

A Londres, on ironise : « Ils ont voulu l'Indépendance? Qu'ils la prennent. Ils la regretteront. »

L'incompréhension entre Occident et Orient s'accentue.

Dans le livre exhaustif qu'ils ont consacré à ce 15 août 1947 et à ses développements, Larry et Collins [1] révèlent que le choix de cette date promettait aux Hindous des catastrophes : ce 15 août tombait un vendredi et, pour les astrologues, représentait une sorte

1. Larry et Collins, *Cette nuit la liberté*, édit. Laffont.

de fin du monde, quelque chose comme la comète de l'An Mil dans la France des Croisades.

A Londres, le 4 juillet, le major Clement Attlee, Premier ministre travailliste, a lu la LOI DE L'INDÉPENDANCE DE L'INDE. Elle stipule :

« Les deux Dominions indépendants de l'Inde et du Pakistan seront établis le 15 août 1947. »

Et : « La suzeraineté de Sa Majesté sur ces territoires prendra également fin à cette date. »

Le partage des biens, entre l'Inde et le Pakistan, donne lieu à des scènes d'héritage familial à l'échelle du quart de la population humaine. L'héritage – créance laissée par le Royaume Uni – se monte à cinq milliards de dollars... D'après Larry et Collins les frères ennemis se disputent jusqu'aux dictionnaires ou *Alice au pays des merveilles;* le train du vice-roi à l'une, les limousines à l'autre. Finalement, le Pakistan n'a que 20 % des biens... et aussi de l'armée.

Quant aux frontières... Nehru et Juinnah, d'accord, ont décidé de confier le tracé à un juriste anglais qui n'avait jamais – garantie d'impartialité – mis les pieds en Inde. Sir Cyril Radcliffe, conscient de déchaîner le pire quoi qu'il fasse, doit ainsi décider du sort de 88 millions d'humains, visitant le pays au moment même où il en trace les limites.

Nehru et Gandhi demandent au vice-roi de rester sur place comme gouverneur.

Rien n'a empêché un massacre qui dure près d'un an, passant d'un territoire à l'autre, avec des Hindis tranchant le sexe circoncis des musulmans et provoquant d'immédiates représailles.

Le 30 janvier 1948 un Hindou fanatique assassine Gandhi qu'il rendait « responsable de la partition ».

En 48 aussi, Penjab et Bengale sont devenus des États indépendants; les anciennes provinces des États fédérés et l'Inde une République fédérale.

Au dernier quart du siècle la guerre du Bengladesh prouvera que rien n'était réglé.

Soleil rouge

Si le destin de l'Angleterre se scellait partiellement en Inde, les États-Unis étaient préoccupés par l'Extrême-Orient.

Avant-guerre, le Japon avait commencé à concurrencer dangereusement les marchandises américaines – comme d'ailleurs les exportations allemandes. La défaite avait supprimé ce rival... Mais le général McArthur, chef de l'occupation américaine au Japon, prenait une position inattendue :

« Le Japon manque à tel point de matières premières nationales qu'il doit, ou reprendre son commerce avec l'extérieur, ou périr de famine », affirmait-il.

Le 9 juin, l'État-Major allié au Japon annonçait que le commerce extérieur pourrait reprendre le 15 août (c'était, décidément, une date fatidique pour l'Orient). L'État-Major contrôlerait chaque accord conclu par le gouvernement japonais.

Les ministres de l'Empereur obtenaient donc une liberté surveillée.

Pendant ce temps, du côté de la Mongolie extérieure, des cavaliers chinois franchissaient la frontière, soutenus par des avions de fabrication soviétique, et pénétraient à 200 kilomètres à l'intérieur de la province du Sinkiang.

Tchang Kaï-tchek protestait près du Kremlin, à Moscou, menaçait d'en appeler à l'ONU. Les Soviétiques répondaient que l'URSS ignorait tout de cette incursion.

Le général Marshall pensa une fois de plus qu'il aurait été sage de retirer les troupes américaines de Formose. Il se heurta de nouveau au « China-lobby » et à la droite, avec en tête James Forrestal qui était désormais ministre de la Défense.

Impasse à Prague et division de l'Occident

La première décade de juillet 47 a été la première station du chemin de croix que la Tchécoslovaquie parcourra pendant vingt et un ans jusqu'à l'invasion russe d'août 68.

Le fameux « Coup » de février 48 a eu pour origine ce qui s'est passé entre le 7 et le 10 juillet; de même le suicide toujours mystérieux de Jan Masaryk, ministre des Affaires étrangères, fils du fondateur de l'indépendance tchécoslovaque des années vingt.

Jan Masaryk avait, au cours d'une conversation que j'eus avec lui l'année précédente, usé d'une image chorégraphique :

« Nous sommes le danseur du Sacre du Printemps : après le saut dans l'inconnu nous retomberons, un pied sur le tremplin du socialisme, et l'autre orteil en Occident... La Tchécoslovaquie n'est pas la Russie des Tsars. Nous possédons une tradition démocratique et une industrie développée. Donc la phrase de Lénine : " Le socialisme, c'est les Soviets plus l'électrification " prend pour nous un autre sens. Nous offrirons au monde l'image d'un socialisme à partis multiples, à libertés individuelles préservées... »

Beaucoup d'esprits que le marxisme attirait et que l'URSS faisait hésiter espéraient voir à Prague la naissance d'un modèle qui pourrait servir, en France ou en Italie.

Fin juin, les ministres des Affaires étrangères des pays ex-alliés, réunis dans un Paris agité de grèves laissaient prévoir la rupture. Il suffisait d'entendre la radio soviétique parler des États-Unis « usant de promesses de crédit pour étendre leurs marchés aux approches de la crise», pour comprendre que les négociations étaient désormais un masque, de plus en plus transparent, posé sur un refus. (La future crise du capitalisme, ou du moins ses « crises cycliques » faisaient partie du catéchisme communiste.)

A la conférence de Paris les Soviétiques ont exprimé une idée en apparence logique. Les besoins de l'Europe devraient être établis par un comité où les pays ayant le plus souffert du nazisme et le plus lutté contre lui auraient voix prépondérante... Mais ainsi ils excluaient l'Allemagne, et en partie l'Italie, et mettaient d'ailleurs en infériorité les ex-alliés de l'Axe.

Bevin déclara que les Soviétiques refusaient d'envisager quelle part les pays d'Europe pouvaient prendre à la reconstruction de leur continent. Bidault se montra disposé à accepter un plan de quatre ans pour « guérir » l'économie.

Molotov protesta : la France et l'Angleterre semblaient s'être mises d'avance d'accord avec les USA.

Bevin s'écria :

« M. Molotov exige des États-Unis un chèque en blanc. Comment l'URSS réagirait-elle si on lui demandait un chèque en blanc, sans contrôle ni garantie? »

Bidault, le 1er juillet, proposa de créer des comités pour établir les besoins de tous les pays le 1er septembre, « sans aucune interférence avec la souveraineté nationale ni les plans de reconstruction nationaux ». Il se déclara d'accord avec Molotov : on ne peut pas dresser un plan des besoins globaux de toute l'Europe.

Mais aussitôt Molotov exigea que l'on règle au préalable la question des réparations. Puis il demanda un délai de réflexion.

Bevin et Bidault se sont à peine consultés du regard : « Non. Nous sommes déterminés à faire de notre mieux pour répondre à la demande du général Marshall. La délégation soviétique désire la rejeter. Voilà la différence fondamentale entre nous. » (Les Occidentaux savaient dès ce moment que l'URSS s'opposerait au Plan.)

Grèves « sauvages »...

Les ministres siègent... La France fait face à des grèves qui englobent 20 000 métallos, 12 000 mineurs du Nord auxquels se joignent, pour une grève générale de deux heures, tous ceux de la Loire, de Lorraine. Les trains s'arrêtent. Le port de Marseille et la ville sont paralysés. Devant le Palais-Bourbon les délégations de grévistes venues de toute la France ont réussi à entraîner les employés des grands magasins.

Éclatant le 23 juin, le mouvement spontané (que nous nommerions « grèves sauvages »), sera canalisé par les syndicats. Les mineurs ne reprendront le travail que le 28 juin (après la fin du congrès du PCF). Les cheminots obtiendront, non une augmentation, mais une prime. Jules Moch, ministre des Transports, grogne qu'il n'aime pas ouvrir trop largement l'éventail des salaires et que l'augmentation accordée aux cheminots entraîne toutes les autres.

Pendant ce temps, à l'ambassade de Grande-Bretagne, faubourg Saint-Honoré, Lady Dania Cooper donne plusieurs réceptions en l'honneur du travailliste Ernest Bevin, qu'elle trouve « un peu trop convenable... un petit-bourgeois de banlieue... pour un socialiste... » Dumaine, le chef du Protocole, note : « La Turquie, le Portugal, la Suède, la Suisse (c'est-à-dire leurs ambassadeurs) sont accueillis comme des cousins de province... » Bevin, grosse guêpe, bourdonne aimablement.

De Lady Diana, Galtier-Boissière, ex-créateur du *Crapouillot*, fort compromis dans la collaboration, a tracé un irrésistible portrait :

« Légèrement ennuyée d'une trop grande naissance et d'une trop parfaite beauté, lasse de cumuler les ressources d'une famille ducale, les frais de représentation d'une ambassade et les legs que lui font en mourant des admirateurs platoniques, elle aspire à la vie de bohème. Le curieux, c'est qu'elle réalise ce rêve sur le tard et dans une ambassade... »

A la réception diplomatique, dans un petit salon écarté, mais ouvert et donc visible à tous, Christian Bérard, le plus célèbre des décorateurs, dessine, couché sur son ventre énorme.

Le PCF tient congrès à Strasbourg. Tandis que la conférence des Grands échoue à Paris, Thorez est confirmé, dans la métropole de l'Alsace, comme chef incontesté du parti communiste français. Tout ce XIe congrès tourne à sa gloire... et à celle de Staline dont le portrait, exactement de la même taille et du même genre que ceux de Marx-Engels-Lénine, domine la tribune.

Le Congrès doit s'ouvrir le 25 juin. Philippe Robrieux[1] affirme : « En l'occurrence, il n'y a pas le moindre doute à avoir : avant les premières réunions importantes préparant le Congrès, d'une manière ou d'une autre, Thorez eut des contacts prolongés avec l'entourage de Staline. Il communiqua l'état du Parti, donna son avis sur la situation politique, en informa le Centre. Il s'entendit dire quelle devait, « de l'avis des camarades », être l'orientation, fit un projet de rapport sur cette base, le soumit aux camarades qui y firent apporter des corrections. »

Malheureusement, Robrieux ni personne ne sait (ou n'a dit) le nom des « camarades de confiance » qui font alors la liaison avec le Centre. Nous l'avons déjà souligné. Thorez a-t-il été éprouvé par cette sujétion? Peut-être. Mais il y puise également une grande assurance. N'étant guère théoricien (sa laborieuse théorie de la « paupérisation absolue » en témoigne), la garantie du Centre le conforte dans sa certitude de représenter l'Histoire en marche.

Le discours-fleuve du Secrétaire général témoigne, en tout cas, des hésitations du Centre. Loin d'attaquer le plan Marshall de plein fouet – comme tous les PC le feront le mois suivant – Thorez rejette sur « certains réactionnaires » l'accusation selon laquelle le projet constituerait « l'amorce d'un bloc occidental qui couperait l'Europe en deux ». Il critique Blum et le « socialisme humaniste », il justifie les arrestations dans les démocraties populaires, mais il se prononce en faveur de l'aide américaine *si* la souveraineté de chaque pays est préservée... Reconnaissons, au passage, une idée gaullienne. En politique extérieure, les points de rencontre entre le PCF et le Général seront aussi multiples qu'inavoués (en 1958 les communistes traiteront de Gaulle de « fasciste », mais le « bipartisme » évident et silencieux a permis au président de la République de s'appuyer sur l'opposition de gauche pour les affaires étrangères et sur l'opposition de droite pour l'intérieur).

En tout cas, le discours de Thorez montre combien l'union entre Alliés paraît encore sacrée, malgré l'adjectif d'« impérialiste » désormais accolé aux USA chaque fois qu'on les cite.

Moment remarqué du congrès : Jeannette Vermeersch, membre suppléant du Comité central, présente le rapport sur les femmes. C'est l'indice d'une « montée » fulgurante. Son portrait domine les débats, de même taille que celui de Danielle Casanova,

1. *Op. cit.*

la première femme de Laurent Casanova, héroïne de la Résistance morte à Auschwitz. *L'Huma* titrera : « Vermeersch au Congrès. » Le plus grand, le plus profond, le plus original des poètes communistes, Paul Éluard, écrit une « Ode » à Jeannette, que *L'Humanité* publie à la une. Bref, c'est l'apothéose du « couple secrétarial ».

Des années plus tard, Thorez et Duclos, interrogés par Georgette Elgey [1], ont parlé de leur attitude, de leur tournant envers le plan Marshall. Bien entendu, ni le numéro un ni le numéro deux ne font allusion aux variations soviétiques. Ils affirment avoir approuvé le Plan quand ils croyaient, au début, qu'il « n'impliquait pas de contrepartie politique ». Duclos plaide la naïveté, la bonne foi et la déception : « Nous avons bien vite constaté qu'il ne s'agissait pas d'une aide désintéressée des États-Unis, mais d'une prise en main de l'économie française. » De la part d'un homme qui a, en coulisse, dirigé le cours tout en méandres des partis espagnol, suisse, belge, luxembourgeois, américain... et bien d'autres, tant de candeur ravit.

Taire le lien du PCF avec Moscou et démontrer la « bonne foi » : nous retrouverons les deux tendances dans tous les commentaires du PC tout au long de la guerre froide, et au-delà. Un changement de politique n'est jamais un virage, mais une continuité, une fidélité aux principes sous les attaques répétées de l'ennemi. Contradictoirement, les diverses phases ou périodes s'expliquent par les seules nécessités de l'intérêt du pays, confondu avec celui de la classe ouvrière. Autrement dit, les communistes poursuivent constamment la défense de la vraie France, que ses politiciens bourgeois vendent à l'« impérialisme dominant » des États-Unis. Enfin, si une autocritique intervient et si, par conséquent, l'une des phases est dénoncée comme « erronée », il importe de démontrer que l'erreur a été due à un excès de confiance. Les communistes plaident éternellement la bonne foi, éternellement victime de la mauvaise foi capitaliste.

Prague tombe du train occidental

Le projet occidental du général Marshall va subir une défaite qui consommera la rupture Est-Ouest et montrera au monde les contours des deux blocs.

Le 7 juillet, le gouvernement de Prague avait accepté l'invitation à la discussion préalable du plan Marshall. La réunion est

1. G. Elgey, *op. cit.*, t. I.

fixée au 12 juillet, à Paris (ce dont Bidault n'est pas peu fier : les Américains avaient, d'abord, envisagé Londres).

A Prague, dans les milieux gouvernementaux comme chez les intellectuels et chez les économistes, l'excitation était grande et joyeuse. Des amis de Jan Masaryk, le ministre tchèque des Affaires étrangères, lançaient déjà des invitations.

Ernest Bevin avait noté qu'à la conférence des ministres des Affaires étrangères – le 26 ou le 27 juin – Molotov parut d'abord accessible à une discussion sur le Plan. Il commença à changer d'attitude, le troisième jour, après que l'un de ses adjoints lui eut remis une dépêche. Il se durcit, multiplia les objections. Le lendemain, il dénonçait le Plan.

Nul doute, pourtant, que les Soviétiques hésitent à déterminer leur zone d'influence. Le 7 juillet, les Tchèques pouvaient accepter de venir, et les Polonais gardaient espoir. L'ambassadeur de Pologne à Paris murmurait à des amis qu'on ne savait rien encore, que l'on faisait valoir à Moscou la totale destruction de Varsovie, les besoins d'un pays exsangue... Le 8 juillet, trois membres du gouvernement tchèque, Gottwald, Premier ministre, en tête, partaient pour Moscou. Le 9 l'agence Tass annonçait – de Moscou – que ni la Pologne, ni la Roumanie, ni la Yougoslavie ne participeraient aux pourparlers. Dans la soirée parvint le refus des Hongrois. A Budapest, dans les cercles officieux, on expliquait aux quelques journalistes occidentaux en poste que la Hongrie ne pouvait se désolidariser de la Roumanie, de la Bulgarie qui comme elle avaient été des alliés de l'Axe. A Varsovie on donnait pour motif que l'Allemagne coupable serait mise sur le même plan que la Pologne, martyre innocente, et qu'on ne pouvait accepter cette égalité entre la victime et le bourreau.

Le 10 s'est tenu à Prague un Conseil des ministres extraordinaire, le plus dramatique de l'après-guerre. L'ordre du jour officiel, publié dans la presse, indiquait un nouvel examen de la participation à la conférence de Paris. L'un de ceux qui y assistaient devait dire, des années plus tard : « Pour la première fois nous nous sommes trouvés devant un choix définitif. Jusqu'alors, suivant en cela la situation géographique et morale de la Tchécoslovaquie, nous nous pensions à la charnière... et imaginions pouvoir demeurer, en effet, un passage entre l'Ouest capitaliste et l'Est socialiste, construire un socialisme " proprement tchécoslovaque ", spécifique... »

Le communiqué publié à la fin du Conseil tenait en deux points. D'abord il constatait que les pays slaves et l'ensemble des pays d'Europe centrale et orientale n'avaient pas accepté l'invitation. Ensuite il en déduisait que, la Tchécoslovaquie entretenant avec ces pays des « rapports d'étroite amitié et d'alliance », sa participation risquait d'être mal interprétée. Elle passerait pour un acte contraire à cette amitié. Pour ces raisons, le gouvernement avait décidé « à l'unanimité » de ne pas participer à la conférence de Paris.

Jan Masaryk confia à un ami, peu après :

« Ce jour-là, quand ils ont obtenu que le communiqué dise " à l'unanimité ", j'ai compris que nous étions entrés dans le piège. Et que nous ne pouvions plus en sortir. »

Benès, affirment ses confidents, affectait par contre de croire que rien n'était changé.

Nombreux sont les Tchécoslovaques qui se sont demandé ce qui serait arrivé s'ils avaient dit « non ». Après tout, Moscou ne pouvait faire jouer la discipline de parti sur des hommes comme Benès et Masaryk? Et surtout, un an plus tard, Tito, un communiste, dirait « non » sans que Staline envoie les chars à Belgrade. La mort du printemps de 68 à Prague était-elle inscrite dans ce manque d'audace, vingt et un ans auparavant, en 47?

Telle est la différence entre une démocratie, où se manifestent des courants multiples, contradictoires et où les idéologies, fussent-elles totalitaires, peuvent développer leur propagande, et un pays peu développé, uni derrière un chef après une épopée. Tito avait derrière lui l'immense majorité de son peuple : il lui suffisait de parler d'indépendance et de résistance. En Tchécoslovaquie, les difficultés économiques faisaient baisser le niveau de vie. Les exportations se faisaient vers l'URSS, ce qui ne donnait pas les devises nécessaires pour importer d'Occident. La population voulait un « changement » : les communistes, déployant une propagande omniprésente, convaincue, la persuadaient qu'un gouvernement « du peuple », vraiment « prolétarien », amènerait la prospérité sans toucher aux libertés. Au début de 48, les électeurs ont massivement voté pour les communistes. Et en février le « coup de Prague » leur a légalement donné le pouvoir; aussi ont-ils très vite réduit l'opposition au silence et ses partenaires à l'impuissance. Jan Masaryk s'est précipité par la fenêtre, du moins l'a-t-on assuré (le désespoir n'est pas exclu, même s'il ne représente pas une hypothèse acceptée de tous). Benès mourra de chagrin.

Le 11 juillet 1947, un journal social-démocrate d'Allemagne occidentale rappelait qu'on ne pouvait séparer l'économie de la politique. Aussi l'URSS préférait-elle refuser l'aide américaine pour ses satellites plutôt que de les exposer à l'influence idéologique des États-Unis.

Le même 11 juillet la Finlande, à grand regret, refusait l'invitation, elle aussi. Les notes diplomatiques spécifiaient que, malgré son besoin d'aide, la petite voisine, cruellement échaudée, de l'URSS, préférait « rester en dehors des conflits politiques ».

Dès le 12 juillet Moscou, sentant l'urgence de resserrer les liens, de compenser la frustration imposée, signait un traité de commerce avec la Tchécoslovaquie. La première année de cet accord quinquennal promettait 200 000 tonnes de matières premières à l'industrie tchécoslovaque, en échange de machines et d'autres produits industriels.

« Vous voyez que vous ne perdez rien par rapport au Plan Marshall », dit l'ambassadeur russe à Jan Masaryk.

Le piège s'était décidément refermé.

Exactement un mois plus tard Ripka, ministre du commerce, suppliait ses camarades socialistes français de hâter la conclusion de l'accord commercial franco-tchèque. Le pays manquait de coton pour ses usines et de beurre pour ses cuisines. Les Russes subissaient une pénurie qui les empêchait de tenir leurs promesses. Mais à Paris Bidault déclarait qu'ayant refusé l'aide offerte, les Tchèques pouvaient attendre.

Comme l'a dit Le Brun-Kéris qui le connaissait bien : « Bidault avait été anti-Munichois, mais il ne fut jamais un homme de gauche. On pourrait presque voir en lui un maurrassien. De Gaulle et Bidault avaient en commun d'être fascinés par l'histoire et d'ignorer la géographie. »

L'Étoile de David

Aucun des problèmes du dernier quart de siècle n'est négligé par 1947. A mesure que l'année avance, l'esquisse de l'avenir se précise.

En juillet, l'Empire britannique, déjà confronté au problème indien, doit affronter les groupes sionistes. L'Étoile de David avait alors pour appui toute la mauvaise conscience du monde. Dans les deux camps : à la fin de l'année l'URSS votera pour la fondation, en Palestine, d'un État juif... à condition, il est vrai, qu'il y ait aussi un État arabe.

Entre Britanniques et Sionistes, le point de non-retour a été atteint dès le mois de mai.

Le 22 mai, le Haut Comité arabe avait ouvert, à Jérusalem, un bureau de ravitaillement pour ses ressortissants. La même semaine, un tribunal condamnait à sept ans de prison un jeune Juif qui détenait des armes.

Pour protester contre la faveur faite aux Arabes, les Sionistes ont mis au point la tactique de l'immigration forcée. Aux milliers de « personnes déplacées » d'origine juive, parquées dans les camps allemands un an et demi après la Libération, l'Angleterre appliquait la politique du compte-gouttes. Les Sionistes y voyaient une déclaration de guerre. En mai, ils ont pris la décision de forcer le blocus par un coup d'éclat.

Le 23, puis le 31 mai, deux bateaux, chargés d'illégaux, sont arrivés dans le port de Haïffa. Arraisonnés par les Anglais, les immigrants ont été renvoyés à Chypre

Le 5 juin le groupe sioniste terroriste « Stern » revendiquait la responsabilité de lettres piégées reçues, en Angleterre, par des notables.

Les conseillers de Truman à Washington lui indiquaient que les Américains juifs voteraient aux présidentielles de 48, pour le candidat qui aurait soutenu l'État d'Israël. En Europe, une évolution parallèle s'était produite.

La bourgeoisie juive d'avant-guerre considérait son assimilation comme un fait accompli; la « spécificité juive » paraissait, à beaucoup, une survivance des temps religieux. Voilà des générations que, dans les milieux aisés et cultivés, on se sentait et se disait anglais, allemand, français, hollandais, italien, etc., avant de se sentir juif. Des mariages mixtes (plus fréquents dans les pays protestants), gommaient la tradition. Le premier choc se produisit en France, au tournant du siècle : ce fut l'affaire Dreyfus. Mais comme les progressistes non-juifs avaient eux aussi activement lutté pour la révision du procès, la proclamation de l'innocence de Dreyfus, l'assimilation n'avait pas été démentie... Puis Hitler avait pris le pouvoir.

Pour comprendre la stupeur, puis la prise de conscience tragique des grands bourgeois juifs, il faut lire le roman, voir le film italiens : *Le Jardin des Finzi-Contini.* Ceux qui se croyaient non seulement membres de la « bonne société » mais son incarnation se voyaient soudain rejetés par elle pour des motifs auxquels leur volonté ne pouvait rien. Des motifs de « race ». Dans *La Fenêtre ouverte,* Georgette Elgey montre le même drame vécu par une enfant ignorant tout de ses origines. En France, cette grande bourgeoisie juive du *Temps perdu* de Proust a soudain été tirée de son rêve d'assimilation, jetée dans le cauchemar. Un seul grand-parent juif « permettait » d'échapper, sous l'occupation nazie, au port de l'étoile jaune : à partir de deux grands-parents, l'étoile devenait obligatoire. Pour les jeunes, le grand édifice de l'égalitarisme jacobin s'effondrait.

Une jeune Française israélite, dont le père dirigeait un Opéra régional, et qui écrivait sous le nom de Betty Knout, a été arrêtée. On l'accusait d'avoir tenté de déposer une bombe à Londres, au Foreign Office. L'accusation ne manquait pas de fondement, mais de preuves : Betty Knout a été expulsée. Elle me dit à son retour à Paris :

« Adolescente, j'ai travaillé dans la Résistance. Pour moi la Résistance continue. Ma guerre, notre guerre n'est pas finie. Que voyez-vous d'extraordinaire à ça? »

Ainsi posait-elle la différence entre l'état de guerre et l'état de paix, qui varient selon les positions.

Les persécutions nazies avaient sensibilisé le monde entier à ce problème. *Réflexions sur la question juive* de J.-P. Sartre était traduit en toutes les langues. Des « personnes déplacées », rescapées de l'extermination hitlérienne, refusaient de se fixer ailleurs qu'en Palestine. Nous avions été stupéfaits, au banc de la presse – moi la première, en entendant les témoins à charge du procès des gardiens du camp de Bergen-Belsen. Pour la première fois nous avons entendu, à la question : « Nationalité? », la réponse : « Juif (ou Juive) de Pologne. » Ainsi les survivants de la mort massive refusaient leur patrie d'origine pour la mythique patrie de la Bible : ils voulaient aller construire « leur » Palestine.

Le 15 mai, l'ONU, provisoirement installée à Flushing Meadows, État de New York, établit une commission spéciale pour la Palestine. On était d'accord pour la fin du mandat britannique, mais que serait le nouveau gouvernement?

La majorité – et pour une fois des deux Grands – recommande la formation de deux États séparés, l'un juif, l'autre arabe, mais formant une unité économique. Une minorité préconise un État fédéral où Juifs et Arabes coexisteraient en ayant simplement des administrations autonomes. La majorité l'emporte comme prévu; la Grande-Bretagne s'est abstenue. Il est entendu qu'à compter du début de 48 l'ONU exercera son autorité pendant six mois; le mandat britannique s'achèvera au plus tard le 1er août. On procédera alors, sous contrôle international, à la constitution de deux gouvernements provisoires, l'un juif, l'autre arabe.

Le plan débouchera sur la guerre israélo-arabe de mai 48 qui durera jusqu'à ce que l'ONU ait pu négocier des armistices entre Israël et les États qui étaient entrés dans le conflit. Israël signera autant d'armistices qu'il eut d'adversaires; le dernier interviendra en juillet 1949.

Pendant l'été 1947, le but des Sionistes était clair : submerger les Anglais sous une immigration telle que l'État d'Israël puisse s'imposer par le seul nombre de ses habitants.

Ainsi s'explique le drame, l'odyssée scandaleuse pour les Anglais, culpabilisante pour toute l'Europe, torturante mais exaltante pour les acteurs, du bateau baptisé *Président-Warfield* qui est passé dans l'histoire sous le nom biblique d'*Exodus.*

Le 8 juillet, devant les Nations Unies, Ben Gourion, chef historique du sionisme avec Weizman, déclarait :

« Les Juifs n'ont pas de conflit avec les Arabes, mais les Arabes nient aux Juifs le droit d'être ici. C'est donc un conflit unilatéral. »

Weizman avait dit que la partition représentait la seule solution raisonnable. La patrie juive, poursuivait-il, doit inclure la Galilée, la plaine côtière, le Néguev et la zone juive de Jérusalem; ce territoire peut accueillir 1 million et demi de Juifs de plus.

Les 12 et 13 juillet, des troubles éclatent; des sous-officiers britanniques sont enlevés. La loi martiale est proclamée à Tel Aviv et à Jaffa; la police interroge 1 200 personnes. Le 18 juillet l'*Exodus,* portant 4 000 illégaux, arrive à Haïffa. Les troubles s'amplifient, ainsi que les démarches auprès des autorités anglaises. Les Britanniques transfèrent les immigrants sur d'anciens Libertyships qu'à l'arrivée en France le contrôle sanitaire déclarera « déplorables » pour l'hygiène et la sécurité.

Le 20 juillet émeutes, bombes posées par des terroristes, attaque d'un camp britannique ponctuent le renvoi des immigrants. Le 27 juillet l'*Exodus* accoste à Port-de-Bouc, point de départ. Les émigrants du *Président-Warfield* sont à présent entassés sur trois rafiots.

Entre-temps, à Paris, le 23, le problème était examiné en Conseil des ministres. Vincent Auriol soupirait : « Ou bien nous nous faisons accuser d'antisémitisme, ou bien les Anglais nous en veulent. » François Mitterrand se montre très ferme : l'Angleterre a demandé à la France d'accueillir les émigrants, qui étaient partis de son territoire. La France peut offrir son hospitalité, mais non forcer à l'accepter. Le choix incombe aux seuls intéressés.

Quand l'Angleterre, peu de temps après, quémandera 1 900 visas de séjour français pour personnes déplacées, le ministère Ramadier y consentira, à condition que les Anglais de leur côté accordent tous les mois un quota supplémentaire d'entrées en Palestine. Ces négociations prendront des mois.

Le 29, à Port-de-Bouc, les autorités montent à bord de l'*Exodus* morcelé : secrétaire général de la Préfecture, représentant du ministère de l'Intérieur, consul général britannique. Un fonctionnaire du port évoque ces instants :

« L'état de ces trois gabarres bonnes à être désarmées et vendues à la ferraille était honteux. Les Français, d'un ton poli, faisaient remarquer au consul britannique chaque manquement aux règles sanitaires ou de sécurité. Le ravitaillement? Mieux valait ne pas en parler. Les émigrants étaient parqués dans des cales fermées par des grilles : un transport de bagnards. Ni lits ni hamacs. Couchés " comme ça "... comme ils pouvaient... »

Le secrétaire général de la Préfecture fait, à mi-voix, allusion à Napoléon et à Sainte-Hélène... C'est ainsi que l'Angleterre traite ceux qu'elle croit réduits à son arbitraire? Il lit à haute voix les propositions d'hospitalité du gouvernement français. Un interprète traduit – les émigrants l'ont demandé – en hébreu et en yiddish. Un jeune homme répond alors en français :

« Nous remercions beaucoup la France de son offre, mais comprenez-nous : nous sommes des résistants. Nous avons combattu les Allemands. Maintenant nous voulons aller en Palestine. Nous sommes donc obligés de refuser. Mais vive la France! »

Seuls descendent un malade grave et une jeune femme sur le point d'accoucher. En trois semaines, on obtient le débarquement de treize émigrants. Malgré leurs occupants, les trois navires seront acheminés vers la zone britannique d'occupation. A Hambourg, les Anglais obligeront les passagers à descendre et les enfermeront dans des camps.

L'opinion internationale, les radios, les journaux étaient indignés. Un homme d'extrême-droite comme Galtier-Boissière offre un test sans équivoque. Il écrit dans son « Journal » :

« Le drame de l'*Exodus*... Effroyable hypocrisie des gouvernements qui, hier, ameutaient l'opinion contre les ignobles traitements que les nazis infligeaient aux Juifs. Aujourd'hui, les infortunés passagers de l'*Exodus* qui tentent de gagner la Terre promise sont ramenés de force en Allemagne, descendus du bateau maudit à coups de matraque et replacés derrière les barbelés des camps boches dont ils avaient été libérés il y a deux ans. »

Les dieux de l'Acropole

Mais les moissons de sang ou de larmes n'en finissent nulle part de mûrir en ce mois de juillet.

La Grèce, « berceau de la civilisation » remplissait ses prisons. Le 9 juillet, un « coup de filet » sur Athènes et Le Pirée amène dans les locaux de la police 2 500 opposants accusés de communisme. Parmi eux Partsalidès, le secrétaire général de l'EAM, organisation de Résistance qui rayonnait bien au-delà du PC.

Le général Markos (Vafidès), chef des partisans, continue à épouvanter. Le gouvernement mis en place par les Anglais, avant qu'ils « cèdent » la Grèce aux Américains, et qui se disait « modéré », accentuait chaque jour la répression. Tous ceux, même connus comme non-communistes, que l'on suspecte d'approuver Markos, sont arrêtés.

Au mont Grammos, Markos attend des renforts d'Albanie. Staline commence à trouver les maquisards et résistants grecs incommodes. A Yalta, il avait consenti la Grèce à Churchill. Que l'Angleterre l'ait « passée » à Truman, que celui-ci en ait fait le prétexte de sa proclamation sur l'aide aux « peuples en lutte pour leur liberté démocratique », n'y change rien. Il connaît trop les lois de la réciprocité et tient trop à la paix dans son camp. Si la Tchécoslovaquie refuse le Plan Marshall, il ne faut pas que la Grèce impose un gouvernement trop anti-occidental. Il faut toute l'insistance de Tito pour que continue, au goutte-à-goutte, l'aide aux insurgés. Officiellement le général Markos reste un héros pour le camp soviétique. Car comment avouer qu'une paix menacée s'achète même au prix de la libre disposition des peuples?

Les progressistes, militants et combattants de Grèce, ignorent ces considérations; ils se battent, se font arrêter, torturer, condamner...

Le 11 juillet, les Occidentaux crient au complot de guerre urbaine. Plus tard, des agents de la CIA raconteront complaisamment comment ils ont noyauté les groupes d'opposition. Dès le 11 juillet commencent les déportations vers les îles de la mer Égée.

Le 13 on parlera d'une « brigade internationale » entrée par l'Albanie. En fait, la Commission d'enquête de l'ONU constatera qu'il s'agissait d'un millier de Grecs attaquant par Konitza où s'engage, le lendemain, une dure bataille. Elle provoque en représailles 1 600 nouvelles arrestations à Athènes et au Pirée. Ville et port sont en état de siège; les innombrables passages, les doubles entrées des vieilles maisons sont fouillés jour et nuit, les coups de matraque s'abattent sur des passants.

La sous-commission de l'ONU, formée malgré l'opposition de l'URSS et de la Pologne, n'arrivera que six jours plus tard. Un incident a lieu à la frontière albanaise, qui suscite un télégramme au Conseil de Sécurité. La sous-commission constatera que 2 500 guérilleros (Athènes dit : 1 500), voulaient former un « gouvernement libre », celui du mont Grammos.

Les 15 et 16 juillet la bataille autour du mont Grammos s'intensifie tandis que la répression dans Athènes laissera un souvenir de terreur pendant des années.

L'appel du Sphinx

Le 11 juillet brille décidément de tous les incendies. Au Caire le gouvernement envoie un message au Conseil de Sécurité. L'occupation de l'Égypte dure depuis 1882 et celle du Soudan depuis 1899. Le gouvernement égyptien exige le retrait des troupes britanniques. Il explique :

« La présence de troupes étrangères sur le sol d'un pays membre de l'ONU en temps de paix et sans son libre consentement constitue une offense à sa dignité, un obstacle à son développement, ainsi qu'une infraction au principe fondamental d'égalité et de souveraineté, et est par conséquent contraire à la lettre et à l'esprit de la Charte des Nations Unies... »

L'Inde, c'était fini. L'Égypte menaçait. La Palestine valait à la conscience britannique le pire des camouflets. Les « Contes des Collines », l'exil patriotique des cadets de famille, les carrières coloniales, plus rien ne tenait. Les tories assuraient que c'était la faute des travaillistes, de leurs idées antipatriotiques, de leurs nationalisations.

Ernest Bevin n'avait pas d'alternative : seuls les États-Unis pouvaient sauver l'Angleterre. C'est donc à l'initiative d'un travailliste que le Royaume-Uni devait devenir peu à peu la plus fidèle des bases économiques, politiques et en partie idéologiques de l'Amérique en Europe... avant que l'Allemagne fédérale, renaissant de ses décombres, ne prenne le relais. Une certaine Europe disparaissait.

Les cauchemars du président Auriol

Vincent Auriol était point par point le contraste de James Forrestal. Tandis que le mince Américain, refoulé, dévot, voyait fou quand il se croyait en présence d'un « Rouge », le petit Français expansif et rond affichait les couleurs rouges églantine et maniait la phase socialiste avec délectation. Pendant toute cette année 47, le président de la République restera pourtant obsédé par un PCF auquel il prêtait des dimensions quasi mythiques et des pouvoirs de subversion proches du surnaturel.

Nous l'avons déjà vu; les renseignements sur les réunions du Bureau politique qui parvenaient en permanence sur le bureau présidentiel pouvaient avoir diverses origines. Un membre du Bureau politique parle « sans prudence » devant quelqu'un qui le répète et (par combien de relais?) les informations arrivent à la police. Très vite : en vingt-quatre, parfois quarante-huit heures. Ou bien un « lecteur », un interprète accoutumé à décrypter les textes du PC en tire de ces « notes d'atmosphère » dont les ambassades sont friandes.

La troisième hypothèse est « historique ». Dans le passé, il est arrivé que des dirigeants communistes aient été « tenus » par ce qu'on appelle dans les milieux communistes la « police », comme on dit le « diable » au catéchisme, sans qu'aucune preuve dominante ne renforce cette supposition pour l'après-guerre.

Selon le « Journal » de Vincent Auriol, Duclos aurait constaté le 18 juillet, au Bureau politique, que les grèves étaient au point mort et il aurait conclu que l'agitation sociale ne renverserait pas le gouvernement. Frachon, de son côté, aurait insisté sur la nécessité d'éviter avant tout une scission syndicale. Cette version est vraisemblable. Le 24 juillet, Thorez aurait dit qu'il fallait agir sur le terrain politique en même temps que syndical, approuvé par Frachon qui aurait ajouté que le Parti devait « reprendre en main la CGT », ce qui, psychologiquement, est moins vraisemblable. Frachon aurait sans doute dû accepter une telle proposition, mais pourquoi en aurait-il pris l'initiative?

Toujours selon Vincent Auriol, Duclos aurait constaté que la division des socialistes à leur congrès de Lyon n'aurait pas d'incidence sur l'avenir du gouvernement, et prévu que la fièvre anticommuniste pouvait représenter un risque pour les élections municipales d'octobre. « Plus d'agitation syndicale avant la rentrée », aurait encore suggéré Frachon. Cette prise de position était bien dans la ligne de ses préoccupations : dans ses articles et ses discours il adoptait une attitude souple et simple... Il participait aux rencontres entre la Confédération Nationale du Patronat Français (CNPF) et la CGT, espérant obtenir des relèvements de salaires propres à satisfaire la classe ouvrière. Qu'on échoue, affirmait-il, et ce serait une « nouvelle preuve de l'échec du pouvoir politique ».

Vincent Auriol abonde dans son sens : ces conversations par la voie directe l'exaspèrent. Il note, pour se consoler, que les conventions collectives sont signées « au prix de la liberté syndicale ». Par ailleurs, il donne raison à *L'Humanité* quand elle écrit que le Plan

Marshall a d'abord pour objet de renflouer l'Allemagne occidentale.

Frachon s'amuse visiblement d'être désigné par Ramadier comme le « chef d'orchestre clandestin ». C'est un slogan que le chef du gouvernement reprend à chaque fois que des grèves éclatent. Comme s'il avait lu par on ne sait quelle indiscrétion le « Journal » du président de la République tonnant contre les pourparlers entre les représentants syndicalistes et patronaux, Frachon affirme : « On pourrait croire que ceux... qui évoquent le " chef d'orchestre clandestin " comme un loup-garou malfaisant vont souhaiter le succès rapide (de ces pourparlers)? C'est bien mal connaître les pêcheurs en eau trouble... » Si les accords échouent, comment les ouvriers « poursuivraient-ils avec entrain l'effort de production qu'ils produisent *(sic)* depuis la Libération? ».

Le 30 août, il ajoutera :

« Nous avons l'habitude de la franchise... même quand il s'agit de dire à la classe ouvrière que la voie du salut est dans le travail et la production, tandis que d'autres se livrent à une facile démagogie en nous accusant de nous transformer en " macas ", " rouffions " ou " négriers ". »

L'accord entre patrons et syndicats sera signé le 1er août et portera sur une hausse des salaires de 11 %.

Tandis que les Anglais quittent l'Inde, pendant le mois d'août, en France le statut de l'Algérie et des « grands conseils » d'Afrique sud-saharienne est voté. Le mois a d'ailleurs commencé par la levée de l'immunité parlementaire des députés de Madagascar.

QUATRIÈME PARTIE

L'exotisme est quotidien

1.

Afrique du Nord : premiers craquements

En ce dernier quart du siècle, alors que tant de pays – sauf les Antilles – exercent leur indépendance, au moins politique, depuis plus de quinze ans, il est difficile d'imaginer qu'en 47 l'institution de l'Union Française qui les regroupait a fait crier à la perte de l'Empire.

C'est à l'automne de 46 que la Constitution promulguée le 13 octobre a proclamé (titre VIII, article 60) : « L'Union Française est formée, d'une part, de la République Française qui comprend : la France métropolitaine, les départements et territoires d'Outre-mer; d'autre part des États associés. »

Tout est là : l'Algérie et les Antilles, étant des départements, sont intégrés à la métropole. Les territoires sont « susceptibles d'évolution », ce qui signifie qu'ils peuvent devenir, soit départements français, soit États.

Or, un premier projet (celui du 19 avril 1946) avait été rejeté par le référendum du 5 mai. Aucune colonie, aucun territoire n'avait été consulté (ils ne l'ont pas été non plus sur l'Assemblée de l'Union Française qui devait les représenter en métropole). Ce premier projet spécifiait que l'Union devait être « librement consentie » et donnait à « tous les nationaux et ressortissants de la métropole et des territoires d'outre-mer... les droits des citoyens français ».

Ces dispositions ont disparu. Les « citoyens de l'Union Française » jouissent – c'est plus restrictif – des bénéfices de la Déclaration des Droits de l'Homme de 1789 ».

Nous pouvons rêver, vingt-neuf ans après, à ce qui serait advenu si le premier projet avait été adopté... ou si un autre statut de l'Algérie avait été voté, plus tard en 47. Sans réponse possible, il nous faut accepter la rigidité des faits.

Voilà donc, raillée par les divers Galtier-Boissière et Fabre-Luce, l'Union Française. Elle possède une Présidence, un Haut-Conseil, une Assemblée. Son chef suprême demeure celui de la République française, donc, à sa naissance, le rusé rondouillard, Vincent Auriol. Il parcourra l'ensemble des territoires en dix jours, du 20 au 30 avril. La presse ironise : « Plus fort que Philéas Fogg. » Il aura son comptant de délires, de cris, de danses folkloriques, de chants mêlant le français aux « langues locales ». Les initiés (les gouverneurs, administrateurs, etc.), diront « chants en langues vernaculaires ».

Le président de la République est représenté, dans chaque territoire, par un gouverneur nommé, et responsable devant le gouvernement, c'est-à-dire devant le ministre de l'Outre-Mer. Le premier projet, celui d'avril 46, le rendait responsable devant l'Assemblée nationale, ce qui aurait beaucoup réduit l'absolu de son pouvoir et lui aurait conféré un caractère de représentant, en effet, au moins de la volonté française. Ce qui aurait également donné aux « députés africains », comme on disait (Lamine Gueye, par exemple, Houphouet-Boigny et tout le groupe qui, pour quelque temps, s'apparentera au groupe communiste), le droit de le mettre en question.

Le gouverneur est assisté d'une Assemblée territoriale. Restreinte au minimum, conçue de manière à limiter le danger d'une expression trop directe des divers peuples : une seule pour toute l'AOF. C'est une « assemblée de groupe ». Ainsi à Madagascar, cinq assemblées provinciales en élisaient une autre.

En août 47, Lamine Gueye, l'élu du petit peuple, des « dames du marché » de Dakar comme on disait, dont le boubou blanc, l'esprit, l'éloquence, les proverbes et dictons faisaient un des personnages préférés des journalistes parisiens, a obtenu la création de deux grands conseils : celui de l'Afrique Équatoriale, celui de l'Afrique Occidentale. Les assemblées territoriales envoient leurs délégués, élus, à l'Assemblée de l'Union Française. Mais celle-ci ne se réunira pour la première fois que le 10 décembre 1947. Il est vrai que ce sera avec une grande solennité, au palais de Versailles. L'image des représentants, en costume national, filmée par toutes les actualités, sera projetée dans les territoires, pour montrer aux populations que tout était changé désormais, que leurs « rois » élus étaient reçus chez feu le roi soleil dont on leur apprenait la gloire à l'école. Il est vrai que la moitié de l'Assemblée est composée d'Européens, représentant des patrons de la colonie et naufragés mal consolés des élections générales. L'autre moitié est indigène. Les métropolitains sont au nombre de 75 dont 50 élus par l'Assemblée nationale et 25 par le Conseil de la République.

Les élections se sont déroulées dans une atmosphère de surenchère, de surchauffe, qui n'excluait aucune combinaison, aucune démagogie, aucune tromperie. Un climat « colonial ». Dans les grandes villes d'Afrique Noire la guerre n'avait nullement mis fin à la séparation, aussi absolue que si elle avait été matérialisée par une muraille dressée entre la ville « européenne », souvent nommée le Plateau, et la ou les villes « indigènes » aux maisons construites selon les techniques traditionnelles, sans aucune notion d'hygiène. Déjà, le flux vers les villes commençait, le développement commercial et industriel d'après-guerre y multipliant les espoirs de travail.

Les élections ont envoyé à l'Assemblée une majorité de missionnaires, de RPF, de députés connus pour leur amitié avec les colons. Le premier président sera un MRP. Mais le Cameroun et le Sénégal seront représentés par des socialistes et l'Oubangui-Chari (l'actuelle République Centrafricaine), par un communiste et un indépendant de gauche.

En 47, les États associés n'ont désigné aucun des 45 représentants auxquels ils avaient droit. Quand ils en éliront, le Parlement français désignera un nombre égal d'Européens. Songeons que sur les 240 membres de l'Assemblée, 120 sont, d'autorité, des Européens, faibles numériquement, colons petits et grands qui habitent les vastes étendues coloniales. Il y a collège unique : les voix des Français « équilibrent » donc, neutralisent, par la force du règlement, celles des élus africains ou asiatiques.

Le représentant du nationalisme algérien, en 1947, Ferhat Abbas, surnomma l'Assemblée le « corset de fer où personne ne veut entrer ».

Rien d'étonnant, aujourd'hui, comme cette myopie. Non seulement l'ensemble des Français, mais les cadres et la classe politique ne voyaient pas cette accélération de l'histoire. Presque personne ne comprenait que le départ de l'Inde (si sanglant, si tragique qu'il fût), des Anglais ferait des pays politiquement indépendants d'Asie des aimants, des foyers de contamination idéologique. On préfère ignorer que les soldats indochinois, ayant combattu les Japonais aux côtés de Chinois et d'Américains, avec des armes modernes, ont acquis le sens de leur valeur, de leurs possibilités. A ce moment, il était d'ailleurs sans doute possible, en Indochine, de s'appuyer sur d'autres forces nationalistes que celles de Ho Chi Minh. Au fur et à mesure du développement de la guérilla qui deviendra une guerre pure et simple, c'est autour de Ho Chi Minh et des communistes, aidés par l'URSS et par conséquent mieux organisés, mieux structurés, mieux encadrés que se groupera la résistance. L'année précédente encore les Américains conservaient des sympathies nées dans les combats contre le Japon. La France refuse de considérer sérieusement le désir des Indochinois d'unifier les « trois Ky » : la guerre d'Indochine parviendra, en effet, à retarder ce projet d'une génération et assurera des profits énormes à quelques compagnies et à quelques particuliers.

Qui donc reconnaissait, en France – sinon ces « progressistes » que l'on disait « fascinés par les communistes » – que la République indonésienne fascinait Madagascar? La classe politique croyait encore pouvoir tout régler par la répression... à condition de la rendre « exemplaire », d'où le long massacre des Malgaches, d'où les assassinats inutiles de leurs députés.

La Ligue arabe est créée. En 1945 la France a perdu son mandat sur la Syrie et le Liban. Le Maroc et la Tunisie, territoires sous « mandat » ou protectorat, sont en réalité, juridiquement, des États, même si leur souveraineté demeure sous contrôle : aucune raison juridique ne justifie qu'ils soient joints à l'Union Française. Et c'est avec un parfait arbitraire, sans la moindre logique, que les trois « départements » algériens y sont intégrés, avec 6 représentants pour les « zones territoriales ». Car enfin, ou l'Algérie est composée de départements (et alors comment tous les originaires de ces départements ne sont-ils pas égaux en droits entre eux et égaux des habitants des autres départements français?), ou elle est une « zone » de l'Union Française, et alors pourquoi parler de départements?

Bien sûr, le recul du temps rend aux critiques la tâche facile et il est aisé, à trente années ou presque de distance, de juger les aberrations passées, mais étions-nous nombreux à ressentir l'absurdité menaçante, combien d'entre nous prévoyaient-ils la durée de la guerre d'Indochine et la naissance de celle d'Algérie? Les débuts des combats en Indochine, la révolte de Madagascar, les refus du Maroc et de la Tunisie, la formation de groupements nationalistes en Algérie montraient clairement les aspirations de l'avant-garde consciente des populations. Or l'avant-garde, à condition qu'elle soit l'expression prémonitoire d'un sentiment profond, finit toujours par représenter le peuple entier. Seule varie la durée pour que la volonté du plus grand nombre s'inscrive dans la réalité. Oui, il y avait des Français – y compris parmi les administrateurs coloniaux, leurs rapports en font foi – pour ressentir et dénoncer l'insuffisance rétrograde et archaïque des institutions projetées. Ils savaient déjà que l'Union Française était morte avant de vivre.

En 1948 parut un ouvrage qui demeure la meilleure source d'informations précises sur ces douze mois : *L'Année 47*. On ne peut le taxer d'avoir été inspiré par l'extrême-gauche. Publié sous la direction d'André Siegfried, professeur de Sciences politiques dont le monocle, la clarté, les formules assuraient la célébrité jusqu'aux États-Unis, le recueil donne le point de vue d'universitaires lucides. Des normaliens-historiens comme René Rémond, Jean Meyriat, juristes comme André Romeu expriment des constatations que les politiques se refusent à formuler, mais aussi des doutes qui justifient les atermoiements. « Le nationalisme indigène est une réalité incontestable », disent-ils, mais les « cadres politiques... suffisamment éduqués, où les trouve-t-on? Ce n'est peut-être le cas d'aucune région de l'Union Française... ».

Les chefs actuels des États indépendants, en particulier en Afrique Noire, n'étaient-ils pas non seulement connus mais souvent élus?

En 47, Ho Chi Minh avait cinquante-neuf ans; Bourguiba était connu non seulement des Français mais des Américains. Irving Brown[1] racontait récemment qu'il avait voulu inviter Bourguiba à un congrès de l'American Federation of Labour, mais n'arrivait pas à lui obtenir un visa américain. Il était allé trouver Truman, lui exposant l'affaire. « Vous le trouvez bien, cet Arabe? avait demandé le Président. – Pour nous il est très important. » Truman avait ouvert les lèvres dans son sourire le plus photogénique (*cheese*, disait-on alors : le mot fromage obligeait au sourire maximum) : « Ce qui est bon pour l'AFL est bon pour l'Amérique. Il aura son visa. »

Léopold Sedar Senghor, Aimé Césaire, agrégés de l'université comptaient déjà parmi les plus grands poètes de langue française. Ferhat Abbas, pharmacien à Sétif et Messali Hadj, se montraient capables de rassembler, en Algérie comme en France, des foules disciplinées et décidées. Houphouet-Boigny et la plupart des futurs présidents de Républiques africaines avaient fait leurs armes dans des assemblées françaises. Le Palais-Bourbon avait appris à compter avec Lamine Gueye. Au Maroc un homme comme Allal el Fassi était reconnu par tous les arabisants comme un intellectuel de grande classe.

Comment ne pas observer à quel point 1947 appartient à une époque révolue, et combien a été foudroyante l'évolution des idées? Cette après-guerre révélait la persistance, dont toutes les traces

1. Actuellement représentant de l'AFL-CIO pour l'Europe, membre du Bureau International du Travail, au cours d'un entretien avec l'auteur en août 1975.

ne sont pas effacées, des idéologies mitées, d'un jacobinisme français centralisateur. La classe politique française croyait, avec une parfaite bonne foi, en la mission civilisatrice apportée, si besoin était, à la pointe des baïonnettes, celles des glorieux soldats de Valmy.

En Algérie également la situation évolue. Le 7 mars 1944, alors que le Comité National de Libération (le futur Gouvernement provisoire du général de Gaulle), siège à Alger, une loi assure les droits de citoyen français aux anciens officiers musulmans, aux fonctionnaires, agents de l'État, aux élus des fonctions « indigènes » (bouchagas, agas, caïds, etc.). En 1946 on a élargi ces droits aux détenteurs du certificat d'études et à tous les anciens combattants. Ainsi ces « élites musulmanes » sélectionnées selon des critères français étaient électrices et éligibles au « collège des citoyens ». Les autres, souvent des membres de la même famille votaient dans le 2ᵉ collège : citoyens français, certes, mais de deuxième zone.

En 1947 le statut de l'Algérie, voté en septembre, nous le verrons (les élus algériens s'abstenant et les communistes s'y opposant), exclura les lauréats du certificat d'études du 1ᵉʳ collège. Par contre, il fera voter les femmes dans le 2ᵉ collège.

Le Mouvement pour le Triomphe des Libertés Démocratiques est fondé par Messali Hadj après la dissolution du Parti Populaire Algérien. Parfois opposé, parfois faisant cause commune avec l'Union Démocratique du Manifeste Algérien (UDMA) de Ferhat Abbas, le parti de Messali réclame l'indépendance. Par moments le Parti communiste algérien (PCA) dirigé par Larbi Bouali, mais contrôlé de très près par André Marty, fera cause commune avec eux.

Les mouvements nationalistes algériens se sont structurés, après le retour en Algérie de l'ancien secrétaire général de l'« Étoile Nord-Africaine », Amar Imache.

Le 15 février le 1ᵉʳ congrès – clandestin – du Mouvement pour le Triomphe des Libertés Démocratiques dirigé par Messali Hadj, a établi la nécessité de se préparer à la lutte armée. Le parti communiste algérien a estimé cette décision à la fois prématurée et mal formulée : on appelle à la lutte pour l'indépendance sans distinction de classes. Il s'est donc retiré sur son Aventin et par la suite exécutera une valse-hésitation, tantôt participant à la lutte et tantôt s'abstenant.

Le Congrès décide de former trois organismes : 1° Un mouvement MTLD légal. 2° Un Parti Populaire Algérien (PPA) clandestin. 3° Une organisation para-militaire clandestine, qui sera dirigée par le Dr Lamine Debaghine. De plus, le Congrès prévoyait une union de panarabes panislamiques et une autre d'algérianistes laïcs. Ainsi le mouvement pour l'indépendance envisageait de rassembler, dans l'un ou l'autre groupement, l'ensemble des Algériens las de la situation coloniale.

En avril, Amar Imache qui n'avait pu se mettre d'accord avec Messali, crée le Parti de l'Unité Algérienne.

Ces mouvements en Afrique du Nord ont, lors du vote du statut de l'Algérie, en août, poussé les conseillers de la République délégués par l'Union Démocratique des Mouvements Algériens à démissionner. Les députés, eux, sont restés au Palais-Bourbon. Messali et le MTLD dénoncent ce manque d'entente entre parlementaires algériens.

Le 6 septembre, à Alger, toutes les branches du MTLD se mettent d'accord pour refuser le statut octroyé et lutter pour une Constituante algérienne souveraine.

Mais l'unité des mouvements n'a pu être réalisée. Au début d'octobre – juste avant les élections municipales – l'UDMA s'est désolidarisée et du MTLD et du PPA. Le résultat a été immédiat : le MTLD emporte tous les sièges du deuxième collège dans 110 municipalités y compris toutes les grandes villes.

Symétriquement, dans le 1er collège, celui des Européens et assimilés, c'est le raz-de-marée du RPF... Le Parti communiste algérien assura que « le MTLD faisait le jeu de la droite colonialiste » (« objectivement, camarades » bien entendu). Ce qui ne changea rien à la confiance que portaient à Messali Hadj les Algériens misérables des bidonvilles d'Alger ou de France. A tous les défilés communistes, au 14 juillet ou pour l'anniversaire de l'armistice le 8 mai, des colonnes d'ouvriers algériens suivaient le cortège de la CGT. Ils étaient les plus exposés aux coups policiers, avec leurs pancartes du MTLD et scandaient avec une obstination de guerre sainte « Messali Hadj – Messali Hadj »... provoquant, chez les militants français, à la fois l'admiration et une surprise craintive.

Le MTLD est accepté comme adhérent par la Ligue arabe. Il fait souvent cause commune avec l'Istiqlal marocain (fondé en 1937) et dirigé par Allal el Fassi, le lettré à l'œil bleu. L'autre allié sera le Néo-Destour tunisien, qui avait deux chefs : son secrétaire général Salah Ben Youssef et Habib Bourguiba. Ce dernier, avec Allal el Fassi, dévoilera en 1948 ce qu'ils préparaient depuis un an : le Comité de Libération de l'Afrique du Nord.

En octobre, Habib Bourguiba écrira dans *Combat* (assez curieusement, plus tard, ce journal sera racheté par un Juif tunisien, le Dr Henri Smadja) : « Nous ne voulons pas être Français. »

et : « La France ne peut pas élever indéfiniment un rideau de fer entre la Tunisie et le reste du monde arabe. »

Le Comité de Libération aura pour étendard et « chef historique », le vieux rogui Abd el-Krim. Exilé depuis 1926 à La Réunion, il s'était évadé à l'escale du Caire et y vivait depuis. Le 22 juin *Le Figaro* reproduira son émouvant discours : « Nous avons fait deux guerres à vos côtés. Alors pourquoi nous refusez-vous notre indépendance, à nous? »

Peu après, il haussera le ton, devant le dédain silencieux des milieux politiques français et parlera d'« emploi de la force » si « la France viole la Charte de l'Atlantique ».

Ainsi, présidé par Abd el-Krim, protégé par la Ligue arabe, ce Comité de Libération sera dirigé par le Marocain, professeur à l'université musulmane Karayouine de Fez et par le médecin de Tunis.

L'Eldorado marocain

Le discours du sultan du Maroc, le 10 avril 1947, marquera le grand tournant du pays, sous protectorat depuis 1912. Si Mohammed ben Youssef régnait – sans gouverner – depuis vingt ans. Il s'était rendu à Tanger avec son fils, Moulay Hassan, et sa fille, la princesse Lala Aïcha. Le Résident de la France s'indigna : le discours qu'il avait prononcé ne correspondait pas « exactement » à celui qui, selon le règlement, lui avait été préalablement soumis. Le Sultan y parlait moins que prévu des bienfaits de la France. Par contre il exaltait, plus que prévu, « cette Ligue qui a renforcé les liens entre tous les Arabes ». Il parlait de lier tous les mouvements des peuples d'Afrique du Nord ayant pour but l'indépendance.

Plus tard, le Sultan ajoutera que « le Maroc est un pays arabe, attaché par des liens solides aux pays arabes d'Orient » et rappellera que « la Ligue arabe est devenue une institution qui joue un rôle important dans la politique mondiale ».

Après ce discours le résident, Érik Labonne, était discrédité aux yeux de Paris. Jacobin, et donc convaincu de la supériorité de la civilisation française sur toute autre, Érik Labonne avait permis aux ouvriers marocains de se syndiquer. Il avait, ainsi, dressé contre lui les industriels et les commerçants français du Maroc, mais également une partie de la bourgeoisie marocaine francisée. Si les 8 millions de Marocains considéraient ce Résident comme un moindre mal, par contre les 250 000 Européens voyaient en lui un obstacle à leur grandissante prospérité. En 1947, on comparait le

Maroc au Far-West de la grande époque : phosphates, mines, énergie, charbonnages et surtout la Compagnie chérifienne des Pétroles, donnaient au pays l'attrait des ruées vers tous les ors. L'État français était associé à ce rush vers le profit puisque les sociétés mixtes lui devaient un tiers de leurs bénéfices, ainsi qu'un tiers à l'État marocain. Le Maroc a vu affluer vers lui 8 milliards de francs... presque autant d'Algérie que de France. La politique y devenait donc sacrée, et son agitation nationaliste dangereuse.

Mais ce Far-West des colons s'accommode d'une misère grandissante des Marocains, privés et de logement et de textile. Seules les écoles deviennent plus nombreuses, tant françaises que musulmanes (celles-ci créées par le Sultan). Érik Labonne croit venu le moment de planifier une future transformation des structures.

C'est alors, le 15 mai 1947, qu'il est remplacé par le général (futur maréchal), Alphonse Juin.

Dominé par l'image de Lyautey, cet ancien collaborateur de Noguès avouait : « Si j'étais Marocain, je serais nationaliste. » Mais il n'était pas Marocain. Il annonça donc son intention de rétablir « l'ordre sans contrainte, sans brutalité, mais avec énergie ». En juillet, il ajoutera que le Maroc, même au terme de son évolution, demeurera « lié à la France qui lui aura donné le meilleur d'elle-même par un imprescriptible contrat d'association ». Le meilleur d'elle-même? ironisait, dans le privé, Allal el Fassi : est-ce la guerre du Rif ou l'enrichissement des colons?

Le gouvernement, à Paris, avait été formel : il fallait, d'urgence, faire sentir au Sultan qu'il risquait sa déposition. (La déposition, l'arrestation, la détention ont par la suite transformé Si Mohammed ben Youssef en une figure quasi-légendaire, assurant aujourd'hui encore le caractère national, sacré, de la royauté au Maroc quand elle sera, assez différemment, incarnée par son fils.)

Dès le 25 juin 1947 le général Juin institue un Conseil des vizirs et des directeurs de 20 membres, présidé par un Grand Vizir, assisté de 3 vizirs du Maghzen et d'un conseiller juridique nommé par le Sultan qu'entourent 5 délégués du Grand Vizir. Chacun de ces ministres marocains n'est que le second d'un directeur français. Officiellement, il y a égalité : 10 Français et 10 Marocains.

De plus, le général a modifié le mode d'élection des Marocains siégeant au Conseil du gouvernement – et dont le rôle demeure purement consultatif : ils seront choisis par les chambres régionales et les municipalités.

Donc, désormais demeurent face à face le général Juin, défenseur de la présence française sans « surenchère démagogique », et les nationalistes qui demandent, avec beaucoup de modération à se libérer de la tutelle française « par étapes successives » ou moins modérés, immédiatement et complètement. Le général, lui, ne prévoit au bout d'une lente progression qu'un « traité d'association ».

A l'intérieur du mouvement nationaliste, l'Istiqlal d'Allal el Fassi, martyr de la cause, déporté de 1937 à 1946 en Afrique Équatoriale, est le groupement à la fois le plus puissant et le plus nuancé. A sa gauche le parti Ouazzani, ainsi que les associations nationalistes du Maroc espagnol dominées par Abd el-Kadder Torrès. Le parti communiste marocain est, comme l'algérien et le tunisien, sous le contrôle du PCF.

Le 7 avril 1947, à l'occasion d'une bagarre, a lieu une grande manifestation à Casablanca. Elle se transforme en un véritable combat de rues. Les soldats, des Sénégalais, ont reçu l'ordre de tirer. (Admirons le principe général : on envoie toujours des troupes coloniales d'Afrique Noire en Afrique Blanche et réciproquement, dressant ainsi les colonisés les uns contre les autres. De plus, pour ajouter à la confusion des rancœurs, on encadre ces troupes avec des sous-officiers et de préférence des officiers antillais.)

C'est deux jours après ces « incidents » (l'administration avoue 63 tués, en réalité il y a eu plusieurs centaines de morts), que le Sultan a pris la parole à Tanger et que la princesse Lala Aïcha, à l'école franco-musulmane des filles, invoque l'exemple égyptien.

A Tunis, l'université de la Zitouna jouait le rôle de la Karayouine de Fès : on y formait des cadres arabes de culture traditionnelle. D'autres, par contre, fils de la petite et moyenne bourgeoisie qui commençait à se former, maîtrisaient à la fois l'arabe et le français au collège Saddiki. Ces jeunes gens donneront, quinze ans plus tard, sa couleur au nationalisme et à l'indépendance et formeront à la fois les ministres et les chefs du développement tunisien.

Le 23 août 1946, Salah ben Youssef, secrétaire général du Néo-Destour (mouvement nationaliste qui avait relayé le Destour traditionnel axé uniquement sur le passé arabe et islamique), avait appelé à une manifestation dans la medinah, la vieille ville de Tunis. Le général Mast a fait arrêter 200 militants. Le 4 août, l'UGTT (Union Générale des Travailleurs Tunisiens) appela à la grève générale pour un salaire minimum décent. Le 5, à Sfax, la troupe a ouvert le feu sous prétexte que des grévistes auraient lancé des grenades (ce qui, semble-t-il, n'a jamais été prouvé) : plus de 100 morts, des milliers de blessés (les chiffres officiels avouaient 26 morts et 150 blessés). A Sfax, le colonel Nicole a inauguré une nouvelle façon de jeter la confusion : il a employé des soldats tunisiens contre les manifestants. Ce qui a permis à certains journaux de parler de « guerre civile ». La presse en France soulignera que l'UGTT et les Destours restent minoritaires dans la population. Éternel argument...

Les socialistes malades de l'Algérie

C'est en 47, et plus exactement en août 47, que la guerre d'Algérie s'est inscrite dans la nécessité de l'histoire. Jusqu'alors, le point de non-retour n'était pas atteint. Certains luttaient encore pour une autonomie, jointe à une intégration qui aurait fait des Algériens, d'une part, des citoyens français à égalité et qui aurait, d'autre part, respecté la particularité de leur culture, les droits de leur langue et de leur religion. Pour les nationalistes algériens, ce n'était plus acceptable. Les plus modérés exigeaient au moins que les élections à l'Assemblée algérienne soient faites par un collège unique. Et non par deux collèges, choisissant de rares musulmans considérés comme « assimilés », les rangeant aux côtés des chrétiens et des juifs, tandis que la masse musulmane votait au « 2e collège », celui des citoyens de seconde zone.

A propos de l'Algérie le déchirement des socialistes éclata au grand jour. Peu de mois plus tard, la SFIO se révélera pur parti de gouvernement, mobilisant les polices et l'armée contre des grévistes. En août, les militants socialistes de la base gardaient espoir. Le président de la République, les ministres continuaient à parler d'humanisme, d'égalité, d'invoquer la Déclaration des Droits de l'Homme et les libertés sacrées de l'individu. Le colonialisme? L'Union Française allait y mettre fin.

Le statut de l'Algérie serait très libéral, répétait-on dans les sections socialistes.

Les parlementaires n'ignoraient pas le courant gauchiste du parti; en avaient-ils mesuré l'étendue? Et l'emprise sur leurs militants les plus dynamiques : postiers, instituteurs, cheminots, employés, et surtout étudiants et Jeunesses?

Le moment de la confrontation est venu : du 14 au 17 août, à Lyon, se tient le congrès de la SFIO.

Les journaux titrent : « L'été le plus chaud de la génération. » Le climat politique l'est aussi. Rarement l'ambiguïté du parti socialiste, la contradiction entre le parti et ses parlementaires, ses élus (parmi lesquels les présidents et de la République et du Conseil), n'aura été si manifeste.

Guy Mollet revendique, autant que les gauchistes, un point de ressemblance avec les communistes : que les hommes d'État soient les porte-parole du Parti. Chez les socialistes l'antiparlementarisme hérité de Guesde formait une tradition autant que le parlementarisme qu'avait su utiliser Jaurès. D'ailleurs, le Comité directeur comptait une majorité de parlementaires, et de Parisiens.

Malgré son ardeur militante, Guy Mollet se sentait débordé sur sa gauche par les Jeunesses qu'il déclarait – commodément – « manipulées par les trotskystes ». L'organisation fut accusée d'avoir déclenché la grève intempestive chez Renault en avril... Cette grève avait permis à la SFIO de se débarrasser des ministres communistes, ce qui était leur premier but du moment. En tout cas cette grève, le journal des jeunes, *Le Drapeau rouge,* l'avait soutenue et à présent, il tirait à formules serrées contre la guerre d'Indochine. Nous avons vu que les sanctions prises contre les Jeunes susciteront le départ du secrétaire général adjoint, Yves Dechezelles.

Vincent Auriol a manœuvré de toute son astuce. Dès l'ouverture du Congrès, et malgré les protestations des jeunes, il a obtenu l'essentiel : la question de confiance ne serait pas posée sur l'Algérie.

Dans les coulisses les militants s'indignent. Le Parti avait proposé un projet de statuts, qui était à la fois réaliste (alors que le projet musulman semblait utopique) et socialiste : il y aurait notamment un ministre de l'Algérie siégeant au Conseil des ministres. Et l'Assemblée algérienne aurait eu pouvoir législatif.

Députés et ministres emmènent les plus influents des militants pour discuter autour d'un verre. Provoquer une division du Parti? En pleine menace du RPF? Le lendemain même de Gaulle allait tenir une conférence de presse... à l'américaine (en 47 la conférence de presse n'est pas encore une institution, un moyen de communication : c'est de Gaulle qui lui donnera ce statut). L'essentiel n'est-il pas de serrer les coudes entre socialistes, de soutenir un gouvernement socialiste?

Ramadier et Depreux, au nom du gouvernement, déclarent qu'ils ne peuvent pas soutenir le projet de statuts du Parti pour l'Algérie. Les militants savent pourquoi. Un petit groupe charnière, le Rassemblement des Gauches Républicaines, très lié aux colons et très courtisé par les gaullistes, menace de retirer son appui : « Nous ne soutiendrons aucun ministère qui ferait des concessions sur la souveraineté de la France », estime-t-on au R.G.R où l'on parle de l'Union Française comme d'un prolongement de l'Empire. Or, sans le RGR le gouvernement tomberait. Ce groupe a d'ailleurs voulu repousser le débat sur l'Algérie à la rentrée d'octobre. Les ministres en auraient été soulagés; l'Assemblée refusera par 467 voix contre 111.

Guy Mollet, en séance plénière du Congrès, exige que le Parti ait un plus grand contrôle sur ses parlementaires et ministres. Il arrache ce vote.

Vincent Auriol tente d'éveiller les ardeurs de ses camarades :

« Si Thorez était au pouvoir, tout le PC serait mobilisé, toute la jeunesse conviée à l'action. Ne peut-on créer cet élan chez nous? »

Un ami lui répond :

« Nous ne sommes pas des staliniens! »

Le président de la République a un sourire dur... Daniel Mayer et Verdier s'opposent à l'unité d'action avec les communistes, au moins sur le statut de l'Algérie.

Un ministre résume une lettre d'un ministre tchécoslovaque, Ripka : l'URSS ne fournit pas les matières premières promises. L'Occident n'envoie pas le ravitaillement. La pénurie s'établit à Prague. Elle est mauvaise conseillère, et les communistes l'utilisent. Ripka supplie les socialistes de conclure, très vite, un traité de commerce avec la Tchécoslovaquie.

« Allons-nous nous mettre dans la situation des Tchèques? », crie Daniel Mayer...

Vincent Auriol – il l'avoue dans son « Journal » – est irrité par la tournure de ce congrès. Blum est triste; Ramadier accablé. La division entre les jeunes socialistes et le gouvernement s'est accentuée.

A l'Assemblée, la commission chargée d'élaborer un statut pour l'Algérie a pour président un socialiste, Rabier, et pour rapporteur un progressiste, Emmanuel d'Astier de la Vigerie. Ce fut sans doute le plus charmeur, le plus romanesque des compagnons de route que le PCF s'était acquis depuis la Résistance.

Grande allure et longue figure, il avait passé, avant-guerre, pour « le plus bel homme de Paris » (chaque milieu parisien en compte au moins un). Il avait été officier de marine d'abord, journaliste ensuite. La Résistance, commencée sur le sol natal, continuée à Londres puis Alger, l'a vu devenir l'éphémère ministre de l'Intérieur du Gouvernement provisoire. L'aventure a duré *Neuf fois neuf jours* et a donné matière à deux livres brefs et vifs, d'un ton mêlé de modernité et de romantisme : l'un porte ce titre, l'autre : *L'été n'en finit pas.* Emmanuel d'Astier s'inscrit dans la lignée de son auteur d'élection, Stendhal, mais plutôt du côté du jeune Henri Beyle, officier en Italie, du côté de Fabrice perdu à Waterloo que du romancier enfermé rue de Richelieu pour conférer l'immortalité à des êtres et des faits imaginaires.

Compagnon de route du PC par admiration pour l'héroïsme, les sacrifices et la grandeur des peuples d'URSS, d'Astier croit pouvoir garder ses positions personnelles, ses amitiés et servir à la fois l'« idée communiste » qui l'attire, l'alliance franco-soviétique à laquelle il croit et une politique « raisonnable » pour la France.

Pour l'Algérie, il espère parvenir à concilier les thèses socialistes et communistes et persuader les gouvernants.

A l'époque, au cours d'un entretien avec l'auteur, il s'est montré fier de la position unique qu'il croit occuper, d'une part entre le PC et le monde non communiste, et d'autre part entre les amis qu'il imagine avoir dans cette URSS qu'il estime connaître intimement, et ses relations avec le personnel politique français et anglais.

Nous étions assis dans une vieille brasserie, alors délabrée, située dans un passage, derrière le journal *Libération* (cette brasserie qui a depuis repeint son décor 1900 est devenue à la mode). Très pur-sang, crinière ondée, l'œil à la fois étincelant et lointain, l'allure princière de qui a l'habitude de gagner, il rappelle – il aime à le faire – que Liouba, Mme d'Astier, était la fille de Krassine, premier ambassadeur d'URSS en France. Son premier mari avait été Bergery, allié réticent du Front populaire. Liouba, disait d'Astier, lui permettait de comprendre les Russes de l'intérieur :

« Les Français d'origine russe n'ont pas assez de distance envers le côté russe des Soviétiques. Les Français communistes sont paralysés de respect par leur côté bolchevik. J'ai la Russie à domicile et le PC au bureau. Je suis donc au point d'équilibre. Or, pour l'Algérie l'URSS perd la face envers les Arabes si le PCF cède d'un pas. D'ailleurs le projet communiste est d'un réalisme parfait, au point d'avoir déçu les musulmans. Si le gouvernement pouvait au moins accepter le projet de son propre parti ce serait une base de discussion possible... »

D'Astier développe des possibilités de compromis. A la fin de cette même année (ou au début de 48), il se heurtera à des réalités glacées. Pour les fins de mois de *Libération*, il recourait aux abonnements de soutien des pays est-européens. Or, il sera bientôt décidé que ce soutien passerait par le PCF qui ainsi contrôlerait le quotidien de près. Effectivement (comme à *Ce soir*), des journalistes venus de la Résistance et, après son naufrage, du quotidien anarchisant-trotskysant *Franc-Tireur* côtoieront, à *Libération*, d'une part des communistes déjà intégrés à l'équipe, d'autre part ceux que le PCF enverra. Il y aura ainsi coexistence difficile, dans une même équipe, entre hommes de gauche dont le journalisme est le métier et militants, payés au tarif d'ouvrier professionnel (moins les heures supplémentaires) et qui pensaient simplement utiliser leur plume comme arme au service du futur changement social.

Les dirigeants du PCF, de leur côté, se méfient de d'Astier, trop original, trop individualiste. La nature même de son ambition leur demeure incompréhensible. Comment admettraient-ils que l'on puisse, dans la moitié du XXe siècle, se rêver Fabrice ou Lucien Leuwen?

Plus tard, au Mouvement de la Paix, d'Astier retrouvera les grands premiers rôles et se fera de nouveaux amis soviétiques. Plus tard encore, sous Khrouchtchev, il pourra se présenter en négociateur à Moscou. En cet An I de la guerre froide, l'espionite généralisée le rend suspect. Ce « talon rouge », comme le nomment certains, endosse la personnalité de Fabrice dans le Waterloo de l'après-guerre, alors que ses interlocuteurs le prennent pour un « agent double ». De qui? De quoi? Ils n'en savent rien. D'Astier, Machiavel égotiste, a donné prise à un constant malentendu. Il inventait une esthétique de la politique de gauche que les communistes étaient bien incapables de concevoir.

Ce 19 août, il espère encore manœuvrer le gros des députés socialistes, à la séance de nuit. La radio vient d'annoncer que l'URSS a durci ses positions sur l'Allemagne. Elle s'opposerait donc aux propositions anglo-saxonnes à la Conférence qui va s'ouvrir à Londres. D'Astier, entendant la nouvelle, murmure que c'est mauvais pour la discussion sur l'Algérie : le gouvernement se montrerait d'un antisoviétisme, donc d'un anticommunisme plus résolus.

L'Algérie au Palais-Bourbon

Ne l'oublions pas : en 47 la politique se faisait, au moins officiellement, dans l'enceinte du Parlement. Certes, le président Auriol tirait les ficelles, préparait, maniait, amadouait, promettait. Certes le gouvernement – et son président socialiste – négociait, surtout avec les camarades de parti, mais aussi avec les opposants de droite. Pourtant, c'est au Palais-Bourbon qu'éclataient et se manifestaient déchirements, désaccords et illogismes.

Or, en cette moitié du mois d'août – on siégeait en août cette année-là – les séances rappelaient un collège d'élèves mal vieillis plus qu'une réunion de représentants d'un peuple adulte.

Édouard Herriot, le ventre las, le double menton résigné, la moustache en brosse moins drue, reprend des manies de prof' pour se faire entendre, tapant sur la tribune avec son coupe-papier, menaçant de suspendre la séance comme un enseignant chahuté, lance (suprême maladresse) :

« Si vous continuez, je m'en vais. »

Plus tard dans l'année, il en viendra, pour Raoul Calas le communiste par exemple, aux mises à la porte... autrement dit aux suspensions temporaires, sans traitement, cette « colle », cette privation-de-sortie du parlementaire.

Ramadier, écarlate, bouffi de fatigue, l'épaule de plus en plus tombante, ne dort plus que trois heures par nuit, ce qui lui donne l'œil hagard d'un chien de garde surmené. Il fut sans doute le travailleur le plus acharné que les gouvernements aient connu, compensant ce manque d'imagination que lui reprochait le Président par un acharnement exemplaire. « Les dossiers me le mangent », soupirait son épouse.

Quatre projets de statut de l'Algérie s'affrontent donc, du 19 août à septembre, dans les chaleurs d'un été caniculaire, qui n'en finit pas.

1° Les Musulmans réclament un territoire autonome, gardant avec l'Union Française des liens assez souples pour conduire – un jour non spécifié – non seulement à une République algérienne future, mais à une Fédération des trois pays d'Afrique du Nord. Le projet ne brise ni les liens économiques ni même les liens culturels.

Le projet des Musulmans est exposé par le député de Constantine en gandoura immaculée, qui, après avoir constaté le mépris craintif de ses collègues, quittera l'hémicycle dans un envol prophétique. Dans les couloirs il dira à un petit groupe de journalistes d'extrême-gauche :

« Aujourd'hui la France divorce d'avec mon peuple. Répudié, le peuple algérien ne compte plus que sur lui. »

2° Le PCF propose un Territoire associé dans le cadre de l'Union Française. L'Assemblée algérienne, « provisoirement », comporterait deux collèges (donc on garderait la bizarre division en citoyens de première et citoyens de seconde zone). L'arabe deviendrait deuxième langue officielle. On mettrait fin au régime spécial des « communes mixtes » et des territoires du Sud.

La modération de ce projet (que les Musulmans qualifiaient de « paternaliste »), rendait possible, avait cru Rabier, une action commune à l'intérieur de la Commission de l'Algérie qu'il présidait. Le PCF croira longtemps (et Maurice Thorez le dira et l'écrira encore dans les années 50), que la « personnalité » algérienne ne pourrait devenir « indépendance » qu'après une longue formation, et donc qu'une transition devait ménager le passage de l'autonomie à l'indépendance. D'Astier avait pensé que ces vues, plus jacobines que léninistes, auraient permis des négociations.

3° La SFIO par la voix de Rabier modifie le projet du gouvernement par l'adjonction d'un Ministre et l'attribution d'un pouvoir plus réel à l'assemblée.

4° Le gouvernement garde la division en départements, institue une Assemblée de 120 membres élue par deux collèges et n'ayant de toute façon que voix délibérative.

Pendant les débats, un député musulman évoque quelques réalités de l'administration française, cite un journal égyptien qui publie des témoignages venus du Maghreb. Il décrit des cas précis de répression et demande quelle différence on voit entre l'attitude de la police française envers les nationalistes algériens et celle de la Gestapo envers les résistants français :

« Assimilation intolérable! », hurle, gonflant ses grosses joues, tendant sa petite taille, Depreux, le ministre de l'Intérieur socialiste.

Le tumulte éclate, la séance est suspendue, la querelle se transporte dans les couloirs. On échange des gifles à la buvette.

Des années plus tard Lamine Gueye, député socialiste de Dakar, me dira, évoquant cette séance :

« Ce jour-là, j'ai compris que je n'avais rien à faire dans ce Parlement... »

A 22 heures Paul Ramadier, veston et visage las, teint gris et barbe jaunie, propose de discuter du statut à partir du projet du gouvernement...

« Vous faites la politique des autres! », lui crie Jacques Duclos. Quelques socialistes sont tentés d'applaudir mais se retiennent. Les rares présents approuvent la proposition. Le nombre des députés en séance tournera, les jours suivants, autour de 40, qui se relaient pour leurs groupes. Rabier, président de la Commission, démissionne. Emmanuel d'Astier soupire qu'il a perdu sur le statut mais gagné sa démonstration : les parlementaires SFIO ne sont plus des socialistes.

Ce même 19 août, Vincent Auriol reçoit le général Valluy, retour d'Indochine, et note dans son « Journal » : « En Indochine, nous manquons d'interlocuteurs, de matériel humain de réserve. »

Valluy fait preuve d'un manque d'esprit d'analyse qui surprend aujourd'hui. Il dit :

« Giap et Ho Chi Minh représentent les éléments extrêmes, qui sont de moins en moins nombreux. Sauf en Cochinchine, il n'y a plus de guérilla. »

En 1975, Irving Brown, représentant dès cette époque des syndicats américains de l'AFL, rappellera à l'auteur :

« Nous disions aux Français, depuis le début, qu'il y avait d'autres interlocuteurs que Ho Chi Minh. S'ils nous avaient écoutés en 46-47, peut-être aurions-nous, entre eux et nous, fait l'économie de deux guerres. »

Supposition optimiste...

En tout cas, le 19 août 1947 la contradiction entre les affirmations de Valluy et l'ensemble des renseignements reçus choque Vincent Auriol : « Peut-être avons-nous eu tort de déclarer que nous ne traiterions en aucun cas avec Ho Chi Minh. Après tout, c'est lui qui se bat », affirme-t-il.

Le haut-commissaire Bollaert, qui assiste à l'entretien, intervient :

« Ne faites pas de Ho Chi Minh le symbole de l'indépendance nationale... »

Tant sur l'Indochine que sur l'Algérie le « Journal » du Président de la République montrera désormais un curieux aveuglement. Les conseillers américains de l'époque disent aujourd'hui, quand on leur montre le cours suivi par l'Histoire : « Toute tumeur prise à son début est curable. C'est en ce temps que les Français auraient pu freiner... »

Franc-Tireur commence contre Ramadier une campagne à sa manière, qui est celle de la gouaille parisienne; il titre : « Noyer le poisson indochinois », ou « Histoire de mollusques » et : « Il (*Ramadier*) coupe la poire en deux : le mauvais morceau à ses amis, le meilleur à ses adversaires. »

Démonétisé, le gouvernement est de plus en plus assailli de l'intérieur. La montée du mécontentement se manifeste par des « grèves du pain » et des manifestations multipliées. Les journaux prouvent que, dès 46, le pouvoir d'achat était d'un tiers inférieur à celui de 1938.

Les syndicalistes répétaient un article de Benoît Frachon publié en mai :

« Il faut à la misère du peuple une autre voix que celle de la raison pour se faire entendre. Il en était ainsi hier; nous pouvons regretter qu'il en soit encore ainsi aujourd'hui. »

La CGT comptait six millions d'adhérents. Plus du dixième avait adhéré depuis le début de l'année.

Le ministère s'inquiétait, chaque mois davantage, de cette véritable « armée de l'intérieur ». Les officiels pouvaient parler avec

Jouhaux; c'était un camarade. Il comprend, par exemple, en ce mois d'août 47, qu'il ne faut pas ébranler le ministère avant la conférence de Londres sur l'aide américaine. Que le redressement économique repose sur l'aide Marshall. Que les Américains manifestent clairement leurs réticences à subventionner les pays « peu sûrs », ceux qui risquent de se « communiser ».

A Londres, le 27 août, le délégué français constate – et fait savoir au Président de la République :

« Les Anglais sont en train de faire ce que voulaient faire les Russes : additionner les besoins de l'Europe (pour obtenir une aide globale), sans fixer d'abord un jeu économique complémentaire entre les pays européens. Les USA ne désirent nullement solder le déficit des pays, mais aider à organiser l'Europe selon les plans des USA. »

Les Services américains envoient sur la France des notes alarmistes, parlant de la pénurie de vivres sans cesse renaissante, du climat de violences continu, des succès constants du RPF gaulliste menaçant l'équilibre politique et, bien entendu, du danger communiste.

Jouhaux se rendra plusieurs fois aux États-Unis (nous le verrons à New York à l'automne).

L'action des syndicats américains en France commence à se manifester un mois à peine après l'annonce de son Plan par Marshall. Une association sans grand retentissement est créée après entente entre l'American Federation of Labor (AFL) et quelques syndicalistes français dont Bothereau. Elle prend la suite des « Amis de la Résistance » et s'intitule « Les Amis de Force Ouvrière »; elle se déclare favorable au plan Marshall.

2.
La CIA entre en scène

A vrai dire, l'action de ce que l'on appelait les « Services secrets américains en France » n'avait jamais cessé. L'Oversea Secret Service (OSS) avait été dirigé par Allan Dulles – le frère du secrétaire d'État Foster Dulles – personnage encore mal connu, étonnant d'audace, d'un indéniable charme personnel selon tous ses collaborateurs. Que l'OSS ait agi dans les milieux de la Résistance est normal, et normal qu'il ait recruté d'anciens Résistants français (Antoine Guerini a été un agent de l'OSS). Normal en conséquence qu'il conserve de l'influence.

Or en 1947 l'OSS a cessé d'exister et la Central Intelligence Agency, la fameuse CIA, entreprend une action dont nous commençons seulement aujourd'hui à saisir l'ampleur, à recenser les moyens et les tortueux canaux. Les révélations sur les coups d'État qu'elle a fomentés, ses projets d'assassinat de chefs populaires, ses subventions détournées aux groupements intellectuels, universitaires, idéologiques, laissent loin derrière eux tous les romans d'espionnage qui ont mis en scène des agents de la CIA.

Les hommes qui lui sont liés sont toujours assurés d'une couverture : ils sont diplomates, ou militaires, ou syndicalistes ou – cela arrive plus fréquemment qu'on ne l'imagine – universitaires, journalistes, parfois même écrivains. On n'obtient jamais d'eux que la confirmation – ou l'infirmation – de ce que l'on sait déjà par d'autres sources. Parfois la manière dont ils parlent de telle personnalité vous oblige à changer votre propre point de vue, vous montre qu'un désaccord portant apparemment sur des idées cache des intentions secrètes.

La vérité sur l'action de la CIA en France – ou plus exactement, en 1947, sur les services qui se fondront dans la CIA – ne s'obtient qu'en recoupant les mémoires d'anciens agents – souvenirs toujours volontairement tronqués ou orientés – avec ce que l'on a pu apprendre d'autre part.

Dussé-je être démentie, je crois pouvoir affirmer que les « conseillers » de l'ambassade américaine, militaires, syndicalistes, etc., et particulièrement des hommes qui avaient participé aux services de Renseignements en France pendant la guerre et étaient donc des amis de la Résistance, entraient alors en rapport avec la gauche socialiste. Certains avec Defferre à Marseille, d'autres avec Jules Moch à Paris, d'autres avec Jouhaux.

Marseille (Alfred McCoy l'explique dans *The politics of heroin* et Val Lorwin dans *The French Labour Movment,* de même que G. Kolko dans *The limits of power*[1]), était une tête de pont vitale pour les exportations du Plan Marshall. De ce fait l'influence communiste, dominante à la fois sur le port, parmi les marins et dans les grandes usines comme les Aciéries du Nord (ADN), représentait une menace.

« Pour ses contacts avec le Parti socialiste, la CIA a envoyé... une équipe d'action psychologique. Ces agents ont eu affaire directement aux patrons du « syndicat corse » par les frères Guerini », dit McCoy. Ce qui montre une certaine naïveté – comme toujours. Nous verrons, à l'automne, que les frères Guerini ont fait la campagne du candidat RPF aux élections municipales : Me Carlini, un avocat corse.

Les révélations de Thomas Braden, qui paraissent avoir beaucoup embarrassé ses confrères en activité (Braden était directeur de la CIA pour l'Europe), ont montré que cette action ne revêtira son ampleur et sa gravité qu'au moment des grandes grèves[2].

Pour contacter les non-communistes de la CGT, on se servait d'un homme d'autant moins contestable qu'il était au-dessus de tout soupçon de vénalité. Jay Lovestone, syndicaliste, avait été un responsable communiste. Il en garda une horreur convulsive du communisme qui lui semblait l'ennemi numéro un de la liberté syndicale, de la classe ouvrière et de la démocratie. C'était donc un homme idéologiquement motivé. Mais, de plus, il montrait un don inattendu, extraordinaire, pour les opérations de renseignement, pour les combinaisons internationales. Il avait pour adjoint

1. McCoy : *The politics of heroin;* Val Lorvin : *The French Labor Movment* (Harvard University Press).
G. Kolko : *The limits of power : the world and US. Foreign Policy 45-54* (Harper & Row, 72).
2. Th. Braden : « Je suis content que la CIA soit immorale », *Saturday Evening Post,* 20 mai 1967.

un homme tout aussi doué et qui, en 47, deviendra le symbole de l'anticommunisme et de la corruption américaine, dans les milieux de la CGT. Benoît Frachon dénoncera souvent Irving Brown. Certains l'appelleront « le chef du syndicalisme corrompu ». Il apparaissait plutôt comme un diable corrupteur.

J'ai rencontré Irving Brown pour la première fois en 1975. La soixantaine active, le cheveu étrangement noir, l'œil brillant derrière ses grosses lunettes, il vit encore entre deux avions, deux réunions, deux discussions. Rond de visage et de sourire, il garde un faible pour l'image diabolique que l'adversaire a de lui. « Mieux vaut faire peur que faire rire, dit-il, mais mieux vaut rire qu'avoir peur. » Il sait détecter l'année et le cru d'un vin français, connaît les bons bistrots de toutes les grandes villes du monde. Il y connaît aussi ceux qui peuvent agir pour le bien de l'AFL, sa centrale.

Il aime à citer Truman :

« Un jour je n'arrivais pas à obtenir un visa pour Habib Bourguiba, que je voulais inviter à un congrès de l'AFL. Alors j'ai demandé un rendez-vous au Président et lui ai exposé l'affaire. Truman a demandé : « Et la présence de ce nationaliste tunisien est vraiment une bonne chose pour l'AFL? Oui. Alors, voilà mon accord pour son visa : ce qui est bon pour l'AFL est bon pour l'Amérique. »

Pour Irving Brown, le communisme est un ennemi si intime qu'il le connaît comme s'il en avait été membre.

A Paris, il a ses bureaux depuis 47 et un pied-à-terre depuis peu :

« Pour la première fois de ma vie, j'ai acheté des meubles. C'est bizarre, non? Des meubles? Ça ne me ressemble pas. Je vieillis. »

Voyageur international de son idéologie, il me rappelait ses adversaires : les survivants du Komintern ou du Profintern dont certains, en 47, demeuraient en action.

Son père était un camionneur du Bronx, à New York. Un dur de ce syndicat des *teamsters*, les routiers. Le fils trouvait le parti socialiste trop pâle, s'intéressait aux extrémistes, aux anarcho-syndicalistes, travaillant à l'usine mais poursuivant, le soir, des études. A vingt-quatre ans, à la suite d'une grève où il a mis en pratique l'énergie paternelle – en cette période de dur chômage – le voilà promu aux responsabilités du syndicalisme professionnel. D'où lui était venue son animosité profonde, agressive, contre les communistes? Des méthodes qu'il avait apprises au temps où il était proche d'eux? En tout cas, Irving Brown a vite fait ses armes. Enfant de New York, il portait l'organisation syndicale de l'AFL d'État en État. A Baltimore, il était devenu redoutable, avec sa faculté de ne pas dormir, ou presque pas : « En temps de grève, j'en arrivais à un tel degré que je m'endormais dans le bus et me réveillais au terminus... »

Il sourit : comme toujours les souvenirs de lutte, à trente ans et plus de distance, deviennent « le bon temps ».

En 1947, l'autre « chef d'orchestre clandestin », celui du syndicalisme anti-communiste eut à son actif des succès de détail, avant même sa grande victoire : la scission de la CGT. Irving Brown dit :

« Jouhaux, c'est drôle, les trois lettres CGT avaient pour lui un son comme magique. Il en avait été patron dans le passé, de la CGT; il avait une première fois évincé Frachon. Il n'avait pas envie en 47 de lui céder le pas. »

Aujourd'hui encore, l'Américain refuse d'admettre que FO ait été un échec, assure que c'est une « centrale en progrès ». Quand, en 75-76, on le taquine, l'assurant que le seul élément dynamique de FO est représenté par celle qui a pris la centrale par surprise, qui s'y est inscrite « parce qu'il n'y avait personne » précisément, qu'elle ne se heurtait pas à des appareils puissants : Arlette Laguiller, il rit de bon cœur. Cette candidate à la présidence de la République, cette trotskyste qui mène de paisibles employés de banque à des grèves sans compromis, éveille en lui de vieilles tendresses, le souvenir des grands combats de Baltimore et d'ailleurs : « Oui, formidable, elle l'est... ses idées je lui en fais cadeau : des idées de naïve, impressionnée par le PCF, mais sa personnalité... »

En 47, il n'avait pas à ses côtés ce genre de personnalités. Mais de vieux – ou même de jeunes – syndicalistes paisiblement réformateurs qui, d'une part, voulaient se libérer du poids communiste et, d'autre part, espéraient jouer un rôle parce qu'il « n'y aurait personne ».

Benoît Frachon dénonçait Irving Brown, ses dollars, l'immixion des Américains dans les affaires françaises comme l'un des effets du plan Marshall. Pointant l'index sur lui, il démontrait :

« La voilà, l'aide américaine désintéressée. Ils veulent diviser notre classe ouvrière, mais elle ne se laissera pas prendre à ce piège! »

Le calcul de ceux qui demandaient l'aide – financière – des syndicats américains était logique : rejetés hors du pouvoir, les communistes tenteront d'y revenir par des grèves dures. Si la répression est suffisante, si la reprise du travail s'effectue dans la défaite, la confiance en la CGT sera minée. Alors viendra le moment de la scission, et une bonne partie – les optimistes murmuraient « la majorité » – des syndiqués quitteront la centrale affiliée au PCF.

Irving Brown agissait comme adjoint de Jay Lovestone. Tous deux travaillaient avec les fonds du syndicat peut-être le mieux organisé sur le plan international de tous les USA : celui des Travailleurs du Vêtement Féminin. L'IWCW (International Women Cloth Workers Union) coud encore aujourd'hui son sigle sur les vêtements fabriqués aux États-Unis. Périodiquement des piquets de grève portent le long des rues de la basse ville, à New York, des pancartes demandant le boycott des vêtements fabriqués à Hong-Kong, en Indonésie, aux Indes ou même en Afrique du Nord. En 1947, l'IWCW était encore présidé par David Dubinsky, ancien membre du PC américain lui aussi. Il disait qu'il était resté un homme de gauche, mais que l'URSS était antisémite. Or son syndicat comportait beaucoup de Juifs venus des pays d'Europe centrale et orientale, et qui continuaient d'affluer dans la mesure où les « personnes déplacées » recevaient des visas. Dubinsky était donc décidé à tout tenter pour empêcher un « coup communiste » en France et en Italie.

Quand la caisse de Dubinsky fut vide les instigateurs et bailleurs de fonds de la scission syndicale française firent appel à d'autres « amis ». « Ainsi, dit Thomas Braden, a commencé la subvention secrète aux syndicats libres qui bientôt s'étendra à l'Italie. Sans ces subventions, il est possible que l'histoire de l'après-guerre ait été différente. » A ces assertions, Irving Brown, interrogé par nous, a opposé son rire : « Pourquoi chercher ailleurs? Les caisses du vieux Dubinsky étaient pleines.... »

Nous retrouverons ces tractations au temps chaud de l'automne, et nous verrons que « tout » n'a pas été accordé par Dubinsky à Jouhaux et aux autres futurs dirigeants de Force Ouvrière. En août, on en restait aux « Amis de Force Ouvrière » et aux contacts d'Irving Brown avec Bothereau et ses alliés, tous membres de la CGT.

Benoît Frachon, le « chef d'orchestre clandestin »

Depuis les grèves tournantes de l'été, Ramadier et Vincent Auriol l'appelaient « le chef d'orchestre clandestin ». Depuis l'éviction des communistes, il était devenu pour le gouvernement la personnalité n° 1 du PCF. Certes, Thorez avait en main l'appareil, mais cette masse immense, qui souvent emportait dans son sillage des électeurs socialistes, c'est la CGT qui pouvait la mettre en mouvement. Et, même pour les dirigeants socialistes français, la CGT ce n'était hélas pas leur ami Jouhaux...

C'était, pipe en avant, moustache-brosse et cheveux frisottants, serein, inébranlable en apparence, silencieux dans les réunions, capable de formules qui résument, coutumier de discours calmes mais bourrés de faits explosifs, l'homme tranquille du syndicalisme français : Benoît Frachon.

Il mourra en août 1975, à quatre-vingt-deux ans. Sa vie a donc couvert les luttes ouvrières du siècle. Il a été aussi, des dirigeants communistes de l'après-guerre, le moins contesté par l'adversaire. Sans doute aussi par la base, à l'intérieur. N'étant l'objet d'aucun culte, il ne manquait pourtant pas de charisme. On peut se poser deux questions : pourquoi n'est-il pas devenu le nº 1 du communisme français? Et : pourquoi a-t-il accepté des tactiques, des tournants, des positions qui semblent contradictoires avec ce qu'il pensait?

La réponse à la première question se trouve bien sûr à Moscou; mais le fait qu'il n'ait pas été le favori du Kremlin, dans son caractère et sa façon d'être.

Né en 1893 au Chambon-Feugerolles (Loire), il était fils de mineur :

« Je ne voulais pas être galibot : ne jamais voir le jour, ce n'est pas possible. »

A treize ans, pourtant, bon à l'école, il est entré comme apprenti dans une usine de métallurgie. Au Chambon, il connaissait les hommes et les femmes qui, avec de petits marteaux ronds, très particuliers, tapaient sur des bouts de fer pour leur donner une certaine courbure. Travail artisanal, chez soi parfois, ou dans de petits ateliers :

« C'étaient les canuts du fer. »

Lui a quitté le Chambon pour les grandes usines. Il se plaisait à nous raconter :

« Ma première grève? J'avais dix-sept ans. Je voulais tout avaler. J'ai vite appris qu'on ne joue pas avec le pain des ouvriers. Et que si j'étais toujours prêt, moi, à me faire fiche à la porte d'une boîte, si au moindre mot avec le « singe » ou le « contre-coup », je disais : « Allez faites mon compte, je ramasse mes clous et je passe à la caisse », ceux qui avaient femme et enfants ne pouvaient pas se permettre ça.

« Anar? Bien sûr que je l'ai été... Qu'est-ce que tu voulais que je sois en ce temps-là? Social-démocrate? »

Le mot, bien détaché, prenait sa sève dédaigneuse : social-démocrate, c'était celui qui « n'osait » pas, le réformateur.

A tant d'années de distance, en 47, il saluait encore le souvenir de ces « anars » de la belle époque de ce rire charnel, terrien :

« C'était un temps où il fallait tout le temps se battre, juste pour ne pas crever... On était libres... de la liberté de ceux qui n'ont rien. Les dettes en ce temps ce n'était certes pas des traites pour l'électro-ménager ou son équivalent de l'époque, ni pour l'accession à la propriété, du moins dans nos milieux; mais l'ardoise au bistrot ou chez l'épicier. »

En 47, il nous enseignait les chansons anars, de sa voix de fleuve riche d'herbes et de limon. Tous les couplets du « Grand métingue du métropolitain »; et la « grève des mères » (« C'est complètement stupide mais nous on aimait bien »). Et surtout le grand chant qui a de nouveau retenti en mai 68, mais qu'alors l'homme vieilli n'a plus voulu entendre : « Buvons, buvons, buvons à la renaissance du monde. » Nous l'avons même chanté en 47 au Chambon-Feugerolles avec ses amis d'enfance, restés anarchisants mais syndiqués à la CGT.

Pendant la Première Guerre, affecté spécial comme métallurgiste (« En ce temps-là, il n'aurait pas fait bon se dire objecteur de conscience et je n'étais pas Romain Rolland pour passer en Suisse, d'ailleurs ça ne m'aurait pas plu de laisser les copains »), il fonda un syndicat.

En 1917, il a connu deux exaltations : les mutineries, leur répression sauvage en cours d'année et, à la fin, la révolution de Lénine :

« Les Russes, on peut en penser ce qu'on veut. Mais ils ont réussi ce que personne n'avait fait : une révolution au nom de tous les travailleurs. Et qui a duré. Alors? »

C'est la clé psychologique de son extraordinaire fidélité à Moscou, alors que son chauvinisme inexpugnable, sa profonde certitude (inavouée) de la supériorité historique de la culture française ne pouvaient que l'y opposer.

En 1919, il rejoint ce parti socialiste si dédaigné, par le biais du Comité de soutien à la IIIe Internationale. Et après la scission de Tours, à la Noël de 1920, passe à la Section Française de l'Internationale Communiste, la SFIC (c'était alors le nom officiel du PCF).

Lui qui se voulait – et se disait – si unitaire, dès 1934, a contribué en 1921 à la scission de la CGT et à la formation de sa branche pro-communiste, la CGTU (*u* pour unifiée). « Par antiphrase », dira-t-il plus tard.

« ... J'étais métallo à Marseille; quelles soirées à l'Opéra!

Que le ténor rate une note et on lui jetait des tomates trop mûres ramassées au marché. »

Un temps de lectures boulimiques. Benoît Frachon se forge une belle culture, très française, de Rabelais à Voltaire, de Diderot à Romain Rolland. A qui s'ajouteront, certes, Barbusse, mais aussi deux romanciers dont plus tard il parlera d'un ton coupable : Céline et Malraux.

« ... Ils ont mal tourné. Ça arrive même aux ouvriers. Alors... des intellectuels... Mais le *Voyage* et *La Condition humaine,* ce ne sont pas des choses qu'on oublie. Encore que je n'aime pas que l'on écrive en argot. Les ouvriers non plus : l'argot, ils le parlent faute de mieux. Mais quand ils lisent un livre c'est précisément pour y puiser un beau langage. L'argot, chez un intellectuel, c'est forcément de l'affectation. »

Ici se marque une époque, dont Benoît Frachon ne s'est jamais dégagé : ouvriériste et partisan de la « montée ouvrière » avec les valeurs intellectuelles de la bourgeoisie. A coup sûr très marqué de jacobinisme. C'est ce qui aura permis aux révolutionnaires français d'accepter le « centralisme démocratique » léniniste.

Alors qu'il avait la tripe régionaliste, Frachon estimait qu'un centre de décision était nécessaire. De même fallait-il un « parti de la classe ouvrière » fortement structuré, charpenté, pour donner sa colonne vertébrale au mouvement ouvrier.

Les intellectuels? Il appréciait leur compagnie, mais en gardant inconsciemment une sensibilité anarchiste qu'il combinait curieusement avec les vues des bolcheviks, il estimait qu'« à présent la classe ouvrière était assez mûre pour élaborer elle-même sa politique ». Il avait beau savoir – et approuver – que Marx, Engels, Lénine aient été des intellectuels de formation bourgeoise, il déniait aux intellectuels, fussent-ils membres du PCF, le droit d'élaborer la politique de la « classe ouvrière ». Frachon est un exemple des dirigeants communistes qui se sont identifiés à la classe ouvrière. De même que Thorez se proclamait « fils du peuple » (curieuse définition : qui donc n'est pas fils ou fille de son peuple?), Frachon se sentait incarner les ouvriers français.

Quand en 1926 il va pour la première fois à Moscou il est secrétaire de l'Union des syndicats de la Loire (CGTU). Il assistera au Comité exécutif de l'Internationale en compagnie d'un autre ex« anar » français : Gaston Monmousseau.

Moscou? Au retour il disait : « C'est l'avenir. » Vingt ans plus tard il dira :

« En France, nous avons eu toute la série de nos révolutions bourgeoises et quatre républiques d'essai. Les Russes ont construit à partir de rien. Chez eux personne ne savait lire. Chez nous tous les écoliers récitaient Victor Hugo. Comment comparer? »

Dans les années 20, dirigeant la région lyonnaise, il est au secrétariat du PCF avec Thorez et Doriot, Sémard et Célor. Il connaît la prison :

« Bah, on avait droit aux journaux, aux livres, aux visites; c'était le principal. »

Fini le temps où, à la fin des réunions, on faisait la quête pour pouvoir reprendre le train et dîner et où, si la réunion n'avait pas réussi, on se contentait d'un oignon et de pain. En 1933 il est secrétaire de la CGTU.

L'année d'après, Doriot étant exclu, c'est lui, et non Thorez, (concurrent direct du maire surnommé le « taureau de Saint-Denis »), qui est envoyé pour « colmater la brèche ». Près de lui, sous sa direction, Fernand Grenier fait le porte-à-porte. Un vieux de Saint-Denis remarque :

« C'était très fort d'envoyer Benoît. Parce que, lui, on savait bien qu'il n'avait pas d'ambition personnelle. Maurice? C'était un chanteur de charme, mais il n'inspirait pas autant confiance à l'époque. »

La même année, il reprend contact avec Léon Jouhaux, le grand aîné de la CGT. L'Internationale, on le sait, hésitait encore sur le tournant qui, quelques mois plus tard, mènera au Front populaire. Pourtant la période rendait un « Front antifasciste uni » indispensable, et la protestation contre le procès du Reichstag, (l'incendie allumé par des provocateurs pour permettre aux nazis une mise hors la loi ignominieuse des communistes), avait montré que l'unité, que l'« élargissement » payait.

Mais Jouhaux a mis un préalable à tout entretien sur l'unité syndicale. Il fallait pouvoir renier officiellement l'une des 21 conditions d'admission à l'Internationale posées par Lénine, celle qui stipulait la soumission des syndicats au parti. Frachon y est parvenu non sans peine. Au Profintern (l'Internationale syndicale), on avait fini par répondre :

« Vas-y toujours, on verra bien. »

La deuxième difficulté, d'après Frachon, tenait à la personnalité de Jouhaux, à son goût des premiers rôles :

« Il fallait surtout lui donner la certitude qu'il ne serait pas le nº 2. Parce que, ça, il ne l'aurait pas supporté. »

En réalité, le problème dépassait une simple rivalité de personnes. Jouhaux avait trop d'expérience pour ne pas comprendre que les communistes, meilleurs militants, plus résolus, plus disciplinés, allaient dominer.

La même difficulté présidait aux pourparlers pour le Front populaire. Frachon y prenait part avec Thorez et Gitton : il négociait l'unité d'action avec Léon Blum et Zyromski (lequel, en 1947, avait quitté la SFIO parce qu'il était resté « unitaire », ce qui fut sa perte : au PCF il ne joua aucun rôle et le fameux Parti Ouvrier Unifié [1] s'est très vite effondré faute d'adhérents et faute de soutien).

Le Front populaire réalisé, les grandes contradictions ne se trouvaient pas résolues. Frachon était contre la participation des communistes au gouvernement. Pour l'ex« anar », le parlement était une institution de la bourgeoisie. Quand éclatent les grèves avec occupations d'usine – que la CGT n'avait pas inspirées, elles ont surgi de la base, spontanément – il comprend très vite qu'il faut prendre le mouvement en main. Les communistes sont pris de court : ils ne l'avaient pas prévu. Léon Blum et les socialistes sont atterrés. Frachon dit à Jouhaux, citant un mot classique :

« Si nous ne prenons pas la tête du peuple, c'est lui qui prendra la nôtre. »

Mais, principe contraire, il faut aussi « savoir terminer une grève ».

Avec Jouhaux, en belle cravate, don des ouvriers soyeux de Lyon, en beau complet, Benoît Frachon se rend à Matignon. Ils signeront tous deux les premiers accords entre une centrale syndicale et un gouvernement.

En 47, Frachon disait :

« Les « pagailleurs » m'ont reproché d'avoir signé en 1936 un accord avec les patrons? De ces accords sont sortis les congés payés, la semaine de quarante heures et toutes les lois sociales : assurances, allocations... Est-ce qu'il faut donc refuser d'améliorer le sort des travailleurs parce que ce n'est pas la Révolution? »

Les « pagailleurs », sa bête noire, sont devenus les « gauchistes ». Comme tous les dirigeants communistes, Frachon n'a jamais admis d'avoir, à gauche, des adversaires qu'il puisse qualifier autrement que d'« irresponsables », de « pagailleurs » ou – c'était plus commode – de « provocateurs ».

L'œil étincelant, il bourrait sa pipe éternelle de son pouce court et large :

« Un syndicat il n'y faut ni des excités ni des peureux! »

Vient la guerre. Avant même que les communistes – qui approuvaient le pacte germano-soviétique – soient expulsés du

1. En 1946-1947 aura lieu une tentative d'unification socialo-communiste, dans le Parti Ouvrier Français, chaleureusement patronnée par Jacques Duclos et soutenue par l'hebdomadaire *Action*.

Parlement, condamnés par une Cour, mis dans l'illégalité, Jouhaux était parvenu à faire exclure les dirigeants communistes de la CGT. Mais, dès l'occupation, tout redevient dur et clair. Benoît Frachon plonge dans l'illégalité, là où la clandestinité lui semble le mieux assurée, dans la banlieue parisienne :

« ... Moi, je suis un Français moyen : une barbe, d'autres lunettes, un chapeau et personne ne me reconnaît plus. » Il était si sûr d'être méconnaissable qu'au moins une fois à ma connaissance, il a enfreint les consignes de sécurité : son agent de liaison étant malade, il s'est rendu lui-même à un rendez-vous... y a trouvé une personne elle aussi chargée de cette mission par intérim et a fait une entorse au règlement en l'emmenant dîner dans un restaurant. Nouveau manquement aux règles de la sécurité : Duclos venait le rejoindre dans la petite maison où il était caché; Duclos se faisait passer pour son beau-frère.

Le « bistrot » du coin de dire à Frachon :

« Votre beau-frère, s'il ne portait pas la barbe, on pourrait le prendre pour Duclos, le communiste... »

Parfois Charles Tillon, chef des FTP, ou Auguste Lecœur, dirigeant des mineurs venaient aussi... Jouhaux a été déporté en 43. Il parviendra à négocier la réunification de la CGT.

Après la guerre il est, avec Jouhaux, secrétaire général.

Certes, à la Libération, il aurait pu – mais Jacques Duclos aussi – prendre, ou garder, la première place à la tête du Parti. Thorez revenait avec toutes sortes de handicaps. Il a fallu négocier son retour, son amnistie, avec de Gaulle. Le désarmement des milices patriotiques, qui était l'un des prix de cette amnistie, mettait Frachon en posture bizarre : quelques jours avant que Thorez l'annonce dans son grand meeting de retour au Vel' d'Hiv' Frachon – et d'ailleurs Duclos aussi – avait exalté le rôle de la « classe ouvrière en armes ». Il aurait à ce moment suffi de peu de choses pour renverser la situation. Pour laisser le pouvoir, dans le Parti, entre les mains de Duclos et Frachon, chefs du parti clandestin, et les seuls chefs que connaissent les jeunes adhérents. A ce moment, il aurait été possible sans doute de mettre Moscou devant le fait accompli. Staline aurait-il protesté? Questions inutiles. En 44-45, le prestige des « vainqueurs de Stalingrad » était tel que leurs décisions ne pouvaient être discutées.

De plus, Duclos, chargé de tant de missions, secrètes ou non, par l'Internationale, se sentait sans doute trop intégré à l'appareil pour en discuter les dispositions. Enfin, Frachon, au fond de lui, a toujours préféré la mer ouverte de la CGT au lac salé du parti. (Cependant, il n'a jamais manqué une réunion du Bureau politique même dans la période où, au nom de l'indépendance syndicale, il n'en était pas officiellement membre.) A la Libération, il a refusé de demander la Légion d'honneur, et n'a jamais porté aucune de ses décorations. Songeons à de Gaulle qui, quand on lui a proposé la Légion d'honneur, a répondu :

« L'État ne saurait se décorer lui-même... »

Frachon a ri quand on lui a rapporté ce mot :

« Eh bien, remarqua-t-il, la France ne saurait non plus décorer la classe ouvrière qui est son épine dorsale... »

Plus tard, Frachon connaîtra des années d'isolement. A la maladie de Thorez, les « excités » du Parti (Lecœur poussé par Jeannette Vermeersch et leurs partisans les plus fidèles), Jacques Duclos ayant été arrêté après une manifestation « dure » manquée, déclenchent une grève générale politique, mal suivie. Puis la CGT, malgré la scission, malgré les grèves et leur répression en 47 et 48, reprendra son premier rôle. Il faudra à Frachon, après le XXe congrès soviétique, beaucoup de fermeté pour ne pas de nouveau perdre une partie des adhérents en niant les crimes de Staline pourtant dénoncés à Moscou.

En mai 68, il n'était plus que le président d'une CGT dont Séguy assurait le secrétariat général. A-t-il pensé que la révolte étudiante était due aux « pagailleurs »? En tout cas il a consigné le « constat » de Grenelle avec le gouvernement. Ce sera son dernier acte d'éclat.

CINQUIÈME PARTIE

Du soleil d'Italie aux moissons de Pologne

1.

Italie : la renaissance bourgeoise

Si la France hésite entre les grèves tournantes et la rénovation de l'outillage industriel, l'Italie n'a pas le choix. Détruite physiquement par la guerre, ses ruines neuves saignent sur les vestiges antiques. Secouée en profondeur elle efface difficilement les traces d'un fascisme qui avait formé la conscience moderne d'une génération. Pendant deux ans, la bourgeoisie a eu mauvaise conscience devant les horreurs du nazisme dont, soudain, on l'accusait d'avoir été ou coupable ou complice. Elle se taisait, se raccrochant à une Église restée traditionnelle. Mais, avant même que soit voté le plan Marshall les grands bourgeois d'Italie ont compris que les Américains désiraient investir, prêter, aider... En tout cas déverser leur trop-plein sur ce pays de la pénurie. Ils demandaient des assurances? Le 31 mai De Gasperi – plus élégant que Ramadier, et plus sûr de lui – avait démissionné. Pour aussitôt former un nouveau gouvernement. Sans communistes.

« Vous voyez », dit-il aux Américains. L'« affaire » avait conclu son voyage de janvier aux États-Unis et les garanties suggérées par les gouvernants, mais surtout par les hommes d'affaires investisseurs. Dès lors sur les ruines le néon a scintillé; coca-cola cachait les chapiteaux romains et les frises Renaissance; le jazz remplaçait « giovinezza », le rock'n'roll absorbait le besoin de mouvement des défilés de jeunes. Quant à l'industrie, elle renaissait ou naissait. Dans les quelques régions dévastées – comme en Allemagne – des machines neuves assurent une production et des prix de revient que l'Italie ne connaissait pas jusqu'alors.

Par contre, si l'Italie du Nord renaissait, le Sud s'enfonçait dans une somnolence qui, en comparaison, pesait de plus de misère. Vers 47 commencent les grandes migrations qui font de l'Italie le premier pays employant une « main-d'œuvre immigrée » non étrangère par la nationalité, étrangère pourtant par les mœurs et le développement.

C'est l'année où le « boulet du Mezzogiorno » commence d'occuper la presse, où les *disoccupati* commencent à prendre le train, non plus vers l'hypothétique embarquement pour l'Amérique, non pour la France, mais pour Milan, mais pour Turin. *Il treno del Sole,* le train du soleil que les services du personnel des grandes usines viennent attendre avec des pancartes « Fiat » ou « Pirelli », c'est pour les années 50. Mais déjà ils arrivent, par paquets, jeunes Méridionaux habitués – s'ils trouvent du travail – à trimer douze à treize heures pour le prix d'un repas. On leur a dit qu'ici on cherche des bras. On leur a dit qu'ici un compatriote a acheté cet objet de rêve : un vélomoteur... Ils vivent dans des hangars, sur des sacs, mangent des oignons et des pommes de terre à l'eau. Ils vivent dans l'avenir.

C'est eux que le cinéma néo-réaliste italien, qui a marqué la renaissance du film en Europe, eux que de Sica, Rossellini prennent pour héros.

Ce qu'ils pensent du Nord, de ses habitants, de leur vie? Nous en avons le témoignage par le récit d'un gars de 27 ans à des journalistes. Il est arrivé à Milan en 1947. En 1950 il est toujours manœuvre :

« J'ai vécu deux ans sur une paillasse. Puis j'ai fait venir ma promise du pays, on s'est mariés, je me suis endetté. Cette banlieue de Milan, vous voyez, on y construit partout : on l'appelait autrefois l'Enfer, maintenant en 1950 on l'appelle la Corée : nous vivons comme des Coréens. L'eau et le reste dans la cour. En 47, le terrain ici coûtait 500 lires le mètre carré, aujourd'hui en 50 il coûte 3 à 4 000 lires. Nous avons tout vendu, même nos montres, pour vivre dans une chambre : il fallait une caution. On a un lit, une table, deux chaises, un poêle pour faire à manger.

– Allez-vous à l'église?

– La dernière fois que j'y suis entré, c'était pour mon mariage!

– Avez-vous des opinions politiques?

– Je suis communiste; comment ne pas l'être dans ma condition?

– Alors, vous ne croyez pas en Dieu?

– En Dieu si, aux prêtres non.

– Que pensez-vous des Milanais?

– Ils s'habillent mieux, ils mangent mieux, le dimanche ils s'amusent à moto ou avec le vin. Les femmes? Vous les avez vues? Elles se laissent embrasser dans la rue, elles parlent aux hommes les premières. Et ce seraient pas des putains? Les plus cochonnes c'est les familles qui permettent ça. Elles n'ont donc pas de frères, ces filles, pour forcer celui qui les embrasse à les épouser?

– Et les hommes?

– Hier il y en a un de Milanais qui m'a dit " *Terrone* (cul terreux), tu viens nous enlever le pain de la bouche, mais tu ne sais pas travailler. " Je lui ai dit : " Viens soulever les paquets que je porte et on verra. Je suis sale? Viens vivre à dix dans une chambre avec un robinet dans la cour et on verra qui se lavera le plus. " Les Milanais, ils ont l'habitude d'un bon petit travail bien propre. Ils sont allés à l'école, alors ils n'ont plus besoin de se fatiguer. Moi, personne ne m'a rien appris. »

C'est le récit-type; c'est aussi toute l'histoire de la politique italienne. La bourgeoisie et l'Église restaient traditionnelles, attachées aux vieilles valeurs, à la hiérarchie ancienne. Le clergé italien (et d'ailleurs en 47 la hiérarchie ecclésiastique française, à de rares exceptions près) appuyait entièrement les « démo-chrétiens ». (En France, aux élections de 46, les prêtres, à confesse [1] et parfois en chaire, incitaient à voter pour le MRP.) Les socialistes recrutaient plutôt chez les employés, ou dans le très petit commerce.

Les *terroni* méprisés, les ouvriers migrants de l'intérieur tout comme les *braccianti,* les journaliers agricoles chômeurs *(disoccupati)* restés dans le Sud, posaient au PC des questions difficiles à résoudre.

Comme le PCF, le parti italien avait traité de trotskystes les syndiqués qui, les communistes une fois sortis du gouvernement, avaient proposé de passer à l'action violente : « Le secrétariat du Parti juge superflu de donner un démenti à ces appels... les communistes répugnent à de telles formes de lutte qui créeraient dans le corps de la nation une déchirure insupportable, et dénoncent comme une provocation l'action de tous ceux... », etc.

Toujours comme le PCF, la direction italienne continue à naviguer entre deux écueils. Ici il faut tenir en main la classe ouvrière. Mais d'elle la CGIL est sûre; les syndicats sont puissants et suivent les mots d'ordre – jamais officiellement donnés – du Parti. D'autre part, il faut paraître en champion de la petite propriété rurale. En juin les métayers, conduits et appuyés par les communistes, ont obtenu que 53 % de la récolte leur soit attribuée.

En Émilie, la Ligue des Coopératives tenant son congrès en

1. Avant les élections de 1946, *Action* a publié le récit d'un journaliste qui s'était confessé dans sept paroisses, avait sollicité un conseil politique et l'avait reçu sous cette forme : votez MRP...

juin a élu 141 communistes sur 242 délégués. Le Conseil de 50 membres comptait désormais 21 communistes et 14 socialistes.

Ce résultat étonnant était dû au travail habile d'un des Kominterniens les plus expérimentés d'Europe, Giulio Ceretti (qui écrira dans les années 70 des Mémoires étonnants : *A l'ombre des deux T* (Togliatti et Thorez). Cet homme savait tout de tous ceux qui comptent dans le monde communiste international – et plus qu'il ne fallait sur les dirigeants soviétiques. Il accomplira le tour de force de n'en rien dire sauf entre les lignes, et pour ceux qui « savent » déjà. Son n° 1 de toujours, son chef bien-aimé, Togliatti, lui ayant assigné les Coopératives comme voie de garage, il en avait fait un secteur avancé de la politique communiste italienne. Giulio Ceretti raconte sa « belle bataille contre les Américains et De Gasperi au cours du terrible printemps de 47 ». Au ministère du Ravitaillement, les magasins étaient vides « et l'aide américaine se faisait attendre ». Ceretti apprend que des cargos destinés en principe à l'Italie avaient été déroutés sur l'Allemagne; il demande audience au président du Conseil qui, d'un air gêné, lui promet d'intervenir. Ceretti n'a pas plus confiance en De Gasperi que dans l'ambassadeur d'Italie à Washington dans cette affaire : il fait envoyer des monceaux de télégrammes au président des États-Unis. A De Gasperi, le routier de l'Internationale dit simplement qu'il démissionnerait en révélant l'affaire à la presse : ainsi les Américains feraient figure d'affameurs de l'Italie. Comment De Gasperi justifierait-il devant ses amis de Washington une campagne de presse pareille? : « Jusqu'à mon dernier jour, je reverrai le visage du Président. Il devint encore plus pâle : « Tu ferais cela? » Ceretti dit qu'il lui laissait quarante-huit heures pour convaincre l'ambassadeur des États-Unis à Rome. Treize bateaux de blé et de farine ont rebroussé chemin vers les ports italiens.

Ceretti décrit la faiblesse de De Gasperi : son goût du louvoiement, de l'atermoiement : « Il ne gouvernait pas : il jouait au chat et à la souris. » Mais c'était un masque, qui mettait l'adversaire hors de garde. Cependant – et là sans doute Ceretti voit clair – De Gasperi a été rendu responsable par l'ensemble des Italiens votant à gauche du « climat de pogrom anticommuniste » qui s'est concrétisé dans l'attentat du jeune fasciste Pallante contre Togliatti. Il perdra les élections de 53.

En attendant, en septembre 47, le prolétariat agricole tente de se défendre. Le PCI se trouve pris dans une contradiction : défenseur de la petite-bourgeoisie rurale, comment pourrait-il cependant renoncer explicitement à se conduire en « parti de classe », donc à soutenir les journaliers révoltés?

L'été 47 s'est passé à trouver un équilibre. Rester un parti de la classe ouvrière (fût-elle rurale), mais empêcher celle-ci de devenir extrémiste en arrachant à la petite-bourgeoisie des réformes apaisantes. Les communistes y réussissent en naviguant au plus près.

Les grandes fortunes

C'est le temps du cinéma néo-réaliste italien, le temps où les sciuscia, les petits cireurs de chaussures, couraient encore à travers les rues de Rome ou de Milan, le temps où le *Voleur de bicyclette* rendait l'atmosphère même des faits divers et de la vie quotidienne, en ces débuts des bidonvilles de *Miracle à Milan.*

Mais c'est aussi le temps où s'annonce la « Dolce vita ». Très cachée encore – 47 est dans toute l'Europe une année à morale exigeante. L'Église italienne demeure fidèle à ses tâches traditionnelles : elle est conservatrice, elle prêche l'ordre et la résignation et le mot « révolution » dans la bouche d'un prêtre représente une menace d'enfer. L'« aggiornamento », on n'en voit pas même la semence en Italie, alors qu'en France la JOC [1] et surtout la JEC [1] commencent à protester contre un conservatisme inadapté.

Les grandes fortunes s'édifient, prennent pied et conscience, précisément entre 47 et 50 : ce sont les premiers mois où l'on sente effacées les traces de la guerre.

L'imagination italienne s'étendait alors à l'industrie, et l'invention conduisait à de nouvelles accumulations de capital. Quelques années plus tard un industriel, ayant acheté de très petits pneus provenant d'avions américains désarmés, eut l'idée de construire avec eux une petite moto sur laquelle on se trouvait confortablement assis. Ainsi naquit la « Lambretta », puis sa concurrente la « Vespa », qui couvriront les rues de leurs menues pétarades avant que des Fiat minuscules ne les détrônent. Les princes-mécènes sont ceux des moteurs, des machines à écrire ou à rouler.

Agnelli, le patron de FIAT apparaît pour ce qu'il est : un roi. Mais s'il est banal que l'industriel le plus important d'un pays

1. La JOC (Jeunesse Ouvrière Chrétienne), la JEC (Jeunesse Étudiante) combattaient de toutes leurs convictions l'immobilisme de la hiérarchie qui leur assenait des interdictions ou, doucement, se débarrassait des « trublions ». Certains conservateurs de cette hiérarchie ont, par la suite, beaucoup changé! JOC et JEC peuvent se glorifier d'avoir timidement, mais courageusement précédé d'une génération Vatican II. Le futur Jean XXIII était d'ailleurs nonce à Paris dans les années 50.

pèse lourd sur les vies qu'il paie et celles qu'il influence, d'autres font fortune de manière plus imprévue.

« Fumetti »

Par exemple, un éditeur de la presse du cœur. Le nombre de ses acheteurs se multiplie chaque mois. L'arrivée dans le Nord des *terroni,* mais surtout de leurs femmes, provoque une véritable inflation de la « confidence vécue », du « roman-photo », de la « bande dessinée ». Les *fumetti,* seul type de lecture qu'elles puissent suivre – l'image provoquant le désir de savoir et le texte à lire étant court – commencent la conquête qui fera d'eux le « huitième art », les faisant entrer dans le domaine de la « bande dessinée ». Dès le milieu des années 50, un certain snobisme intellectuel a sorti les *fumetti,* les bandes dessinées ou même photographiées, de leur statut de pure consommation. On a commencé à détecter des « manières », des « styles ». Après le jazz, la photo d'art, les affiches et dessins publicitaires, les *fumetti* sont devenus objets d'analyse et de commentaire.

L'homme qui en a fait une industrie forte ne s'est avisé qu'assez tard que ce snobisme est favorable, sinon à ses affaires, du moins à son image (on nous a demandé de ne pas citer son nom).

Il arrivait au bureau avant tout le monde. Pointait comme tout le monde. Se promenait à travers la maison en prétendant être invisible; aucun salarié ne devait se montrer conscient de sa présence. L'œil de Dieu est partout; il faut donc se conduire avec un parfait naturel sous son regard. Sa vie privée ressemblait plus à celle d'un industriel new-yorkais qu'à une biographie italienne : trois mariages (civils à San Marino), deux divorces; des fils employés dans l'entreprise sans faveurs apparentes. L'intéressant de cette vie, c'est le mélange de tradition fastueuse, à l'italienne (voitures brillantes à chauffeur, armée d'employés), et le culte d'une inefficacité à l'américaine. Il a vite investi en dehors de ses éditions : des hôtels, d'autres industries et chaînes de commerce.

Il compte à présent dans cette société milanaise qui, dès 1947, offre les caractéristiques décrites par Jean Anglade[1] : A Turin, la hiérarchie est « au service de FIAT voluntas mea », tout industriel en fait partie. Par contre à Milan, il faut prouver ses quartiers de culture et de mécénat, « une coloration progressiste, une autorité intellectuelle », « être capable de signer un chèque d'au moins

1. Jean Anglade : *La Vie quotidienne contemporaine en Italie,* Hachette-Litt.

cinq zéros » pour sauver une œuvre d'art. Et, bien entendu, comme au temps de Stendhal avoir sa loge à la Scala, à l'année...

Sous cette bourgeoisie classique s'en est constituée une autre durant l'après-guerre. Elle sort de l'artisanat; elle montre une rencontre heureuse de cette imagination italienne toujours à l'affût, ce génie de la *combinazione* et de la confiance en la réussite par protection spéciale de la divinité... C'est un autre pont entre les civilisations, pourtant opposées, d'Italie et des USA.

Chocolat au village

La famille Ferrero en est la représentation la plus parfaite. Elle est, au contraire de notre éditeur, heureuse lorsque son nom est cité : publicité gratuite...

Boulangers-pâtissiers-confiseurs à Alba, bourg de 15 000 habitants, Pietro et Giovanni Ferrero ont fait fortune comme Sir Arthur-Albert Fleming a découvert la pénicilline : par un hasard couronnant une recherche. La pénurie de cacao a donné l'idée à Pietro Ferrero – débonnaire, disert et cordial – et à Giovanni d'y mêler le fruit de la région : la noisette grillée et pilée. A ce bonbon inconnu, d'abord présenté en plaques, ils ont posé le masque de la tradition : *giandujo*. Avec, en plus, une pâte pour remplacer la confiture, la *nutella*. Le succès fut tel, en un an, qu'en 1947 les frères Ferrero employaient 50 personnes. Ils livraient eux-mêmes, en camionnette. Une génération plus tard, des voitures constellées de publicité pour « Mon chéri », bonbon au chocolat et liqueur parcouraient toute l'Europe (un parc de 3 000 voitures), employaient 3 000 salariés. Autre idée de génie de Giovanni Ferrero – une nature capable de soulever une voiture sous laquelle était coincé un de ses ouvriers : pourquoi chercher la main-d'œuvre au loin? Il suffit d'assurer les fermières que leurs filles ne courent, chez Ferrero, entreprise familiale, aucun danger moral. Le car les emmène de la ferme vers 5 h 30 et les ramène avant la nuit. A l'arrivée, Mme Piera Ferrero a préparé le café gratuit pour « ses filles ». En récompense, on part ensemble en pèlerinage à Lourdes où les salariés achètent une statue bénite de la Vierge en cadeau pour leurs patrons. Ce paternalisme satisfait ouvrières et ouvriers-paysans : la plupart ont abandonné le vin pour la culture du noisetier dont ils peuvent revendre la récolte à Ferrero... ou à un autre : il se tient chaque année une foire à la noisette à Alba.

Les Ferrero se sentent aimés de leurs salariés, dont plus de la moitié sont parents entre eux. Ils continuent de mener, bien que millionnaires lourds, une vie provinciale.

Ils prennent les tournants avec sérénité. Le syndicat? Il a bien fallu accepter son existence – et même ses revendications – quand, dans les années 70, les ouvrières ont fait une grève de quarante jours pour obtenir une augmentation de salaires, une amélioration des conditions de travail : chacune change de poste toutes les deux heures, rompant la monotonie de la chaîne.

En 47, la petite industrie chocolatière des Ferrero résume ce que l'Italie garde d'imagination, d'entregent et de gentillesse. Mme Piera Ferrero dit en souriant : « Non, nous ne sommes pas des " chauvins d'Alba "; nous employons 300 " étrangers ", c'est-à-dire qui ne sont pas de la région. Mais 10 %, c'est bien, et c'est assez... »

Au-dessus de la misère des gens du Sud, des innombrables et constantes inventions des gens du Nord pour arriver à vivre, une classe nouvelle se constitue. Une petite bourgeoisie, dont la naissance pourrait être datée de 46-47 et qui donnera à l'Italie, à travers un quart de siècle de soubresauts, cette teinte nouvelle, laïque et moderne qui aboutira en 74 à l'étonnant référendum qui admit le divorce.

L'Italie? C'est à la fois un nouveau prolétariat affluant des campagnes les plus pauvres, une bourgeoisie nouvelle en ascension et une grande bourgeoisie avide d'établir, de rétablir, après le tohu-bohu de la guerre, sa domination et sa hiérarchie. Ce qui explique un tripartisme plus durable qu'en France, dans les faits du moins. N'ayant pas subi de phénomène gaullien, l'Italie s'est déployée selon ses structures. N'ayant plus d'empire colonial, c'est le Mezzogiorno qui a pesé sur elle. La ligne de rupture passe au milieu de la bourgeoisie même. L'aggiornamento, nécessité mondiale dans un monde en ébullition, était pour les mêmes raisons indispensable aux mutations de la société italienne. En 47 dans le combat constant entre l'Église et les communistes (rendu folklorique par la série de romans et de films de *Don Camillo*), la victoire ne restait à don Camillo que s'il faisait appel à l'appareil de répression de l'État. La force du Parti communiste italien était de s'étendre au-delà et d'accepter les conséquences de cette mutation de la classe ouvrière.

Le PCI recueillait l'avantage de ses vingt-deux ans d'interdictions, de risques et de répression : ses cadres avaient connu l'exil, la Résistance, la prison, mais non la bureaucratisation qui transforma les responsables du PCF durant les années trente. D'où leur sens de la rue, de la discussion, de l'ouverture. Togliatti, lui – comme plusieurs autres – connaissait bien le « style russe » mais le refusait, ne s'était jamais laissé éblouir, en avait constamment souffert. Dès 1947, les militants français qui arrivaient en Italie découvraient une « autre façon d'être communiste ». Ce « style italien », qui allait dans les années cinquante, influer sur les objets, l'architecture, le vêtement, et déjà sur le cinéma, devenait une tentation pour les militants du PCF et commençait déjà à exaspérer leurs dirigeants. Rien de plus contraire au goût d'ordre et de faste, à la hiérarchie disciplinée du « style thorézien ».

L'écran, nouvelle culture

De ces contradictions naissait d'ailleurs une nouvelle culture, dont le mode d'expression fut le « septième Art ». Le cinéma n'avait été jusqu'alors, en Italie, que purement commercial.

Pendant la guerre, les jeunes Italiens passionnés par le cinéma découvrent les films français : pour eux les seigneurs de la caméra se nomment Carné et Renoir. C'est en 43 que, pour la première fois, le mot « néo-réalisme » a été imprimé : il était appliqué par un Italien, dans la revue *Film*, au cinéma français. Le néo-réalisme, pour ces garçons c'était *Quai des Brumes*, ou *La Partie de campagne.* D'ailleurs l'un des chefs de file du jeune cinéma italien, Antonioni, n'avait-il pas été assistant de Carné?

La Libération a vu une explosion de films. Aujourd'hui, nous en retenons quelques noms : Lucchino Visconti qui, séduit par le marxisme, voulait reconstituer une réalité sociale. Puis un charmant populiste, un comédien-réalisateur qui s'allia au scénariste le mieux fait pour l'inspirer. L'équipe Vittorio De Sica-Cesare Zavattini avait déjà, en 46, réalisé *Sciùscia* et le monde libéré avait dans ce film découvert à la fois les destructions du tissu social, l'intolérable de la misère, l'effondrement de la morale traditionnelle et le charme de la gentillesse, la sorcellerie de l'enfance affranchie. Le troisième grand a été Roberto Rossellini. En 47, il a préparé et tourné celui de ses films dans lequel il avait mis le plus d'ambition... et qui a le plus déçu : *Allemagne année zéro.* Ce film auquel il avait consacré tant de pensées, de lectures, de philosophie, de conversations, de repérages sur place, Rossellini l'avait manqué – mais n'a jamais voulu le reconnaître – parce qu'il s'en était désintéressé au moment de le tourner.

Rossellini, assez étrangement, affectait l'horreur des idées, des théories. Il disait :

« Avoir une idée préconçue conduit à vouloir démontrer une thèse... mais dès lors on viole la vérité. »

Et aussi :

« Le néo-réalisme n'est pas une doctrine, c'est un état d'âme. »

Il répétait le mot de Zavattini :

« Je veux, toujours et avant tout, être un contemporain. »

En 47, il se trouvait à Berlin, faisant ses repérages lui-même, avec une concentration exaltée. Il dit alors à l'auteur :

« Je veux montrer comment un peuple, ici les Allemands, qui était bien sûr un peuple comme un autre, est devenu monstrueux parce qu'il accepta le culte du héros. Il s'est cru surhumain. Ce qu'il y a de vrai dans le christianisme, c'est la nécessité d'être humble. Le nazisme, c'est le refus de l'humilité. » Et il racontait merveilleusement son film. Un enfant a reçu cette éducation folle qui exalte les valeurs viriles, héroïques. Ce qui l'amène à commettre un crime en croyant accomplir un acte de héros. Et voilà soudain qu'il comprend... Un enfant n'accepte pas le compromis; il se suicide.

Rossellini racontait, tandis que la pluie glaçait les décombres de Berlin, trempait les femmes qui se passaient briques et débris, à la chaîne, emmitouflées de tous les déchets de laine qu'elles avaient trouvés. Il continuait le récit dans les cafés du Kurfurstendamm qui étaient redevenus accueillants. En l'écoutant, on prévoyait le chef-d'œuvre. Mais quand Rossellini revint à Berlin pour le tourner en 48, il était entièrement saisi pas sa passion pour Anna Magnani. Elle ne jouait pas; donc le film lui était devenu étranger. Pendant le tournage, il passait ses soirées en cocktails, réceptions, avec Anna... le lendemain il improvisait. Or, Rossellini n'est pas homme d'improvisation mais d'observation. Sa passion tirait un voile entre le Roberto du moment et celui qui aurait dû vivre uniquement de l'existence de l'enfant perverti par l'héroïsme.

Tout le néo-réalisme, en fait, est résumé par une phrase de Maurice Merleau-Ponty que connaissaient, et citaient, à la fois Rossellini et Visconti : « Une histoire racontée peut signifier le monde avec autant de profondeur qu'un traité de philosophie. »

Le néo-réalisme fut une entreprise pour « signifier le monde ». Disons que les œuvres (films, pièces, romans) de 47, refusaient la notion d'absurde gratuit. Le monde qu'ils montraient était absurde, mais l' « homme-en-situation », comme disait Sartre, en prenait conscience et soit tentait de le modifier, soit le refusait en se donnant la mort. *Riz amer,* film violent, incitait à lutter, non à se résigner. Le problème restait : accepter l'homme, ou le changer? L'existentialiste acceptait de lutter à l'intérieur d'une situation. Le marxiste, optimiste, pensait que l'homme étant le produit du système des classes, en modifiant le système on changerait l'homme.

Toute la création de 47, et jusqu'au milieu des années 50, sera prise dans cette dialectique.

Visconti en 47 tourna *La Terre tremble.* Il espérait éveiller la conscience des pêcheurs, des hommes pauvres du Sud en montrant le désespoir des luttes solitaires. Le film naquit d'une histoire vraie : quinze ouvriers avaient fait redémarrer une mine de soufre abandonnée. Des paysans révoltés étaient arrivés au galop, et « la terre trembla » sous les sabots des chevaux : ils voulaient se partager les terres incultes des latifundia.

Pour incarner son héros, un pêcheur, Visconti prend un vrai pêcheur et lui choisit, de village en village, une « famille » qu'il amène à Catane chez un photographe. Il fait « tirer leur portrait-de-famille ». Il explique chaque fois ce qui va se passer aux interprètes amateurs. Ils le redisent avec leurs mots qu'on enregistre, puis qu'on polit et qu'on leur fait répéter dans le film. Aucun ne connaît le sens général du film. Au point qu'une fois l'œuvre terminée, en 48, quand elle sera projetée, à Venise, devant les artistes improvisés, les « sœurs » pleureront : elles n'avaient pas cru si cruelle l'existence de leurs « frères ».

En 47, De Sica et Zavattini préparent *Le Voleur de bicyclette* à partir d'un roman humoristique de Bartolini. « C'est je crois un peu au-delà du réalisme, dit-il en se rappelant le film; c'est une tragédie à demi rêvée. »

Pour le néo-réalisme italien 47 fut l'année du grand prestige, de la conquête de l'Europe et de Hollywood. Quand, trois ans plus tard, De Sica et Zavattini tourneront *Miracle à Milan,* ce sera le chef-d'œuvre, le fruit le plus mûr de cette après-guerre. Et aussi l'expression onirique la plus juste de cette Italie de 47 où, en effet, le mot « miracle » servait à la fois pour désigner les plus folles des hallucinations collectives et les plus financières des réussites économiques.

Reconstruire des villes, une industrie, mettre en chantier une nouvelle répartition des richesses exige une infinie souplesse d'esprit et d'invention. Plus d'ailleurs dans un régime de libre-entreprise, de libre-concurrence que dans un régime de stricte planification; en tout cas la souplesse doit se manifester différemment, individuellement. Or, ces qualités d'imagination individuelle sont celles que les gouvernements totalitaires pourchassent et exterminent. Aussi, deux ans après l'armistice, le tissu social de l'Allemagne, et de l'Italie également, demeurait fragile : chacun cherche encore sa place. Si en Italie l'Église demeure d'un conservatisme impavide, c'est qu'elle est la seule puissance qui sorte du désastre en apparence intacte.

En Allemagne, le déchirant désarroi des occupations contradictoires et affrontées fausse tout. Le mur des idées et des institutions se dressait déjà pour séparer l'administration soviétique de celle de la future trizone.

En Italie, la bourgeoisie rejetait le fascisme, péché originel, prétendait l'avoir simplement subi et jamais accepté. Mais elle ne parvenait pas à soustraire ses enfants à l'influence du PCI. Parfois les jeunes bourgeois puisaient simplement chez les communistes la force de refuser les valeurs traditionnelles, d'exprimer leur besoin de libre examen ou d'anarchique contestation. Pour l'ensemble de la population, la bonne gestion des maires communistes, dans des villes parfois très importantes, ébranlait l'anticommunisme inspiré par l'Église.

Quant au gouvernement, il se ressentait de toutes ces contradictions. De plus, il devait tenir compte de l'opposition entre nord et sud du pays, et s'acquérir à la fois l'Église et les libres-penseurs.

Brochant sur le tout se posait la question de Trieste.

La pomme de Trieste

C'est un cliché de l'année 47 que la « pomme de discorde de Trieste entre Rome et Belgrade ». Pomme empoisonnée comme celle que la méchante belle-mère envoya à Blanche Neige pour l'endormir...

Les Occidentaux avaient obtenu de Tito que Trieste et la Vénétie julienne conservent leur indépendance. Mais en réalité Tito n'avait pas renoncé au port dont la population était pour une bonne part yougoslave, et comptait sur le PC local pour la lui ramener. Ce PC avait commencé par être rattaché à Ljubljana capitale de la Slovénie, sur laquelle Rankovic, ministre de l'Intérieur, exerçait son emprise. Le parti était noyauté de « groupes de 5 » inconditionnellement titistes.

C'est alors, en mars 47, qu'apparaît sur cette mer agitée un des personnages les plus originaux du communisme italien. Vittorio Vidali était lui aussi un vieux routier de l'Internationale, un compagnon de toujours de Togliatti. Il avait marché derrière le cercueil de Kirov, vu se déchaîner les purges, assisté aux tâtonnements de l'Internationale tandis que montait le nazisme. Vittorio Vidali était la mauvaise conscience de Togliatti, avec ses mots d'esprit impitoyables et ce scepticisme envers Moscou, le Kremlin, ses volte-face, que les anciens du Komintern, surtout les Italiens, portaient tous en eux mais que Vidali restait un des seuls à – parfois – oser formuler. C'est d'ailleurs par Vittorio Vidali que nous connaissons la manière dont les dirigeants communistes occidentaux ont, en février 56 à Moscou, eu connaissance du fameux « rapport intérieur » de Khrouchtchev sur les crimes de Staline qui changea la face du communisme. Rien ne caractérise mieux Vidali que cette petite histoire qu'il a lui-même racontée :

Pendant ce XXe congrès, à Moscou, Vidali, lisant la *Pravda,* y apprend la réhabilitation de Belà Kun. Ce dirigeant de la Commune de Budapest de 1919, réfugié à Moscou pour fuir la répression, avait été arrêté dans des circonstances particulièrement ignobles à la fin des années 30, emprisonné pendant des années, avant de mourir. Lors de la réunion de la direction de l'Internationale où il avait été mis en accusation simplement parce qu'il avait critiqué les représentants russes au Komintern, prépondérants et inactifs, Togliatti n'avait soufflé mot. Or Khrouchtchev faisait publier une réhabilitation de Belà Kun, signée par les partis qui avaient participé à sa mise en accusation. Togliatti figurait parmi les signataires...

Vittorio Vidali, que le XXe congrès met hors de lui, dit à Togliatti :

« Je vois que vous avez réhabilité Belà Kun... »

Il lui montre la *Pravda.* Togliatti la lui arrache des mains, la lit en silence et lui dit :

« Ils ne m'ont pas avisé...

– Je le crois sans peine, remarque Vidali, mais ils n'ont pas oublié de faire signer le parti italien... »

Par Vidali également nous savons que Togliatti refusa de revoir les communistes italiens réhabilités par Moscou; « Pourquoi les reverrais-je? » se contenta-t-il de dire.

Lorsqu'en 1938, après sa participation à la guerre d'Espagne, Vidali était arrivé à Paris, sa grande amie, Elena Stassova, la secrétaire de Staline, lui fit dire que : « pour lui l'air de Moscou n'était pas sain ». Vidali demanda où il devait aller. « En Amérique », lui répondit-elle. « Mais on va m'y arrêter? » Elle fut formelle : « Tu n'as pas d'autre solution que d'aller en Amérique... »

Vidali n'est certes ni un ange ni un agneau : on l'a accusé – ainsi que Togliatti – d'avoir joué un rôle dans la mise en scène qui a conduit à l'assassinat d'Andrés Nin, dirigeant du POUM espagnol (il s'en défendit).

Étant parti en Amérique sur le conseil de la « Vieille », Vidali avait fini par militer au PC mexicain où il avait retrouvé beaucoup de camarades d'Espagne de toutes nationalités. Mais en 47 il avait critiqué le PC mexicain pour avoir, pendant la guerre, pris une attitude réformiste, « sociale-démocrate ». Les Mexicains l'avaient exclu. Voilà donc ce fidèle, riche de toutes les expériences, honni par les gauchistes, soupçonné par le Guépéou du temps des purges, rejeté par les Mexicains, qui débarque à Rome. Togliatti a une inspiration géniale. N'est-il pas né à Trieste? C'est un dirigeant tout trouvé pour le PC de Vénétie julienne.

Vittorio Vidali à Trieste... et aussitôt indigné. Il écrit à Togliatti : « Qu'est-ce que ce parti de 1 500 membres dont 500 émargent à la police politique de Ljubljana? » Et déclare :

« Même un internationaliste tel que moi doit se battre contre lui-même pour faire taire le sang nationaliste qu'il porte en lui. »

Ce qui s'adresse aux Yougoslaves et à leur chauvinisme slave, mais pouvait tout autant s'appliquer aux Italiens.

Togliatti ne répond rien. Tito, furieux, lui envoie son secrétaire politique pour discuter de la question. Il le fait acclamer dans toutes les grandes villes italiennes. Après quoi il déclare au Comité central que Vidali fait un travail excellent à Trieste... Il n'est pas impossible que les fureurs de Tito à propos de Trieste aient joué lors de la fameuse attaque contre les Italiens et les Français au Kominform.

En tout cas quand Pietro Secchia, revenant de Moscou en décembre, s'arrête à Belgrade, il assiste bien malgré lui à une discussion sur la guerre des partisans où Djilas traite l'URSS avec un évident irrespect tandis que Kardelj le tire par la veste pour le faire taire... Mais Secchia n'en parlera qu'après le schisme. Donc dès 47 – malgré les apparences contraires – les motifs de la colère de Staline, et la résolution des Yougoslaves de ne pas se soumettre, étaient en place.

Ces problèmes politiques et humains se doublaient en Italie de la nécessité de restaurer l'économie, de reconstruire l'industrie. Or plusieurs des grandes villes industrielles du Nord avaient des maires communistes qui devaient organiser des plans de sauvetage pour lesquels le marxisme ne leur offrait aucun modèle. Cependant, dans l'ensemble ils y feront face beaucoup mieux que les autres. Ce qui est étonnant, le PCI – Togliatti en tête – n'ayant d'autres notions économiques que celles acquises en URSS auprès de Varga, économiste brillant, controversé, humilié, rejeté par Staline mais que personne n'avait remplacé.

Togliatti se rend compte qu'il n'est pas en mesure de proposer un plan économique à l'Italie. La CGIL (la CGT italienne), en élabore un. Togliatti réplique qu'il ne croit pas en un plan économique national, que c'est une entreprise « utopique ». Prudent, il se contente de préconiser un « nouveau cours » : une « alliance de la grande masse des travailleurs avec les couches moyennes et ces producteurs indépendants (les artisans) qui se voient menacés, tous, par la suprématie et la prépondérance des groupes monopolistes ».

C'est ce que dans le vieux jargon communiste on nommait une politique « frontiste », c'est-à-dire de large alliance.

Un observateur anglais, Alex Clifford, est assez effrayé du spectacle de l'Italie en 1947 : deux ans après la guerre, ces files devant le moindre magasin d'alimentation, cette pénurie plus grande que dans l'austère Angleterre ou qu'en France... à tel point que la population vit au-dessous de ses modestes moyens. Les Italiens rient : *per pagare bisogna trovare,* et on ne trouve pas toujours. La révolution? Pour eux elle est simple : les pauvres prennent la place des riches. L'Anglais constate, amusé, que Marshall et les communistes tentent tous deux de sortir de l'impasse idéologique. Comment canaliser – en la favorisant – la montée des masses vers le pouvoir économique et idéologique? Les réponses seules diffèrent entre les marxistes et l'Américain.

« L'Italie, dit Marshall à son retour d'Europe, a une industrie périmée, une inflation chronique, des villes dévastées, un capital effrité et, bien entendu, un parti communiste fort : c'est un pays dont il faut s'occuper d'urgence. »

De la France, Marshall pense la même chose, mais ajoute qu'en pestant et grognant elle se reconstruit plus vite qu'aucun pays d'Europe, la Grèce exceptée (sur la Grèce l'avenir ne lui donnera raison qu'à longue échéance). Marshall pense que la France pourrait subvenir elle-même à ses besoins alimentaires, mais qu'elle est en permanence au seuil de la guerre civile. Sa balance commerciale est pratiquement bénéficiaire. Elle l'équilibre grâce à son Empire mais grâce, aussi, aux 3 500 millions de dollars empruntés aux États-Unis; ce qui ne l'empêche pas de se fixer un programme optimiste, assurant qu'en 53 elle exportera plus qu'elle n'importera.

Pour l'Italie, le plan Marshall était si nécessaire que le PCI ne se sentait pas à l'aise pour le dénoncer. Dès le 3 juillet tous – et à coup sûr la direction des PC – savaient que l'URSS rejetait l'offre. Pourtant le 5 un membre du Comité central italien, Eugenio Reale (qui va nous servir de guide dans les coulisses du Kominform), écrivait : « Si le plan Marshall est vraiment tout ce qu'on nous a exposé, il ne peut pas ne pas être accueilli avec une sincère satisfaction par tous ceux qui voient dans la stabilité économique de la nation la garantie majeure de la paix. »

Le 7 juillet, Palmiro Togliatti ajoutera que le plan est bon s'il ne sert pas à cimenter un bloc contre le socialisme. Le retrait s'amorce donc, mais avec l'ambiguïté « palmirienne » habituelle. L'éviction des communistes était la monnaie d'échange que les investisseurs américains et leur gouvernement demandaient à De Gasperi; l'obstination de Togliatti à rester au gouvernement avait fait traîner les choses de janvier à mai. Comme les communistes français il continue à ne se croire que momentanément éloigné des affaires. Il applique la même règle d'or que Thorez : pas d'aventurisme; des luttes « majoritaires », c'est-à-dire unissant les « larges masses ». A Rome comme à Paris la politique unitaire prévaut pour les joutes parlementaires et pour les grèves, dont on s'efforce de contenir l'explosion.

Plus tard les dirigeants feront leur autocritique à travers tout l'Occident; en Italie c'est Giancarlo Pajetta qui en donnera l'exemple; Togliatti se contentera d'une autodéfense.

Cette attitude montre en tout cas que les dirigeants communistes occidentaux ne croyaient pas en une « prise de pouvoir » révolutionnaire.

L'ami qui vient du froid

C'est alors, en septembre, que Togliatti, puis Thorez, ont reçu la visite d'un Kominternien polonais. Point jeune, mais paraissant plus que son âge, voûté, Ostap Dluski avait le sourire brisé de ceux qui, à force de prendre des tournants, ne savent plus où ils en sont. Que pouvait-il penser, assis seul en face de Togliatti? En 1938 les dirigeants de son parti avaient été appelés en « consultation » à Moscou pour se voir condamner comme traîtres et espions et « liquidés physiquement ». Avant le jugement à huis clos il y avait eu une sorte de procès politique à l'Internationale, et le « procureur idéologique » avait été le camarade Ercoli. De Palmiro Togliatti qu'acclamaient les foules italiennes, Ostap Dluski – qui avait connu tous les emprisonnements – devait penser qu'il était un survivant. Quelle complicité faite à la fois de profonde rancune et de consentement devait unir ces deux militants? Dluski n'avait rien d'un fanatique mais, après tant de tournants forcés, il n'était sûr que de la suprématie du Mouvement dans sa vie. Le voilà membre du Comité central, dirigeant le Bureau étranger de son parti. Les communistes vont, enfin, transformer la Pologne... N'est-ce pas la justification de tous les sacrifices?

En ce 13 ou 14 septembre Dluski est donc venu inviter Togliatti à une réunion convoquée par le parti soviétique en Pologne, « afin d'examiner la situation internationale ». Eugenio Reale est le seul membre de cette assemblée qui en ait – par écrit – révélé les dessous. Il appartenait à la direction du PCI, avait été ambassadeur à Varsovie en 45 quand les communistes étaient au gouvernement, dirigeait le bureau étranger du Parti. Togliatti l'avertit qu'il se rendrait en Pologne avec Luigi Longo, secrétaire du PCI.

D'après Reale, Dluski aurait insisté pour que le chef du PC italien participât à la réunion, mais quand le biographe de Togliatti, Giorgio Bocca, l'interroge, Luigi Longo s'élève contre cette hypothèse. Il fait observer que, exception faite de Gomulka, puisque les Polonais sont les hôtes, aucun numéro un ne s'est déplacé : pour la France c'est Duclos et non Thorez; pour la Yougoslavie Kardelj et non Tito, et de même pour les autres démocraties populaires. Idanov et Malenkov, les « numéros deux » ex-aequo de l'époque, représenteront Staline.

Sur les deux délégués de chaque parti l'un – au moins – est un homme de confiance des Soviétiques, un chef-routier de la diplomatie communiste. Duclos, de Paris, « conseille » les partis de langue française et le PC espagnol. Longo, au début des années 50, tentera d'éloigner Togliatti du PCI en incitant Staline à le nommer à la tête du Kominform, précisément. (Togliatti ira jusqu'à l'insubordination larvée pour éviter cette classique « élimination par les honneurs », ce qui le fera « mal voir » à Moscou). Le représentant des Bulgares, Voïko Tchervenkov, deviendra le numéro un après la mort de Dimitrov. De même Slansky. Après avoir été nommé secrétaire général par Moscou il sera condamné et exécuté, en 1952, pour « trahison sioniste », une variante de l'accusation habituelle de « traître à la solde de Tito ». Slansky, séducteur léonin, avait été à l'Internationale l'adjoint et l'ami de Togliatti. Quand Palmiro échappera de peu à un attentat, il lui enverra une voiture blindée construite pour Hitler et saisie par les Tchèques, mais Togliatti ne s'en servira jamais.

Qu'a dit Dluski de ce qui se préparait? Savait-il quelque chose? N'a-t-il pas voulu que le « camarade Ercoli » perde la face? Reale semble supposer chez Togliatti le pressentiment d'une accusation : il avait recommandé de faire remarquer la situation géographique de l'Italie, libérée par les alliés occidentaux. Longo devait dire qu'une lutte armée pour le pouvoir aurait réduit l'Italie à l'état de la Grèce : à la guerre civile.

L'étrange, c'est que Thorez, bien que n'allant pas lui-même en Pologne, ne semble avoir aucune idée de ce qui va se produire. La preuve en est qu'après la visite de Dluski il accorde une interview au directeur de l'agence Reuter à Paris, Harold King. Elle sera diffusée le jour même où s'ouvre la conférence en Pologne, le 22 septembre. Thorez déclare à King :

« Le parti communiste est un parti de gouvernement, dans les assemblées et dans le pays, et n'a jamais dévié de cette ligne qui ne changera pas selon que le parti est ou n'est pas au gouvernement... nous avons demandé et demandons un gouvernement d'union démocratique dans lequel le plus grand des Partis français obtienne la place que lui assigne le suffrage universel. »

Harold King aurait-il été plus averti que Thorez de ce qui allait se passer en Pologne? Il demande :

« Est-il vrai que les partis communistes d'Europe sont à la veille d'adopter une nouvelle tactique d'ensemble? »

Et Thorez, le jour même où se produit le virage stalinien le plus spectaculaire de l'après-guerre, répond que l'Internationale a été dissoute et que les voies des partis se sont diversifiées. Donc, pas de « tactique d'ensemble, ni pour le passé récent ni pour l'avenir ».

2.

La constitution du Kominform

Faisons table rase de ce qui a été écrit sur le sujet, par l'auteur y compris, et essayons de reconstituer, en comparant les faits, la tactique de Staline. Elle lui est familière, que ce soit pour l'opéra-bouffe du tournant d'automne ou les tragédies de l'épuration. N'avait-il pas fait interviewer par un journaliste occidental le Hongrois Béla Kun exactement la veille de son arrestation? De même a-t-il dû faire suggérer aux numéros un des divers partis qu'il était inutile qu'ils viennent à la réunion, qu'elle ne se situait pas à leur niveau... ce qui implicitement pouvait leur laisser croire que cette première réunion serait une sorte de préparation, sans grandes conséquences. De ces informations Thorez a dû déduire que la ligne choisie demeurait intacte : dans l'interview, il n'attaque le plan Marshall qu'avec modération et seulement s'il nuit « à l'indépendance nationale ». Le discours préparé par Jacques Duclos est une sorte d'exposé d'une stratégie victorieuse. Avec l'habituel gonflement de chiffres, il annoncera 930 000 adhérents, des tirages glorieux pour la presse et 5 millions de pro-communistes parmi les 6 millions d'adhérents de la CGT. Aucune défense n'était prévue sur le légalisme du parti et sa politique d'alliances.

Pendant que Thorez se préparait à son interview anglaise, Reale et Longo, arrivés avant les Français, accueillis dès la frontière par des Polonais importants, gagnaient un manoir dans les bois, une propriété de Junkers prussiens devenue maison de repos pour policiers, où étaient – somptueusement – logés les numéros deux et trois de tous les partis au pouvoir, plus les Italiens et les Français arrivés bons derniers, selon un horaire soigneusement calculé. Reale comprit que les vieux camarades de l'Internationale, ceux des exils (en France surtout), savaient – ou soupçonnaient – l'orientation de la conférence. Reale, comme Longo, se sent immédiatement à l'aise dans cet entourage. « Chacun d'entre nous pouvait se vanter d'être un vieux cheval de retour et, dans ce milieu comme dans tous les milieux, nous nous reconnaissions à d'imperceptibles signes, je dirais presque... à l'odeur », observe-t-il. Plaisanterie à peine poussée : autour du caviar, des fruits exotiques, des vins, c'étaient bien des animaux de la même horde, affrontant les mêmes périls, à la fois la persécution de l'adversaire et les caprices staliniens qu'ils appelaient « changements de ligne ». Ils étaient réunis, cette fois, selon une sélection évidente : les représentants des partis au pouvoir et les deux « grands » d'occident; ceux qui pouvaient en effet tenter de saisir le pouvoir, ou devenir des groupes de pression du mouvement international qui empêcheraient le fonctionnement des gouvernements en place. N'ont-ils pas jugé étrange que le parti le plus exposé, celui qui se battait effectivement par les armes contre une bourgeoisie ouvertement soutenue par les Anglo-Américains, le parti contre lequel avait été formulé la doctrine de Truman, le PC grec, ne soit pas représenté?

Pour le moment, ils jouaient aux collégiens heureux : trois repas délicieux en commun, et, dans chacune des chambres à deux lits – une par délégation – des cadeaux allant du complet-veston à l'appareil photographique.

Ce parfum spécifique et fiévreux d'Internationale dut surprendre les non-initiés, par exemple Étienne Fajon, futur directeur de *l'Humanité* (jusqu'en 74), qui ne comptait pas parmi les vrais « internationaux », et d'ailleurs ne connut l'URSS qu'après la guerre. L'hôte en chef, Wieslaw Gomulka, ne connaissait pas non plus les grandes complicités et les petites manœuvres du feu Komintern. Sans doute ne fut-il guère à l'aise; secret, cassant, il gardait intactes les trois vertus qui avaient assuré la survie du paysan polonais : un nationalisme chauvin, le sens de la terre et un courage sans limite. Qui, autant que Gomulka, en eut face à Moscou et au Parti? Même Eugenio Reale, neuf ans plus tard, ne risquera en partant « que » de recommencer sa vie à zéro, en Italie. Mais Gomulka, emprisonné, refusera tout « aveu » qui aurait pu permettre un « procès ».

Dans l'assemblée, une seule femme (du moins parmi les dirigeants : il y en avait quelques-unes dans l'appareil technique des traducteurs, secrétaires, etc.) : Ana Pauker, née Robinson, fille de rabbin, communiste à quinze ans, avait connu de longues années dans les prisons de sa Roumanie natale. A vingt ans elle devint une responsable de l'Internationale. Son mari disparaîtra dans les purges autour de 1938. Ana fut « Œil de Moscou » (envoyée du Komintern) à Paris. En 47, à 54 ans, elle est massive, la mâchoire lourde, la tête dans les épaules. Elle avait été jolie (il lui en restait un œil clair, pétillant et de brefs moments de rire soudain, ardent). Entre le jeune Thorez et elle une liaison avait, disait-on, conduit à un enfant. Mais Ceretti (peut-être pour faire plaisir à son « T » favori?) attribue la paternité à Eugen Fried, l'Œil-de-Moscou-en-chef, le fameux camarade Clément, maître à penser et souffleur du jeune Thorez. Ce personnage d'un romanesque intense (on ignore encore s'il fut en 44, à Bruxelles, victime d'un tueur de la Gestapo ou d'un autre service secret), a d'ailleurs à la fois façonné la pensée de Thorez et vécu (jusqu'à sa mort) avec Aurore, la première Mme Thorez, et son fils Maurice Thorez junior.

Toutes ces petites histoires du cercle ensorcelé de l'Internationale nourrissaient les rapports réciproques de ceux qui étaient rassemblés; le passé donnait à chacun de leurs actes une résonance particulière.

Ana Pauker, qui va devenir ministre des Affaires étrangères de Roumanie s'empressera, la réunion terminée, de tenir à Bucarest, en novembre (après l'éviction des non-communistes mais avant l'abdication du roi Michel), un discours d'une violence anti-occidentale inégalée, une sorte de déclaration de guerre froide dans laquelle elle réservera ses meilleurs coups à la France, sans épargner le PCF.

Eugenio Reale note que les deux Soviétiques, Jdanov et Malenkov, n'avaient jamais eu de fonctions à l'Internationale. Est-ce parce qu'ils étaient des hommes de faveur? Est-ce pour éviter que jouent les sympathies de jadis? Malenkov, vice-président du Conseil des ministres, se considérait, à quarante-sept ans, comme un héritier présomptif possible et toute sa rondeur rayonnait d'autorité satisfaite. Pendant la guerre n'avait-il pas dirigé le Comité d'État pour la Défense, avec Staline, Béria et le maréchal Vorochilov? Quant à Jdanov, sa maladie de cœur lui faisait les pommettes rouges et l'humeur variable. Le dictateur aux intellectuels, aux lettres, aux arts et à la pensée, se sentait dans un état de faiblesse qui multipliait son intransigeance idéologique. C'est en août 1948, à quelques jours de sa mort, qu'au Congrès des intellectuels pour la paix et toujours en Pologne, à Wroclaw, à quelques dizaines de kilomètres de Szklarska-Poreba, il fera prononcer par Fadéièv l'illustre diatribe sur Sartre, « hyène dactylographe ».

Ce fut lui qui déchaîna les violences prévues contre l'impérialisme. Mais ces violences verbales qui égalaient les diatribes de Churchill à Fulton ou les rapports de Forrestal tranchaient sur la prudence qui avait, jusqu'alors, mis en sourdine le « langage de bois ». Les clichés du vocabulaire bolchevik soigneusement conservés par l'Internationale, et qui reparaissent ici, doivent subir, subissaient dans l'esprit des habitués, une réduction de style qui allait de soi. Dans le langage, presque la langue multinationale – que le Kominform allait reprendre, les formules ont une signification symbolique comme celles de l'algèbre. « Les larges masses *(du Pérou ou de Bolivie)* poursuivent une lutte acharnée », etc., signifie qu'elles devraient la livrer. En langage scolaire, on indique ainsi que l'élève devrait mieux faire. « Héroïque combattant du prolétariat » signifie bon militant. Certaines interprétations sont moins évidentes. Une nécrologie par exemple parlant d'un « combattant imbu de l'esprit de l'internationalisme prolétarien » signifie que cet homme de confiance de Moscou avait été envoyé vers beaucoup de partis étrangers.

Malenkov précisa la nécessité de « resserrer » les « liens relâchés entre les divers partis ». Chacun comprit alors que Moscou allait regrouper les PC. Était-ce pour reconstituer le Komintern? Non : le choix même des participants montrait qu'il s'agissait seulement des liens entre partis au pouvoir. Quant aux deux Grands des PC occidentaux, ils étaient là pour mieux connaître la politique est-européenne afin de la suivre, de la soutenir chez eux... et pour prendre des leçons.

Les interventions, dont le compte rendu officiel ne fera pas état, commencent. Reale se déchaîne contre Duclos et son « budget de comptable », « exhibition pénible » d'un orateur habituellement mordant, d'un entraîneur intarissable. « Un bilan de faillite », conclut l'Italien : Blum et Ramadier ont joué le PCF.

Et les Italiens? Reale leur est à peine plus tendre, bien qu'il soit à l'époque partie prenante à la direction de son parti. En janvier 47 la scission socialiste avait porté au PCI et à sa politique d'union de la gauche un coup très grave : l'unité d'action n'était plus possible qu'avec le parti, très réduit, des partisans de Pietro Nenni. « Si Thorez avait mille raisons de se désoler, Togliatti n'en avait aucune de se réjouir »; à écouter Longo, on comprenait que malgré une agitation sociale constante et puissante, « non seulement les communistes n'avaient pas conquis le pouvoir, mais encore ils s'étaient laissé chasser sans broncher ».

Quant aux orateurs de l'Est européen, à l'exception de Gomulka, ils racontent leurs manœuvres. Reale apprend là avec stupeur qu'en Hongrie, par exemple, la plupart des dirigeants des autres partis sont en fait des doublures du PC. De même pour les Roumains : une fois les agrariens de Maniu éliminés par la condamnation du vieux chef à dix ans de prison (ce qui compte tenu de son âge signifiait qu'il mourrait avant d'être libéré), les hommes politiques restants étaient manipulés par les communistes. Partout, d'ailleurs, la manœuvre se déroulait en trois temps. En 45-46 il y avait eu collaboration, puis absorption et noyautage; on en arrivait à la mise au pas des récalcitrants par la découverte de complots (parfois suscités, parfois imaginaires), et le châtiment des traîtres. Ce qui n'apparaîtra qu'une vingtaine de mois après Szklarska-Poreba, c'est la quatrième phase : la liquidation des « gêneurs » de l'intérieur des PC, y compris parmi les délégués présents le séducteur Slansky et Ana Pauker la véhémente.

Slansky, seul parmi ses camarades, parlait au nom d'un parti qui n'était pas minoritaire. Mais il dénonçait le danger de l'influence, non moins réelle, des sociaux-démocrates, très occidentaux et des socialistes-nationaux de Benès, soutenus par les Anglo-Saxons, et qui vilipendaient le totalitarisme.

Gomulka, lui – isolé – provoque un scandale étouffé : il fait des réserves sur la collectivisation des terres. Dès lors, les vieux Kominterniens savent que le chef polonais va changer, ou être changé.

Tito contre Thorez et Togliatti

C'est le 25 septembre qu'Édouard Kardelj, le plus proche des compagnons de Tito, attaqua non plus l'occident capitaliste, mais celui des PC. Kardelj avait du tigre les manières félines, la fausse douceur et les soudains éclats. Cette fois, il rugit : Comment? Togliatti avait dit : « ni Londres ni Washington ni Moscou »? Il mettait les trois gouvernements sur le même plan, osait affirmer que ces trois pays lui étaient étrangers à égalité? Et Thorez avait dit que le PCF restait un « parti de gouvernement »? De gouvernement bourgeois?

Djilas, autre chef de partisans yougoslaves, renchérissait. Curieusement Djilas, que Tito chérissait tant à l'époque, qu'il envoyait avec Kardelj dans les dures négociations avec Staline, finira par devenir un prisonnier-à-éclipses que les Yougoslaves périodiquement condamnent, gracient, et recondamnent. Il a publié des livres accablants *(Conversations avec Staline).* Ce 25 septembre 1947, on dirait que Trieste lui monte à la gorge : c'est surtout aux Italiens qu'il s'en prend.

Farkas, chef de la police politique hongroise (qui à l'époque du procès Rajk « s'amusera » à conduire lui-même certains interrogatoires avec tortures physiques et morales), décrète que les communistes occidentaux sont atteints par le « crétinisme parlementaire » de l'occident.

Ana Pauker s'écrie :

« Les Américains et leur valet de Gaulle voient mieux que nos communistes français la tournure que prennent les événements. »

Toujours selon Reale, le jour suivant Duclos offre le « spectacle révoltant » d'un « petit boutiquier qui aurait été pris en fraude; il se prosterna, s'humilia, reconnut ses erreurs, se perdit en excuses et multiplia les promesses ». Jdanov l'interrompt : ce que le PCF n'avait jamais dit, c'est qu'il est un parti d'opposition. C'est pourtant ce qu'il doit être... Enfin, l'Italien, Luigi Longo « sut garder une attitude digne et non dépourvue de fierté ».

Le 27 septembre, la fondation du Bureau d'Informations communistes (où Kominform) était officiellement annoncée; son siège était à Belgrade. Il le quittera, avant même que le schisme soit déclaré, pour Bucarest, puis pour Prague. L'organe du Kominform fut baptisé « Pour une paix durable, pour une démocratie populaire. » Comme Reale faisait de l'humour (« Imaginez quelqu'un demandant ce titre à un marchand? »), Jdanov répondit d'un air glacial que le titre avait été communiqué par Staline lui-même, au téléphone. Staline espérait que les journalistes occidentaux devraient, chaque fois qu'ils citeraient la publication, écrire ce titre-mot-d'ordre. Mais la presse a toujours parlé du « bulletin » ou de l'« organe » du Kominform. Et les communistes français eux-mêmes se sont servis du sigle « PPD ».

Malgré l'affrontement, les Italiens exposent à Chveliaguine, l'homme-contact, les difficultés financières de l'*Unità*. Après avoir téléphoné à Staline – qui visiblement s'occupe aussi de l'intendance des partis-frères – les Soviétiques décident d'acheter 20 000 tonneaux d'oranges et de citrons à leurs camarades. L'argent parviendra par la Yougoslavie et Trieste.

Les Français ont-ils eux aussi demandé et obtenu de l'aide?

Rien de savoureux comme la page unique des *Mémoires* de Duclos [1] sur la fondation du Kominform, sur ceux qui en ont parlé et sur l'affaire Tito. Elle faillit ébranler tout l'édifice du camp socialiste, mais ici, elle rétrécit à la taille d'une querelle de gentils petits frères, juste un peu terribles :

« Cette conférence fut assez pénible pour nous, délégués français, car certaines délégations semblaient décidées à faire, en quelque sorte, notre procès. Et celui qui dans cet ordre d'idées

1. Édit. Fayard.

s'employait à donner le " la " n'était autre que le dénommé Djilas que j'eus l'occasion de rabrouer vertement d'autant que je ne pouvais souffrir le ton dédaigneux de ce personnage en qui j'avais l'impression de retrouver des traits... que j'avais remarqués chez Doriot à l'époque où il était membre du parti. »

Quand Duclos a-t-il « vertement rabroué » Djilas? Personne n'a mentionné cette algarade à Szklarska-Poreba.

Quand Duclos écrit ces lignes, Djilas est prisonnier politique à Belgrade, et l'ensemble du mouvement communiste réconcilié avec Tito qui a emprisonné son vieux compagnon. Le gouvernement yougoslave doit donc être reconnaissant à Duclos pour ce coup de pied au lion titiste réduit à l'impuissance, mais non au silence.

En fait, la dispute entre Duclos et Djilas s'est réduite à un échange de propos lors d'une réception de l'ambassade de Yougoslavie à Paris, en juin 47, peu de jours après le congrès du PCF. Un témoin l'avait racontée à l'auteur le soir même. Au congrès, Djilas avait déjà reproché au PCF de ne pas avoir tenté de prendre le pouvoir en 44. Duclos revenant sur cette accusation, avait jeté à Djilas :

« Vous, vous aviez l'Armée rouge pour vous défendre. »

A quoi Djilas avait répondu sur le ton de la plaisanterie :

« Oh, nous avions terminé notre petit ménage quand l'Armée rouge est venue nous passer en revue. »

Duclos, appelant à lui les classiques bien français, avait tiré sa réplique du *Cid :*

« Jeune présomptueux! »

Peu après surgit le différend qui devait opposer au parti communiste de Yougoslavie les huit autres partis. (Dans sa concision cette interprétation devient admirable : Moscou n'est pas en cause; les frères se sont disputés. Rappelons-nous que Duclos est sans doute le responsable communiste qui s'est le plus violemment déchaîné contre le « traître Tito » dans des discours qui ne figurent pas dans les *Mémoires...* où pourtant tous les articles, toutes les interventions sont reproduites.) Ces critiques « pouvaient être valablement et utilement exprimées... », mais « certaines manifestations d'immixtion » *(de qui? lesquelles? à quel propos?), devaient* « créer un état de tension... dont les prolongements se font encore sentir ».

Bel épilogue, vingt-cinq ans après...

Dans l'admirable bureau boisé qui domine la Seine, plume acerbe et regard rêveur, Léon Blum, qui est le sage de Jouy-en-

Josas mais parfois aussi le flâneur de l'île Saint-Louis, s'intéresse moins à la fondation du Bureau d'Information qu'à l'autocritique prononcée par Maurice Thorez au Vel' d'Hiv' le 2 octobre et répétée, le 30 devant le Comité central. Il fallait à présent « *imposer* un gouvernement démocratique où la classe ouvrière et son parti exercent enfin un rôle dirigeant ». Et rassemblement sacré « de toutes les forces françaises contre les impérialistes américains et leurs agents, du RPF à la SFIO... »

Léon Blum fait ressortir qu'ainsi, en un mois, le chef du PCF annule tout son passé, tissé d'alliances : Front populaire (dont le gouvernement eut Léon Blum pour tête), Front national, Résistance, tripartisme. Autant de collaborations malheureuses? Voilà donc Thorez balbutiant :

« Je vois, je crois, je suis désabusé [1] »?

Léon Blum ne résiste pas à la tentation de perfidie : « Comment ce long tissu d'erreurs s'est-il déchiré à leurs yeux? C'est ici qu'à mon avis ils devraient trouver quelques raisons d'indulgence. Leur conversion n'est pas le résultat des événements... elle est l'effet d'une révélation apportée de Varsovie par les légats de Staline... »

La scène à Paris et la naissance d'Avignon

Ces trente-six mois depuis la Libération, ces vingt-quatre mois depuis l'armistice ont assourdi le langage jacobin des barricades. « Saturés » de l'horreur des squelettes en tenue rayée que les trains avaient cahotés des camps de la mort à l'Hôtel Lutetia, à Paris, les spectateurs tentaient de prendre leurs distances.

Déjà *Morts sans sépulture* de Sartre avait donné la mesure humaine de l'héroïsme; déjà *Huis clos,* champ du désespoir et de la responsabilité, bilan des hypocrisies et des lâchetés, étaient devenus des classiques. La nouvelle, le 4 janvier 47, que *Huis clos* s'était effondré à Broadway donna aux « germanopratins » (ces bizarres « paroissiens » du quartier Saint-Germain-des-Prés) la mesure de l'incompréhension américaine. On a salué, juste revanche, le prix Dondaldson que, pour se réhabiliter, ces « pauvres Yankees » lui ont attribué en août 47.

Civilisée, blasée, expérimentée, la France accueillit pourtant d'un grand scandale *Les Bonnes* de Genet et cria au sacrilège parce qu'on l'avait associé à Giraudoux. Tennessee Williams, champion des inhibitions, du désir réprimé, du phantasme familier et

1. Voir la série des éditoriaux de L. Blum dans *Le Populaire* de l'époque.

obsessif, a surpris avec *La Ménagerie de verre.* Mais il a déclenché l'ardeur des critiques plus que l'afflux des foules aux guichets du Vieux-Colombier.

Par contre un autre Américain, fruste, violent, ensoleillé, Erskine Caldwell attirait le public vers *La Route au tabac* où Pierre Asso, militant communiste, réussissait une création étonnante.

Jouvet, revenu d'Amérique Latine où, surpris par la guerre il était resté, revenait paré de son auréole. Qu'il ait, ce prof' incorrigible, monté Genet auprès de Giraudoux signifiait-il une « autocritique » pour avoir trop aimé le second et l'indication du chemin de l'avenir?

En tout cas il se sentait assez sûr de lui pour jeter au public « béat et digérant » de l' « Athénée » le vitriol de Saint Genet... Lui-même, Jouvet, visage de bois, corps expressif, diction asthmatique a conquis le public le plus large du cinéma en tournant *Quai des Orfèvres,* un policier pour cinémathèques. Mais à Noël il est revenu à ses premières amours en montant le *Don Juan* de Molière devant ses extatiques habituels.

D'autres gloires de l'avant-guerre affrontaient un public passé par une expérience transformatrice, et les réactions étaient imprévisibles.

Anouilh triompha sur deux scènes avec *Antigone* et *L'Invitation au château.* Par contre Giono, que les jeunes rejetaient parce qu'il fut invoqué pour maître à penser dans les Chantiers de la Jeunesse de Pétain, n'a guère rempli le Vieux Colombier avec son *Voyage en calèche* (qui n'a pas eu plus de chance, d'ailleurs, à son revenez-y, un quart de siècle plus tard).

Salacrou, lui, gardait ses salles pleines avec *Un homme comme les autres* et *L'Archipel Lenoir.*

La Comédie-Française montait l'*Asmodée* de François Mauriac sous les applaudissements, *L'Échange* de Claudel à guichets fermés; le Vieux-Colombier montrait en même temps le *Christophe Colomb* et enfin, inaugurant Avignon, Jean Vilar proposait un troisième Claudel : *Tobie et Sara.*

Les jeunes auteurs – les uns vraiment jeunes, les autres d'avant-garde – commençaient à montrer des voies différentes. Déjà la conception brechtienne d'une part, et l'héritage du surréalisme de l'autre portaient fruit.

Jeune, beau, à la fois acteur et poète, Henri Pichette a jeté une brève fulguration avec *Les Épiphanies,* que Gérard Philipe jouait aux « Noctambules » devenues le rendez-vous des fous de poésie.

Un philosophe de vingt-six ans, moine guerrier de la libération de Reims, croyant, gaulliste ardent affrontait lui aussi le mistral et l'inconfort d'Avignon, présenté par son compatriote sétois Jean Vilar entre Shakespeare et Claudel. Il se nommait Maurice Clavel.

Le premier acte du Palais des Papes

Difficile de juger, une génération plus tard, ce qu'ont espéré et Jean Vilar – qui ne créera le TNP que quatre ans plus tard – et le premier public à la naissance du festival d'Avignon. Nous le voyons, dans ce dernier quart du siècle, évoluer vers la kermesse post-hippie, un rendez-vous de paisibles et moins paisibles contestataires où même les chefs des grands partis viennent pêcher un public. Désormais, on va au festival d'Avignon pour populariser un débat, ou une publication, ou pour montrer une nouvelle conception du spectacle. Depuis le « Living Theater » des contestataires américains se répandant par les rues de la ville, jusqu'aux séances de mime, de danse, de musique improvisées place de l'Horloge, la ville devient une foire du regard et du son offerts, vendus, proposés, rejetés, acceptés...

En 47 Jean Vilar, le puriste, l'amoureux des œuvres les plus exigeantes dans leur version la plus parfaite, arrive en Avignon.

Jean Vilar a trente-cinq ans; voilà vingt-sept ans qu'il n'est plus venu dans la ville où l'amena une parente qui bénéficiait de permis ferroviaires.

A cette époque de sa vie, ce qu'il aimait c'étaient des « œuvres sombres, bloquées, fermées », dont certaines n'étaient pas nées encore. Il voulait – bien qu'admirant Sartre – que « dans cette génération il y ait « au moins une forme de théâtre qui soit autre chose ». Une « chose » visuelle, sonore, qui donne sa part à cette distance (la fameuse « distanciation »), qui donne au rêve sa mesure.

Ici encore il ne faut pas oublier que 47 restait dominé, au spectacle comme ailleurs, par le jacobinisme, c'est-à-dire la centralisation. Vilar se souvient [1] : « En mars 47, créer en province trois œuvres théâtrales était jugé non pas comme une folie, par ceux qui jugent ou pratiquent le théâtre, mais tout simplement comme une entreprise d'amateur. » Hors de Seine, pas d'applaudissement qui compte. Or Jean Vilar pouvait tout supporter, sauf de ne pas être apprécié comme l'homme de théâtre le plus « professionnel », le plus attentif de son temps.

1. Claude Roy : *Jean Vilar.*

De plus le Palais des Papes... « Je suis de ceux qui trouvent Versailles épouvantable et pour qui Orange est le mur le plus laid. » Il n'avait pas le goût de la pompe architecturale. Il n'aimait des vestiges romains que leurs ponts : ces bons petits soldats d'occupation lancés par Rome sur l'Europe n'étaient à l'aise que dans les travaux du génie. La cour du Palais des Papes? « C'est un mauvais lieu théâtral parce que l'Histoire y est trop présente. »

Et pourtant, une fois debout dans cette cour, soudain il est tenté. Il parle, très bas; il monte le timbre; il prend la mesure; les murailles entrent dans le jeu tandis que, dit son régisseur, « la nuit calmait les pierres ».

Il décide de jeter les dés : « Une semaine d'art en Avignon. » Shakespeare, Claudel, Clavel. Plus des reprises de deux Allemands.

Tout était impossible : les 1 500 chaises de jardin sur lesquelles on était si mal assis. Les passerelles que les sapeurs n'ont pas pu faire aussi courtes que promis. Cette scène faite de madriers, de rails de chemins de fer. La scène occupait la moitié de la cour. Le théâtre municipal a prêté un tapis. Vilar sous le soleil dur prenait le pastis avec les sapeurs. « On ne fait rien de valable sans avoir d'abord dit : Non. Il faut d'abord reculer pour tâter l'ennemi... puis foncer. La tâche doit se faire malgré nous. » Avignon le faisait parler comme un général.

Clavel était venu de Sète, prêt à aider autant pour Shakespeare ou Claudel que pour sa propre pièce. Il avait amené Curtis qui avait comme lui vingt-six ans et sortait comme lui de l'ENS, rue d'Ulm. Ils devaient aussi penser aux brosses à habits dans les loges, aux arrosoirs près de la scène : la poussière risquait de tout ternir.

On répétait le jour sous les moustiques et jusqu'à 4 heures du matin sous le mistral. Les derniers jours, ils parcouraient toutes les terrasses des cafés pour distribuer des tracts. Un comité de la ville allouait les chambres aux comédiens, aux techniciens : la ville donnait 300 000 F et l'État 500... « J'ai appris à voir court », dit Vilar. Il prédisait le succès sans en être sûr, en vrai général soucieux du moral de sa troupe.

Ce fut l'accueil, le triomphe, le bonheur. Jusqu'à l'aube, dans sa chambre de l'Auberge de France, Vilar écoutait vivre la place de l'Horloge, cœur d'Avignon.

Jean Vilar avait créé quelque chose qui durera plus d'une génération et fécondera les suivantes. Mais après mai 68, sur ce lieu qui lui devait sa vie théâtrale, il s'est entendu insulter, rabaisser, contester par une jeunesse ivre des forces qu'elle venait de se découvrir. Et jusqu'à sa mort il en restera ulcéré. Cet Avignon né en 47 lui tenait lieu de souffle.

Un Américain face aux jeunes d'Europe

Au moment où les partis communistes au pouvoir sont rassemblés en Bureau d'Information – ce pouvoir, ils l'assument sans partage – comment l'Europe centrale, la fameuse « Zentropa » de l'entre-deux-guerres, pouvait-elle apparaître à l'œil le plus ingénu?

Matthiessen, un jeune universitaire américain, a parcouru quelques pays européens en faisant des conférences sur la littérature de son pays. Il entrait donc en contact avec des jeunes gens cultivés et qui lui ont semblé, au début au moins, plus étrangers, plus étranges que les membres d'une ethnie patriarcale et rurale d'Afrique ou d'Asie. Généreux, nourri d'Emerson et de Thoreau, portant en lui le grand rêve communautaire américain, Matthiessen espérait toujours en une communication universelle. Sans aucun doute à son retour les maccarthystes le considéreront-ils comme un « Rouge » dangereux. Il ne pouvait en effet accepter le *rather dead than red* (plutôt mort que rouge), qui commençait à devenir un cliché de la majorité silencieuse. Son universalisme, par contre, le rapprocherait des Jacobins français : il lui semble, au moins au début, que le même modèle de culture, de morale, peut convenir à tous, de New York jusqu'à Prague. Et son voyage détruit partiellement ce mythe né des deux Déclarations des Droits de l'Homme, l'américaine et la française.

Son récit nous montre l'Europe sous un angle inattendu – comme au XVIIIe siècle les carnets de Young, touriste anglais, ont révélé une France inaperçue à ses lecteurs français. Matthiessen est d'abord à Salzbourg et à Vienne où un stage réunit et fait fraterniser des moins de vingt-cinq ans. Son premier ami est Fritz Molden, Autrichien de vingt-trois ans, qui, à quinze ans, était entré dans la Résistance, avait été arrêté, s'était évadé. Catholique libéral, il avait pour père un rédacteur de la *Freie Presse* de Vienne. De lui Matthiessen apprend que les Autrichiens craignent les Russes et s'attendent à une Troisième Guerre mondiale. Dans un cabaret, à Vienne, ils entendent un dialogue révélateur. Le meneur de jeu interroge un citoyen : « Que feriez-vous si le pire arrivait? – Moi? Je m'engagerais dans l'armée soviétique. – En voilà une idée! Pourquoi? – Parce que ce sont les camps de prisonniers de guerre américains qui sont les mieux. »

C'est là une des réalités inattendues de l'Europe. L'autre, c'est l'incompréhension que montrent les administrateurs américains de camps de personnes déplacées envers l'état d'esprit des Européens. Matthiessen leur reproche une attitude qui, au début, fut aussi la sienne : de vouloir juger tout le monde, toute l'Europe, d'après leurs seuls critères. On parle de la poétesse soviétique Akhmatova dont on vient, d'ordre de Jdanov, d'interdire les livres parce que ses poèmes ne chantent « que » l'amour. L'un des Américains remarque :

« Le problème, c'est de savoir si les sentiments, si l'amour ont intérêt à être exaltés chez ces gens, avec la vie qu'on leur fait mener aujourd'hui.

– Croyez-vous qu'on rende les gens plus ardents à réaliser un plan quinquennal en ne leur parlant pas d'amour? »

C'est parmi les Américains que la querelle se déchaîne. Quelques-uns soutiennent qu'après tout le conformisme esthétique et moral des Russes, c'est comme le conformisme de Hollywood. Qu'en Amérique aussi on fabrique un art pour les larges masses, qui soit accessible à tous en ne dérangeant personne. Matthiessen, dans ses Souvenirs, note toutes les discussions, et toutes ses impressions avec une touchante ingénuité. Il s'enflamme : « Les deux écrivains qui ont eu le plus d'influence aux USA depuis un quart de siècle sont Hemingway et T. H. Eliot. Et ils sont tous deux si profondément « dérangeants » que l'Association nationale des Fabricants du Mode de Vie américain ne les admet pas plus que « notre Politburo » qui se nomme Maison-Blanche.

C'est un véritable déchaînement : aux USA, même si les officiels haïssent les « dérangeurs », même si les communications de masse (on ne dit pas encore les « media ») « fabriquent » autre chose, les dérangeurs peuvent au moins s'exprimer...

Au séminaire de Salzbourg, le groupe des Allemands avait été si soigneusement dénazifié que, « bien que sans doute aucun d'entre eux n'ait jamais été nazi au sens précis du terme, ils n'étaient guère autre chose non plus ».

C'est par eux, pourtant, que l'Américain découvrira les plaies à vif de l'intolérance. Ainsi les Danois apprennent que l'un des Allemands avait été étudiant à Copenhague pendant la guerre où son père était probablement en occupation. Or, à cette époque l'université était interdite à tous ceux qui ne plaisaient pas aux nazis. Les Danois se lèvent, exigeant que l'Allemand ne soit plus jamais à leur table.

Mais, peu à peu, la participation à une vie commune, les

émotions partagées éteignent les haines : « La seule vraie différence qui subsiste sépare les pro- et les antifascistes. » Matthiessen s'assied dans le même *droschke* (fiacre) qu'un Belge et un Autrichien, tous deux mutilés de guerre, et qui avaient été blessés, chacun, par le camp de l'autre. Une autre fois, la même table réunit – par hasard – un Rotterdamellois dont la maison avait été détruite par les bombes allemandes et deux anciens pilotes de bombardiers, Autrichiens, engagés dans l'armée allemande.

Il y a aussi des découvertes sans drame. Les étudiants américains constatent, éberlués, que les Italiens (des Méridionaux! des Latins! ces peuples sans hygiène!), prennent plus de douches qu'eux. Que les jeunes Européens travaillent comme eux, avec en fond sonore le jazz de la radio (on avait oublié que cette habitude, si surprenante pour les intellectuels européens, remonte à l'immédiate après-guerre). Et aussi qu'à défaut de l'amour de l'Amérique les GI's ont réussi à répandre le goût du Coca-cola.

Un autre soir, des fonctionnaires du State Department en poste en Autriche, invitent les jeunes universitaires. Ce sont des hommes de trente-cinq à cinquante ans, sportifs, intelligents, fortunés. Visiblement, ils n'ont aucun contact avec ces Autrichiens qu'ils ont pour mission de conseiller, d'orienter : leurs rapports se limitent au bureau. Matthiessen et ses amis américains entendent des propos qui les stupéfient :

« Quand vous êtes – comme nous le sommes au Département d'État et à l'État-major – convaincu que l'URSS veut la domination mondiale, votre conduite devient parfaitement claire. Pas de choix : c'est eux ou nous... »

En France, en septembre, Matthiessen assiste à la fête de *L'Humanité :* la plus extraordinaire partie de campagne qu'il lui soit donné de voir. Ébloui, il accepte qu'il y ait eu, comme l'écrivent les communistes, un million de personnes. (En fait environ 470 000 entrées payées.) « Ici, le peuple, ce n'est plus abstraction pour éditorialiste. Il est là, le peuple, assis sur l'herbe, avec son pain, son saucisson et son vin. » Et soudain, le jeune Américain de bonne volonté se jure, pour éviter une nouvelle destruction de « l'Europe, ce cœur de notre civilisation », de s'allier contre la guerre avec n'importe qui, fut-ce les communistes. Dans la même démarche il reconnaît que le parti communiste américain n'ayant fait aucun progrès dans la masse de son peuple en un quart de siècle, ne correspond évidemment pas aux aspirations des Américains. Et il s'affirme avec force qu'à lui, chrétien, Marx ne suffit pas. (Cette limite marque l'époque : en 76, Jésus et Marx semblent souvent s'allier sans conflit.)

A l'automne, Matthiessen arrive à Prague où l'université Saint-Charles, submergée sous le raz de marée des étudiants-travailleurs, fête en lui son premier enseignant américain d'après-guerre. L'ensorceleuse ville et sa demi-brume sur les statues baroques du pont Saint-Charles, le voile pailleté des mi-soleils sur le château ou sur les flèches ont pour le jeune homme la griserie d'un amour exotique. Le phénomène d'aveuglement qui se produit alors est caractéristique. Cet Américain non communiste, à quatre mois du « coup », ne soupçonne rien. Mieux : il récuse, rejette tout témoignage qui pourrait faire pressentir une prise de pouvoir par la force. En Bohême-Moravie, les communistes n'ont-ils pas obtenu 40 % des voix? Les amis chrétiens de Matthiessen n'affirment-ils pas discuter loyalement avec les socialistes et les communistes? Ne voit-on pas, ici, une démocratie réelle, où un charpentier et une juriste, unis par la Résistance, possèdent ensemble un bateau et font ripaille? Un non-communiste ne dit-il pas ouvertement : « J'espère qu'ici la révolution épanouira les individus, pas comme en Russie »? Les Russes, dans les rues, on n'en voit pas; par contre Prague est pleine de GI's venus en congé d'Allemagne...

Des difficultés? Oui : un homme a reçu une voiture des USA; des policiers font irruption chez lui. « Ce sont des séquelles des mœurs introduites par les nazis, et l'on a mal épuré la police », disent les amis. Matthiessen trouve l'explication logique.

Des chansonniers, célèbres avant-guerre, remarquent, mélancoliques, que la satire n'a plus droit de cité. Mais l'enthousiasme, l'espoir emportent tout.

L'Américain rencontre un des grands excentriques du progressisme anglais : le Dean (doyen) « rouge » de Canterbury, le révérend Hewlett Johnson, septuagénaire, père de deux fillettes de moins de dix ans qui lui ressemblent trait pour trait, heureux époux d'une jeune femme blonde et longue. Le doyen – dont l'évêque guette le premier faux pas, pour sauver les ouailles de l'influence de ce subversif – déclare publiquement qu'il existe d'autres droits que ceux dont parle l'occident : par exemple le droit au travail.

Le 6 novembre (trois mois avant le coup de force) on célèbre dans la vieille ville le 30e anniversaire de la révolution de Lénine. Dans le froid, parmi les statues baroques, la foule écoute à la lueur de torches improvisées, et applaudit plus fort Benès, son président socialiste national, que le nom de Staline.

L'édition parisienne du *New York Herald* titre alors : « La terreur monte à Prague », et Matthiessen s'indigne de la mauvaise foi des frères Alsop, éditorialistes illustres, les plus célèbres d'Amérique avec Walter Lippman. Mais ne lit-on pas aussi qu'une épidémie, en Égypte, est attribuée à une tentative de guerre bactériologique de l'URSS? (C'est le prélude : durant la guerre de Corée, l'accusation sera reprise dans le camp sino-soviétique contre les Américains). Matthiessen déjeune chez le chef du parti socialiste, Zdenek Fierlinger. Il soupire que les Américains ont une peur panique de la gauche : « Même le souvenir du New Deal est trop rouge pour eux. » Fierlinger dit que le peuple a besoin d'une idée généreuse pour trouver le courage de forger son avenir.

En février 48, Matthiessen est rentré aux USA. Il apprend que les communistes tchèques, ayant gagné les élections, ont pris le pouvoir. Son livre de souvenirs de voyage est sous presse. La note qu'il ajoute témoigne du besoin d'aveuglement de tous les progressistes des pays occidentaux. L'aventure de Matthiessen devient ainsi exemplaire. Nous comprenons comment, malgré le « coup de Prague » la mise à mort de Petkov, les condamnations, les exclusions, les arrestations de leurs semblables, de leurs « symétriques » dans les démocraties populaires, le « Mouvement de la Paix » a pu unir des millions de partisans, dont des centaines de milliers en Occident. Matthiessen écrit : « Alsop semble avoir eu raison sur la terreur qui était censée régner alors dans les rues de Prague. Mais Alsop ajoutait que Jan Masaryk, " le favori des salons new-yorkais ", avait en tournant à gauche, peut-être joué le plus vilain de tous les jeux. Et moi je continue à penser que nos journaux, en écrivant avec autant d'exagération et d'incompréhension... ont aidé à créer la pression communiste... »

Il ajoute qu'en 48 encore ses amis tchèques croyaient en la persistance de la pluralité des partis. Le livre n'était pas sorti des presses que ces espoirs avaient pris fin.

Démocraties populaires...

Les pays de l'Est occupaient souvent la une des journaux d'Occident. C'est par les indiscrétions dosées de Sir Winston Churchill (qui n'avait pas encore publié ses *Mémoires*), que la presse et le public connaissaient les coulisses du traité de Yalta [1]. La situation économique des Démocraties populaires, par contre, donnait lieu à peu de commentaires.

D'une part, il y avait les Anglo-Saxons. B. Newman constatait

1. Depuis S. H. Hughes haut fonctionnaire affirma par écrit qu'il ignora le partage de Yalta jusqu'aux révélations de Churchill.

qu'un journalier anglais pouvait acheter des chaussures pour le salaire de deux ou trois jours de travail (ce qui ne sera plus vrai en 1975); un journalier bulgare mettait trente-cinq jours pour des chaussures de moindre qualité.

Seton Watson remarquait : la Roumanie est un pays trois fois plus agricole que le Danemark, mais son rendement est plus de trois fois moindre (ce qui ne serait peut-être plus vrai non plus, en 1976). Disette de la terre, faible mécanisation, écart exagéré entre prix agricoles trop bas et prix industriels excessifs, décourageaient le paysan et le drainaient vers les usines.

Ainsi la Tchécoslovaquie, le plus développé des pays de l'Est (l'Allemagne non comprise, mais en 47 l'Allemagne sortait à grand mal de ses limbes).

La Bohême-Moravie est un pays de très petite propriété (5 millions de paysans possèdent 6 millions d'hectares). Le niveau de vie est bien meilleur qu'en Roumanie ou Bulgarie, le rendement aussi. Fallait-il à présent recoloniser les terres des Allemands, expulsés des Sudètes? De même la Pologne devait-elle recoloniser les terres des Allemands renvoyés de Silésie? Par contre, la Slovaquie, elle, portait, comme une croix, sa minorité hongroise : la Hongrie ne tenait pas à la recevoir, ni les Hongrois de Slovaquie à partir. Les communistes de Prague soupiraient : ces Hongrois, c'était la « croix des Carpathes »! Que la Hongrie soit un pays-frère compliquait l'affaire : comment agir envers un pays socialiste avec autant d'indifférence qu'envers l'Allemagne occidentale? De plus, ces Hongrois ne symbolisaient-ils pas la guerre et le nazisme, comme les Allemands des Sudètes? Mais ils étaient catholiques, conservateurs, réactionnaires... « Notre Mezzogiorno est cent fois pire que le vôtre et Trieste réunis », disaient les Tchèques à Togliatti... Mais Togliatti n'avait la responsabilité administrative ni du Mezzogiorno... ni de Trieste. Or la Slovaquie, en plus des problèmes humains, avait le besoin urgent d'une réforme agraire, ce qui compliquait encore la question. En mai 46 on avait divisé près d'un million et demi d'hectares, morcelés en 127 000 exploitations. Parmi les bénéficiaires 40 % étaient des fermiers pauvres, le reste des journaliers. Un paysan avait le droit – théoriquement du moins – de posséder jusqu'à 50 hectares et un non-exploitant jusqu'à 4. Théoriquement aussi, les propriétaires dépossédés avaient droit à une indemnité couvrant 90 % de la valeur moyenne des dix dernières années.

En Hongrie, les « propriétaires-patriotes » (ceux qui avaient combattu le nazisme), gardaient 100 à 200 hectares. Plus d'un demi-million de petits propriétaires et autant de journaliers et domestiques ont livré à ces seigneurs d'âpres combats faits de ruses et d'astuce.

L'affaire me fut racontée en riant par le Don Quichotte de l'aristocratie hongroise, le comte Michel Karolyi, ministre de Hongrie à Paris. Sous l'élégance de sa désinvolture, il cachait une des plus généreuses confiances en l'homme que j'aie rencontrées. Avec son étrange prononciation dictée par un bec-de-lièvre mal opéré, il rappelait négligemment qu'il avait, lui, distribué ses terres dès la Commune de Béla Kun : « En 45, j'ai redistribué ce qui en restait. » D'un geste de la main il chassait cette conversation sans importance, passait à Paris, son Paris d'étudiant dont il notait les changements (qui pourtant en 47 étaient à peine sensibles : rien n'était démoli encore, aucune tour, aucun grand ensemble ne déshonorait la superbe cité tissée par les siècles). La France – étudiant, exilé politique – il y avait passé la moitié de sa vie. Représenter son pays à Paris comblait ses plus ambitieux espoirs... Et puis il riait bref, il échappait ainsi aux assauts de sa famille qui le suppliait – lui – d'intervenir pour leur garder leurs terres... Lors du grand bouleversement hongrois de 1948-1949 Michel Karolyi, rappelé à Budapest, eut la sagesse de préférer aller vivre à Londres où il mourut, sans avoir « parlé », sinon dans le privé. Sa veuve, femme d'un grand charme, vit à présent moitié dans le midi de la France et moitié en Hongrie : « J'ai besoin de la langue, j'ai besoin des gens; je suis de là-bas après tout... »

La Roumanie devait au pétrole son poids au Kominform. Une société mixte soviéto-roumaine a été créée (elle sera dissoute dans les années soixante quand les Roumains accompliront le tour de force de gagner une certaine autonomie d'alliance et d'expression sans sortir du bloc soviétique). L'extraction de pétrole passe à 5 millions de tonnes en 1947. La paysannerie se compose de 2 millions de journaliers sans terre mais aussi d'une foule de très petits propriétaires. Une fois Maniu et les siens condamnés, le chemin de la collectivisation semblait ouvert. En 47, on avait confisqué les biens des Allemands, des fascistes, des émigrés et les terres en jachère depuis plus de sept ans. Le matériel agricole devenait tout entier propriété d'État. Quant à la collectivisation, comment l'accomplir vraiment sans s'aliéner la paysannerie? En 47, des sociétés étrangères gardaient encore des représentations à Budapest. Le roi Michel restait, nominalement, sur son trône; flasque et mou, avec son air de bel enfant mal vieilli il quittera le pays dans le courant de l'année.

C'est en Yougoslavie que la réforme agraire était, alors, la plus poussée : on avait redistribué les terres des Allemands, des

Hongrois et de tous ceux que l'on proclamait traîtres. Tout ancien combattant actif avait droit à sa terre : s'il ne l'avait pas travaillée dans les six mois il la perdait. « La déchéance de propriété, c'est comme une déchéance de la paternité si tu ne t'occupes pas de ton enfant », expliquaient les responsables du Front Patriotique local. Mais les montagnards du Monténégro auxquels on donnait des terres dans le Banat et la Croatie ne connaissaient pas grand-chose à la culture. En Macédoine, des chantiers internationaux de jeunes relevaient les ruines. Ces chantiers, lors de l'affaire Tito, l'année suivante, devinrent des foyers de propagande actifs : les anciens se refusaient de voir dans les Yougoslaves des « traîtres au socialisme » et certains jeunes communistes furent exclus des partis occidentaux pour avoir soutenu ce point de vue.

En novembre 47, Tito est venu à Sofia pour mettre sur pied avec Dimitrov le projet d'une Fédération bulgaro-yougoslave qui faisait suite à l'accord monétaire entre les deux pays signé en août. Dimitrov et Tito espéraient mettre sur pied une Fédération balkanique avec la Roumanie. Dès février 48, Staline a réduit ces espoirs à néant durant une semaine dont nul n'a rien su en Occident avant le livre de Djilas[1] publié en 1962. Ses révélations ont valu à l'auteur de perdre sa liberté. On aurait pu tout déduire de cette semaine : le rejet de la Yougoslavie, mais aussi la vague d'épurations dans les démocraties populaires. En apparence, c'est au vieux Dimitrov que le Tigre du Kremlin reprochait de s'être « conduit en gamin irresponsable ». Tito n'était pas là. Mais Kardelj, sa doublure, a immédiatement compris que, Dimitrov ne représentant pour Staline ni un adversaire possible ni même un obstacle, c'est contre Tito que l'offensive était en réalité lancée et contre sa voie différente vers le socialisme. Une Fédération balkanique aurait, en effet, signifié une certaine autonomie, une certaine prise de distances envers l'emprise omniprésente de Moscou.

La nouvelle de la création de la Fédération balkanique était arrivée aux militants du PCF par un article d'*Action* (dont j'étais l'auteur, car je m'étais trouvée à ce moment à Sofia et j'avais recueilli une interview de Dimitrov). Comment dès lors ne pas expliquer que la Fédération ne serait pas créée? Mais quelles raisons invoquer? La presse resta discrète. Les dirigeants expliquèrent aux cadres moyens du PC qu'« on ne pouvait fédérer la Yougoslavie et la Bulgarie », les deux pays se trouvant à des niveaux de développement trop différents. Le curieux, c'est que personne – moi-même comme les autres – ne s'informa de savoir comment

1. Djilas : *Conversations avec Staline.*

l'URSS avait pu fédérer la Russie et le Tadjikistan par exemple? On se souvenait trop de la question des formulaires de biographie : « Comment as-tu réagi au pacte germano-soviétique? » La bonne réponse était : « J'ai fait confiance au Parti. » Mieux valait continuer... d'ailleurs en Occident cette fédération n'excitait guère les passions!

C'est en novembre, à Sofia, qu'apparaît ce qui deviendra le « schisme titiste »; il répandra le sang de militants communistes, déchaînera la torture, les arrestations et, pour finir, après les révélations de Khrouchtchev, placera le camp socialiste en face de sa plus grave épreuve de force.

Myopie des témoins engagés! Je me trouvais à Sofia lors de la visite de Tito, et je ne compris rien de ce qui se préparait. Tito, pourtant, en me recevant, alors qu'il était encore sous le coup de l'offensive qu'il avait lancée à la réunion du Kominform, ne m'avait pas caché le mal qu'il pensait du Parti communiste français. Je le dis très carrément : non, je n'aperçus pas de dissonance dans le « camp du socialisme », ni l'amorce d'un tournant...

Tous les jours à Paris...

Le monde, dès le milieu de l'année, bascule donc dans la guerre froide déclarée. La violence, à partir d'août, submerge l'Asie, couve mais éclate par petites explosions à différents points de l'Europe. Après un peu plus de 20 mois d'accalmie, la violence a trouvé des formes différentes et la guerre s'est faite guérilla. On dit : grève et répression dans les pays ex-occupés où, jusqu'en 44, on parlait d'attentats et d'otages. Plus de camps de la mort lente en Occident, mais des camps de personnes déplacées où s'asphyxie l'espoir.

En même temps s'opère une transformation qui trouvera son nom vingt ans plus tard : déjà la « société post-industrielle » sort des limbes. La télévision, scientifiquement au point, attend d'être commercialisée pour changer l'information et la sensibilité. La radio concurrence déjà la presse écrite. Les bandes magnétiques ne sont pas encore répandues dans le public, mais on enregistre sur « disque souple » la voix chère qui parle ou chante. Déjà l'automation attend des capitaux pour poser à l'industrie, à ses maîtres mais aussi aux ouvriers, des difficultés différentes et leur apporter ce pouvoir d'en finir, vite, avec la pénurie.

Pour la plupart des gens pourtant, pour les Français en proie au baby-boom, à la crise du logement et donc au poids des cohabitations forcées avec belle-maman, pour les ménagères en lutte contre la pénurie et la montée des prix, 47 restera marqué aussi par leurs loisirs, leurs moments de joie. Par le théâtre parfois et le cinéma constamment. Époque « pré-télévisionnaire », c'est une année où le « cinoche », le ciné, demeure, comme avant et souvent pendant la guerre, la distraction hebdomadaire.

Les accords Blum-Byrnes

« Je vous avoue que s'il avait fallu, dans l'intérêt supérieur de la France, sacrifier la corporation cinématographique, je l'aurais fait... »

Ces paroles « gaulliennes », c'est Léon Blum qui les prononce, en 47, devant les représentants de cette corporation qui, bien entendu, ne le lui pardonneront jamais.

C'est qu'en effet en mai 46, au cours des discussions avec Byrnes au sujet de l'aide à la France, le secrétaire d'État américain (bientôt Marshall allait lui succéder) avait au moins voulu assurer un marché aux films de Hollywood. Le lobby du cinéma avait beaucoup insisté. Avant-guerre – et le contingentement restait valable – la France avait limité à 120 le nombre de films américains à projeter par année. Byrnes avait obtenu l'annulation de cette mesure. De même en Italie. « Toute discussion fut impossible », soupire Blum de son air tragique.

En France il est entendu que 31 % des films doivent rester « nationaux »; en Italie il n'y en a que 17 %. Il existe en France plus de 4 000 salles, généralement vieillies, mal équipées ou, si elles sont modernes, trop vastes. En 47, 402 millions de billets d'entrée sont vendus, contre 316 millions en 45. Mais l'année suivante, le prix du billet montera à plus de 50 F et on vendra moins de 400 millions d'entrées. Le prix des films, en France, est de 7 à 8 fois moindre qu'aux USA et 3 fois moindre qu'en Angleterre (un long métrage revient en moyenne à 21 millions).

On tournait en moyenne avant guerre 120 films par an; en 47 on en tournera 74. Des réalisateurs comme Bresson, Carné, Grémillon ou bien, gloire de l'avant-guerre, Jacques Feyder, ne trouvent plus de producteur. Des « Comités de Défense du Cinéma français » d'inspiration communiste recueillent l'adhésion de réalisateurs et d'artistes célèbres.

Le cinéma français de 47 reste marqué par un film d'allure classique, de contenu romantique : *Le Diable au corps*, roman de Raymond Radiguet, adapté par Claude Autant-Lara. L'auteur, jeune homme de l'autre après-guerre, mourut avant de mûrir. L'histoire conte l'amour d'un adolescent de dix-sept ans, pendant la guerre, pour une femme mariée. Mélo ou bluette, nul ne croyait à la réussite. Le charme de Radiguet, n'est-ce pas la pudeur nue, la sous-émotion, le verre solidement filé du langage? Comment Autant-Lara, malgré sa conscience du détail, son goût profond des grandes œuvres littéraires, ferait-il passer par l'image un sortilège qui tient aux mots?

Micheline Presle est belle, émue, et vraie. Décor et scènes, rythme et technique touchent à la perfection. Mais ce qui crève l'écran, ce qui emporte le cœur c'est l'adolescent, un garçon nommé Gérard Philipe. Maigre, impulsif, pudique avec de soudaines explosions, des courses de poulain fuyant le pré... Soudain ému, vaincu puis refusant d'être écrasé par les passions adultes. Ce visage neuf, les gars à qui la guerre avait volé leur jeunesse le reconnaissent, l'acceptent, c'est eux.

Gérard Philipe était connu des fous du théâtre. Il avait joué Camus, avait été le prince Muchkine de *L'Idiot*. Et soudain...

Il a vingt-cinq ans, il est en vacances avec un ami et celle qui deviendra sa femme. Un télégramme lui propose le rôle. Il hésite : « Je suis trop vieux, non? » L'ami et l'amie le détaillent, long, maigre, adolescent vraiment... Il rentre. « J'ai dû me refaire la mentalité et le comportement d'un jeune homme de dix-sept ans. Avoir l'air tantôt de ne pas réfléchir à mes actes, tantôt d'y réfléchir trop. Cet exercice m'a passionné », confiera-t-il. Il aime qu'Autant-Lara, fils de comédienne, comprenne ses difficultés. Il aime que son réalisateur soit hanté par le côté social, par la morale courante de l'époque du film. Les scénaristes et dialoguistes étaient les plus célèbres de l'époque : Aurenche et Bost. Mais Gérard veut trouver lui-même ses propres jeux de scène. Par exemple quand, devant ses parents grondeurs, il doit montrer sa nervosité..., un souvenir lui revient... les combats de la Libération. Il faisait partie du groupe qui, commandé par Roger Stéphane, devait prendre l'Hôtel de Ville de Paris (Roger Stéphane rappellera que jamais au cours des longues heures de guet ce jeune homme ne fera allusion à son état de comédien déjà connu). Une fois la place prise, Gérard eut pour mission de ravitailler les combattants. Un gosse de dix-sept ans vint demander la bière. Or, on n'avait pas le droit de satisfaire les demandes individuelles. Alors le gosse, déçu, a simplement pivoté sur un pied, tourné sur lui-même : c'était l'attitude même de la déception contenue. Et c'est le geste que Gérard Philipe fixera dans ce film. Bien plus tard il dira que le public reçoit le geste fixé de l'acteur, le geste définitif : « Il ne connaît pas nos brouillons. »

En une semaine il est devenu illustre. Il ne vivra que douze ans de plus, qu'il remplira à pleins bords. Il incarna l'idéal romantique de cette romantique après-guerre. Son séducteur, son ange. Il prit parti dans toutes les grandes causes, par désir de se lier aux hommes, à ceux qui luttent. Mais entre eux et lui demeurait l'écran de sa solitude. On le trouvera, avec ses soudains bondissements adolescents, dans les manifestations contre les accords Blum-Byrnes (les manifestants voulaient que soit limitée l'entrée en France des films américains). Il deviendra une figure de proue du Mouvement de la Paix vers le milieu des années 50. On le dira communiste, ce qu'il ne fut jamais, mais il aima les grandes masses populaires rassemblées au Vél d'Hiv' ou à la fête de l'Huma. Il aimait cette façon de dépasser ses « fans » du théâtre. Il avait l'impression d'y sentir, d'y entendre, d'y respirer la popularité que lui donnait le cinéma. Et en même temps, contradictoirement, il supportait mal de n'avoir plus droit à l'anonymat...

Maria Casarès, reine quand il fut Ruy Blas, a laissé de lui quelques souvenirs bouleversants : « Un ange qui cherchait avidement à devenir homme... perpétuellement en quête de passion, cette passion qu'il écartait pourtant dès qu'elle risquait de bousculer son profond besoin d'harmonie. »

On lui reprochait à la fois d'être têtu et d'être influençable : « Caméléon?... Il prenait vite la couleur de la feuille qui l'abritait. Mais il choisissait la feuille. »

Têtu? Certainement pour son métier. Quand il décidait de parler bas aucun ingénieur du son ne pouvait le convaincre d'élever la voix... et c'est lui qui avait raison. De même, si un maquilleur lui collait les oreilles, les jugeant trop décollées, juste avant de tourner, d'un doigt habile il les ramenait au naturel.

Ce fut un elfe qui avait choisi de devenir père de petits d'homme, « le temps d'un soupir ».

SIXIÈME PARTIE

Le bruit et la fureur

1.

La montée de la violence

La fondation du Kominform a précipité la guerre froide. « Staline, note André Fontaine, détestait l'idée de neutralité. L'analyse de Jdanov... ne voulait connaître que deux camps, l'impérialiste et le socialiste [1]. »

La courbe de fièvre ne pouvait donc que monter. Un autre commentateur de l'époque — à l'angle de vues assez différent [2] — rappelle : « En 1947, du fait de la possession exclusive de l'arme atomique, l'Amérique disposait seule et sans réciprocité du pouvoir d'attaquer la Russie. Par les alliances et la force conjuguées elle serait donc l'arbitre et le guide de la deuxième partie du XXe siècle. » C'est en tout cas ce dont étaient persuadés le Secrétaire à la Défense, James Forrestal, les sénateurs isolationnistes, mais aussi Truman — qui en faisait le fondement même de sa fameuse doctrine — et même, mais d'une manière beaucoup plus nuancée, George Marshall.

Son idée — opposer à la néo-Internationale stalinienne une Internationale libérale, sans privations, sans troubles sociaux, améliorant le niveau de vie par la production massive de biens de consommation — ne pouvait que séduire. Quelques esprits, en Europe — de Gaulle par exemple — comprenaient que l'aboutissement inévitable, délibéré ou non — là n'était pas la question, — serait de souder le bloc occidental en une entité économique. Le plan Marshall portait en lui un Marché commun occidental; les USA ne pouvaient que le dominer et diriger. « Au dirigisme international des libéralités américaines (*dit Bloch-Morhange*), les communistes répondaient par une doctrine de nationalisme éco-

1. André Fontaine : *Histoire de la guerre froide*, édit. Fayard.
2. J. Bloch-Morhange : *Vingt années d'histoire contemporaine*, Plon.

nomique planifié et spécifique pour chaque pays... », renversement inattendu des valeurs.

C'est ainsi que commença la guerre froide. Elle a ses caractères propres. D'abord d'opposer deux États visant à l'empire du monde, l'un par l'économie et un certain nombre de valeurs traditionnelles (libre entreprise, « chances » offertes, horreur du dirigisme, de l'étatisme, de la planification), l'autre par une idéologie et des valeurs exactement inverses, promulguées au nom des droits des plus déshérités. Deuxième trait spécifique de la guerre froide : il y eut constamment des « guerres chaudes » mais qui se déplaçaient, épargnant l'Europe occidentale. Ainsi, celle-ci se considérait en état de paix, tandis que l'Extrême-Orient, le monde arabe, l'Afrique passaient par tous les stades qui mènent des tensions aux batailles.

Aux États-Unis, Forrestal voyait justifiée son angoisse de l'Apocalypse Rouge et anticipait sur le fameux mot d'ordre du maccarthysme *rather dead than red* (plutôt mort que rouge). Quant au Comité AAA, triomphant, justifié, il donnait à son animateur, le sénateur McCarthy, une assurance nouvelle et une autorité accrue dans l'entourage du Président. On entendit à la Maison-Blanche et au Congrès, des phrases comme : « La tolérance traditionnelle, c'est le cheval de Troie des Rouges. » Désormais, les tenants des divers « ku klux klan » antirouges qui se constituaient dans l'administration, dans les écoles et même les universités, se paraient de phrases dérobées aux héros révolutionnaires : « C'est un révolutionnaire français qui a dit : Pas de liberté pour les ennemis de la liberté; méditons cela. »

La suspicion devenait une marque de loyalisme patriotique. Déjà on arrêtait et surtout on interrogeait. Déjà des communistes responsables, mais aussi des supposés-communistes perdaient leur emploi et certains allaient en prison. Plus tard *Les Temps modernes* publieront le récit de l'épouse d'un des premiers emprisonnés pour opinion. Elle décrit avec une sobriété poignante la discrétion gênée des amis, et ce vide du silence qui se creuse autour d'elle et de sa petite fille. Les amis qui soudain, quand elle téléphone, sont « en conférence » ou, si elle tombe sur eux à la maison, se disent « sur le palier en train de partir et en retard ». Les parents des camarades de classe de la petite ne voulaient ni sembler rejeter une « enfant innocente » ni être soupçonnés d'avoir de mauvaises relations : l'enfant n'était plus invitée qu'aux grandes fêtes où venait toute la classe.

Bref, l'atmosphère du maccarthysme commençait.

Dorothy Healy, l'une des responsables du parti communiste

en Californie (miniature infatigable aux yeux de bleuet, elle était « née communiste » : sa mère figura parmi les fondateurs du Parti et la petite quitta l'école à quatorze ans pour « servir la Cause ») dira à l'auteur :

« Pourtant, nous n'avions aucune idée, aucune intuition de ce qui nous attendait. Avec l'aveuglement que nous nommions " optimisme organique " nous étions certains que la tradition démocratique du peuple américain rendrait impossible toute terreur idéologique. La " chasse aux sorcières ", nous étions certains que les élections présidentielles la balaieraient même si " notre " candidat, Henry Wallace, n'était pas élu, parce qu'il aurait réuni des millions de voix et cristallisé l'opposition. »

A partir d'octobre, pourtant, un fleuve de sereine bonne conscience porta les croisés de la guerre préventive. La CIA gagnait en pouvoir dans les ministères; sauf toutefois dans l'équipe du secrétaire d'État. Le général Marshall était certain que par sa générosité, et par elle seule, l'Amérique à la fois rayonnerait sur l'Europe, gagnerait des marchés et pourrait, à l'intérieur, se permettre de rester libérale. Mais même ses amis disaient ouvertement que l'URSS, en resserrant les liens des partis communistes, en préparant et réalisant les prises de pouvoir dans l'est européen, obligeait les États-Unis à se défendre contre l'insidieux noyautage de cette « cinquième colonne » qu'était le PC, avec toutes ses organisations « frontistes ». Déjà on parlait de secrets atomiques volés par des fonctionnaires déloyaux. Déjà on surveillait et on arrêtait un vague employé intérimaire du centre de recherches nucléaires. Il se nommait David Greenglass et — sans doute « tenu » par la police — orienta les recherches sur sa sœur et son beau-frère : Ethel et Julius Rosenberg.

Kominformisme à l'italienne

En Italie, le parti communiste allait, comme partout, durcir ses positions mais — comme toujours — avec plus de prudence et de nuances que son frère français. Dans son *Histoire du parti communiste italien*, Giorgio Galli analyse cette position :

A son retour de Szklarska-Poreba, Luigi Longo devient le propagandiste et l'artisan du nouveau tournant. Il fallait « faire échec aux fauteurs de guerre », il fallait « assener des coups définitifs au gouvernement démo-chrétien qui menait le pays à la ruine ». Bref, il fallait, dans les syndicats comme dans les organisations de masse, se préparer « à la résistance et à la contre-attaque ».

Il y eut trois fournées de secrétaires fédéraux réunis à Rome par régions pour discuter des nouvelles directives. A Milan, Longo – toujours virulent – vitupéra que désormais le Parti allait lutter à fond et que ceux qui hésitaient feraient mieux de partir.

Au moment même où commencent les grèves et manifestations de rue une voix se fait entendre en sens opposé. Un ancien de l'Internationale, membre de la direction depuis longtemps, a pris la parole. Togliatti l'avait souvent trouvé en face de lui, capable de poser les seules questions qu'il ne désirait pas entendre. Umberto Terracini pensait sans doute que, quitte à faire son autocritique en cas de nécessité, mieux valait avoir exprimé sa pensée dans l'espoir qu'elle resterait et germerait.

Umberto Terracini a donné une interview à une agence de presse américaine – l'International News Service (INS) – sans en avoir averti le secrétariat. Il affirme que c'est un grand danger que de laisser le monde se cristalliser en deux blocs qui s'affrontent. C'était exactement ce que pensaient Togliatti et Amendola. Mais c'est aussi, exactement, ce qu'il ne fallait pas formuler au moment où le Kominform accusait le PCI d'un mol opportunisme. Le secrétariat réagit aussitôt, et publia un communiqué à l'usage, nettement, du Kominform :

« Des opinions du genre de celles du camarade Terracini ne peuvent servir qu'à désorienter les masses laborieuses dans la lutte qu'elles doivent mener. »

Il ne restait à Terracini qu'à procéder à son autocritique. Ce qu'il fit... Il « reconnut ses erreurs » et approuva la ligne nouvelle. Plus tard, le plus Komintern-et-Kominformien des dirigeants italiens, celui qui deviendra bientôt le maître de l'appareil, qui tentera de se débarrasser de Togliatti en l'envoyant diriger le Kominform, Pietro Secchia, commentera : « Impossible que Terracini, un camarade de la direction, ait pris une telle position à un tel moment sans avoir l'accord du secrétaire général. Et c'est certainement l'interprétation qu'ont faite les Soviétiques. »

La méthode de la politique à double face de Togliatti n'avait pas changé...

Pour le moment on ne retenait que la ligne d'action de Secchia et Longo. La direction céda – comme en France – à une autocritique collective de sa mollesse, et de l'acquiescement involontaire que son excès de légalisme apportait à l'adversaire. Il affirmait qu'à présent il se mettait à la tête de l'action de masse et éliminerait toute manifestation d'opportunisme.

Le 12 novembre, la grève générale sera décrétée à Milan, et très inégalement suivie.

Le 23, sous la direction de Giancarlo Pajetta, responsable pour la Lombardie, aura lieu le Congrès des « conseils de gestion » (d'entreprise), 7 000 délégués.

A Milan se retrouvaient ceux qui, au PC, menaient la ligne dure : le responsable de l'appareil et des cadres, Pietro Secchia, le n° 3 du PCI, et Luigi Longo le n° 2, mais aussi ceux qui avaient la responsabilité du Parti dans les grandes régions : Pajetta pour le Nord, Amendola et Colombi pour le Sud.

Comme en France au début de la Libération, mais beaucoup plus fortement, les comités d'entreprise, les « conseils de gestion » étaient le lieu d'un conflit permanent entre les libéraux, « bourgeois » réformateurs, et les communistes. Les premiers voulaient réduire les conseils à un rôle purement technique. Les plus avancés y voyaient les organes de ce que plus tard de Gaulle baptisera l'« association capital-travail ». De jeunes patrons socialisants avaient de ces rapports une vision idyllique : les délégués ouvriers indiqueraient les solutions les meilleures qui pourraient concilier les nécessités de la gestion (capitaliste) de l'entreprise, et les « légitimes aspirations des travailleurs ». Pendant tout le temps où les communistes avaient participé au gouvernement, ils avaient consenti à ce rôle. Durant le semestre écoulé, rien n'avait laissé prévoir un changement. C'est à Milan, le 23 novembre, qu'il se produisit.

Désormais, les conseils devraient « contrecarrer les agissements des groupes capitalistes qui se sont développés en Italie avec l'apogée du gouvernement noir ».

Le Congrès eut sur l'esprit des participants un effet de prise de conscience. On disait aux délégués que la classe ouvrière les avait élus parce que c'était à elle d'opérer les réformes de structure qui sauveraient l'industrie italienne. C'est-à-dire qu'ils devaient exercer un contrôle sur la production et la gestion de leurs usines ou administrations. En effet, leur expliqua-t-on, le capitalisme était arrivé à sa contradiction interne ultime. C'était la crise finale. Le pays, d'un tissu social fragile, risquait la catastrophe.

D'ailleurs, estimaient les délégués, ce congrès n'a pas été convoqué par le Parti communiste seul : celui qui le présidait était bien Luigi Longo, mais en tant que combattant de la brigade des Partisans Garibaldi. Et près de lui le président était Morandi, un socialiste. Donc une lutte unitaire.

Pendant tout le mois d'octobre et plus encore en novembre, les grèves et les manifestations n'avaient plus cessé en Italie.

A ce moment, et comme le Congrès était à son comble d'enthousiasme, recevant les délégations de toutes les entreprises de Lombardie, on apprenait que Scelba, ministre de l'Intérieur spécialement répressif, destituait purement et simplement le préfet. Celui-ci n'était pas de carrière. Troïlo était un Résistant, nommé par le Comité de Libération Nationale avant la formation d'un gouvernement de la République.

Giancarlo Pajetta n'hésite pas. Puisque le Kominform trouve le parti italien opportuniste, réformiste, eh bien, on va voir... Entre les 7000 délégués des conseils d'entreprise et les organisations de masse, sans compter les militants des syndicats et du Parti, c'est une foule puissante qui envahit la Préfecture. Les partisans bloquent les rues d'accès. Des armes ont ressurgi des cachettes. On les dissimule sous les manteaux ou les bâches des camions. Des groupes aux allures militaires, disciplinés, parcourent les rues, incitant les boutiquiers à baisser leur rideau de fer pour éviter tout incident. En moins de deux heures la ville est tapissée d'affiches, de tracts : « Scelba, chef de la maffia agrarienne, n'occupera plus Milan. »

Giancarlo Pajetta, installé dans le bureau du préfet, demande Rome. Il veut parler au président De Gasperi. On fait répondre qu'il n'est pas là. Il finit par atteindre le bras droit du ministre de l'Intérieur :

« Mon cher Marazzo, veux-tu dire à Scelba qu'il a une préfecture de moins? »

Quand Scelba rappelle, dit la légende, il demande :

« C'est vous, Troïlo?

– Non, ici Giancarlo Pajetta! »

En tout cas, 150 conseillers municipaux et maires socialistes et communistes, de la province de Lombardie, décident de démissionner en signe de solidarité avec Troïlo.

C'est là que l'on mesure l'incontestable habileté manœuvrière de De Gasperi, quand on compare son attitude à celle des voisins du gouvernement français. Il cherche à éviter la répression, l'impopularité. Il envoie Marazzo pour négocier : il faut que les communistes puissent triompher s'ils veulent, mais que Milan ait un préfet aux ordres du gouvernement.

Giorgio Bocca, le biographe de Togliatti, raconte :

« Togliatti est furieux. Rarement les camarades de la direction l'ont vu à ce point submergé par la colère. Convoqué à Rome, le pauvre Pajetta est couvert de reproches et pendant tout le reste de sa vie Togliatti lui jettera son ironique : “ Alors Pajetta, comment va la révolution? ” »

Togliatti tire profit de l'affaire, tout comme il l'avait fait de l'interview de Terracini. Il publie un article dans *Rinascita* (revue théorique du PCI), où il critique sévèrement la politique extérieure des Américains et de De Gasperi... parce qu'ils divisent le monde en deux blocs affrontés. Bien entendu, la critique informulée sera parfaitement comprise à Moscou. Dès décembre, Staline convoque Pietro Secchia, le secrétaire à l'organisation qu'il n'avait encore jamais vu. L'entrevue a dû se révéler satisfaisante. Désormais, Moscou saura mot à mot tout ce qui se dira dans les sphères dirigeantes du parti italien.

Ici Togliatti essuiera un échec total. Il tentera, un mois plus tard, en janvier 1948, au VIe congrès du PCI à Milan, d'éviter de nommer Secchia au secrétariat... La pression sera si forte qu'à peine le congrès terminé, les membres du Comité central recevront une lettre spécifiant que l'on avait « oublié » de régler la position officielle du camarade Secchia ». Ils auront à spécifier qu'ils étaient d'accord pour faire de lui le deuxième secrétaire-adjoint, c'est-à-dire le n° 3 officiel du Parti. Après l'échec des communistes et des socialistes, pourtant unis, aux élections du 18 avril 1948 où la démocratie-chrétienne triomphera, la politique « frontiste » subit une éclipse. 1948 sera pour le PCI l'année la plus dure, tout comme pour le PCF. La guerre froide avait atteint le niveau où il devenait impossible de sortir de l'isolement.

La « furia francese »

En France, les journaux du 5 octobre ont annoncé la formation du Bureau d'Informations Communiste. Blum ironise. Thorez fait son autocritique.

Le personnel politique considère, dans son ensemble, que désormais les socialistes deviennent d'autant plus précieux qu'ils constituent cette « troisième force » qui empêchera l'affrontement direct, violent, entre les deux formations pour lesquelles voteront, le 19 octobre, les Français exaspérés par la vie chère et l'impuissance du gouvernement.

Patelin, le président de la République écrit dans son « Journal » :

« Au gouvernement, Thorez prêchait la production à outrance. Depuis qu'ils n'y sont plus, en s'excluant eux-mêmes par leur vote contre un gouvernement dont ils faisaient partie, ils *(les communistes)* font tout pour saboter la production en provoquant des grèves. »

On sent que ce « Journal » est destiné à ce qu'il a maintenant atteint (comme celui de Forrestal) : la postérité. Le socialiste de Toulouse bichonne sa statue : pendant l'occupation, dit-il, il souhaitait intégrer le PC dans la démocratie nationale comme l'URSS dans l'internationale : « Ils sont une force. Ils sont honnêtes, dévoués, désintéressés. Ils sont trop à la remorque de la Russie et trop attachés à une doctrine dictatoriale qui ne vaut pas pour la France. »

Ce politicien de métier, dont l'anticommunisme ira croissant au cours de son septennat, demeure fasciné par la discipline des militants : pourquoi les socialistes ne peuvent-ils pas obtenir cet « enthousiasme des masses » dans la liberté?

Le gouvernement débat de la radio...

Ramadier : « C'est un instrument dangereux. Ne pourrait-il pas, par exemple, transmettre des mots d'ordre d'insurrection? »

Le président du Conseil propose un monopole d'État.

Auriol : « Il y a vraiment trop de communistes au journal parlé! »

Ramadier se fâche : « Nous, gouvernement, quand on veut parler, il faut livrer une vraie bataille! »

Il faudrait prendre des mesures. Supprimer la tribune de France-URSS par exemple. Et puis remplacer les rédacteurs en chef, décidément subversifs... Mais où trouver des remplaçants?

C'est le commencement de la campagne pour les élections municipales, prévues pour le 19 octobre. On n'entend en effet que deux voix : celles des deux grandes masses de mécontents, les gaullistes et les communistes.

Déjà se dessinent les clivages qui, jusqu'à la mort de Georges Pompidou en 1974 – c'est-à-dire au-delà même de la mort du Général – vont diviser la France en trois blocs. Les communistes, qui veulent instaurer un ordre « différent », les gaullistes qui entendent rénover l'ordre existant par des « idées nouvelles » (les fameuses « nouvelles frontières ») et... les autres, ceux qui veulent seulement maintenir l'ordre, en continuant à vivre sur les idées de la IIIe République. De Gaulle n'a pas encore dit : « Ce sera moi ou le chaos », mais déjà le désir d'ordre, la soif d'ordre tisse la pensée moyenne des Français.

« C'est de Gaulle qui donne sa force au PC », soupirent les socialistes. Comme si la hausse des prix de 9,5 % en octobre n'expliquait pas le divorce entre le gouvernement et le pays...

Pendant ce temps, le monde bouge; de l'Indochine en Afrique, l'Empire français tremble mais ne le reconnaît pas... pas plus qu'il n'a compris la faute du statut de l'Algérie ou de la répression à Madagascar.

Au Caire, un homme dont Auriol mesure mal la puissance jette un appel qui aurait dû réveiller la France officielle. Le secrétaire général de la Ligue arabe, Abdel Rahman Azzam, pacha à l'anglais élaboré, aux manières parfaites, au self-control sans faille, déclare :

« L'Afrique du Nord, voilà le problème à résoudre dans les années qui viennent. Dans ces pays le régime français a instauré la plus mauvaise administration coloniale du monde. » Il propose de créer, entre les deux blocs, un bloc-tampon qui engloberait tous les pays arabes, la Turquie et si possible la Grèce et même peut-être — pourquoi pas? — l'Italie.

Bidault dit au Président :

« A mes yeux, l'ambassade la plus importante pour la France, c'est Le Caire... »

Laurence Durrell n'est pas encore romancier; il vit sa tétralogie égyptienne avant de l'écrire. *Justine* ne sera publié que dans les années 50.

Au Quai d'Orsay on haussait une épaule prudente. « La Ligue arabe? Une quasi-création de l'Intelligence Service. Enfin, une protégée des héritiers du colonel Lawrence. » D'autres susurraient qu'à présent la CIA avait pris le relais.

Le jour même où parlait Abdel Rahman Azzam pacha, le maréchal Juin rendait visite au Président et lui disait qu'au Maroc les nationalistes représentaient une minorité négligeable et d'ailleurs en recul. L'opinion réelle et la masse reposaient entre les mains des caïds; et eux étaient pour la France. Le Sultan? Les intellectuels des mouvements nationalistes? Ce n'était rien...

Vincent Auriol eut une idée digne d'un congrès radical (ou après tout socialiste) de Toulouse. Est-ce que Bidault ne pourrait pas suggérer aux Américains de faire comprendre au Sultan qu'ils ne le soutiendraient pas en cas de déloyauté envers la France?

Bidault réfréna un mot d'esprit et dit poliment :

« Le leur suggérer? C'est toujours possible, mais pourquoi agiraient-ils contre leurs intentions? Ils guignent le Maroc, une très bonne base pour eux. Ils ont, paraît-il, commencé à penser à des investissements. Et croyez-vous qu'ils comprennent la colonisation française et ses soucis? Eux ne colonisent qu'avec le dollar... »

Bidault trouve parfois encore des formules, mais désormais son œil est terne, sa démarche incertaine. Son garde du corps veille tendrement sur lui. Il l'a pris en affection. C'est un étrange gorille : il est sculpteur, de vocation, et il a trois enfants qu'il faut faire vivre. Il a donc choisi ce métier parce qu'il ne travaille qu'un jour sur deux.

Le 8 octobre, le général Valluy se déchaîne en Indochine, décidé à « en finir ». Offensive monstre sur le fleuve Rouge. Il veut ressouder Annam, Tonkin et Cochinchine.

L'ambassadeur américain se fait annoncer chez Bidault. Il est embarrassé. Il a l'impression, dit-il, d'intervenir dans la politique d'un pays ami. C'est une simple information qu'il est chargé de transmettre...

« Monsieur le Ministre est-ce que vous suivez la presse américaine? »

Bidault hausse un sourcil. Oui, bon, les journaux de New York sont mécontents...

« Monsieur le Ministre, si la France entreprenait une opération d'envergure en Indochine, le Congrès chez nous risquerait de réagir assez... négativement. Je veux dire cela pourrait se répercuter sur les problèmes de l'aide Marshall... »

Bidault rappelle que le plan Marshall n'est tributaire d'aucune condition politique. L'Américain soupire qu'effectivement, mais que l'exécutif américain est tributaire de l'opinion. Surtout à quelques mois des élections présidentielles!

Bidault informe Vincent Auriol. Dans son « Journal », le Président marquera : « Rien de grave. »

La semaine suivante un envoyé de Truman vient à Paris. William Bullitt avait été ambassadeur en France et mérité deux surnoms, « boule d'élite », et « boulet étoilé ». Il les devait à son impétuosité et à sa calvitie. Il est reçu par Auriol avec le gouverneur Bollaert, avec le général Valluy et avec le ministre Marius Moutet : il avait prévenu que la conversation porterait sur l'Extrême-Orient.

Au nom des États-Unis il vient demander l'aide de la France pour Tchan Kaï-tchek :

« Il est votre seul rempart, monsieur le Président. S'il ne triomphe pas les armées rouges chinoises envahiront l'Indochine. »

Bollaert, Valluy, Marius Moutet lui donnent raison :

« Ho-Chi Minh? Mais monsieur le Président, de qui dispose-t-il? de.. mettons 75 000 va-nu-pieds. Les nationalistes ont bien 50 000 soldats anticommunistes... » Bullitt ne mentionne pas qu'après son long voyage en Chine Marshall, au contraire, voulait lâcher Tchang. Que pense Auriol? Se souvient-il de Victor Hugo et des soldats de l'an II?

La politique à l'Élysée, ce n'est pas gai, soupire-t-il. Que de mauvaises nouvelles!

Voilà l'ambassadeur de Turquie. On sent qu'il veut vendre le plus cher possible la seule richesse dont il dispose : la neutralité de son pays. Il a cet air officieux qui malgré tout impressionne toujours. Il dit avoir des sources d'information très sûres à la Maison-Blanche. Non, pas Marshall; lui croit tout arranger avec des dollars. Mais d'autres membres du cabinet Truman sont décidés à la guerre préventive.

Les Russes le savent. Vichynski crie très fort à l'ONU mais en réalité...

La guerre mondiale? La guerre d'Indochine? La guerre en Chine qui recommence ou va recommencer?

Le Président se dit parfois que la vie politique n'est plus à présent à l'échelle d'un pays. A l'Assemblée, à Paris, certains croient – ou feignent de croire – que la guerre civile peut éclater, d'un jour à l'autre...

Les spécialistes des questions communistes murmurent : « Lisez entre les lignes de l'autocritique de Thorez : c'est clair, non? [1] »

Les syndicalistes

Le 11 le métro s'arrête. Au début les communistes prennent parti contre cette grève : les conducteurs de rame ne sont pas syndiqués à la CGT. Leur porte-parole, Clément, en est même la bête noire; on les appelle, lui et ses partisans, les « anars de droite », les « aristos sans esprit de classe ». Ces « corporatistes » (autre injure) ne visent en effet ni la révolution, ni la dictature du prolétariat, mais seulement l'aménagement de leur condition immédiate. Leur secrétaire syndical grogne en riant : « Aide-toi et la société t'aidera. »

On les compare aux ouvriers du Livre (syndiqués, eux, à la CGT, mais y constituant un corps à part). Les conducteurs se considèrent comme une sorte d'aristocratie ouvrière; les poinçonneurs ont droit à leur condescendante indulgence, les poinçonneuses à quelque gauloiserie. Les chefs de station obtiennent un dédain bienveillant. « Un métier de femme. » Je me rappelle, le jour où commença la grève, une dispute au bistrot, entre l'un des rares communistes chefs de station et un conducteur. « Même à

1. Ph. Robrieux, *op. cit.*

Moscou, affirmait le conducteur, les femmes ne conduisent pas les trains, donc tu vois... »

Le communiste maintenait le contraire. Ils faillirent se battre. Puis ils se mirent d'accord : les femmes conduisaient le métro de Moscou pendant la guerre, parce qu'il n'y avait plus d'hommes en ville. C'était donc bien un « vrai » métier d'homme.

Querelle assez révélatrice. A la fin des années 60 fut introduit le poinçonnage automatique des tickets; il fallut donc reconvertir les poinçonneuses. L'une d'elles se présenta au concours de recrutement des conducteurs de rame : elle avait un permis de poids-lourds. L'homme du bureau d'embauche lui fit remarquer en soupirant que le concours était réservé aux hommes. Elle insista : pour quelles raisons? Les femmes conduisaient des autobus : elle savait en conduire; c'est bien plus difficile. L'homme lui dit alors, avec une douceur têtue, que l'admettrait-il au concours en dépit des règlements, et en supposant qu'elle se révélât la meilleure, il ne pourrait l'embaucher « à cause du syndicat ». « Vous savez comment ils sont », ajoutait-il.

Le dernier quart du siècle a vu des filles entrer premières à Polytechnique comme à l'École Nationale d'Administration. Quelques femmes — guère plus d'une par catégorie — sont : ambassadeur de France, préfet, membre de l'Institut, professeur au Collège de France. Ce sont des femmes-phares; ce que les féministes nomment des femmes-alibis; en tout cas des exceptions. Mais ce sont aussi des symboles, qui prouvent qu'une femme *peut* exercer n'importe quelle responsabilité. Mais y a-t-il des femmes conductrices de rames de métro?

En 47, l'égalité professionnelle entre homme et femme demeurait — malgré le nombre des femmes médecins, avocats, professeurs, ingénieurs — une théorie, un principe pour milieux « avancés ». Les travailleurs du Livre montrent un autre exemple de la persistance de l'esprit corporatiste dans les syndicats. Très longtemps, typos et linotypistes ont désiré rester « entre hommes ». Durant la guerre et au lendemain de la Libération, le syndicat admit quelques veuves ou filles de syndiqués, mais au « labeur », pas à la presse. C'était la brèche. Bientôt les techniques de l'offset ont attaqué les préséances dans ces professions menacées. En 1975-1976, les grèves du Livre ont cessé de se terminer automatiquement par la victoire. Le temps de ce syndicalisme-là était passé.

Si, au métro, les « conducteurs têtes de lard » narguaient souvent la CGT, par contre les métallurgistes, réputés pourtant pour leur individualisme, suivaient fidèlement les directives syndicales. Leur secrétaire, petit Breton râblé à l'éloquence difficile nommé

Eugène Hénaff, était d'une discipline exemplaire. Il réclamait la « révision trimestrielle » (l'échelle mobile). Quand le chou-fleur augmente du matin sur le soir, la revendication paraît naturelle.

L'Union des syndicats de la Région Parisienne se lance dans la lutte, précédée des ouvriers qui ont l'État pour patron direct. Les demandes d'augmentation allaient, pour certaines catégories, jusqu'à 20 %. Les journaux en faisaient cas, mais l'opinion publique ne trouvait pas la revendication exagérée. Quand l'indice officiel indique 9,5 % d'augmentation, la hausse réelle atteint souvent les 20 %. Chez les plus défavorisés on entendait déjà des mots de desperados : « La grève? Bien sûr : qu'est-ce que j'ai à y perdre, moi? » De toute façon, nous l'avons vu, c'est la main-d'œuvre qualifiée qui manquait et non le travail. Des ouvriers libres de tout parti regrettaient d'avoir suivi les mots d'ordre communistes : produire, travailler, combattre... « C'est les patrons que nous avons enrichis, pas nous. »

A la Libération il était arrivé – en Italie plus qu'en France – que des ouvriers prennent la place du patron disqualifié pour « collaboration » avec l'occupant. Chez Berliet, à Lyon, aux Aciéries du Nord, à Marseille, l'usine fonctionnait encore, en 1947, sous le contrôle de comités d'entreprise qui épluchaient les actes des administrateurs provisoires. Nous retrouverons, au moment des grandes grèves, ces précurseurs des horlogers de Lip en 73. Déjà, le patron pouvait être contesté dans ses compétences, sa capacité de conduire l'entreprise : quand il échouait, les salariés se substituaient à lui pour éviter la fermeture et le chômage. En 47, l'indignité du propriétaire-patron était plus souvent politique. Le cas extrême était celui de Renault, dont les usines avaient été nationalisées.

Thorez regrettait dans son autocritique de n'avoir pas plus tôt « démasqué impitoyablement la conduite des dirigeants socialistes et des divers partis au gouvernement comme étant une véritable ignominie » [1].

Ce langage exempt, pour le moins, de circonlocutions, destiné à plaire à Jdanov et Kardelj, répondait à l'humeur des esprits en France. Un découragement naissait de ce qu'on « n'y arrivait pas » malgré les heures supplémentaires, malgré le « travail au noir », chez des particuliers ou dans les petits ateliers. Il suffisait d'un gars à la parole démonstrative, ou d'un mot d'ordre concret. Le difficile n'était pas de déclencher une grève, mais, selon le mot fameux, de la terminer, sur un succès au moins partiel.

1. Ph. Robrieux, *op. cit.*

Parfois encore, l'idée de la grève surgissait spontanément dans la masse, et le syndicat n'avait plus qu'à l'entériner.

La première réponse aux critiques du Kominform, la première escarmouche de la bataille anti-Marshall était déclenchée avant même que Duclos fût revenu de Pologne : le mouvement qui s'amorçait tenait du patriotisme le plus chauvin et de la plus naturelle exaspération contre la pénurie.

A Verdun, le 29 septembre, des ouvriers et des ménagères, vite encadrés par les syndicats et le parti, ont décidé d'empêcher de partir les péniches de sucre destiné à l'officieuse « trizone » d'Allemagne. Le projet initial vient-il d'un militant de la CGT? ou d'un « anti-Boche »? D'un chauvin nostalgique de « Verdun-visions-de l'Histoire »? En tout cas, il colle admirablement à l'une des idées-force des communistes : le plan Marshall privilégie l'Allemagne coupable, au détriment de la France, victime innocente. Les manifestants ferment l'écluse, barrent la voie d'eau. Des mariniers stupéfaits sont bloqués. Les manifestants crient :

« S'ils veulent notre sucre, qu'ils nous envoient leur charbon! »

Or les Américains, par l'effet de la « bizone », sont les maîtres réels du charbon et du minerai de la Ruhr.

Le gouvernement profite d'une nuit où les manifestants se sont provisoirement dispersés pour acheminer des camions militaires sur les lieux, transférer le chargement et ne laisser sur l'eau que des péniches vides.

L'affaire des péniches de Verdun se reproduit à Nancy, durant la première semaine d'octobre, cette fois entièrement orchestrée, en présence des parlementaires communistes de Meurthe-et-Moselle, dont Maurice Kriegel-Valrimont, membre du Comité central et directeur politique d'*Action*. (L'auteur y assistait; le récit de ces incidents a été en partie publié, à l'époque, par *Action*.) « Pas de sucre pour... » Ici les slogans ont changé : Pour « les boches », pour « les frizous», pour « les nazis ». Mais aussi pour « les chouchous des Ricains ».

Les mineurs sont venus du bassin, leur marmite métallique sur la tête où ils ont peint G.S. : garde-sucre. Les CRS, les gendarmes, des soldats se sont déployés, ont chargé, ont fait ranger les péniches — première phase — à 15 kilomètres de Nancy. Ce qui compliquait les manifestations de masse, obligeait à fréter des camions (où les trouver? la municipalité était hostile). Augusta Guy, conseillère municipale communiste, avait regroupé les ménagères et les jeunes disposant de vélos.

Le journal « bourgeois » *(L'Est républicain)* l'avait surnommée « la Colette Baudoche de l'exportation ». Augusta Guy connaissait le roman de Barrès... et se sentait assez Colette Baudoche au fond d'elle. Patriote lorraine sans concession à l'occupant? Oui, elle l'avait été. Elle eut ce mot extraordinaire : *Colette Baudoche* pour la guerre de 70, c'est comme *Le Silence de la mer* [1] pour notre guerre : c'est le refus. Quand on n'a pas d'armes pour se battre, ce qu'on peut faire, c'est refuser. »

Augusta Guy, « Tata », ne pouvait deviner que Jdanov à Moscou trouvait *Le Silence de la mer* un « roman bourgeois et décadent ». Tata avait quatre enfants, militait à la municipalité, tenait sa maison, adorait musique et lecture. Elle avait, cette Lorraine solide, de la riposte.

Qu'on lui dise : « Ménagère, mère, militante, musicienne, tu en fais des choses? », elle répondait : « C'est mes 4 M opposés aux trois K (Kirche Kinder Küche) des nazis. Le tout, c'est de savoir s'organiser. » Avait-elle vraiment lancé au conseil municipal : « Avec les rations que vous leur allouez, comment voulez-vous que nos hommes reconstruisent le jour et repeuplent la nuit »?

Elle riait : « Tu penses, j'aurais pas trouvé aussi bien sur le moment, mais c'est bien ce que je pense... »

Elle allait – à vélo – dans les faubourgs de Nancy et les villages miniers. Ah, on avait détourné les péniches? Eh bien, ils l'auraient quand même, leur fête... Augusta prenait la tête d'un cortège de vélos et chantait comme sa grand-mère des chansons vengeresses de 1870 qui avaient, sous l'occupation, repris leur actualité : « Vous avez pris l'Alsace et la Lorraine – Vous avez pu germaniser la plaine – Mais notre cœur vous ne l'aurez jamais... » On jouait sur tous les registres pour amener des garde-sucre sur les berges.

« On monte la garde d'une France créancière de l'Allemagne... », disaient les responsables. Bonne formule dans une région dont les déchirements avaient toujours nourri le particularisme.

L'homme de cette formule-là, Camille Thouvenin, au visage rude et rond, était secrétaire de l'Union départementale des syndicats. Il était aussi le héros d'une nouvelle de Georges Cogniot, le prof' secrétaire de Thorez, normalien agrégé germaniste qui avait sacrifié son goût pour Lucrèce et Heine aux besognes les plus officieuses du Komintern. Thouvenin et lui étaient internés ensemble au camp de Compiègne, sous l'occupation, et Thouvenin

1. Vercors : *Le Silence de la mer*, roman publié pendant l'occupation par les clandestines, éd. de Minuit.

avait organisé *L'Évasion* [1], titre et sujet de la nouvelle. Le héros-de-roman exposait une théorie où se mêlait encore le « produire, travailler, combattre » premier mot d'ordre communiste à la Libération :

« Pas de sucre s'ils ne nous envoient pas de charbon. Ça nous permettrait de rallumer cinq à six hauts-fourneaux. On produirait à bloc... »

Autour de lui mineurs et ouvriers de hauts-fourneaux abondaient dans le même sens :

« Chez nous, à Homécourt, c'est entièrement mécanisé. Alors nous avons atteint les 100 % de la production de 1938 malgré les détériorations de la guerre...

– Chez nous, à Moutiers, on a dépassé 1938 et pourtant, nous, on charge à la main... »

Cette fierté de produire, cette « émulation socialiste », comment auraient-ils deviné, les mineurs de Lorraine, qu'elle était désormais périmée? Qu'il fallait à tout prix lutter contre le plan Marshall et non plus produire-à-tout-prix?

Camille Thouvenin expose, généralise :

« Dans certaines mines le matériel est usé par le temps mais dans toutes les hommes sont usés par la pénurie. Voilà, c'est ça le vrai. Sur les 8 500 000 tonnes de minerai de fer extraits en France nous, en Meurthe-et-Moselle, on en fournit 5 millions. Ça couvre les besoins. Mais il n'y a rien en stock. Alors si on s'arrêtait de produire... »

Ni Thouvenin ni bien sûr ses syndiqués – les mineurs de fer étaient à 97 % à la CGT – n'avaient entendu parler du virage. Ils en étaient restés au « produire à tout prix », au Thorez du fameux « Appel de Waziers », au vice-président du Conseil et au PCF parti de gouvernement. Thouvenin explique la composition de son syndicat et de ses luttes. Cette histoire d'une région, on n'en parlait guère « en France » (pour eux, ici, la « France », c'était l'« intérieur », c'était donc Paris).

Depuis des générations au bassin de Briey, des Tchèques, des Belges, des Luxembourgeois, mais surtout des Italiens, s'étaient mêlés aux Français. Leurs enfants, c'étaient des Français d'à présent. Et ils étaient à leur tour relayés, pour les travaux les plus pénibles, par de nouveaux immigrants, venus du fond du Mezzogiorno italien :

« A l'abattage, au bassin de Briey, il n'y avait plus que 5 % de Français. On s'est battus. On a obtenu 25 % de mieux pour le

1. Georges Cogniot : *L'Évasion;* nouvelles, Édit. Françaises Réunies.

fond et 12,5 % pour la surface. Alors les Français reviennent. Après ça, bien sûr, les syndiqués ont confiance dans le syndicat. Et pour le sucre, s'il le faut on fera descendre ici tout le bassin : 6 000 gars. »

Tout se mêlait. Que c'était mieux, en somme, d'avoir des Français dans le bassin. Que la Fédération du Sous-Sol avait la confiance des luttes victorieuses et qu'il faudrait dans peu de jours prendre un virage violent que l'affaire des péniches n'annonçait guère.

A la veillée, on fraternise avec les soldats – pour la plupart enfants de la région – qui gardent les péniches. On tente d'amadouer le marinier, furieux du retard : « Pensez, le temps que je suis bloqué ici, c'est le temps où je fais d'habitude tout le trajet... si j'avais su je ne l'aurais jamais chargé ce sucre... »

Maurice Kriegel-Valrimont, qui d'ordinaire a l'éloquence entraînante et dure, chante : « Aux marches du palais – Y avait une tant belle fille, lonlà... » On reprend en chœur. Le secrétaire de la Fédération du PC raconte des histoires lestes. On rit grassement. Le sénateur raconte des histoires de fous. Une Lorraine trop tôt vieillie chante soudain un refrain transmis dans les familles ouvrières du temps de l'anarchie : « Ne pouvant avec son salaire – Vivre heureux, le peuple en colère – Dans le Nord, l'Ouest et l'Est, le Midi – Se révolte et chacun redit : « La vie est trop chère – Nous avons trop faim – A bas le repu, l'oisif, l'affameur – Nous les travailleurs – Nous voulons du pain. »

Augusta Guy (elle avait su acquérir une vraie culture ouvrière) murmure :

« Cette chanson-là, Louise Michel déjà la chantait. »

Longtemps – c'est-à-dire plusieurs jours – les péniches restent entre Frouard et Liverdun avant d'être, une nuit, escamotées. Au soulagement inavoué mais certain de Camille Thouvenin et des responsables : car enfin qu'en faire? Le secrétaire syndical eut un mot de conclusion qui marque la fin d'une période idéologique :

« Et pendant tout ce temps la production n'a pas baissé d'un kilo! »

Bizarrement, cette affaire des péniches semble avoir embarrassé la CGT. *La Vie ouvrière,* son hebdomadaire (dirigé par le déjà très vieillissant Gaston Monmousseau qui se prenait pour le fils de Rabelais et de Romain Rolland), n'en parle qu'en pages intérieures : « A Verdun on emploie les gaz contre le peuple. » Puis, le 15 octobre, enfin un gros titre :

« Le sucre aux Allemands – La note aux Français. » Ramadier, y lit-on, « s'américanise : des bombes lacrymogènes contre les syndiqués et la population de Nancy ». La grève, à Nancy, était « totale » (on évite « générale » : c'est trop grave, c'est réservé à la prise du pouvoir). On estime à 30 000 les manifestants réunis place Stanislas à Nancy sous la conduite de Maurice Kriegel-Valrimont et de Thouvenin. Soudain ont débouché les autos-mitrailleuses qui bloquent la place et la « brigade spéciale de Limoges » qui lance des bombes lacrymogènes. On compte 20 blessés dont 12 à l'hôpital. L'Union déparmementale des syndicats porte plainte. Mais tout ceci semble en mineur.

Dans le même numéro de *La Vie ouvrière* paraît un article assez inattendu d'André Tollet. Le petit tapissier, enfant du faubourg Saint-Antoine avec son accent parigot, qui avait joué un rôle éclatant pendant la libération de Paris et figuré sur toutes les tribunes en tête du Comité de Libération, semble avoir oublié ce que Marx disait de l'internationalisme prolétarien, et qu'on avait dû lui enseigner dans les écoles du Parti. L'article, intitulé « Attention à la 5e colonne », proteste contre la restriction de crédits aux centres de formation professionnelle. André Tollet tonne : « On va recruter des travailleurs parmi les Polonais d'Anders! » [Le général Anders avait formé l'armée polonaise d'Angleterre pendant la guerre, et ses soldats étaient, en majorité, restés en Occident.] Suit la phrase : « Alors que pour éviter le chômage croissant nous sommes actuellement contre la venue d'ouvriers italiens dans le bâtiment... » Tollet accuse, sans grande logique apparente, le ministre du Travail, Daniel Mayer, de « saboter la venue de certains travailleurs étrangers parce qu'ils sont contrôlés par la CGT », puis d'avoir « tenté d'introduire » des SS allemands dans les convois de main-d'œuvre immigrée. Ce qui conduit à une belle figure de style : « ...d'une main on arrête la seule possibilité de former des ouvriers qualifiés français, et de l'autre on introduit une main-d'œuvre étrangère tarée ». Donc : « Il faut que nous empêchions la 5e colonne de renaître. »

L'article donne le ton de la CGT de l'époque. Tout se mêle : la défense très sensée de l'apprentissage et l'appel au chauvinisme (en réalité, la CGT consent à l'immigration de la main-d'œuvre qu'elle peut influencer, et d'aucune autre; ce qui est parfaitement cohérent). La tactique toute récente, pas encore oubliée, de la production, reconstruction, de la « responsabilité envers l'ensemble de la nation », du « drapeau tricolore que la bourgeoisie avait laissé choir dans la boue et que le peuple a ramassé », bref du PC comme parti de gouvernement... Et la nouvelle tactique : celle du PCF « parti d'opposition » comme le réclama Jdanov.

Patriotisme, anti-marshallisme, anti-américanisme se confondent encore. La visite d'un sénateur américain, Bridges, est commentée par *La Vie ouvrière*. On répète ce qu'il a dit aux ministres : « Je vous recommande d'agir avec fermeté à l'égard des grévistes dirigés par les communistes. » Le journal ironise sur le mot : « La " fermeté " à l'égard de la classe ouvrière serait-elle aux mains de gens plus audacieux, elle ne sera jamais assez " ferme " pour avoir la peau du mouvement ouvrier. »

A quoi répondent, du côté de Vincent Auriol et de Ramadier, la gémissante constatation : « Nous serions-nous trompés depuis trois ans? »

Fin octobre et début novembre commence une double bataille. D'abord entre le gouvernement et les communistes. Ensuite à l'intérieur de la CGT.

Jouhaux était allé et retournera bientôt à New York. D'autre part, en France, Irving Brown montrait une très grande activité. Son but était d'aider la partie non communiste, les partisans de Léon Jouhaux, les « Amis de Force Ouvrière », à quitter la CGT. Mais Léon Jouhaux n'était pas décidé, pensant plus profitable de demeurer à l'intérieur de la « grande maison ». Frachon et Jouhaux, opposés, aussi irréductibles l'un que l'autre des deux côtés de la barricade du communisme, croyaient l'un comme l'autre en la force de l'unité. Les deux têtes de la CGT se sentaient en même temps responsables des réformes. Pour Jouhaux ces réformes étaient un but; pour Frachon un pis-aller, une mesure « en attendant la Révolution »... Y croyait-il encore, en 47, à la probabilité, à la proximité de la « Révolution »? Ou s'était-il résigné à une progression constante du mouvement ouvrier et pensait-il qu'un jour, « la quantité se changeant en qualité », le gouvernement cesserait d'être aux mains de la bourgeoisie? La participation à un gouvernement bourgeois n'avait cessé — en 45 comme en 36 — de lui paraître un leurre. Aucune autocritique n'y changeait rien.

La situation, à l'intérieur de la CGT (qui déclarait alors 6 millions d'adhérents; chiffre probablement des cartes émises, plus que des cartes prises), se tendait autant que la situation entre le gouvernement socialiste et l'ensemble des salariés. Dans le vent annonciateur de l'orage qui balayait le monde, les escarmouches syndicales prenaient une résonance de guerre civile.

Vincent Auriol, Blum, Ramadier, qui gouvernaient ou conseillaient en France écoutaient les échos de la Maison-Blanche. Les syndicalistes américains recevaient les « conseils » discrets de gens dont peut-être ils ne situaient pas l'appartenance avec précision.

C'étaient des « State Department guys », des « gars des ministères », mais étaient-ce des « civil servants », de hauts fonctionnaires ou des agents des services secrets?

Vingt ans après, le 20 mai 1967, dans le *Saturday Evening Post,* l'ancien directeur de la branche internationale de la CIA, Thomas Braden, publia un article qui provoqua beaucoup de grincements de dents. Le titre seul sonnait comme une provocation au pays dont chaque pièce de monnaie porte : « En Dieu nous avons foi » : « Je suis content que la CIA soit immorale », écrivait-il.

Il y racontait qu'en 47 la CGT communiste dirigeait à Paris une grève qui faillit paralyser l'économie française... On craignait un coup d'État renversant le gouvernement. Alors intervint un ancien responsable communiste américain. Jay Lovestone était le bras droit d'un vieux syndicaliste, David Dubinsky, président du « Syndicat international des Travailleurs du vêtement féminin ». Jay Lovestone, écrit Thomas Braden, « avait une extraordinaire habileté pour les opérations d'espionnage international ». Le célèbre Irving Brown, constamment dénoncé par le « côté Frachon » de la CGT, était alors l'adjoint de Lovestone. Lui aussi avait connu le communisme de l'intérieur comme responsable. Les deux hommes « se servant des fonds du syndicat de Dubinsky » ont « organisé Force Ouvrière, une centrale syndicale non communiste ». Quand l'argent leur a manqué « ils ont fait appel à la CIA », expliquait Braden avec simplicité : « Ainsi commença la subvention secrète aux syndicats libres qui, bientôt, s'est étendue à l'Italie. Sans ces subventions, il est possible que l'histoire de l'après-guerre eût été différente. »

De sources similaires, les Français apprendront un jour que le groupement, orné des noms les plus prestigieux d'Europe occidentale et baptisé « Société pour la liberté de la culture », tirait ses revenus de la même source. Indirectement, bien entendu, par le canal de fondations diverses.

Le sénateur Ph. Taft, expert du mouvement ouvrier américain, racontera, dans un livre publié en 1973, la même histoire : Jouhaux, au début de novembre, vient aux USA et rencontre des « hommes de Truman » : David Dubinsky et G. Harrison de l'American Federation of Labour qui lui offrent leur aide financière. Jouhaux demande 35 000 dollars pour finir l'année. L'AFL lui en donne 25 000 et le « Syndicat du vêtement féminin » de Dubinsky 5 000; Dubinsky précise qu'il n'attend aucun remboursement. A quoi McCoy dans *The politics of heroïn* ajoute : « La CIA a donné environ un million de dollars par an à Force Ouvrière. »

Bref, la scission syndicale coûtera cher et jusqu'en novembre Jouhaux – il le dira – a hésité.

Avant même que commencent les grands mouvements à l'échelle nationale, les Américains avaient tenté de susciter des « contre-mouvements ». L'un d'eux, peut-être le plus spectaculaire, eut lieu à Lyon.

Grève anticommuniste chez Berliet [1]

L'usine de camions Berliet, son patron accusé de collaboration étant en fuite, était gérée par un administrateur, membre actif de la CGT. Contre lui fut déclenchée – dans les premiers jours de novembre, mais décidée en octobre – « une grève nullement revendicative : elle se situera entièrement sur le plan moral ». Dans une brochure qu'ils publieront sera racontée l'histoire de ces « 150 ingénieurs et cadres qui font bloc, moins un », pendant un mois et demi. « Venus de tous les horizons de pensée », ils expliquent « la création spontanée de leur âme collective, résultant d'une prise de conscience instantanée ».

La prise de conscience semble s'être cristallisée au Comité central d'entreprise où figuraient seulement 2 cadres et 14 représentants des « comités de bâtiment » de l'usine. Ce Comité central d'Entreprise gère une cantine, une ferme et depuis 1946 a acquis un château dans le Beaujolais comme maison de repos. Il possède aussi un journal mensuel, *Contacts*. Les ingénieurs et cadres (donc 149 du même avis), trouvent que des « minorités agissantes » font de l' « œuvre commune » une « œuvre communiste ». C'est une rupture d'équilibre. Ils s'indignent du caractère communiste des meetings tenus à l'intérieur de l'usine durant les heures de travail et qui coûtent – calculent-ils – 600 000 F de perte-à-travailler. Pour que les meetings unissent l'ensemble du personnel on les empêche, eux, les cadres, de partir avant la fin. La fréquence des réunions, diffusées par haut-parleurs, augmente.

Le feu est mis aux poudres quand, le parti communiste organisant une fête au parc de la Tête d'Or, des panneaux attribuent l'expérience Berliet au Parti : « Grâce aux communistes. » Les mêmes panneaux figurent au congrès de la Fédération du Rhône du PCF.

En réalité, le conflit s'est déclaré au moment où les communistes – et la CGT – ont exigé la nationalisation de l'entreprise et le renvoi de certains cadres.

1. Voir « L'Expérience Berliet et la grève des cadres et techniciens » (brochure).

Le 29 octobre *La Vie ouvrière* donne l'autre version de l'affaire : « Les mercenaires à la solde de Berliet mis en échec par le personnel. » Bardin, directeur technique, s'étant reconnu dans un article du journal communiste qui ne le nommait pas, s'emporte pendant une réunion. Jean Cagne (futur secrétaire de la Fédération du PCF, alors secrétaire des syndicats) lui réplique sans douceur. Bardin, ne se contrôlant plus, le frappe. Il est obligé de s'excuser. Mais de ce début de rixe sort le « Comité de défense de l'expérience de gestion ouvrière Berliet », qui attaque l'administrateur-séquestre.

Aussitôt la CGT réunit le personnel. *La Voix ouvrière* rapporte : « 7 000 salariés moins 1 abstention votent pour le syndicat... » On fonde le « Comité d'action pour la défense du statut Berliet. » C'est la réplique exacte, chacun des comités emprunte la terminologie du camp adverse...

104 ingénieurs et cadres font grève. Les ouvriers continuent à faire tourner l'usine. Ils votent, à 4 000 contre 1 700 pour le renvoi des cadres supérieurs et notamment du directeur technique.

(Comment ne pas voir là comme un premier essai de l'expérience Lip, vingt-six ans plus tard?)

Les délégations se succèdent au ministère, où Daniel Mayer, toujours conciliant, est remplacé par Robert Lacoste. La CGT finit par appeler à une grève générale de l'usine. Mais le temps a coulé. Bientôt la CGT va se scinder, et Benoît Frachon, le 9 décembre, au nom du Comité national de grève, lancera l'ordre de reprise du travail. Le ministère règlera le conflit en réintégrant les cadres.

La grève des cadres Berliet prend place dans un ensemble de grèves anticommunistes, que la CGT dénonce... Nous avons vu celle du métro.

Aux Postes, c'est un arrêt de travail avec formation d'un Comité de grève qui (dit *La Vie ouvrière)* « tente de déborder notre Confédération en poursuivant la grève décidée démocratiquement pour vingt-quatre heures. Dame! M. Brown, de l'American Federation of Labour est derrière », qui veut « diviser la CGT pour tenter de la détruire ».

De même dans une grève de cheminots, « un certain syndicat de la CNT qui ne joue aucun rôle » indigne la CGT : la CNT. Ce sont, bête noire depuis le temps de Marx mais surtout depuis la guerre d'Espagne, les anarchistes.

Mais tant que la CGT n'est pas divisée les autres centrales, même la chrétienne CFTC, jouent les petits rôles. Aussi André Tollet statue-t-il contre l'existence même des autres syndicats.

Comme l'habileté diplomatique n'est pas son fort, l'ex-petit tapissier avoue avec sérénité :

« Oui! Il n'y a place que pour un seul syndicat par entreprise; celui de la grande et victorieuse CGT. »

La police frappe à Paris

Le 29 octobre, une page est tournée... Depuis les élections d'octobre, on a mesuré l'ampleur du succès du RPF, on sait les communistes presque stables, et le reste en déconfiture.

Le matin, *L'Humanité* publie une auto-critique collective du parti signée de Thorez : il faut désormais unir les masses contre les « agents américains » qui vont « du RPF à la SFIO ». Bien avant les élections, le préfet de police Léonard croyait l'heure venue... des explications non verbales. Il avait rapatrié un millier de gendarmes d'Allemagne, autant de province, et les avait joints aux 20 000 agents parisiens.

Toujours ce 29 octobre, les émigrés de l'Est européen et leurs amis organisent un meeting de protestation contre l'exécution de Petkov, en Bulgarie, la condamnation de Maniu, l'arrestation d'autres dirigeants agrariens en Roumanie. Le meeting aura lieu salle Wagram, entre la place de l'Étoile et la place des Ternes. Les organisateurs annoncent la présence, parmi les orateurs, d'un Français, ancien socialiste qui avait été pétainiste. Arguant de ce seul fait, les communistes ont axé leur propagande sur le slogan « meeting fasciste ».

Bien avant l'heure, par les deux places, les manifestants des organisations ont commencé d'affluer. Les déportés en tenue rayée, les organisations de jeunesses, de femmes, les syndicats, les Combattants de la Paix récemment formés. La circulation est bloquée. La police, ayant reçu des ordres de « dissuasion », a commencé par se jeter sur les photographes de presse, brisant leurs appareils. Des femmes sont jetées à terre, CRS et gendarmes se lancent contre les manifestants qui font front. (Le Parti n'a pas encore mis au point la tactique de guerrilla urbaine « à la chinoise » : repli élastique, regroupement dans les petites rues, harcèlement des forces de l'ordre.)

Il y a, pour la première fois depuis la Libération, des centaines de blessés à Paris. La préfecture estime les manifestants à 10 000; les communistes quintuplent, mais il devait bien y avoir 20 à 25 000 personnes : l'avenue était pleine.

Les effets de cette manifestation et de la répression policière sont considérables; c'est la rupture entre le gouvernement et l'opinion de gauche. Beaucoup de résistants non communistes, qui se croyaient à l'abri des matraques de la police, protestent, s'indignent et prennent parti contre le pouvoir en place. Dans la soirée, Duclos attaque à l'Assemblée, parle pendant deux heures, affirmant que Ramadier était « vendu à l'Amérique... comme de Gaulle... ».

Un roman de cape et d'ombre...

C'est à ce moment que court dans les ministères mais surtout à l'Élysée une histoire rocambolesque. Manœuvre d'intoxication (l' « intox » de la guerre psychologique), des services occidentaux ou – qui sait? – d'un Soviétique humoriste? A quel niveau, jusqu'à quel point, à ce premier moment de surchauffe de la guerre froide, les gouvernants ont-ils ajouté foi à ce roman de cape et d'ombre? En tout cas l'énorme canular commence par arriver sur la table d'Édouard Depreux, ministre de l'Intérieur. Qui le trouve trop gros pour même en parler à Vincent Auriol. Le président, averti par d'autres voies – ses services de renseignements habituels –, reprochera au ministre de ne pas l'avoir averti.

Les rapports officieux affirment que depuis 1946 les Brigades internationales ont été reconstituées avec en majorité des partisans des différents maquis de la guerre : Français, Italiens, Yougoslaves, Grecs, Espagnols. De longs pourparlers ont eu lieu à ce sujet rue de Grenelle, à l'ambassade soviétique de Paris. Les officiers étaient surtout des FTP [1] français et le commandant en chef, il fallait s'en douter, le général communiste de la Résistance... Alfred Mallet-Joinville. L'entraînement, poursuivent les informateurs inspirés, avait débuté en Italie. Pendant ce temps, à Annonay, en Ardèche, une soi-disant société d'aviation populaire réparait, préparait un terrain d'atterrissage pour les troupes aéroportées (Annonay avait eu son heure de célébrité pendant la Résistance : elle avait, avec Oyonnax, la première, chassé l'occupant. Quel indicateur doublé d'un humoriste l'avait promue tête de pont de l'invasion russe?). En tout cas, c'est par Annonay, son centre géographique, que la France serait investie. Pourquoi les parachutistes n'ont-ils pas été largués? Mystère; silence du rapport.

Et les précisions de s'accumuler : le siège de ces Brigades avait

1. Francs-Tireurs et Partisans (maquisards contrôlés pendant l'occupation par le PC clandestin).

été transféré de Montpellier à Lille où des armes (soviétiques) arrivaient par la Belgique. Le responsable de l'affaire était l'attaché militaire yougoslave à Bruxelles. Les étrangers qui refaisaient les routes du Nord contrôlaient en réalité les convois. D'autres armes arrivaient à Marseille. D'ailleurs, les services de Depreux indiquaient comme œuf de ce canard un « docker anticommuniste ». Au degré d'au-dessus, pour le président Auriol, la source était devenue « américaine ». Le « Journal » d'Auriol relate très sérieusement toute l'affaire, avec les lieux de parachutage d'armes (« les services de Depreux sont au courant des principaux stocks ») et conclut : « Bref, tout était prêt dès 1946... Comment expliquer que l'URSS n'ait pas foncé? ...Cette hésitation, la même que Hitler en 40 pour le débarquement en Grande-Bretagne, sera fatale à Staline. »

Comment expliquer une crédulité si puérile? Cette « révélation » est aussi incroyable que les fameux « aveux » que feront, à partir de 1949 (et qu'avaient faits en 1938) les dirigeants communistes accusés par des tribunaux de l'est européen d'être des « traîtres depuis toujours ». Vincent Auriol nous apparaît ici aussi égaré et hors du rationnel que ces militants des divers PC dont la « foi » lui semble si risible. Convenons que les atmosphères des guerres, froides ou chaudes, donnent à l'adversaire une dimension d'ogre, un volume de mythe et dissipent ainsi l'exigence, les règles mêmes de la vraisemblance. Ce qu'on ne croirait de nul autre, ce qui partout ailleurs paraîtrait absurde devient soudain possible. Puis probable. Puis, au fur et à mesure que s'accumule la fantasmagorie des détails, le bizarre s'impose : il est vrai et « prouvé ».

Plus tard, des militants du PCF admettront que certains d'entre eux, naguère offerts à leur admiration, étaient en réalité des ennemis, des espions, des saboteurs depuis leur vingtième année. Et, pris dans une psychose de guerre à laquelle, pourtant, il se défend de céder, Vincent Auriol, Méridional plein de finesse, d'arguties, de détours, admet soudain que l'adversaire soit, non seulement dangereux, mais également fou. Cette affaire, il la rationalise en s'expliquant à lui-même : « La France et l'Italie subiraient le sort de la Grèce. »

En parfaite symétrie avec le Président de leur République, que pourtant ils contestent, des milliers d'hommes et de femmes, à peu de jours de là, imagineront que des grèves pourraient mener leur syndicat ou leur parti à la prise du pouvoir. Comme le Président, il ne tenaient plus compte de la position de leur pays sur l'échiquier international.

Bruyant Brumaire

Novembre commence mal. Le 1er, les députés malgaches sont condamnés à mort; Vincent Auriol, l'« humanitaire » humaniste du Sud-Ouest, n'usera pas de son droit de grâce.

La hausse des prix atteint au vertige. Léon Jouhaux supplie Vincent Auriol :

« Vendez à perte mais enrayez les hausses. Nos syndicats ne tiennent plus leurs hommes... et les femmes encore moins. »

Édouard Depreux, ministre socialiste de l'Intérieur, va plus loin :

« Ramadier fait regretter les communistes aux gens. Il déshonore notre parti. Si ça ne change pas, je démissionne en disant pourquoi. Je ne veux pas rester dans les manuels sous le nom d' " Édouard-la-matraque ". L'Intersyndicale des Services publics compte beaucoup de militants socialistes. Si on ne lui accorde pas satisfaction... »

Au Conseil des ministres, Jules Moch propose de « freiner la hausse des prix alimentaires par une politique autoritaire ». Depreux sort de ses gonds :

« Une politique autoritaire? Elle fait disparaître la marchandise et monter les prix... au marché noir. On n'enseigne pas ça à Polytechnique? »

Au Conseil national des prix, les représentants de la CGT refusent avec obstination d'avaliser des hausses décidées sans les consulter.

Le tableau que Bidault, sobre et triste, trace de l'Europe de l'Est n'arrange rien : en Tchécoslovaquie les socialistes, terrorisés, demandent à la France de surseoir au traité commercial de peur de mécontenter l'URSS. Le parti démocrate qui avait 62 % des votes voilà un an a dû démissionner du gouvernement. Le « complot » découvert en Slovaquie laisse présager le pire. Dans les autres pays la terreur contre les non-communistes commence.

Vincent Auriol croit de plus en plus en une guerre civile en France et en Italie : elle évitera aux Soviets les frais d'une occupation. Enfermé avec le général Revers et Ramadier, il compte les avions et les tanks :

« N'importe quoi peut arriver. Les gens sont tellement sûrs d'aller à la catastrophe qu'ils ne bougeront pas... »

Du Vieux Port à la Joliette...

Tout semble commencer comme dans une vieille chanson sur Marseille : « Du Vieux Port à la Joliette, tout le long de la rue Saint-Fé... »

Nous avons déjà évoqué l'intérêt porté par les Américains à la deuxième ville de France, celle de la gentillesse et des combines, du grand rire et du revolver facile, des élans enthousiastes et de la corruption. McCoy parlant de la lutte contre la drogue, des livraisons du plan Marshall écrit : « Marseille était pour nous d'une importance vitale... »

Rien à Marseille n'était comme ailleurs, pas même les CRS. Les Compagnies Républicaines de Sécurité, fondées à la Libération, étaient formées en majorité d'officiers FTP et d'anciens membres des milices patriotiques. A ces jeunes résistants, pour la plupart sans métier, leurs chefs avaient offert de former une « police au service du peuple ». Certains étaient communistes – les officiers surtout – mais il n'y avait pas de cellules dans les Compagnies. Plus nombreux étaient les sympathisants. Le prestige des communistes s'expliquait par leur sens de la discipline et leur honnêteté. Dans le port, le « grapillage » touchait environ 25 % des marchandises débarquées, écrivait le commandant d'une Compagnie au commandant des CRS de Marseille. Si un CRS arrêtait un voleur, les douaniers refusaient d'instrumenter et demandaient que l'on se contente de leur indiquer le malfaiteur : en l'arrêtant en dehors d'eux, on leur ferait perdre leur prime de répression de la fraude.

Les commandants communistes – ou résistants – demandaient un système de primes aux policiers qui découvraient des « grappillages ». Comment, autrement, empêcher la corruption? On aurait pu aussi obliger les dockers et marins à justifier leur présence sur le port où beaucoup traînaient sans tenter de se faire embaucher, mais en guettant les « coups » possibles.

De même, des barques accostaient les cargos avant qu'ils viennent à quai et chargeaient de mystérieux ballots. On aurait pu effectuer des sondages pour découvrir les fraudes. On connaissait les criques où la contrebande était débarquée la nuit. Mais, comme les douaniers, le syndicat des ports-et-docks refusait son concours.

Pierre Emmanuelli, l'un des principaux responsables communistes du département, en ces années-là, dira à l'auteur :

« Le Parti n'avait pas l'intention de se servir des CRS communistes pour une action contre le gouvernement. Parfois, d'ailleurs, des informations que nous voulions garder secrètes circulaient par leur canal. Mais c'était inévitable... »

Un CRS de ce temps, sympathisant communiste sans carte : « Les communistes ne nous faisaient jamais entièrement confiance : nous étions quand même des flics... »

D'autres compagnies, comme la 141e, avaient d'ailleurs des officiers socialistes. Vincent Auriol les appelle « nos CRS ». En fait, ces officiers politisés ne recevaient pas de directives précises : ils informaient généralement leurs amis de ce qu'ils savaient, puis agissaient selon leur inspiration.

Le problème de la répression massive n'a d'ailleurs commencé à se poser qu'en cet automne 47.

Un jour où les dockers décident de marcher sur la Préfecture, les CRS reçoivent l'ordre d'intervenir « dur »... ce dont un officier avertit le secrétaire de la CGT locale. Au dernier moment, le cortège est détourné.

Le tramway fétiche

Les élections à Marseille gardaient leur légende d'épique et de grotesque. La mairie plus proche représentait un fief encore plus convoité que les sièges au lointain Palais-Bourbon, là-haut, à Paris.

En 45 la mairie (socialistes et communistes réunis) avait eu pour chef Gaston Defferre, député SFIO, qu'en 46, après une dissolution et des élections partielles, a remplacé Jean Cristofol du PC. En octobre 47, le raz de marée gaulliste avait porté vers l'écharpe tricolore un avocat corse du RPF, Me Carlini. La gauche l'a baptisé le « mal élu » : il a obtenu 26 voix contre 25 à Cristofol et cette voix est considérée comme « trafiquée » par le PC qui exige la démission du maire.

La CIA, nous l'avons déjà vu, affirmera [1] avoir approché le maire socialiste par le « syndicat des Corses ». Antoine et Barthélémy (Mémé) Guérini, patrons du gang, résistants liés aux réseaux clandestins américains se disaient en effet socialistes à la Libération. Aux élections de 47, ils semblent avoir travaillé pour le RPF et Me Carlini. Un représentant de la centrale syndicale américaine, l'AFL, nous a confirmé qu'Antoine Guérini avait été « dégoûté » par l'attitude de la SFIO, et du maire en particulier, à l'égard d'un militant, résistant et déporté, Ferri-Pisani. Jugé trop

1. Kolko : *The limits of Power, the world and the U.S. foreign affairs, 1945-1954.*

anticommuniste il avait en effet été mis à l'écart. Ayant été l'ami d'Antoine Guérini celui-ci, en 47, s'était pour quelque temps tourné vers le RPF. Quelle était l'attitude des Américains? Le représentant des syndicats de l'AFL ne s'exprime pas sur ce sujet : « Nous n'avions rien à voir avec les luttes pour la mairie, à Marseille. »

Pendant ce temps, d'autres conseillers américains se glissaient dans la confiance de Léon Jouhaux et de Jules Moch. Qu'ils aient appartenu aux « services » secrets américains n'apparaissait pas dans leurs honorables fonctions de « couverture ».

Avant de quitter la mairie, en guise de cadeau d'adieu à son successeur, Cristofol avait augmenté les salaires des employés des tramways, dont l'administration dépendait partiellement de la commune. Mais, connaissant sa population, il n'avait pas touché au prix du billet.

L'« incendie marseillais » est devenu un classique des récits de combats de rue, mais souvent l'interprétation masque le déroulement des faits. Nous avons tenté, avec les récits des participants, la presse du temps et des rapports (encore secrets) de la police, d'en rétablir le déroulement.

A Marseille, le tramway (le tramvè) n'était pas seulement, comme le métro parisien, un mode de transport. C'était, comme un train de banlieue, un lieu de rencontre, un sport (s'accrocher en grappe à l'extérieur, monter et descendre en marche) et d'affrontement entre générations, les vieux réclamant le passage en grognant. Un prétexte à inventions linguistiques (on crie à l'apprenti-champion : « vas-y comme au tramvè! »), à jurons, à horions, à idylles. Le prix du ticket de tram donnait la mesure du pouvoir d'achat. Même l'augmentation du pain, du lait ou du tabac soulevait une indignation moins collective. Ce qui concernait le tram, à Marseille, atteignait le groupe, le peuple marseillais. Me Carlini et ses conseillers devaient l'ignorer : « Eh vaï! pourquoi il le prendrait le tram, l'avocat, pourquoi? »

L'action centrée sur le prix du tram est venue des métallos des Aciéries du Nord. Usine située entre le parc Chanot et la gare du Prado, les ADN étaient (comme Berliet à Lyon) gérées par un administrateur; le patron, condamné pour collaboration, restant en fuite. En réalité, l'usine fonctionnait sous la direction d'un comité de gestion et d'entreprise. Elle comptait 2 000 salariés, dont 1 000 communistes formant 21 cellules.

Les jeunes des Aciéries imaginent de décréter le boycott du tramway. Les conducteurs se sont laissé rapidement convaincre. Ils ont décidé que toute voiture qui circulerait serait bloquée ou renversée.

Le 10 novembre, une voiture de tramway, renversée avec les « ho! hisse! » d'un groupe de métallos, aidés par de jeunes passants s'est étalée au beau milieu de la Canebière, la célèbre avenue marseillaise qui aboutit au Vieux-Port. La mairie borde également le Vieux-Port; le cortège s'y dirige. En tête les ouvriers des ADN, blouson de cuir ou « canadienne » fourrée de mouton ramenés des unités FFI. Derrière la foule, très dense. On crie : « Mal élu! » et : « Carlini, démission! » La police marseillaise intervient, non pas les CRS familiers, mais « les hommes du préfet ». On arrête quatre jeunes métallos, on les pousse dans un panier à salade, on les mène en prison. La foule grossit et crie : « Vichy! Nazis! » Depuis la Libération on n'avait jamais vu tant de monde. La journée du 11 se passe en harangues à la porte des usines, en porte à porte.

Aux marches du Palais...

Le 12 novembre les Aciéries du Nord ont arrêté leurs machines. Dès le matin ouvriers, employés de l'usine ont rempli le Palais de justice où les quatre gars arrêtés la veille doivent être jugés pour « flagrant délit de rébellion contre des agents dans l'exercice de leurs fonctions... ». La foule grossit de quart d'heure en quart d'heure. Beaucoup d'entreprises ont suivi la consigne d'arrêter le travail à midi, lancées par la CGT. La police, rangée autour du Palais, est peu combative, les gardiens laissent faire... « On les arrachera! Les juges ils vont voir! On n'est plus sous les nazis! », crie-t-on ici et là.

Raymonde Nédelec, député, Josette Raybaud, conseillère municipale, ancienne déportée de la Résistance, Gabrielli, secrétaire de l'Union locale des Syndicats, orchestrent la manifestation. Les magistrats, visiblement apeurés, vont très vite. La salle est si pleine qu'ils trouvent presque normal que les fenêtres soient ouvertes. Une échelle d'incendie est posée contre l'une des fenêtres.

Sur les quatre accusés trois sont condamnés à de la prison, ferme. Le quatrième, un ancien déporté, obtient un sursis. Sous une *Marseillaise* hurlée, tout va très vite. Au moment où les gendarmes vont reconduire les condamnés la foule leur en arrache deux sur trois qui, aussitôt, disparaissent, sans d'ailleurs que leurs gardiens les poursuivent. Reste un militant en prison. De plus, les deux qui sont en fuite, qu'en faire? Ils ne pourront pas rester indéfiniment illégaux : comment vivre? Rapidement les responsables du PCF et des syndicats désignent une délégation qui entre au

Palais de justice où la foule demeure, chantant *La Marseillaise* et le *Ça Ira,* mais aussi *Du Vieux-Port à la Joliette,* criant, prête à se battre comme à rire. Les plus excités se répandent à travers le Palais, saccagent les bureaux :

« Vos jugements, voilà ce qu'on en fait! »

En réalité ils ont surtout cassé des chaises, déchiré des annuaires... La délégation demande à parler au procureur; c'est M. Viatte, le substitut, qui la reçoit :

« Vous voyez la foule, vous l'entendez, relâchez nos camarades, sinon... »

M. Viatte téléphone au président du tribunal. La salle de correctionnelle n'a pu être évacuée. Les juges reviennent, se frayant un chemin sous la protection de la police. Ils cassent le jugement.

Les quatre accusés obtiennent le sursis.

La foule salue d'une *Marseillaise* terminée en *Internationale* (seuls les vieux en connaissent les paroles : depuis la Libération et la politique du « PC, parti de gouvernement », on ne la chante plus guère que dans l'aile gauche de la SFIO).

Pendant que se déroulait le deuxième jugement, un camarade, arrivant à vélo de la mairie, est parvenu jusqu'à Raymonde Nédelec et lui murmure :

« A la mairie, on matraque nos camarades. »

Sitôt le jugement rendu la foule qui sort voit Raymonde Nédelec et Josette Raybaud, montées sur un camion, qui crient : « Tous à la mairie! A la mairie! Nos camarades sont en danger! »

Bagarre à l'Hôtel de Ville

A la mairie, la séance du conseil municipal a commencé au début de l'après-midi. Le prix du tram a été mis à l'ordre du jour par les conseillers communistes. La salle est pleine. « Les communistes, il y en a. Mais le gros est alors au Palais. Par contre, les hommes de main du RPF sont tous là », raconte un participant. « Le gang des Corses, le gang des Marseillais; même des Parisiens. »

Plus tard, Gaston Defferre dira que les communistes avaient « organisé la simultanéité » de cette séance et du procès. Ce n'est pas très vraisemblable : pourquoi le maire y aurait-il consenti, connaissant l'atmosphère qui régnait dans la ville depuis l'avant-veille?

La séance a tourné assez vite au pugilat. Aux injures succède soudain un encrier qui maquille un conseiller de traînées violettes. Une chaise atteint le maire. Quelqu'un insulte une élue communiste qui giffle l'insulteur. La bagarre commence. Il se trouve que tous les blessés sont, à cette phase de l'affrontement, des communistes. On peut donc supposer qu'ils ont « donné dans la provocation ».

A ce moment arrive la foule du Palais de justice, que la police et les CRS tentent, mollement, de canaliser, mais laissent passer. On ne chante plus. On hurle : « Carlini! démission! Mal élu! Au Vieux-Port! »

Les conseillers socialistes ont disparu de la salle. Ils se jettent sur les RPF, le maire Carlini, ses adjoints Milani et Multedo. Désormais, ce sont les communistes qui sont en majorité, et qui « cognent ».

Me Carlini raconte que, séquestré dans son bureau où on l'avait amené, acculé, il a été jeté contre la fenêtre ouverte et menacé de défenestration. Aucun témoignage ne corrobore cette version. Mais il a certainement été menacé et frappé. Jusqu'au moment où quelqu'un – est-ce un policier? – affirme :

« Ça y est! il a démissionné! »

Les amis du maire ont fait venir une ambulance qui a mis longtemps à pouvoir s'arrêter devant la mairie. On pousse, traîne, porte le maire en bas des escaliers : « J'ai vécu dans ma chair le chemin de croix », racontera plus tard l'avocat. Cristofol se contentera de dire « avé l'asseng » :

« Une correction salutaire fut infligée aux gangsters. »

A présent, Cristofol paraît au balcon devant la foule qui l'acclame :

« Citoyens! Nous avons reconquis la Maison du Peuple! Nous avons remporté la victoire! Vous pouvez rentrer chez vous avec une légitime fierté. Mais l'action continuera... »

La foule reflue. Une adolescente agrippe l'administrateur de *La Marseillaise,* le quotidien communiste :

« Dis, si on part, ils vont pas nous la reprendre, la mairie? »

Les bars de l'Opéra; le sang coule...

Les jeunes des Aciéries du Nord et d'ailleurs se sentent le vent dans les voiles. Cette journée de combat, de victoire leur inspire – qui en eut l'idée? – une initiative très révélatrice : aller « apprendre aux oisifs des bars ce que c'est que la classe ouvrière ». C'est une vieille réaction, anarchiste ou – comme disent les communistes – « spontanéiste ». Un ancien admirateur de Lénine, Pierre Monatte, qui fut parmi les fondateurs du « Comité de soutien de la IIIe Internationale » en 1919 et était devenu depuis férocement anticommuniste, défend cet élan dans sa *Révolution prolétarienne.* Pourquoi ces jeunes travailleurs ne s'en seraient-ils pas pris aux enrichis, à la jeunesse dorée et aux « repus »? Des histoires à ce moment-là circulent sur ceux qui l'on nommait encore les « B.O.F. », les « Beurre-Œufs-Fromages », les enrichis de l'occupation. L'un d'eux, disait-on, avait visité une somptueuse villa à vendre, toute meublée... (Il y eut pendant deux ans des affaires immobilières étonnantes : les condamnés de la collaboration et ceux qui craignaient les « signes extérieurs de richesse » vendaient à vil prix.) Il avait sorti de ses poches le nombre de millions demandé et jeté :

« Mais tout doit être prêt demain. Je veux recevoir une dame que je ne peux pas recevoir dans le taudis où je suis... »

D'autres histoires font monter l'humeur. (Dans les démocraties populaires l'Union des jeunesses organisait des expéditions punitives dans les cafés aux heures ouvrables, donnant une « correction salutaire » aux oisifs.) Pour eux, les « boîtes de nuit » c'était à la fois le fief des marlous et celui du RPF.

« On voulait faire justice. Faire entendre la voix des travailleurs », dit l'un des héros de la journée.

Pierre Emmanuelli raconte :

« Un responsable de l'UJRF arrive tout excité à la Fédération et me dit : " Les copains veulent aller saccager les boîtes. " Dans l'état où nous étions ce soir-là – j'ai pourtant bien réfléchi – je lui réponds : " Eh, laisse-les faire! " Pourquoi pas, bon Dieu? Les gars s'étaient bien battus... »

François Billoux, le grand responsable du PCF dans la région, était à Paris.

Les bars et boîtes de luxe sont situés à Marseille dans le quartier de l'Opéra. Les jeunes se répandent dans ces rues réputées « chaudes » jusqu'à la Bourse, rue Venture, rue Armény, rue de la Tour. Ils cassent les vitres à coups de chaises et de guéridons. Ils chantent : « Le peuple souverain s'avance – Tyrans descendez au cercueil », la « Jeune Garde : Prenez garde – Vous les oisifs, les richards, les gavés et les curés ». (On avait pourtant, depuis 1936 et la « main tendue », supprimé les curés; mais ce soir-là, on les rétablit.)

Parmi eux Vincent Voulant, vingt ans, ouvrier aux Aciéries, sympathisant communiste, membre des Jeunesess comme tous les gars de son âge, à l'usine. L'UJRF, c'est la politique, mais avant tout les bals, les fêtes. Cela n'empêche pas Vincent d'aller à l'église. Les voilà devant le « Colibri », l'endroit du grand luxe. Les vitres sautent à grand bruit. On tire de l'intérieur. On ne voit personne.

Des jeunes tombent. Vincent Voulant ne se relèvera plus jamais; il mourra à l'hôpital dans la nuit.

Le lendemain, tout Marseille s'indigne. Le « Colibri », dit-on, appartient aux Guérini. Ils n'ont évidemment pas tiré eux-mêmes, ils n'en sont plus à ce stade. A leur niveau, les doigts-à-gachette, les bras-tireurs stipendiés ne manquent pas. On les appelle les « gardes du corps... ». Très probablement les Guérini n'étaient pas présents au « Colibri » au moment de la fusillade. Les vieux évoquent le temps où Sabiani, un gangster corse fasciste, terrorisait Marseille : c'était avant l'arrivée de François Billoux à la Fédération. Est-ce que les Guérini et les héritiers de Sabiani vont faire la loi? « Les Guérini, dit un tract, ce sont les Américains... »

Les lendemains funèbres

L'Humanité du 13 novembre sous la plume de son rédacteur en chef, Georges Cogniot, accuse « le néo-fasciste Carlini, le chef de la bande de tueurs d'hier soir ».

Au Palais-Bourbon, Cristofol affirme :

« Ce sont les frères Guérini qui ont ce crime sur la conscience. C'est eux qui ont tué. Et ce sont des socialistes. C'est eux qui le disent... »

Gaston Defferre crie :

« Vous mentez! »

Mais Cristofol fait circuler des photos montrant Antoine Guérini près du maire le jour où il avait été décoré de la Légion d'honneur pour faits de Résistance.

Leenhardt, député socialiste à la rigueur protestante, s'indigne :

« Vous nous rendrez justice de cette calomnie. »

Tous accusent les communistes d'avoir tenté de reprendre la mairie par la force. Que les militants de base l'aient espéré, c'est certain. Mais Pierre Emmanuelli – après avoir quitté le PCF – explique que dans l'état de misère, d'arriération de l'industrie, de corruption sur le port où se trouvait Marseille en 47, les communistes ne souhaitaient pas assumer l'héritage. Regrouper l'opposition, harceler le gouvernement et l'administration représentaient une tâche mieux en rapport avec leurs forces, et d'ailleurs aussi avec l'exigence du Kominform.

Les CRS de Marseille seront liquidés. D'ailleurs, Depreux et Vincent Auriol y étaient décidés depuis la fin d'octobre. Huit compagnies seront ainsi dissoutes, les officiers embarrassants mis en disponibilité. En 1966, à la télévision, dans la série « Mémoires de notre temps » Jules Moch parlera de ces « officiers indignes », de leur entreprise subversive préparant à Marseille et ailleurs autant de « coups de Prague ». Le PCF, glorifiant cette « police au service du peuple » et brodant sur une fraternisation qui en fait ne s'est guère manifestée a contribué – sans le vouloir – à cette liquidation. Un des officiers subversifs, bien des années plus tard, dira à l'historien de cet épisode[1] :

« Jusqu'en novembre 47, en gardant des prisons (où il y a encore des collaborateurs et point de militants de gauche), des camps de matériel, en surveillant les frontières de la France ou les issues du port de Marseille, ils n'avaient jamais rencontré de mission contraire à leurs principes... La difficulté ne surgit que le 12 novembre. »

Le 14 novembre, le PCF et la CGT font à Vincent Voulant des funérailles solennelles.

La grève touche à présent, selon le ministre de l'intérieur, 40 000 travailleurs. Entre le 12 et le 14 et durant les jours qui ont suivi, il n'y eut plus d'usine ni d'administration dont les salariés n'aient trouvé, à la sortie, des militants accrochés aux grilles, montés sur des camions, debout sous la pluie venteuse des novembres marseillais, appelant à cesser le travail. Même les timides ouvrières des sucreries de Saint-Louis, des biscuiteries, du textile ont osé débrayer, pour la première fois.

Le 20 novembre plus une grue, plus un docker ne travaillent sur le port. Le vieux secrétaire des ports et docks, Gragnaire, parle de ce que les dockers aiment : non pas de théorie, mais de révolte : « Révolté? Moi je le suis depuis que, mousse, à treize ans, je pissais dans la soupe du commandant. »

A cette époque le port est peu mécanisé. Beaucoup portent les sacs sur leur tête de la cale à l'entrepôt. Ces hommes-de-tête disent en riant aux journalistes : « On est comme vous : c'est la tête qui travaille. Seulement nous, c'est au poids. » Les chemins de fer, le bâtiment ont arrêté le travail : c'est de Marseille que les deux grèves sont parties. Le sang d'un homme peut déclencher une guerre ou une émeute.

C'est d' « émeute à Marseille » que Vincent Auriol parle dans son « Journal » : « Les Français sont si obsédés par la crainte de la paralysie du pays que la grève générale – presque totale, pas tout à fait générale pourtant – à Milan suscite peu de commentaires... »

1. M. Aguchon J.-F. Barrat : *Les CRS à Marseille*, Éd. Colin.

Dans les années 70 le grand maître du communisme à Marseille, François Billoux, dans sa brochure *Quand nous étions ministres* [1], ne mentionnera même pas cette conséquence pourtant directe de l'éviction des communistes du gouvernement. Ce « Grand Soir » de tout un mois est effacé, comme si son spectre ne demeurait pas dans la mémoire ou les récits de tous les anticommunistes.

Jusqu'à la reprise générale du 10 décembre, à Marseille comme ailleurs – mais ici « avé l'asseng » et les gestes – la psychose de guerre s'est emparée de la ville, avec son « intox » de fausses informations. Le travail des services secrets multiplie les heurts. Gaullistes et communistes, raconte G. Elgey, apprennent à la fois que l' « autre camp » attend un arrivage d'armes, telle nuit dans telle calanque... Pour l'un le parachutage vient d'Amérique, pour l'autre de Moscou. Les groupes ennemis sont au rendez-vous, chacun se dissimulant de l'autre... et se battent à coups de galets et de rocs. Le parachutage est en réalité un jet de ballots lancés d'un bateau sans lumière, des tapis de contrebande.

1. F. Billoux : *Quand nous étions ministres,* Édit. Sociales.

2.

Les grèves terribles

Pendant ce temps, entre Nord et Pas-de-Calais, au pays des terrils, collines faites de main d'homme avec les déchets du charbon, la situation s'était détériorée dans un silence tragique. Ces hommes, de tout l'hiver, ne voyaient le soleil que le dimanche. Les feuilles mêmes et l'herbe semblaient pénétrées de ce fond couleur d'anthracite et d'ardoise qui, délavée, teintait le ciel. L'impalpable trace du charbon pénètre les pores, se loge sous les ongles, entre, pour les arracheurs, les abatteurs du fond, jusque dans les bronches et les poumons qu'elle sclérose. C'est la silicose. Les mineurs se battaient alors pour qu'elle soit automatiquement reconnue maladie professionnelle, dès qu'elle se manifeste, pour obtenir cette « feuille rose » qui vous permet de vous soigner, de ne plus descendre avant qu'il soit trop tard. Les logements, ces petites maisons identiques, ces ruelles monotones des « corons », appartenaient à la Compagnie. Perdre l'emploi, se faire renvoyer, vous jetait à la rue avec une famille le plus souvent nombreuse. Peut-être la longue rumination, par des dizaines, parfois des centaines de mètres sous terre excite-t-elle le désir? A ce moment les femmes souriaient, résignées : « A partir d'un certain moment non, on n'en voudrait plus, mais quand ils viennent, comment les renvoyer? »

Était-ce l'interdit de l'Église? L'ignorance? La routine? Des installations hygiéniques sommaires? Une tradition du Nord commune aux ouvriers et aux bourgeois? Les enfants ne manquaient pas. Or la coutume voulait que les filles gagnent leur vie mais rarement les épouses. D'ailleurs, à partir du troisième enfant à qui les confier? Jusqu'au mariage, les jeunes triaient le charbon (l' « karbon ») sur le carreau des mines, ou montaient avant l'aube dans les cars de ramassage qui amenaient la main-d'œuvre aux filatures et tissages. A l'époque de si longs trajets étaient encore rares dans le reste de la France; les villes restaient plus ramassées.

L'existence tournait autour du jour de repos. Du dimanche, ou parfois quand on « faisait équipe », un autre jour par roulement. Alors les « coqueleux » faisaient s'affronter leurs coqs de combat en rixes cruelles. Ou bien les « coulonneux » soignaient et lançaient leurs pigeons voyageurs en d'incessants concours. On discutait longuement dans les estaminets, au comptoir de zinc, en buvant bière ou alcool de genièvre (l'jinéff').

Longtemps ce métier « aussi loin sous la terre qu'une tour Eiffel renversée », avait été l'un des plus pénibles, des plus sales, des plus durs mais aussi des moins sûrs de France. Aussi trouvait-on surtout, au fond, des étrangers. Avant-guerre l'émigration des pays de l'Est avait peuplé les corons français des « bouches inutiles », des bras sans emploi des plaines polonaises, yougoslaves, roumaines. Puis étaient venus les Italiens, les Espagnols. Après-guerre, la Pologne faisait de grands efforts pour que les siens (ou leurs enfants), reviennent mettre en valeur les mines de Silésie. On leur promettait tout : hauts salaires, logements, promotion, éducation pour les enfants. En 47 encore le rapatriement battait son plein, dirigé par celui qui, dans les années 70, deviendra le numéro 1 de Pologne, Émile Giereck. C'est ici, dans le Pas-de-Calais, qu'il a appris son français courant, familier et parfois idiomatique.

A la Libération, Charbonnages et Houillères une fois nationalisés, une Charte du mineur avait rendu le métier plus supportable. Les Français revenaient à la mine. Races et nations se mêlaient dans les corons, avec comme toujours les particularismes et les préjugés, mais une cohabitation dont on avait, depuis des générations, l'habitude. A l'époque, encore, les fils « descendaient galibot », sitôt finie l'école vers quatorze ans.

Le charbon, en 47, restait une denrée irremplaçable, précieuse, fondement de l'industrie lourde et légère, du chauffage et, pour une bonne part, de l'électricité (une partie des centrales fonctionnaient encore au charbon).

Fin octobre, début novembre, quand ils s'assemblaient au fond, dans cette odeur pour ainsi dire palpable et qu'ils déployaient leur casse-croûte (le briquet), les mineurs sentaient monter la colère. Comment, être l'image même du « damné de la terre » (« Nous on est les damnés de la sous-terre », disaient-ils) et, avec un travail indispensable au pays, ne plus pouvoir boucler le mois?

Quand il remonte, le mineur a besoin de prendre sa revanche :

prendre sa femme ou une femme, prendre son plaisir dans l'alcool, les paris, ou les longues discussions à la Maison du Peuple. Quand venait la ducasse, la kermesse du Pas-de-Calais, personne ne regardait à la dépense. D'ailleurs, un mineur n'est pas regardant : il sait trop que rien n'est garanti, la vie moins que le reste, que le coup de grisou, l'effondrement des boisages, ou l'un de ces écroulements imprévisibles dont on revient rarement ne sont pas des promesses de longévité. Économiser n'a guère de sens que pour les petits (l'chtio). C'est pourquoi, quand viendra le temps de l'abondance coûteuse vers le milieu des années cinquante, les mineurs seront, dans la classe ouvrière, les premiers à s'endetter pour la machine à laver et surtout la télévision, puis pour l'auto.

Ces hommes durs par métier, sentimentaux en raison même de leurs frustrations, violents par nécessité, tenaient aux dirigeants qui avaient, depuis la Libération, rendu leur enfer moins infernal. Non sans frictions. Le fameux « Appel de Waziers », cet appel à la production, au travail sans limites, lancé par un enfant du pays, un fils de milieu minier, n'avait pas rencontré un enthousiasme unanime. Il y avait eu, vers 46, des « mouvements » comme on dit, que la CGT avait endigués en accordant des avantages. A la tête des Charbonnages siégeaient en effet des cégétistes le plus souvent communistes. Exigeants mais compréhensifs.

Le directeur général des Houillères, Jean Armanet, professseur à l'École des Mines et secrétaire du syndicat CGT des ingénieurs, avait été mandaté par ses pairs. Au conseil d'administration, il siégeait avec Victorin Duguet, mineur. Duguet, violent, impulsif, pas très diplomate, guère éloquent, a pour qualité principale une parfaite discipline de militant et un dévouement sans limites. Il manque de cette « classe », de cette grandeur prolétarienne toute de simplicité, de gentillesse, d'attention et de modestie qui fait qu'un ouvrier intelligent et qui s'est donné sa propre culture a quelque chose de plus qu'un bourgeois sorti des bonnes écoles. C'est ce qui distinguait Léon Delfosse, mineur, administrateur des Charbonnages de France. Un petit homme creusé (il grossira plus tard; il était maigre), fiévreux, à qui ne manque ni la sincérité ni l'imagination politique. Mais qui ne deviendra pas un responsable à l'échelle internationale à cause d'une dévotion craintive à son Parti qui l'empêchera toujours de tenir bon dans ses vues, et d'une précipitation exagérée dans l'action.

La semaine même où l'orage éclate à Marseille, Victorin Duguet démissionne (il allait être démis) de la présidence des Houillères. Le ministère avait installé (déjà) des micros avec système d'écoute dans les caves : la police connaîtra ainsi les délibérations les plus secrètes et les décisions de l'administration communiste des mines.

En partant, Duguet dénonce la perte de l'indépendance des Houillères françaises et réfute les accusations portées contre cette gestion qui avait créé trop de postes, démultiplié les emplois, accumulé les exemptions. Duguet déclare « faux et démagogique » le communiqué officiel qui annonce son limogeage. Avec cette redondance que l'éloquence communiste emprunte aux Russes par l'intermédiaire de Jacques Duclos, il répète « faux et démagogique » devant chaque assertion. Supprimer la subvention? Supprimer des hauts fonctionnaires? Se préoccuper de la gestion et faire baisser ainsi le prix de revient? Faux et démagogique. Mieux vaudrait investir pour rééquiper les Houillères vétustes et augmenter ainsi la production.

Delfosse reçoit en même temps sa destitution. Le 10 novembre il avait affirmé : « Le plan Marshall ruine le mineur français. » Le 14 l'administrateur des Charbonnages est limogé; c'est un vendredi après-midi, à l'heure où les mineurs sont remontés et rentrés. Léon Delfosse vide son bureau et roule vers son fief d'Oignies. Le lendemain matin personne ne descend : un piquet de grève veille dans la lampisterie. C'est le début de l'épreuve de force. En moins d'une semaine tout le bassin arrête le travail tandis que Marseille dénombre 150 000 grévistes (chiffre de la CGT, en tout cas port et ville sont paralysés).

A Paris, la CGT tient un Conseil confédéral où le drame bouillonne sans affleurer. *La Vie ouvrière* a publié, discrètement, un article explosif. On parle, depuis des semaines, et cette fois encore, du « Truman's boy Irving Brown » : « Nous recevons d'un de nos informateurs des États-Unis des renseignements sur les menées des trusts américains qui opèrent en France contre la CGT », affirme *La Vie*. Et l'organe de la CGT poursuit : « En octobre a eu lieu une réunion de l'AFL à laquelle assistaient des Français [il s'agit de Léon Jouhaux qui n'est pas cité] ... Ils avaient, eux, reçu un visa, bien entendu... » Changement de tactique : les tentatives de scission avaient coûté trop cher sans rien donner... « La nouvelle tactique arrêtée est celle de l'organisation, à l'intérieur de la CGT, de la lutte contre les communistes. » Les « patrons d'Irving Brown » auraient dit : « Il peut se produire bientôt une situation semblable à celle de septembre 1939. Dans ces conditions, il vaut mieux être à la CGT. »

Léon Jouhaux l'a répété souvent – y compris à l'auteur de ce livre : « Je n'étais pas pour la scission. J'étais pour rester, lutter dans la minorité, obliger l'ensemble des syndiqués à nous entendre, élargir notre audience. Pour moi, partir c'était faiblir. »

Au Comité confédéral la tendance majoritaire (communiste) propose une consultation de tous les travailleurs sur les lieux du travail pour ou contre la grève. Tous, même les non-syndiqués, Léon Jouhaux s'y opposent, connaissant la démagogie communiste.

Benoît Frachon : « Mais voyons, c'est un moyen de montrer aux non-syndiqués que la CGT les concerne... »

Le vote au Comité donne une très grosse majorité à Frachon. Jouhaux lit une déclaration de la minorité, disant que la décision de faire voter des non-syndiqués est antistatutaire. Frachon lui montre que jusqu'ici lui Jouhaux s'est constamment montré partisan de la consultation de tous. Louis Saillant – qui deviendra président de la Fédération Syndicale Mondiale (communiste) – a voté avec Jouhaux.

En fait, Jouhaux s'était engagé à limiter les grèves au plus près et savait l'ensemble des ouvriers contraints à la lutte par la baisse du pouvoir d'achat. C'est pourquoi il avait, en vain, supplié Ramadier d'obliger à vendre à perte. S'il le faut, que l'État subventionne! Jouhaux tentait d'appliquer la tactique préconisée par lui devant ses amis américains : rester à l'intérieur, lutter de l'intérieur. Depuis qu'il avait dénoncé ce tournant des « pro-américains », Benoît Frachon tentait à chaque instant de faire adopter aux minoritaires des positions impopulaires. Ici il y était parvenu.

Syndicalisme à l'américaine

Aux États-Unis, Jouhaux avait rencontré Philip Murray qui dirigeait la CIO (Congress of Industrial Organizations : Confédération des Organisations Industrielles), réputée plus à gauche que l'American Federation of Labour. L'un des dirigeants de la CIO, James-J. Matles secrétaire des syndicats de la General Electric, écrira en 1975 : « Vers 1947 la fière bannière des organisations industrielles de la CIO qui portait en blason " Organiser les inorganisés " traînait dans la poussière. » Avant-guerre, la CIO était parvenue à créer de multiples syndicats englobant des millions de non-syndiqués. Mais aux États-Unis le nombre total des syndiqués parmi les ouvriers non agricoles n'avait jamais excédé un tiers de la main-d'œuvre. Cependant, entre 1933 (année de grand élan syndical) et 1970, le pourcentage est tombé de 33 à 27 %. Le Big Business, les grandes Compagnies américaines se servaient, pour éloigner les ouvriers du syndicalisme, de plusieurs mythes qui peu à peu s'implantaient dans les esprits. Le mythe du « Big Labour », le Grand Syndicalisme, qui accréditait l'idée d'une négociation à égalité, ou presque, entre les compagnies d'employeurs et les organisations du travail. Ensuite le mythe de l'Ouvrier prospère (« affluent Worker » : l'Américain est l'ouvrier le mieux payé du monde). Enfin un mythe négatif très efficace : la chasse-au-rouge, l'identification de toute revendication combattante avec le communisme, l'ennemi. Le Patronat expliquait ouvertement dans les réunions internationales que l'Amérique avait deux soucis : la Russie au-dehors, les Travailleurs à l'intérieur.

La situation des organisations syndicales américaines a probablement joué un rôle déterminant dans les hésitations de Jouhaux.

La loi Taft-Hartley votée au début de 1947 était entrée en vigueur en août. (Elle avait pour but de mettre fin à « l'infiltration », au noyautage par les « Rouges ».) Elle exigeait, entre autres mesures, que tout responsable syndical, à tous les niveaux, signe une déclaration de non-communisme. Jouhaux s'était vite rendu compte que, comme d'ailleurs Wallace devait le dire devant le congrès de la CIO à Boston : « Ils crient : communisme, mais ce qui leur fait peur en réalité c'est la démocratie. » En dépit de son anticommunisme, Jouhaux faisait ici figure de rouge. La loi Taft (comme le dira un jour le député Donald O'Toole de New York) avait été rédigée et dictée page par page, phrase à phrase par l'Association Nationale (patronale) des Industriels. Des syndicalistes qu'il connaissait depuis longtemps dirent à Jouhaux : « C'est simple. Il y a eu la loi Wagner qui a permis aux travailleurs d'organiser leurs syndicats en dehors de toute ingérence patronale. Eh bien, la loi Taft fait exactement le contraire. Son vrai but, c'est d'éloigner le salarié du syndicat, de lui rendre le syndicat suspect. Cette loi vise à réduire les droits des shop-stewards qui, ici, jouent à la fois le rôle de vos délégués du personnel et celui des membres des comités d'entreprise. »

Jouhaux était aux États-Unis pour quelques jours, en octobre, quand l'AFL où il comptait ses principaux appuis tenait congrès à San Francisco. C'est là qu'il put négocier à la fois avec Dubinsky, avec Green et avec Lovestone le financement de Force Ouvrière. Il eut la surprise d'entendre le délégué des mineurs, John L. Lewis s'élever contre la loi Taft (alors qu'on supposait que l'AFL l'accepterait dans son entier) : « Je représente une organisation, dit Lewis, dont les membres pensent qu'ils payent leurs délégués pour les défendre et non pour les livrer en esclavage. »

Plus tard, quand il rencontra Philip Murray, de la CIO (qui au même moment avait tenu congrès à Boston), Jouhaux apprit que le représentant de l'Union des ouvriers de l'Électricité et de la Radio, J.-J. Matles avait attaqué la direction, incitant les responsables à « se lever de leur fauteuil tournant et à franchir les grilles de l'usine pour organiser et diriger enfin une campagne efficace ».

A Washington Jouhaux rencontra à dîner, chez des amis français, le correspondant de l'Agence France-Presse.

« Les Américains veulent la scission de la CGT. Et vous? », demanda le maître de maison.

Jouhaux, lourd et gris, le regarda :

« Nul plus que moi n'a lutté pour l'unification. L'intérêt des travailleurs français, c'est de maintenir l'unité de la CGT. Tant que je serai vivant, la CGT ne sera pas scindée. Ce serait une catastrophe... »

Le chef du protocole du Quai d'Orsay, Jacques Dumaine, rapporte des propos très semblables tenus par Jouhaux en sa présence. Et les articles de *La Vie Ouvrière* faisant allusion à une « nouvelle tendance » des Américains considérant qu'il était préférable de rester à l'intérieur de la centrale reflètent en réalité cette position. Pourtant...

Parmi les minoritaires de la CGT figurait un membre du Comité directeur socialiste : Capocci. En octobre il dit à André Ferrat :

« Ce que nous voudrions, nous, c'est la scission. Mais qui aujourd'hui en prendra la responsabilité? »

Le 8 novembre, alors que déjà des grèves surgissent sporadiquement et à quatre jours de l'explosion de Marseille, 250 délégués de « Force Ouvrière » se réunissent. Léon Jouhaux préside. Bothereau, Neumeyer et Delamarre mènent les débats. Quelques décisions sont prises.

Le 12 novembre, au Comité confédéral de la CGT, Le Brun, un non-communiste, propose que tous les travailleurs, syndiqués ou non, soient consultés sur le lieu de l'entreprise; et comme le bouillant Arrachart, secrétaire du Bâtiment, parle de grève générale, Capocci prend l'offensive :

« C'est préparer une aventure au bout de laquelle il y a la dictature », affirme-t-il.

Jouhaux entre enfin en lice. La motion des minoritaires est rédigée et lue.

Le gouvernement Ramadier exulte. Capocci va jusqu'à prier le Comité directeur de la SFIO de ne pas trop louer cette initiative : « Vous allez compromettre Force Ouvrière! », lance-t-il.

Le 26 novembre, c'est encore Arrachart qui prend la parole au Comité confédéral :

« Non! la CGT ne peut pas donner l'ordre de reprendre le travail. Au contraire, c'est le moment de se raidir. Nous allons occuper les chantiers. A partir du moment où sont promulguées les lois scélérates nous ne pouvons plus discuter. »

Capocci exulte tandis que Jouhaux hésite encore : « C'est eux qui vont nous exclure », confie-t-il.

Dans les couloirs, Gaston Monmousseau frisant sa moustache d'un air furieux marmonne : « C'est à FO que Schuman *(il vient de succéder à Ramadier)* apporte son appui. D'ailleurs, ils ne le cachent même pas au gouvernement. Le ministre des PTT envoie des circulaires faisant ressortir le rôle positif et sage de Force Ouvrière... »

Capocci a conscience de la « maladresse incroyable » de cette circulaire et parle de pavé de l'ours.

Jamais peut-être la SFIO ne fut autant déchirée qu'en ces mois de novembre et décembre 1947. Le livre de Roger Quilliot, responsable socialiste, montre à quel point le parti était devenu exclusivement une formation parlementaire et gouvernementale coupée de ses bases : Capocci était le seul syndicaliste membre du Comité directeur. Lors de la fondation de la conférence Force Ouvrière (avant les élections de 46) ce groupe dénonçait simplement les campagnes revendicatives de la CGT comme « déclenchées pour soutenir la campagne électorale du PCF ». A l'époque, le groupe « Amis de la Résistance Force Ouvrière » ne représentait qu'une des tendances de la CGT où elles étaient admises. Benoît Frachon avait, en 1935, arraché cette concession au « Profintern » (l'Internationale syndicale, sœur de l'Internationale Communiste ou Komintern) : pour unifier en une centrale unique la CGTU contrôlée par les communistes et la CGT dirigée par Léon Jouhaux, il fallait en effet que les tendances fussent autorisées, contrairement à l'une des conditions d'adhésion à l'Internationale promulguées par Lénine.

Léon Blum, dans *Le Populaire,* mettait la CGT en garde : la « dépendance politique » trop étroite comporte des risques. Il écrit : « L'autonomie regimbe et résiste... Le mot de scission circule... Les seuls ennemis possibles de l'unité, à l'heure présente, sont les destructeurs de l'autonomie... »

En réalité, le 26 novembre 1947 encore, et de son propre

aveu, seul Capocci désirait la scission, du moins parmi les dirigeants. Jouhaux a résisté jusqu'à ce que les mineurs communistes qui voulaient poursuivre la grève et les mineurs, socialistes, socialisants ou apolitiques qui désiraient reprendre le travail, soient pris dans des violences attristantes. Ces violences ont opposé les grévistes et les non-grévistes et d'autre part les grévistes et les forces de l'ordre.

« Socialisme à visage humain »?

A l'intérieur du gouvernement, un homme a tenté — il nous l'a dit au seuil de 1976 — d'éviter que l'image de son parti soit ternie aux yeux des grévistes, hommes et femmes en lutte.

Daniel Mayer est ministre du Travail du gouvernement de Robert Schuman. Ayant adhéré à la SFIO en 1927, à l'âge de dix-huit ans, il connaissait la plupart des dirigeants communistes depuis le temps où, dans les années trente (de 1934 à 1939) il avait tenu la rubrique sociale du *Populaire*. Il a gravi tous les échelons de la hiérarchie de son parti. En 1944, au sortir de la clandestinité, il avait été élu secrétaire général. Puis en 1946 ses camarades lui avaient préféré Guy Mollet. L'un d'eux, l'historien et journaliste Jean Rabaud, me dira, près de trente ans plus tard : « Nous pensions élire un secrétaire général plus à gauche! Depuis ce temps, Guy Mollet n'a cessé d'aller de gauche à droite... tandis que Daniel Mayer ne cessait d'aller de droite à gauche... Nous nous sommes donc trompés. »

Sans doute Daniel Mayer répondrait-il à cette appréciation qu'il n'a jamais cessé de poursuivre le même idéal et que son attitude changeait du fait des circonstances. Voici, en tout cas, son témoignage sur les événements dramatiques d'octobre, novembre et décembre 1947 :

« La scission syndicale? Je vous affirme que ni Jouhaux ni moi ne la voulions. Nous étions l'un et l'autre totalement hostiles à cette idée. Personnellement je n'ai jamais encouragé ni aidé d'aucune manière le groupe des « Amis de la Résistance Force Ouvrière » à constituer une centrale séparée. Je vous affirme aussi — comme Jouhaux vous l'a affirmé — que la pression venait de la base. De nos fédérations socialistes à recrutement ouvrier : Nord, Pas-de-Calais, Gironde, Haute-Vienne, Bouches-du-Rhône. Bref, du Nord au Midi. Plus le recrutement ouvrier était fort dans une fédération, et plus elle réclamait la scission.

» La raison? Vous la connaissez. Dans les mines surtout, à

partir du moment où un travailleur voulait reprendre ou reprenait effectivement le travail – et pas de gaité de cœur – les communistes non seulement le menaçaient, le frappaient, le brimaient, mais entouraient sa maison, menaçaient sa femme de tout, y compris de mettre le feu. Vous savez que même à l'école les enfants des grévistes se battaient avec les enfants des " jaunes ".

» Cette situation, on n'a pas le droit de l'oublier pour juger l'action du gouvernement et des ministres socialistes.

» J'irai plus loin : c'est à la demande d'une partie de la classe ouvrière, de notre parti, à nous les socialistes, qu'il fallait agir. Les ouvriers socialistes nous demandaient de les protéger... de même qu'ils exigeront de Jouhaux et de son groupe que la scission soit faite. Il faut tenir compte de cette réalité!

– Venons-en à l'attitude du ministre de l'Intérieur socialiste, Jules Moch.

– Quand Jules Moch a pris la décision d'envoyer les CRS dans les mines – vous parlez des soldats et des chars mais je n'en ai pas souvenirs – cette nuit-là, il m'a téléphoné pour m'en informer. Je lui ai répondu alors : " Je suis solidaire. " Ce qui voulait dire que je ne me désolidariserais pas du gouvernement, que je resterais ministre du Travail. Ceci parce que j'estimais qu'il valait mieux garder à ce poste quelqu'un qui ait certains contacts, anciens et personnels, avec les communistes qui dirigeaient ces grèves.

– Est-ce que cela veut dire que vous étiez d'accord avec l'envoi, mettons des CRS (en fait il y a eu également des chars et la mobilisation de – le chiffre est cité dans divers Mémoires du temps – 80 000 soldats. Mais admettons qu'il ne se soit agi que de CRS... étiez-vous d'accord pour envoyer des " forces de l'ordre " armées et dans les corons et sur le carreau des mines? Dans les usines occupées?

– Mes principes de socialistes font que je suis contre l'envoi de forces de l'ordre contre des ouvriers en grève... Mais la situation était d'une complexité qui ne permet pas de répondre aussi simplement. A une émission de télévision j'ai tenté d'exposer l'ensemble de ma position : au montage, le réalisateur a tout coupé sauf la phrase : " Je n'étais pas d'accord avec l'envoi des CRS. " Ainsi j'apparaissais, ne serait-ce qu'aux yeux de Jules Moch, comme une girouette et un menteur : ne lui avais-je pas dit : " Je suis solidaire "?

– Allons plus loin. Si les circonstances avaient fait de vous le ministre de l'Intérieur de cette période, auriez-vous envoyé les forces de police – fut-ce les CRS – contre les grévistes?

– Aujourd'hui je vous réponds : " J'aurais démissionné. " C'est aussi ce que je me disais à l'époque. Mais sait-on avec certitude ce que l'on aurait vraiment fait quand la réalité ne vous a pas mis dans la situation de le faire? Un camarade, qui avait, après son arrestation sous l'occupation, subi plusieurs fois le supplice de la baignoire m'a dit à son retour de déportation : « Tu n'aurais certainement pas parlé non plus. » Je l'ai remercié de sa confiance, mais j'ai ajouté : " Comment en être sûr? On ne se connaît que si l'on a vraiment traversé un tel événement, jamais avant. " C'est vrai aussi pour cette circonstance, encore qu'elle soit moins personnellement dramatique. D'ailleurs, pour que l'on m'offre le portefeuille de l'Intérieur, il aurait fallu que la situation politique – et la position de la SFIO – aient été très différente. J'ai envie de vous répondre ce qu'a dit Léon Blum, lors d'une campagne électorale. A une réunion quelqu'un lui a demandé – c'était en 1928, en pleine période de crise et de chômage : " Si vous étiez au pouvoir est-ce que vous augmenteriez l'allocation de chômage? " Blum a répondu : " Si j'étais au gouvernement j'espère surtout que j'aurais empêché le chômage de prendre de telles proportions. " De même puisque nous entrons dans le domaine des hypothèses, ai-je envie de vous répondre : " J'espère que je me serais arrangé pour que la situation se détériore moins et qu'il ne soit pas question d'envoyer les CRS.

– En tant que ministre du Travail, vous avez négocié avec le Comité de grève, les représentants communistes de la CGT?

– L'atmosphère était telle, la méfiance des dirigeants communistes de la grève avait atteint de telles proportions, qu'il était impossible d'avoir des rapports détendus. Même avec des syndicalistes que je connaissais depuis l'avant-guerre. Une fois, la discussion entre des représentants des Unions Départementales, des Fédérations de la CGT a duré cinquante-deux heures consécutives, presque sans interruptions... Eux mangeaient un sandwich. Moi, toutes les six heures, j'allais prendre du thé et une douche. Moi je voulais à toute force arriver à un accord. Mais eux étaient convaincus que je faisais traîner les pourparlers en longueur parce que je voulais les faire arrêter, dans mon bureau même. Au point que l'un d'eux – ne citons pas son nom : il avait perdu le contrôle de ses nerfs – un homme courageux, qui avait vécu une clandestinité très dure, s'est couché sur le tapis et m'a déclaré : " Tu veux nous faire arrêter, je le sais. Eh bien, il faudra que ta police me traîne hors d'ici. Je ne bougerai pas ". Voilà l'atmosphère. Vous comprenez qu'il n'est pas possible de répondre tranquillement, simplement, de ce que l'on aurait fait à la place d'un collègue.

– Comment avez-vous tenté de débloquer la situation?

– Par tous les moyens. Il fallait agir intuitivement. Ne pas être rigide. Tenter de trouver le moyen de permettre à l'interlocuteur d'accepter de négocier sans perdre la face. Dans de telles circonstances, on ne peut que chercher des compromis, c'est-à-dire un moyen de coexistence. Un jour Marcel Paul et la Fédération de l'Éclairage annoncent la grève générale pour le lendemain. C'était assez catastrophique. J'assiste à un Conseil des ministres à Matignon et, à la sortie, je déclare aux journalistes que je resterai dans mon bureau ce soir-là, toute la soirée, au besoin toute la nuit et que je recevrai tous ceux qui le demanderaient... A 21 heures, l'huissier m'annonça que quelqu'un demandait à me voir et j'ai vu entrer un militant de la Fédération de l'Éclairage qui me dit : “ Alors, vous voulez nous recevoir? ” J'ai répondu : “ Si vous le désirez, oui. ”

» Marcel Paul, responsable en chef, est arrivé quelques minutes plus tard (il ne devait pas se trouver loin du ministère...). Il dit : “ Tu as demandé à nous voir? ” J'ai répondu : “ Si je te réponds “ Oui ”, ça va devenir très compliqué. Il faudra que tu expliques à ton Comité de grève que le ministre t'a demandé de venir, et pourquoi tu y es allé. Je te dis simplement si tu veux discuter, je suis là. ” La discussion a été très longue. A 3 heures du matin il a téléphoné de mon bureau pour annuler l'ordre de grève. Nous avions fini par arriver à un compromis : ils acceptaient l'arbitrage de Grunebaum-Balin. Mais la discussion avait duré. La coexistence, le compromis demandent une patience inlassable et un maximum de bonne volonté... et aussi de ne jamais perdre de vue la limite qu'on ne peut pas franchir.

– Donc vos relations personnelles ont joué, même avec les communistes?

– Je le pense. Ce qui n'empêcha pas le groupe parlementaire communiste de voter contre mes propositions au sujet de la Sécurité Sociale par exemple : il a voté avec la droite, et contre ses principes théoriques, pour ne pas approuver le gouvernement. La vie politique est ainsi faite de contradictions constantes, pratiques et qui peuvent sembler incompréhensibles sur le plan de la théorie.

– Ainsi donc vous parveniez à colmater des brèches pendant ces grèves, mais vous n'avez pu empêcher la scission syndicale?

– Je n'exerçais aucune responsabilité à l'intérieur de la CGT.

Je n'aurais donc pu que tenter de convaincre des responsables. Je n'avais pas à le faire : Jouhaux était aussi opposé à la scission que moi.

– Et pourtant il l'a faite?

– Je vous le répète : c'est la base, ce sont les socialistes et socialisants, les non-communistes des fédérations qui la voulaient... »

Face à ce petit homme aux traits, aux yeux perpétuellement mobiles qui toujours semble chercher, observer, ressentir, se dressait, paupières basses et poitrine creuse, le moine politicien. Robert Schuman, le dominant de toute sa certitude d'être habité par la providence, soupire : « Vous nous acculez à la banqueroute! » Il prend pour le dire cet air de regret courtois du patron social qui éconduit l'employé demandant une augmentation. Jules Moch grommelle : « Tout signe de faiblesse favorise la guerre civile. »

Comment ne pas se sentir dépassé?

... Prendre les grèves « à Revers »

Le général Revers, dans ses confidences [1], aimait raconter comment, pendant une nuit entière, penché avec Jules Moch sur des cartes d'état-major et y plantant des épingles multicolores, il avait discuté pour savoir s'il fallait proclamer l'état de siège.

C'était le moment où Lacoste disait à Lecœur :

« Je te préviens, nous ne lâcherons pas. Je te demande seulement de ne pas bousiller les fours à coke : vous priveriez les villes de gaz... »

Soucieux de mots historiques, Lecœur avait répondu :

« La grève, c'est la guerre. Nous ne reculerons pas... » Mais les fours à coke sont restés intacts.

C'est aussi l'époque – Daniel Mayer s'en souvient – où les députés communistes n'adressaient plus la parole aux députés socialistes. Sauf Jacques Duclos, qui avait pour rôle la bonhomie.

Le général Revers ne faisait pas mystère – un quart de siècle plus tard – des forces déployées. Teitgen, ministre de la Défense, avait autorisé le général à utiliser les trois forces de l'armée pour le maintien de l'ordre. D'accord avec Jules Moch, il dépassa la limite fixée : au lieu de 3, il utilisa 8 groupes de transport complets. Les voies ferrées étaient gardées (ce n'est pas sans intérêt pour juger de l'attentat du Paris-Lille). Au bout de 6 jours de

1. Archives de G. Elgey.

discussion, Teitgen autorisa la mobilisation de 2 contingents et demi. « Jules Moch croyait vraiment à la guerre civile », disait Revers. Il ajoutait : « Le général Tate, attaché militaire de l'ambassade des États-Unis, passait parfois six heures d'affilée dans mon bureau. J'ai voulu lui montrer à quel point nous mettions tout en œuvre pour rétablir l'ordre... »

Vincent Auriol est devenu d'un anticommunisme panique... Il évoque son duel oratoire de juin avec Auguste Lecœur, à Lens, ville lige du secrétaire de la Fédération du Sous-Sol de la CGT : « Cet homme, écrit Auriol, ne rêve que de déchaîner les combats. Il nous hait. Qu'il nous sente céder, et... » Des deux côtés on craignait de donner le moindre signe de faiblesse à un adversaire à l'affût.

Guy Mollet se modelait de plus en plus sur son idole et compatriote : Robespierre, gardant la lèvre pincée, le regard congelé, l'éloquence comme un brise-glace. On l'entendit dire dans les couloirs : « Si tu étais du Nord, tu saurais que chez nous les gars se battent sans quartier. Or, en face, on pousse au meurtre. » Vingt-cinq ans plus tard il dira à l'auteur : « Rien ne fait souffrir un socialiste comme la guerre entre ouvriers; ce n'est pas prévu dans Marx, cela... »

Jules Moch voulait-il appliquer aux troubles civils la phrase de Napoléon : « La guerre est un art simple et tout d'exécution »? Il « exécutait » dans le détail, envoyant aux préfets des instructions minutieuses, presque toujours inapplicables, qui tantôt les mettaient en fureur, tantôt leur donnaient le fou rire... Dans les préfectures, en 47, se trouvaient encore quelques Résistants qui avaient connu dans la lutte fraternelle ceux qu'à présent on leur ordonnait de « mâter » et qu'en effet les événements dressaient à présent contre eux.

Ainsi, à Montpellier, André Weiss préfet insurrectionnel demeuré en poste s'est trouvé, un jour, très exactement assiégé dans sa préfecture. Polytechnicien comme Jules Moch – qu'il connaît d'ailleurs de longue date – il refuse d'appliquer les instructions verbales de son aîné. Il téléphone :

« Monsieur le Ministre, je vais partir. La situation est très exactement intenable et je n'admettrai pas que l'on tire.

– Je vous réquisitionne à votre poste. C'est la guerre et vous êtes un fonctionnaire d'autorité... »

Là encore les relations personnelles nouées dans la Résistance ont permis d'éviter le pire.

Marseille est pourvue d'un préfet bucolique M. Moyon; un « sous-préfet aux champs » disent, dédaigneux, les communistes

« ou plutôt un préfet à la plage ». Il soupire qu'il va « mourir sur les ruines de sa préfecture ». Aussitôt Jules Moch le remplace par un M. Massenet dont seul le nom évoque la musique lyrique. Martial, le nouveau préfet arrête aussitôt 391 « meneurs ».

A Lyon, Pierre Berteaux, agrégé de l'université et ancien agent secret dans les Forces combattantes de Londres, circule armé. Il veut exhorter la population à la radio... mais le câble est sectionné. La rumeur d'un enlèvement affole la préfecture.

Son attitude, enchantant Jules Moch, vaudra à Pierre Berteaux une proposition qu'il acceptera : la direction de la Sûreté Nationale.

« ... Bloc américano-trotskyste... »

Pendant ce temps, toutes les villes de France ne parlaient que de grèves et de manifestations. Les mots d'ordre allaient du cri : « Nos 25 %! » à celui, que l'on scandait dans les cortèges, d'« Assez de misère-as-sez, as-sez-as-sez! ».

La Vie Ouvrière continuait à dénoncer la conjonction de la « droite américaine » et des « trotsko-fascistes » ou « trotskystes manœuvrés par les forces policières ». Les articles annonçaient qu'aux États-Unis une conférence secrète aurait décidé d'une double manœuvre pour la France. D'un côté « par l'agent corrupteur Irving Brown », il fallait « soudoyer » l'aile droite de la CGT... C'était la tâche de l'AFL. D'autres avaient pour mission « la désagrégation de l'aile gauche ». Les militants ainsi désignés étaient, clairement, les trotskysants ou anarchisants. A l'époque la IVe Internationale (les trotskystes) ne trouvait d'emprise que dans les moments de crise : Pierre Bois, en avril, était parvenu à déclencher la grève chez Renault. Encore fallait-il que les ouvriers perdent confiance dans leurs dirigeants habituels. Ce qui était, en cette fin de novembre, en train de se produire à nouveau. Dans les conversations privées, Benoît Frachon parlait à nouveau des « pagailleurs ». D'après *La Vie Ouvrière,* un « comité confidentiel (secret) » avait été constitué en Amérique pour trouver une méthode permettant de briser les grèves en France et en Italie.

A l'extrême-gauche, en France, Pierre Monatte, le frère ennemi, accusait le PCF de vouloir simplement faire échouer la Conférence sur le plan Marshall qui allait se tenir à Londres. Pour Monatte, tous les révolutionnaires, tous les « pro-grévistes » à outrance étaient complices : il accusait « les trotskystes d'aider au triomphe des Staliniens ».

Ainsi, à l'extrême-gauche, dans la gauche socialiste, comme à droite la confusion montait.

Depuis le remplacement de Ramadier par Robert Schuman à la présidence du conseil, mais le maintien de socialistes au gouvernement, la confusion ne cessait de s'aggraver.

Londres et ses rois...

A Londres, les journaux titrent sur les grèves de France et d'Italie. Le *Times* est d'accord avec l'ex-gauchiste Pierre Monatte : l'enjeu est l'aide Marshall. La France, ajoute le *Times*, est le centre des luttes contre le communisme mondial.

Après quoi l'Angleterre abandonne ses soucis européens pour plonger avec bonheur dans les préparatifs, puis les cérémonies, du mariage de la princesse héritière Élisabeth avec Lord Mountbatten. Le duc de Windsor fait sensation en ne venant pas, parce que sa femme, née Gladys Simpson, l'Américaine divorcée pour laquelle il avait renoncé au trône d'Angleterre, n'avait pas été invitée. Depuis le 13 novembre, rois, reines et princes affluaient sur les bords de la Tamise et la capitale ressuscitait les fastes et les préséances de la reine Victoria. Seuls sont invités les chefs d'État apparentés à la Maison, à la Couronne d'Angleterre. Ce qui en fait déjà un sacré paquet – remarque l'opposition. Noblement, George VI assure les Communes qu'il paiera tout de sa poche. Noblement, les Communes votent une liste civile.

Plusieurs des invités passent par Paris en grève où transports, électricité, gaz, travaux, taxis, fourniture des produits, sont à la merci des débrayages, de la bonne volonté des militaires employés comme remplaçants (comme « briseurs de grève » disent les Cégétistes).

Le chef du protocole, Jacques Dumaine, accueille les têtes couronnées. D'après lui, « la grève est presque générale ». (Très exagéré : il compte comme grévistes les commerçants, restaurateurs, fournisseurs de toute sorte qui, par crainte, avaient descendu leurs rideaux de fer.)

Jacques Dumaine mène aux Ballets des Champs-Élysées, qui dansent dans les décors de Christian Bérard, bébé gras et barbu, roi de Paris, les rois et reines de passage, dont beaucoup en chômage ou près de l'être. Il trouve Frederika, reine de Grèce, très spirituelle. Le « petit roi Pierre de Yougoslavie et sa jeune épousée » lui semblent deux écoliers partant vers ce pique-nique couronné. D'être privés de trône ne semble pas les affecter. Au dernier moment, Michel de Roumanie fait savoir qu'il ne passera pas par Paris, préférant Lausanne. Son père, le célèbre et scandaleux Carol vit à Lisbonne, en sécurité chez Salazar. Dumaine, malgré sa panique anticommuniste semble mesurer l'irrémédiable qui s'accomplit en Europe de l'Est : il se demande si Carol reviendrait en Roumanie, et conclut que l'aventurier se fait trop vieux...

Londres s'illuminera donc, pendant cinq jours de fêtes, de frivolités avec des journaux pleins de détails sur la vie et les routines des grands qui ravissent les Anglais, et les Anglaises plus encore. Le 25 novembre la fête est finie : la conférence à Quatre va s'ouvrir. La capitale retrouve l'austérité qu'elle porte, depuis la guerre, comme l'insigne de son patriotisme sans concessions : rationnement des denrées et des devises, éclairage parcimonieux, absence glorifiée du marché noir. La famille royale mise à part, les signes extérieurs de richesse sont recouverts d'un voile pudique.

Ce même jour, comme pour donner confiance aux détenteurs de la manne américaine (Marshall d'abord, Foster Dulles), l'Assemblée nationale, à Paris, assigne à la garantie de l'emprunt consenti par les États-Unis, les 22 tonnes d'or récupérées en Allemagne.

Le « cousin Jules »

Avant l'ouverture de la Conférence et le mariage royal de Londres, Paris vit sa crise ministérielle.

Les Parisiens, eux, se préoccupent surtout des transports. Au Champ-de-Mars et dans divers points de la capitale des soldats (on a rappelé deux contingents et demi et jusqu'aux réservistes spécialistes) conduisent des camions. On s'y entasse sous la pluie de novembre. Les rares automobilistes (l'essence demeure rare, les pneus se délivrent encore avec des bons et il faut attendre des mois les véhicules neufs commandés), prennent volontiers des passants. A l'époque l' « auto-stop », coutume américaine, garde le charme de l''imprévu. Le soir, on se raconte ses aventures avec les transporteurs ou transportés inattendus.

Pendant ce temps, le Palais-Bourbon joue les volcans. Léon Jouhaux avait dit, au Comité confédéral de la CGT, le 13 novembre : « La grève générale ne résout pas le problème des salaires et de la production. Si c'est autre chose que l'on veut, qu'on le dise, mais alors c'est la porte ouverte à l'une ou l'autre dictature. »

Guy Mollet a rendu visite au Président de la République. Vincent Auriol ne l'aime pas, et de plus il est en « congé de parti ». Avec une habileté toute méridionale il consulte pourtant le secrétaire général de son parti avant de déclarer la crise ouverte. Guy Mollet est froid et ferme : il faut charger le Sage de Jouy-en-Josas, le prophète de l'île Saint-Louis, bref Léon Blum de former le gouvernement. Ramadier? Il a échelonné des concessions à la petite semaine : on voit le résultat. Les autres pays ont pris des mesures plus fermes. L'URSS – où rien ne freine les décisions gouvernementales – annule les billets improductifs des paysans. L'Angleterre travailliste vote un impôt qui décourage d'avoir de trop hauts revenus. La Belgique bloque les avoirs. Par contre, l'Italie et la France laissent l'injustice sociale augmenter de jour en jour. Telle est la thèse de Mollet.

La seule région parisienne compte un quart de million de grévistes. Dans certaines régions comme Nice, les camions circulent avec des laissez-passer délivrés par les comités de grève. D'anciens commandants de FTP organisent l'occupation des hôtels de ville ou des bourses du travail transformés en quartiers généraux de grève. Députés et conseillers municipaux communistes animent les luttes.

Le général Revers mobilise un demi-contingent. Il finira (il l'a dit) par en mobiliser « théoriquement » deux et demi. Le 19 novembre, Ramadier a démissionné. Le général doit alors prendre son risque : d'ailleurs, comment le nouveau ministère le démentirait-il? Il gagnera.

Ce même 19 novembre, à Vienne, les ministres communistes sont exclus du gouvernement : c'est le dernier pays occidental où ils y participaient encore. C'est que Vienne est, avec Berlin, la ville où le poids soviétique est le plus sensible, mais aussi où le conflit Est-Ouest est le plus théâtral. (Le film d'Orson Welles, *Le Troisième Homme*, fixera l'atmosphère d'angoisse feutrée de l'époque.)

Entre le 19 et le 23 novembre 1947, la France n'a plus de gouvernement. A la fin du mois, les grévistes seront trois millions. Si le PCF était déterminé à prendre le pouvoir, comme le proclament ses tracts, comme le croient ses militants de base et ses cadres moyens, jusqu'au niveau du Comité central, l'occasion lui était offerte.

Socialistes et radicaux craignent que les communistes ne profitent de cette possibilité. La base du RPF se prépare à la guerre civile. De Gaulle y a-t-il cru? Presque trente ans plus tard, l'examen de ses paroles et apparitions publiques, et de celles des dirigeants communistes, donnent plutôt l'impression que l'un et les autres jouaient l'une des figures du ballet compliqué exécuté par l'Europe, prise entre les USA et l'URSS. D'ailleurs, sans ministres, les ministères continuaient à fonctionner, Jules Moch à réprimer, le général Revers à rappeler des réservistes.

Pour tenter un coup de force il aurait fallu que le PCF se sentît prêt (et autorisé) aux batailles civiles. Il aurait fallu qu'il fût tel que Jules Moch l'imaginait... ou feignait de l'imaginer.

A l'étranger, les journaux disent la France à feu et à sang. La presse américaine propage la panique : « Les Russes veulent que la France et l'Italie deviennent de nouvelles Grèce. » Ces craintes recueillent un écho, à travers toute l'Europe occidentale, dans tous les partis traditionnels libéraux de toute étiquette, « démochrétiens », radicaux ou sociaux-démocrates. Plus que jamais la peur de la « soviétisation » et du communisme deviennent les deux mamelles... de la discipline de vote.

L'URSS et son camp, par contre, propagent la peur de la guerre mondiale, atomique, générale et tentent par ce moyen de rassembler les non-communistes autour de partis qu'il faut montrer intransigeants et forts. Pour ces partis, la violence est recommandée : ainsi Washington voit qu'en Europe le ver est dans le fruit et le cheval dans Troie. Depuis les instructions du Kominform, plus d'alliance possible avec des partis bourgeois. Par contre ceux qui « ne peuvent plus vivre comme ça » se rassemblent autour des PC et de leurs « organisations de masse ». (Dès 1948 naîtront les premières associations qui donneront en 49 le Mouvement mondial pour la paix.)

Staline n'a pas l'intention de transgresser les règles d'ailleurs fluctuantes établies dans les couloirs de Yalta. Ou du moins pas au point d'arracher l'Ouest européen à la zone d'influence américaine. Il est par contre déterminé à ne pas observer les pourcentages d'influence fixés pour les démocraties populaires, les pays de l'Est. (Yougoslavie 50 %? Pologne 40 %? Laisser un droit de regard et même un contrôle aux ex-alliés de l'Ouest dans ces pays indispensables à la sécurité soviétique? Plaisanterie...) Il sait que l'Europe occidentale, cette fois, refusera vraiment de « mourir pour Dantzig », c'est-à-dire d'entrer en guerre pour le Gdansk polonais. Il faut donc à la fois affermir l'emprise communiste sur les pays de l'Est européen, sans tarder, et en même temps créer assez de troubles en Europe occidentale pour détourner l'attention des Américains. Montrer des dents féroces... sans aller jusqu'à mordre. Mouvements de masse : grèves menaçantes, troubles sociaux en France et en Italie où les PC sont forts. Mais pas d' « aventurisme ». L'aventurisme ce serait la prise d'un pouvoir que les communistes réclament avec toutes les outrances de la phrase révolutionnaire.

Staline montre ici un admirable sens de la géopolitique. Trois mois plus tard il profitera du succès des communistes aux élections, en Tchécoslovaquie, pour éliminer tous les autres partis. Il sait que les Occidentaux ne bougeront pas. Qu'ils n'ont pas non plus l'intention de mourir... pour Prague. Il sait au contraire que les Américains « bougeraient » pour la France ou l'Italie... Techniquement les Américains auraient pu faire bouger les troupes anglo-américaines d'Allemagne occidentale en Tchécoslovaquie. Le pari – qu'il gagnera – de Staline, est que le périmètre sacré de l'Occident ne s'étend pas jusqu'aux pays slaves.

L'Europe joue entre tous ces interdits.

En Italie, malgré les différences de style, malgré la différence du rapport des forces, le PC suit la même stratégie qu'en France. Rien ne le montre mieux que l'affaire – déjà examinée – de Milan. Giancarlo Pajetta, membre du Bureau politique, espère tenir la capitale lombarde. Togliatti se moque de cette utopie et ne cessera pendant longtemps de le railler : « Alors, Pajetta, et cette révolution? » Mieux : le 14 juillet, en Italie, après l'attentat d'un jeune fasciste contre Togliatti, la guerre civile aurait vraiment pu éclater. Syndicats et PCI ont habilement canalisé le mouvement, évitant à la fois et la démobilisation hâtive des masses et un heurt trop violent qui donnerait au pouvoir l'occasion de désorganiser la « contre-société » communiste.

Le « candidat de l'évêché »

Les grèves françaises, en cette seconde moitié de novembre, s'étendent ou se poursuivent, tandis qu'à l'Élysée on cherche un gouvernement. Le PC soutient, dirige, contrôle le mouvement revendicatif. C'est la répétition de cette fonction de canal et de digue contre « les grèves sauvages » que l'on avait décelée en 1936. Il fallait contradictoirement un mouvement populaire... qui ne fasse pas reculer de peur la majorité de la population. La CGT constitue un Comité central de grève et lutte contre la tendance réformatrice de Jouhaux, qui veut l'arrêt du mouvement, tout en s'efforçant de maintenir l'unité syndicale.

Et les gaullistes? Le RPF, fait de pièces et de morceaux, agit selon les régions. Dans certains cas – dans le Midi, en Alsace, en Bretagne – ses responsables se mettront à la disposition des préfets pour le maintien de l'ordre. Le général n'a pas dû approuver cette initiative sans réserve : à la mi-décembre, Jacques Soustelle recommandera de n'accorder le concours du RPF que si les autorités en place en « faisaient la demande par écrit... ». Laisser pourrir, telle paraît être l'attitude adoptée par de Gaulle. Ses compagnons, selon la terminologie employée au RPF, le voyaient déjà s'ériger, seul, debout, dans l'effondrement des politiciens pour sa seconde apparition de sauveur. Le scénario avait dix ans et demi d'avance...

Vincent Auriol et ses amis, se sentant cernés par la guerre civile, ont fait une dernière tentative pour conserver le ministère aux socialistes.

A la tribune du Palais-Bourbon Léon Blum, grand seigneur de la culture égaré dans ces combinaisons ministérielles, use des ressources de sa voix que l'émotion, toujours, fait chavirer. Il a soixante-quinze ans. Désormais, les tactiques politiques lui importent moins que le souvenir qu'il laissera. Chaque fois qu'il prend la parole à présent c'est – sans presque le savoir – à la postérité qu'il s'adresse. On dit qu'il devient déiste, évoque – invoque? – le Juge suprême, le Grand Architecte. Il ne veut plus dire que la vérité. D'ailleurs, l'idée de présider ce gouvernement de crise ne peut éveiller en lui que le goût du martyre. Il tient à montrer aussi qu'il n'est pas l'anticommuniste aveugle, « organique » que les staliniens font de lui. RPF? PCF? L'important pour un socialiste, dit-il, est de rester à égale distance des deux.

Le 30 octobre, il avait écrit : « Le général de Gaulle refuse de gouverner dans le cadre de la Constitution qui, tant qu'elle reste en vigueur, est la loi de tous les Français. » Aujourd'hui, à la tribune, il déclare : « Le danger est double. D'une part, le communisme international a ouvertement déclaré la guerre à la démocratie française. D'autre part, il s'est constitué en France un parti dont l'objectif – et peut-être l'objectif unique – est de dessaisir la souveraineté nationale de ses droits fondamentaux. » Après cette phrase, un chuchotement court sur les bancs des radicaux : Blum a déçu. Lui au contraire sent qu'on ne peut formuler avec plus de modération précise les deux périls. Toute sa vie ce subtil, cet analyste aigu à la conscience torturée, a souffert d'être réduit à sa caricature par les communistes, d'être offert au mépris de ceux qu'il aurait tant voulu conquérir : les travailleurs.

Il sait, en ce jour de novembre, avoir dit juste et vrai. Mais il sait aussi que de tracer le signe égal entre gaullisme et communisme détournera de lui des voix de droite qu'il aurait pu attirer. En effet, il lui manquera neuf votes pour être investi.

Le président de la République expose à son vieux maître le projet des amis : appeler un homme de droite pour museler la droite, tout en gardant quelques socialistes dans les ministères. Qui? Le plus expérimenté des parlementaires. Un député qui siège depuis 1919. Un libéral, mais dévot, une manière d'homme d'Église.

« Ce que dans l'université, autrefois, on nommait " le candidat de l'évêché "? », sourit Blum.

Le nom est évident.

Tête de cocker triste sur un corps voûté de notable provincial, Robert Schuman, Lorrain né en 1886, avait, à la Première Guerre mondiale, été mobilisé sous l'uniforme allemand. Mais la Lorraine reconnaissante (de quoi?) l'avait envoyé siéger à la Chambre bleu horizon. Après la défaite de 1940, il avait voté les pleins pouvoirs à Pétain, puis était retourné en Lorraine où les nazis l'avaient arrêté, puis envoyé en résidence surveillée en Forêt-Noire. En 1942, il traverse clandestinement la frontière par le réseau des couvents.

Moine politicien sous deux républiques, sans vie privée, il n'était marié qu'à l'Église et l'État.

En appelant Robert Schuman, le tacticien qui présidait la République française croyait continuer l'habituel jeu parlementaire. Or, il allait déclencher un mécanisme mondial.

On racontait alors qu'avant-guerre quatre hommes s'étaient rencontrés à la cathédrale de Francfort : un Italien anti-mussolinien, un Allemand anti-hitlérien, un Français, député libéral de droite et un ecclésiastique important : De Gasperi, Adenauer, Robert Schuman et Mgr Pacelli qui sera le pape de la guerre. Ils auraient alors juré de créer une Europe chrétienne... Une Europe du Saint-Empire? Il fallut l'arrivée de Jean Monnet, riche de ses appuis à Washington, pour donner une autre forme à l'idée d'Europe. Depuis 1945 cette idée avait conquis, sans bruit, des industriels, des banquiers, des hauts fonctionnaires.

L'arrivée de Robert Schuman fera sortir de leur silence les conjurés de l'Europe. Bientôt, la Communauté Européenne du Charbon et de l'Acier, le « plan Schuman» des années 50, aboutira au traité de Rome et à un lent glissement de l'histoire. Ce champion de la durée parlementaire sous la IVe République laissera un nom attaché à un gouvernement de répression et au pool européen du charbon et de l'acier, le plan qui portera son nom. Pour Robert Schuman, déchiré durant l'adolescence entre deux pays, l'important était de lier la France et l'Allemagne par des liens économiques si puissants qu'ils rendent les guerres impossibles : les Européens forment – idée gaulliste – un bloc, une civilisation. Mais aussi *des* patries. Avec De Gasperi et Adenauer, c'est l'Europe démocrate-chrétienne qu'il peut espérer réaliser.

Robert Schuman, pain bénit des caricaturistes... Crâne en dôme et oreilles décollées, nez long et mélancolique, yeux que la modestie et la prudence attirent vers le bas. Un chansonnier le surnomme « Jean d'Arc le triste ». Il collectionne les caricatures comme les bouts de ficelle. C'est l'avare de Molière, éteignant la lumière dans les bureaux et couloirs de son ministère, classant, accumulant, mettant de l'ordre dans les dossiers mais aussi sur les fiches, des collaborateurs comme des adversaires, méticuleusement tenues à jour. Sa vision politique insère la Déclaration des Droits de l'Homme dans les Évangiles, première charte de l'individu. Il se sent moine combattant en complet sombre et croit en ses projets de loi comme en autant de prières. Ce qui ne l'empêche pas – comme les fondateurs d'ordres lui en donnent l'exemple – de poursuivre ses visées en usant de toutes les ressources du jeu des partis.

L'X en action

Pourquoi *Le Canard enchaîné* a-t-il, dès avant la guerre, surnommé le « cousin Jules » M. Moch, ancien élève de l'École Polytechnique, nostalgique de l'armée au point de venir, dit-on, aux conseils des ministres en uniforme d'ingénieur du génie civil? (Il a dû le faire une fois... c'était assez pour la légende.) Son surmoi, ce serait un Clausewitz général d'aviation. Le fait que les grèves s'étendent, que l'ordre public soit perturbé, que des CRS se permettent, fût-ce en dehors du service, d'avoir des opinions, que des syndicats, des partis lancent des ordres mieux obéis que ceux du ministère, constitue pour lui un état de guerre civile.

Sur une carte détaillée, il déplace les petits drapeaux tricolores des forces de l'ordre et ceux, rouges ou noirs, des « insurgés ». De plus, il croit en la force de dissuasion de la technologie, et que l'envoi des blindés impressionne plus les grévistes qu'un déploiement de policiers. Il survole le « champ de bataille ».

Tous ses actes, toutes ses analyses sont d'un homme pour qui « mieux vaut une injustice qu'un désordre ». L'étrange, dans ce personnage assez classique de polytechnicien politicien, c'est qu'il soit socialiste. Il l'a été jusqu'à sa vieillesse. Puis, dans les années 70, lors de la nouvelle alliance avec le PC et de la signature du « programme commun de gouvernement », il a envoyé sa démission à François Mitterrand. Ses convictions tiennent sans doute à sa biographie et à son admiration pour Léon Blum.

Après ce ministère qui commence le 24 et devient officiel le

27 novembre 1947, son anticommunisme frôlera celui de Forrestal. On chuchotera dans sa famille qu'il a des cauchemars où les « rouges » le mettent à sang et à mort.

Léon Blum, Don Quichotte du Parlement, se bat pour sa « Troisième Force », tandis que le « cousin Jules » donne dans la force publique. Comment les grévistes écouteraient-ils les socialistes au nom desquels le ministre de l'Intérieur le plus répressif de l'après-guerre fait tirer sur eux?

Notons la discrétion de l'historien de la SFIO sur cette période [1] : la répression de Jules Moch, les annales socialistes préfèrent l'oublier en faveur des efforts idéologiques de la Troisième Force et des efforts d'organisation de Force Ouvrière.

Au Parlement, toute séance tient désormais des joutes oratoires dans Homère et du burlesque de la commedia dell'arte. A Robert Schuman (il a bien servi, à vingt ans, dans l'armée allemande et il a voté, en 1940, pour Pétain, mais il a été emprisonné par les nazis), les communistes crient :

« Boche! Mais c'est un Boche, ce président du Conseil! Nazi! SS! »

A Jules Moch, dont le fils a été tué par les nazis ils crient aussi :

« SS! Nazi! Fasciste! » (C'est après le vote de la loi sur la « liberté du travail » (« lois scélérates »), qui limite le droit de grève, c'est aussi après l'envoi des auto-mitrailleuses contre les grévistes.)

A une longue génération de distance, « celui qui croyait au ciel et celui qui n'y croyait pas », Schuman et Moch semblent aussi proches par leurs actes qu'ils sont opposés par leurs idéologies.

Rien ne montre mieux la stratégie déployée à l'automne de 47 et l'état d'esprit du ministre de l'Intérieur que le plus illustre de ses discours, celui qu'il prononcera un an plus tard dans des circonstances presque semblables : le 16 novembre 1948 quand la grève des mines paralysera à nouveau le nord de la France.

Jules Moch pose des principes : 1° La grève est légale. 2° La liberté du travail doit être assurée (aux non-grévistes). 3° Les biens qui sont propriété de la nation doivent être au premier chef respectés. 4° Si l'intervention (armée) devient inévitable, elle doit être réalisée « en une action de masse si puissante qu'elle décourage toute velléité d'opposition et évite par là même des incidents plus graves qui pourraient naître de la tentation de résister ».

1. Roger Quilliot, *op. cit.*

Voilà qui explique les tanks.

Dans un discours au Parlement, devenu célèbre, il dira, à l'automne de 1948 : « Je n'ai pas revécu les heures angoissantes de la fin novembre 1947. » Pourtant, comme en 47, il utilisera des unités terrestres, aériennes et même (à Marseille et à Nantes) navales que ses collègues des ministères des armées mettront à sa disposition.

En 47, il avait mobilisé, dit-on, 80 000 hommes. Le général Revers raconte avoir discuté toute une nuit avec lui pour savoir si on allait proclamer l'état de siège.

En 48, mais spécifiant bien que c'est là une réédition de l'année précédente, il attribuera au PC l'intention de vouloir revenir au pouvoir en usant de méthodes « employées contre les troupes allemandes sous l'occupation ».

Nous verrons qu'en 47 déjà il sera très préoccupé de démontrer le sabotage des dispositifs de sécurité dans les mines et les hauts fourneaux et tentera même d'attribuer au PC le déraillement du train de Lille, ce qui est fort peu vraisemblable.

« En septembre 1947... l'URSS s'est émue de l'aide que l'Amérique voulait apporter à l'Europe, et ce avant même le vote du plan Marshall... le Kominform... *(voulait)*... détourner le Parlement américain de l'aide à la France et à l'Italie en jetant ces pays dans le chaos. » Ici Jules Moch voit en effet le but poursuivi : démontrer aux Américains que ces pays à forts partis communistes n'étaient pas des terres sûres pour leurs investissements.

Dans ce même discours Jules Moch, avec ce mélange d'exagération par abstraction et de lucidité si fréquent chez les Polytechniciens, retrace l'aide financière du Kominform au PC et les directives envoyées pour « annihiler l'aide américaine ». Quelques passages éclairent son attitude de 1947 :

« En novembre 1947 deux Belges *(Lallemant secrétaire du PCB et Claessens)* " révélèrent à leurs interlocuteurs français " *(c'est Jacques Duclos qui, ès qualité, était chargé des " rapports " avec le parti belge)* qu'une action directe allait être engagée en France et en Italie, dont le poids reposerait sur les deux partis communistes... J'ajoute que nous avons connu ces entretiens plusieurs mois avant ces événements.» *(Notons ici, comme devant certains passages du « Journal » de Vincent Auriol que les informateurs devaient être assez proches du Bureau politique du PCF.)*

« Dans toute cette première période, poursuit Jules Moch, l'aide financière du Kominform fut pratiquement nulle, en dépit des appels lancés par le PCF. J'en citerai un : en mars 1948, après l'échec de la grève de décembre 1947 et la scission syndicale,

M. Frachon, se rendant à Belgrade, rencontra M. Jdanov, qui y était de passage. » *(L'auteur de ce livre peut certifier qu'en effet, d'après le récit même de Frachon, cette rencontre — officieuse — a eu lieu; il n'a pas dit sur quoi avait porté l'entretien. Il s'était contenté de plaisanter : « Non, nous n'avons pas parlé de réalisme en musique et en poésie. »)* « Il suggéra, en vain d'ailleurs, la création d'un fonds international pour les grèves, financé par l'Europe orientale. » *(L'idée est très vraisemblable : le soutien aux grévistes s'était, en fin 47, heurté à des difficultés dramatiques : les caisses des syndicats étaient vides.)*

Jules Moch, parlant de la reprise du travail rappelait que Frachon « avait publiquement ajouté que la classe ouvrière devait se regrouper en vue des luttes futures et que le combat reprendrait ». *(Ici c'est le polytechnicien abstrait qui parle : quel dirigeant syndical pourrait faire moins en décrétant une reprise de travail qui n'a rien de victorieux?)* « La propagande communiste fut aussitôt, une fois de plus, modifiée... Le Kominform laissa plus de liberté d'action au parti français et le 18 avril (1948) M. Thorez pratiqua de nouveau la politique de la main tendue... »

Jules Moch analysait ensuite les mouvements sociaux de 47 et de 48 et leur but : « Chute de l'économie française. » Toujours pour faire revenir les communistes au gouvernement et pour détourner l'Amérique d'aider la France. « Les communistes se gardent certes d'affirmer que la grève est dirigée contre le plan Marshall », affirme-t-il. Puis : « En 1948, contrairement à l'année précédente, le Kominform, accordant une aide financière importante, a permis aux dirigeants communistes d'exercer un contrôle étroit sur la CGT. »

Et il conclut sur la nécessité « d'une grande fermeté ».

Dans les fosses et les corons

C'est chez les mineurs que la grève est la plus dramatique, et peut-être dans le Pas-de-Calais qu'elle atteint son maximum de rude violence.

A mesure que le mouvement s'éternise, le travail reprend ici ou là. Les femmes ne sont pas étrangères à cette tendance en faveur de la reprise : les épiciers ont coupé le crédit et elles n'en peuvent plus de la soupe populaire. Les obligations familiales sont lourdes.

Un jour de fin novembre, à Lens, fosse n°2... 1 200 abatteurs de charbon ont cessé le travail. A 4 h 30 du matin un homme du piquet, dehors, entre en courant dans le petit bureau où se relaient les gars de garde :

« La police est là! »

A 5 heures, le piquet de grève reçoit des renforts : ils sont une centaine dans un froid de grésil et de vent, casque-marmite sur le crâne, blouson fermé. Alors, d'un camion qui est allé les prendre à domicile descendent des hommes si semblables que, les visages étant cachés par la nuit, on les distingue mal. Des cris partent dans le rude parler d'ici :

« Porion! Rican! Roufion! Maca! »

Tout se mêle : un roufion c'est un jaune, un canari, un briseur de grève. Un porion c'est un contremaître, donc un surveillant, c'est une injure de classe. Un Ricain, un Maca (Américain, Italien : on dit ici plus Maca(roni) que Rital, c'est une injure de classe. Ils passent. Tout à l'heure, à 13 heures, ils remonteront. Cette fois hommes femmes enfants forment une foule de plus de mille personnes venues de tout le coron. Les mêmes injures recommencent, plus fort. Cette fois les roufions répliquent :

« Politiciens! »

Clameur : « C'est vous les politiciens! Nous c'est not' pain... »

Soudain – qui a commencé? – la bagarre éclate. Les jaunes sont expulsés à coups de poing, de pied, de gourdin au besoin. Ce qui s'appelle ici « faire la conduite » ... Du sang de mineur coule sous la matraque d'autres mineurs. Ailleurs, près de Denain, devant une salle pleine, on conspue les provocateurs, les roufions et la presse pourrie. Un syndicaliste lit le journal local. On y prétend que les cellules communistes « utilisent » pour les piquets de grève d'anciens prisonniers allemands terrorisés qu'on a armés de matraques.

Un grand cri... des jeunes courent au siège local du journal pour casser des vitres : Le Comité de grève des mineurs d'Anzin a obtenu des employeurs qu'on loge et nourrisse les mineurs grévistes nouvellement embauchés et qui n'ont pas encore de maison.

A Marseille, à l'autre bout du pays, des mitrailleuses protègent les soldats qui déchargent; les marins, que l'on veut réquisitionner, refusent. Certains officiers – ceux du *Ville-d'Oran* qui fait la ligne d'Algérie par exemple – refusent de continuer sans leurs équipages, même quand le préfet – un nouveau, envoyé par Jules Moch – met fin à l'occupation des navires.

Au quartier des Chartreux on conspue des traminots qui voulaient faire circuler les rames.

« Suppôts de Defferre et d'Irving Brown! »

Partout, de Saint-Étienne au Gard, la CGT lance le slogan en forme d'équation : « Briseur de grève = agent de la Gestapo! » Elle peut faire sourire aujourd'hui...

Quand on a porté sa radio au mont-de-piété, quand on se nourrit de soupe et de pommes de terre et qu'on vous reproche en famille la nourriture de chien, quand, de deux frères, celui qui a repris le travail a l'arcade sourcilière fendue par l'autre, quand des amis d'école s'envoient mutuellement à l'hôpital, il n'y a plus de place pour la logique, le raisonnement. Encore moins pour l'humour, l'accent de la Canebière. Qu'elle ait celui du ch'timi, celui de la Loire ou d'Alsace, la colère est la même. Pas de folklore, au début de décembre, dans les usines, les mines ou les ports. Le rire a la couleur d'un drapeau d'anarchie.

Psychose de guerre civile

Le Bureau de la CGT condamne « unanimement tout projet de loi, toute loi portant atteinte au libre exercice des libertés syndicales ». Le gouvernement ayant rejeté la proposition de la CGT, « aucune négociation nouvelle ne saurait intervenir ». Minimum vital à 10 000 F.

L'atmosphère est de plus en plus tendue. Jouhaux étant allé à New York, des syndicalistes américains ont renseigné Frachon dans le plus grand détail sur sa demande de fonds et les réponses des Américains de l'AFL. La bête noire des majoritaires de la CGT, Irving Brown, gagne de l'influence.

De son côté, le gouvernement veut démontrer aux Américains – Forrestal compris – qu'il représente un meilleur rempart contre le communisme que le RPF. Il est entraîné dans l'escalade, malgré les mises en garde de quelques socialistes qui crient : « casse-cou », et que ni Jules Moch ni Vincent Auriol n'écoutent.

Jules Moch, Napoléon de l'anti-grève, limite son « art d'exécution » aux mouvements de fonctionnaires et de troupes. Ses circulaires tiennent de moins en moins compte des réalités. Il établit un plan idéal. Ainsi, il dissout quatorze compagnies de CRS, autant de « mutins, pactiseurs et fraterniseurs en puissance ». Il télégraphie à Brive-la-Gaillarde : « Il faut que les trains passent », alors que la grève des cheminots y est générale et qu'il y a foule pour garder les aiguillages, les gares et les voies. Il ordonne aux préfets (le 29 novembre) de refuser les décisions des collectivités locales attribuant « des subventions directes ou indirectes aux grévistes » ...ceci au nom d'une loi de 1894.

Il quadrille la France, concentrant les soldats. Paris-Belgique et Paris-Le Havre. Puis Paris-Lyon-Marseille-Vintimille (gare aux fameuses « Brigades internationales » qui pourraient arriver par train d'Italie); Lyon-Saint-Étienne est important. Tant pis pour le Sud-Ouest : on n'a plus d'hommes, on le « reconquerra ». Le Sud-Ouest, assure Jules Moch, est pourtant au centre du danger : des milliers de communistes espagnols et d' « étrangers hostiles au gouvernement » seraient prêts à suivre « les instigateurs d'une guerre de partisans ». Ils trouveraient un écho chez les « 1 500 étrangers » résidant dans l'Ariège. C'est du moins ce que disent les rapports.

Les troupes reviennent en hâte d'Allemagne. Pour compléter l'impression d'affolement, on demande aux Anglo-Américains d'être prêts à remplacer les soldats français... A Londres, les journaux téléphonent à leurs bureaux parisiens d'envoyer du « monde sur tous les fronts ».

Jules Moch, son collègue Teitgen, ministre de la Défense, le général Revers, reçoivent fréquemment la visite de l'attaché militaire américain, le général Tate, qui admire « les traditions stratégiques des Français ». On ironise à la CGT : « Un général américain pour les ministres et Irving Brown pour les syndicats... ça au moins c'est un gouvernement bien français qui ne reçoit de conseils de personne. Heureusement qu'on nous accuse d'être, nous, des agents d'une puissance étrangère. On nous crie : " A Moscou! " pendant qu'on va à Washington... »

La confusion augmente. La tragédie vraie des grévistes (nourrir sa famille, envisager son avenir, deviennent des obsessions) est coupée d'un burlesque qui soulage un peu la tension.

Les journaux communistes sont saisis à peu près tous les jours et à peu près partout.

Léonard, préfet de police de Paris, chargé de garder les usines occupées par les ouvriers et les édifices publics, manque d'hommes. Un jour des appels venus de tous les coins de la ville vident les commissariats et la Préfecture des équipes de « Police-Secours ». Pendant ce temps, martiale, joyeuse, prête à tout et malgré tout goguenarde, la foule manifeste rue du Louvre devant l'immeuble où cohabitent *L'Humanité, Ce Soir* et *Les Lettres françaises* : « Liberté – de la presse! »

Le préfet de police s'étonne que les communistes ne profitent pas de cette carence des forces de l'ordre (comment les ignoreraient-ils?) pour déclencher l'insurrection. En même temps les communistes sont certains que le gouvernement va procéder à des arrestations spectaculaires.

En ces derniers jours de novembre, en cette première semaine de décembre se propage – dans les deux camps – ce qu'on nomme une « psychose de guerre ». Déjà les plus prudents des responsables du PC prévoient des « planques » clandestines. Mais surtout les grévistes sont de moins en moins sûrs de gagner. La violence explose, et parfois jusqu'à la folie. A Oignies, Léon Delfosse menace un « roufion » en brandissant un marteau... la rumeur aussitôt grossit : il l'a frappé! Ailleurs les coups pleuvent. Roufions et grévistes le visage en sang, clavicules et parfois membres cassés, osent à peine se montrer à l'hôpital. La colère, la honte se transmuent parfois en haine.

Balles à Bruay

L'incident qui servira pendant des années de symbole à ces haines de grève éclatera dans un bourg du Nord, à Bruay-en-Artois. Assez étrangement dans les années 70 Bruay sera le théâtre d'un crime mystérieux, l'assassinat d'une adolescente des corons qui mobilisera la presse entière, des revues intellectuelles de gauche à la télévision. Image d'une bourgeoisie de petite ville, écrasée d'ennui, contrainte à une fête hypocrite, fascination de l'argent pour les filles de Coron : Bruay...

A la fin de novembre 1947 ce n'est pas d'hypocrisie, c'est de passions que souffre la bourgade. Donc, en pleine grève à Bruay les minoritaires, la tendance FO (qui unit surtout des employés du « jour », des porions et des « mensuels » des bureaux) exigent le vote à bulletins secrets sur la poursuite de la grève. Comment la CGT peut-elle s'y opposer? Le comité n'a-t-il pas proposé de consulter les travailleurs, syndiqués ou non, sur chaque lieu de travail?

Or, quatre fosses votent « non » à la poursuite de la grève. Roger Quilliot répercute les souvenirs des socialistes de la ville : « Les élus ouvriers aux caisses de secours, presque tous militants de longue date, frappés d'emprisonnement en 1938, résistants, sont défenestrés par des foules hurlantes et promenés dans les rues sous les crachats et les coups comme les prostituées de 1944... »

Ce qui explique sans l'excuser l'affolement du ministre de l'Intérieur que révèle un document publié par *La Vie ouvrière;* ce document contredit ce qu'affirmera Jules Moch à l'Assemblée, plus tard (« Les forces policières ne devaient pas tirer ») : « GQG Forces répressives du Nord. Commissariat de Bruay, 1/2 brigade : peut tirer – sommation. Partir avec 100 hommes à Condé-sur-Escaut – 50 gendarmes – Blindés – 100 CRS. »

Les « forces répressives ont tiré ». Les mineurs des autres fosses ont refusé d'évacuer les mines. Il y a 50 blessés dont certains très grièvement. A Denain, les soldats refusent de tirer. A Oignies, le fief de Léon Delfosse, Gardes mobiles et CRS fraternisent avec les grévistes.

La Vie ouvrière reprend les journaux et tracts locaux : Moch n'a pas hésité à faire charger les brigades spéciales, les nazis et les fascistes polonais d'Anders, contre les vaillantes « gueules noires ».

A Bully-les-Mines, malgré les directives du centre, quatre membres du RPF dont un inspecteur des Houillères entreprennent une expédition punitive. Les mineurs les encerclent, fouillent la voiture : ils y trouvent trois mitraillettes et des grenades. A Denain, les soldats du 15e régiment fraternisent au chant fameux écrit lors de la grève des vignerons de 1907 :

« Salut à vous – Braves soldats du dix-septième – ... – Vous auriez en tirant sur nous – Assassiné la République... » Il y aura à Denain des milliers de manifestants.

Mais Henri Martel, vieux lutteur des mines, sénateur, est frappé par un membre du « maintien de l'ordre ». A ses supérieurs, qui s'en amuseront, ce porteur d'uniforme répondra : « J'en avais assez qu'il me montre son écharpe tricolore en criant : " Je suis représentant du peuple! " »

Et Thorez?

En cette fin de novembre, Maurice Thorez, enfant du pays (il est de Noyelles-Godauld, à quelques kilomètres) vient prendre la parole sur la place Carnot, à Hénin-Liétard. La foule, débouchant de toutes les rues, l'écoute pendant une heure sous un vent glacial.

L'attitude de Thorez a été, pendant tout ce moment crucial, avisée et prudente. Il a pris la parole deux fois en novembre le 4 et le 24, au Vel' d'Hiv' où l'on avait fait venir la banlieue. La première fois ce fut pour célébrer le 30e anniversaire de la révolution de Lénine.

Il dénonce le projet des lois « scélérates » contre le droit de grève, déposées au Parlement par Teitgen, soutenues par Jules Moch, mais désapprouvées par des ministres socialistes comme Daniel Mayer. Mais – fait remarquer son biographe [1] – il n'exalte aucunement les violences, les coups, les affrontements, les armes sorties de leurs cachettes. Ni surtout l'interruption du service de sécurité dans certaines mines. (Ce dernier point, constamment contesté par la CGT, demeure mal éclairci. Il y eut dans certains puits de mines un arrêt du dispositif de sécurité qui empêche l'eau de noyer les veines. Le gouvernement et l'administration des Houillères dénoncent le sabotage, l'attribuent à des ordres secrets de la CGT. Tous les responsables syndicaux de l'époque l'ont contesté. Toutefois, disent-ils, à partir du moment où la police a évacué les puits, les piquets de grève qui en même temps maintenaient le service de sécurité, les syndicats déclinent toute responsabilité.) Quoi qu'il en soit, Maurice Thorez se tait sur ce point qui est alors au centre de la polémique entre officiels locaux et grévistes.

Mieux, certaines absences du secrétaire général, dans une vie publique aussi intense, où tous les dirigeants communistes sillonnent la France, font penser à son biographe qu'il aurait pu être « appelé en consultation par la direction du mouvement pour une longue mise au point de la nouvelle orientation ».

Ce que semble confirmer un souvenir de Daniel Mayer. Le 2 décembre, après vingt-six heures de négociations, il pouvait proposer à Benoît Frachon ce qu'il avait si péniblement obtenu au conseil des ministres. Une prime de 1 500 F; une augmentation des allocations familiales de 22 %.

Benoît Frachon paraît intéressé et le ministre pense qu'il va donner son accord. Frachon – tous ceux qui l'ont vu à cette époque s'en souviennent – commençait à citer la phrase fameuse : « Il faut savoir arrêter une grève. » Toujours attentif aux signes venus de la base, il sentait le fléchissement, le découragement. De plus, il craignait la scission. Siéger, travailler avec Léon Jouhaux lui était à coup sûr personnellement pénible. Les deux hommes connaissaient leur poids, leurs forces et leurs faiblesses. Mais leurs qualités et défauts étaient opposés. Que Jouhaux soit vaniteux, accessible aux flatteries, qu'il aime les titres et l'apparence du pouvoir exaspérait Frachon. Que Frachon, réaliste, profondément

1. Philippe Robrieux, *op. cit.*

modeste mais aussi profondément sûr de non seulement représenter, mais incarner la classe ouvrière puisse, soudain, changer d'avis après une réunion du Bureau politique, une entrevue avec Thorez ou un émissaire des « camarades » exaspérait Jouhaux. Il trouvait que c'était là une faiblesse impardonnable. L'un et l'autre n'en croyaient pas moins en la nécessité de l'unité syndicale.

Jouhaux poussait – très raisonnablement – à la reprise du travail. Accepter les conditions de Daniel Mayer eût offert une solution très honorable : les grévistes n'auraient pas eu cette impression insupportable qui rend amer – et qui éloigne du syndicat.

Au Comité directeur de la SFIO Daniel Mayer fera observer que « Frachon..., soudainement, s'entêta. J'aurais pu lui accorder n'importe quoi, poursuivra Mayer, il aurait refusé. *Maurice Thorez était revenu,* Benoît Frachon m'a à peine écouté. Il a repris toutes ses revendications antérieures, renié ses concessions, après s'être fait approuver par le Bureau national sur le fait de rupture. J'ai répondu qu'il n'y avait pas rupture de ma part, la responsabilité de celle-ci pèse donc tout entière sur le seul Benoît Frachon. Actuellement, il s'agit d'un problème de rapport de forces entre la majorité confédérale et le gouvernement. Lorsque le gouvernement marque un point, il se raidit et refuse d'aller plus avant. Lorsque c'est le contraire, les communistes refusent ».

Effectivement, le Bureau confédéral du 2 décembre, mêlant le projet de lois sur l'entrave à la liberté du travail aux propositions d'accord, statue que, le gouvernement ayant rejeté les propositions de la CGT, « aucune négociation nouvelle ne saurait intervenir à partir du moment où seraient promulguées les lois scélérates ».

« C'était terrible... »

Dans les profondeurs du pays, les affrontements, l'extension sans limites d'une grève, d'une misère dont on ne voyait plus le bout, ont créé des amertumes, des haines qui corrodent les souvenirs, un quart de siècle plus tard.

Un jeune universitaire français docteur ès lettres de Yale (USA), Denis Lacorne, a interviewé dans les années 70 plus de 400 personnes, responsables de communes, socialistes et communistes. Les résultats ont été traités par ordinateur pour dégager les idées-force des militants de l'époque. Il a bien voulu nous communiquer certaines interviews.

Le maire communiste d'une ville ouvrière du Gard dit : « Les grèves de 1947-1948 ont été terribles. C'était une lutte armée. Les mineurs avaient gardé l'esprit maquisard. Ils avaient de vieux fusils et des bâtons. Nos gars rêvaient toujours à la Libération; ils croyaient que la révolution allait venir. Pour nous, les responsables du Parti, c'était très difficile de contenir nos camarades. Ils étaient prêts à tout foutre en l'air. Jusqu'au jour où 1 500 CRS sont arrivés, avec leurs fusils et tout. Un type sur une barricade a été tué au fusil-mitrailleur... Les socialistes étaient au ministère. C'était une vraie guerre entre les socialistes et nous. »

Le général Revers racontera qu'ayant envoyé des chars sur les mines du Gard, sur l'ordre exprès de Jules Moch, il dut faire construire des pontons pour la traversée du fleuve : « Excellent exercice... mais quand les chars sont arrivés, la grève était finie... »

Des entretiens très tendus ont très probablement opposé Benoît Frachon à Maurice Thorez. Désaccord? Par tempérament, Thorez ne poussait nullement à l'outrance. Chef du PC, les « conseils des camarades », les décisions de Moscou avaient pour lui un poids plus définitif que pour Frachon confronté, lui, tous les jours, à une masse moins disciplinée, nullement monolithique. Comme dit le maire communiste du Gard, les responsables CGT avaient du mal à « retenir » leurs camarades. Mais à mesure que le temps coulait ils eurent plus de mal à les maintenir.

Les dirigeants français comprenaient-ils le véritable enjeu de leur action? Ont-ils bien réalisé que, seuls parmi les partis communistes dans l'opposition, les partis français et italien ont été présents à la formation du Kominform, comme un complément à tous les partis au pouvoir des démocraties populaires? Ont-ils, des commentaires de Jdanov, tiré l'enseignement non seulement de la distribution des rôles mais de celui qui leur était assigné?

Au moment où les grandes grèves se développent, en France et en Italie, la prise en main des gouvernements des démocraties populaires par les communistes est effective. A l'exception de la Tchécoslovaquie, où les élections de février seront déterminantes, les dirigeants des partis non communistes sont évincés et seuls se maintiennent les hommes de paille et les potiches. Après les agrariens, on arrête, expulse, évince les socialistes. Ne sont préservés, de ces derniers, que ceux qui acceptent la « fusion », c'est-à-dire la dissolution de leur organisation dans le PC.

Il semble que la stratégie stalinienne, sur l'échiquier de l'affrontement avec l'ouest, ait été mise au point dès l'été : affoler ses adversaires, leur faire tout redouter pour leur zone d'influence, et tout craindre pour la solidité de leurs fiefs, les amener à considérer qu'après tout l'est européen n'était que la part du feu et que mieux valait l'abandonner.

Leclerc meurt à Colomb-Béchar

Le 28 novembre un avion, pris dans une tempête de sable – et non victime d'un sabotage comme on l'a dit – a heurté un remblai de fer et s'est écrasé au sol. A bord se trouve, revenant d'une mission en Afrique du Nord, Philippe de Hauteclocque qui, sous le nom du général Leclerc, avait libéré la France.

Avant de partir, le général Leclerc avait estimé que ces « grèves indignes » sonnaient le glas de cette IVe République née de ses propres actions, de la libération du pays, mais que, fidèle entre les fidèles, il avait rejetée le jour du départ de De Gaulle. Il aurait, pendant les journées cruciales de 1947, consulté le général de Gaulle : si lui, Leclerc, prenant la tête du mouvement de l'ordre, en finissait avec les grèves, balayait ce gouvernement de fantoches, nettoyait la route pour le libérateur? De Gaulle, n'ayant pas trouvé l'heure propice, aurait écarté ces propositions. Leclerc serait alors parti en Afrique du Nord [1].

1. Georgette Elgey, *op. cit.*

3.

Folies-Bourbon et scission syndicale

Entre le 28 novembre et le 4 décembre les (ou : des) députés ont siégé presque en permanence. Exténués, les sténographes et rédacteurs de séance ont lancé un SOS à leurs collègues du Conseil de la République [1]. La buvette de l'Assemblée a cherché un ravitaillement et un personnel d'appoint. En ce temps où la politique s'élaborait au Parlement la crise du pays trouvait au Palais-Bourbon son miroir, mais aussi un centre de décision redoutable.

Tout ce tumulte, ces empoignades, ces chants « séditieux » le défilé incessant, autour du Palais, de délégations de grévistes, tout a en effet culminé dans le dépôt, le 29 novembre, par le gouvernement, de projets de lois : « le train des lois scélérates » (le nom fut inventé contre des lois du second Empire) comme disaient les communistes – mais aussi les Jeunesses socialistes, tous les syndicalistes et plusieurs parlementaires socialistes. Le gouvernement parlait de « lois de défense républicaine ». L'essentiel en tenait en une disposition : *Toute atteinte à la « liberté du travail » serait punie d'un emprisonnement de six mois à cinq ans et d'une amende; l'emploi de la violence, de « voies de fait », doublait automatiquement la peine. On instituait une procédure de flagrant délit qui permettait un verdict immédiat. Les fonctionnaires tombant sous le coup de ces lois pouvaient être révoqués sans délai ni recours.*

C'était donc la *fin du droit de grève* pourtant inscrit dans la Constitution. Nous verrons d'ailleurs que Daniel Mayer, ministre du Travail, se donnait pour tâche de vider ces lois de leur contenu, par l'intérieur, à force d'amendements : il n'avait pu empêcher le

1. Seconde Assemblée dans le régime parlementaire organisé par la Constitution de 1946; ce n'est que plus tard que le Conseil de la République reprendra le titre du Sénat.

gouvernement de les proposer. Une panique quasi délirante s'était emparée et du monde officiel et du monde patronal.

Trente ans après on peut se demander si la IVe République n'a pas, par ce tumulte, sapé la confiance du public dans un gouvernement d'assemblées et si cette fin de l'an 1947 ne portait pas déjà en elle le grand revirement qui amènera le régime présidentiel, onze ans plus tard. En tout cas l'antiparlementarisme gaullien a trouvé, dans ces six jours qui ébranlèrent le parlementarisme, un argument de choc. L'extrême-gauche n'a donc réussi, durant cette semaine, qu'à pousser la République vers la droite.

Sur Paris, la pluie s'était transformée en neige, le vent soufflait comme en haute mer. Si l'été avait été caniculaire, l'hiver s'était montré précoce. Or, l'Assemblée était gardée, du quai à la rue de l'Université et tout autour non seulement par des gardes républicains, mais par les « mobiles » et la troupe. Cordon sanitaire constamment assiégé par la foule des délégations, envoyées par les entreprises en grève de toute la France. Les mineurs venaient avec leur barrette ou (pour ceux du fer) leur « marmite », les hommes des hauts fourneaux avaient amené tabliers et gants de cuir. Ce n'était pas du folklore, c'était un manifeste de l'arrêt du travail. On voyait aussi les filles d'une conserverie bretonne en haut tuyau de Bigouden et même une Alsacienne portant l'immense nœud noir, qui revendiquait pour les serveuses de brasseries. Dans leur tailleur pincé à la taille, leur jupe en cloche mi-longue, les ouvrières des ateliers de haute couture...

Le tout sous le grésil, la neige fondue, dans les flaques glacées. Le tout maintenu à distance du bâtiment à colonnes et statues, malgré le cri : « Nous voulons voir nos élus! »

La plus longue séance de l'Assemblée (presque six fois vingt-quatre heures) donne un compte rendu de 250 pages au *Journal officiel*. Étrange recueil où invectives, injures, jeux de scènes peu habituels résument ici des giffles, des rixes, des coups, des gestes de menaces ou de dérision.

« Entre le marteau et l'enclume »

L'historien de la SFIO, Roger Quilliot, écrit [1] : « (Daniel Mayer) parallèlement devait résister aux pressions de certains ministres qui rêvaient d'une répression brutale, voire d'une mise hors la loi du PCF. Sur ce terrain, Teitgen menait l'offensive...

1. Roger Quilliot, *op. cit.*

Les ministres socialistes se sentent alors pris entre le marteau et l'enclume, entre deux forces que tente le conflit total... » (Nous avons déjà vu que le PCF ne semble pas rechercher le « conflit total », mais que dans la stratégie de Staline il s'agit plus vraisemblablement de créer la confusion à l'ouest, contre le plan Marshall.) Jules Moch considère les grévistes comme une « armée insurrectionnelle ». Daniel Mayer fait appel à sa logique : « N'oublions pas que de Gaulle peut aussi venir au pouvoir porté par la misère du peuple... » De son côté, Guy Mollet fait, à la fin de la grève, ces constatations de bon sens : « Par son contenu, sa présentation, sa forme, c'était [cette loi] une faute, un véritable boulet pour nous... La majorité de l'Assemblée nationale et du gouvernement ignore tout de la sensibilité ouvrière... ils se trompent en premier lieu sur la portée de la défaite du PC; ils ignorent ensuite que le parti socialiste ne pourrait les suivre là où ils veulent les mener, car il se refusera toujours à participer à l'écrasement de la classe ouvrière... »

Ces phrases de Guy Mollet ont été prononcées au Comité directeur socialiste du 10 décembre, le jour même où la CGT proclamait la nécessité de la reprise du travail. Les communistes répliqueront que le secrétaire général de la SFIO parle de la « majorité » mais que le meneur de jeu, le ministre de l'Intérieur, est un vieux membre de son parti. De plus, à présent, les lois sont adoptées et il faut sauver l'image de la SFIO dans l'esprit des travailleurs; d'autant que la scission syndicale est proche.

Daniel Mayer affirme avoir obtenu, le 28 novembre, le retrait du projet de loi Teitgen dans sa forme définitive (élaborée en collaboration avec le socialiste Jules Moch). Refuser le texte... « C'est alors la crise ministérielle en pleine bataille sociale... » L'accepter? C'est encourir l'« impopularité ». Mayer ajoute que René Coty et André Marie l'aideront à le vider de sa substance. La navette entre le Palais-Bourbon (députés) et le Luxembourg (« conseillers de la République »), donne, dit-il, une loi qui « diminue l'effet répressif des lois antérieures... »

Reste que c'était une loi d'exception et qu'elle fut votée. Les socialistes en rejetteront la responsabilité sur l' « hystérie calculée des communistes ».

En 1962, six ans après son départ du PC, l'ancien député Pierre Hervé qui fut éditorialiste de *L'Humanité,* polémiste en chef d'*Action,* et qui a joué un rôle important dans la Résistance non communiste (auteur du fameux « rapport Chardon », analyse de la société de 1943-1944), a écrit dans *Le Crapouillot,* à propos de cette période qu'il a vécue à la Chambre comme membre du groupe communiste : « On a avancé l'hypothèse que les dirigeants communistes avaient entrepris de grandes manœuvres insurrectionnelles. L'hypothèse ne me paraît pas sérieuse. Plus simplement, il s'agissait de la tactique qui consiste à pousser les dirigeants de la gauche démocratique à des mesures extrêmes de nature à les déconsidérer aux yeux de l'opinion... »

De toute manière, d'autres membres du groupe parlementaire communiste se souviennent des consignes de circonstances; elles changeaient selon les séances : « Ne rien laisser passer... Faire de l'obstruction... Occuper la tribune... User au maximum des textes historiques et littéraires pour gagner du temps... » Les intellectuels de profession, de Cogniot à Pronteau, Hervé, Kriegel-Valrimont et d'autres, avaient préparé des citations. Pages entières de Jaurès (rien n'embarrassant davantage les socialistes), poèmes de Hugo, envolées de Michelet... Passant à un registre plus polémique, on insistait sur la faiblesse des gouvernants. Schuman : sa photo en uniforme allemand, dans sa jeunesse, pendant la guerre de 14. Ne pas craindre des mots capables de frapper l'imagination populaire, même s'ils sonnent chauvin : boche, casque à pointe... Rappeler toutes les grandes grèves glorieuses auxquelles les socialistes participèrent (avant la scission de Tours, bien entendu). Cette tactique, en honneur dans les pays anglo-saxons, utilisée aux Communes britanniques, au Sénat américain (voir le film « Mr. Smith au Sénat »), était peu usitée en France.

De toute manière, les socialistes sont placés dans une situation que les communistes avaient connue avant le 5 mai : la solidarité gouvernementale les met dans des positions odieuses à la masse, alors même que peu de dirigeants (Jules Moch mis à part), les approuvent.

Nous retiendrons quelques « moments » de ces quatre jours qui ont ébranlé le Parlement et nous rapprocherons des répliques parfois éloignées par des heures de ratiocinage, d'obstruction de tribune et de remplissage. Pendant ce temps, sur les injonctions expresses des députés communistes, quelques membres des diverses délégations étaient reçus au compte-gouttes par certains parlementaires (les communistes se relaient). Mais la masse de la paysannerie, des petits-bourgeois, contemplait ce « désordre » sans indulgence.

Guy Mollet comptait une alliée particulièrement fidèle en Rachel Lempereur, député socialiste du Nord, qu'amis et adversaires surnommaient (comment résister à la tentation?) : « Rachel quand-du-Seigneur. » Bien connue des grévistes des mines, elle était souvent prise à parti. A la tribune, elle cite des faits d'obstruction, d'entrave à la liberté du travail dans les mines, des cas de

« jaunes », de « roufions » battus, de familles de briseurs de grève persécutées, d'enfants à qui leurs copains de classe lancent des pierres parce que leur père est « descendu »...

Une voix : « Prends garde que ça t'arrive si tu soutiens les jaunes! »

Rachel Lempereur : « Tu peux y aller, je garde mon trousseau de clés à la main pour faire le coup de poing! »

Une voix : « Ce qu'on appelle le coup de poing américain! »

Germaine Peyroles, député MRP, préside... Lavergne, du PC, occupe interminablement la tribune, ânonnant un texte écrit qu'il déchiffre mal. Même ses amis bavardent, pensent à autre chose. Son texte prévoit que son camarade Péron doit l'interrompre. Mais Péron a oublié. L'orateur interpelle :

« Alors, Péron! »

Et aussitôt celui-ci intervient, donnant la réplique...

Germaine Peyroles a du mal à masquer son fou rire. Comme Jacques Duclos bavarde en riant elle l'interpelle :

« Monsieur Duclos, veuillez écouter l'interpellation " spontanée " de votre collègue... » (Elle a prononcé « spontanée » avec ironie.)

Marcel Cachin, le doyen, se dresse alors, très digne...

« Vous vous moquez du fait que notre camarade lise, Madame? Ah, c'est indigne de vous, Madame, c'est un ouvrier. Vous devriez vous incliner devant lui! »

Gros rires sur les bancs de droite qui déclenchent un beau chœur alterné de voix communistes : c'est le type même des occasions à beau rôle. La conscience de figurer au *Journal officiel* comme défenseur de ceux qui travaillent face aux intellectuels bourgeois est toujours appréciée. Par la suite, dans sa circonscription, on peut en lire des extraits...

Ramette : « Bien sûr, vous, vous avez passé toute votre jeunesse sur les bancs de l'école et de l'université! »

Ramette est un vieil élu du Nord, sorti des corons miniers. Il a joué un rôle lors de la réunification de la CGT. Bougon, un peu lourd, il est devenu très taciturne : dans la période gouvernementale, les camarades ministres le trouvaient un peu gênant avec son ouvriérisme et ses coups de boutoir sans diplomatie. Il n'était pas à sortir dans les salons.

Florimond Bonte : « Vous n'avez que du mépris pour les ouvriers... »

Florimond Bonte est un poète populiste qui écrit des valses en secret : il les fera jouer à la radio. Petit, un teint de bon buveur, une petite moustache de conquérant des faubourgs, il a écrit

Le Chemin de l'honneur, qui conte les prisons des quarante députés communistes condamnés lors de la signature du pacte franco-soviétique puis emprisonnés à Maison-Carrée en Algérie.

Un jour Florimond Bonte avait reproché à Mauriac d'écrire : « un Thorez, un Duclos ». Le terrible Bordelais avait répondu qu'il se garderait bien d'écrire « un Bonte » en hommage au père qui avait su, d'un prénom bucolique, assurer à son fils une personnalité.

Raymond Guyot à Germaine Peyroles :

« Madame vous resterez au *Journal officiel* comme celle qui insulte les ouvriers! »

Raymond Guyot, membre du Bureau politique, teint rose et cheveu argenté, ancien dirigeant de l'Internationale des Jeunes a pour rôle l'avant-gardisme et l'excès. Il sera au premier rang en mai-juin 1952 pour les manifestations violentes minoritaires qui contribueront à l'isolement du PCF. Beau-frère d'Arthur London c'est lui qui, à Paris, le reniera avec le plus d'empressement, accusant vite pour éviter l'accusation, trop rodé aux coutumes staliniennes pour ne pas savoir qu'il faut se mettre à l'abri.

A ce moment Germaine Peyroles, exaspérée, passe du fou rire à la colère :

« Fille de professeur, en effet, je suis petite-fille d'ouvrier! Je sais mieux que personne ce que peut être la dignité, la qualité d'un ouvrier. Je n'ai pas... »

Le brouhaha noie sa voix.

Édouard Herriot prend la présidence. Autant dire que la IIIe République va veiller sur le débat avec toutes les astuces et les ruses de la manœuvre parlementaire.

De cette incarnation du régime d'avant-guerre, de Gaulle écrira : « Je lui parlais de la reconstruction de la France, il me parlait de la reconstruction du parti radical... » Comment de Gaulle comprendrait-il que pour Herriot son parti, avec ses antennes maçonniques, ses amitiés internationales, formait la colonne vertébrale de la France? Comment aurait-il compris qu'Herriot n'attribuait à l'économie d'autre importance que politique?

Le grand-maître du parti radical est le symbole même de la laïcité telle que l'avaient conçue les « trois Jules » (Favre, Ferry, Grévy); ce fils de cuisinière devenu normalien, agrégé, docteur ès lettres, fin lettré, habitué du foyer – et des sociétaires – de la Comédie-Française, n'était l'ennemi de personne. Son esprit, sa culture, sa tolérance et son boulimique appétit de vivre l'avaient rendu sympathique au nonce apostolique lui-même. Le futur Jean XXIII apprenait la France de la Séparation des Églises et de l'État, la France du « petit père Combes » à travers les récits toujours instructifs et drôles de ce gros homme qui semblait être créé et mis au monde pour présider des conseils ministériels. Cette singulière rencontre avait permis un mot à Bidault qui n'en était pas avare : « J'aime bien Mgr Roncalli; j'aime moins son directeur de conscience Édouard Herriot. »

Rien ne pouvait faire plus plaisir à Herriot que cette pique. Il avait voté contre la Constitution, mais dès le 21 janvier, à peine Vincent Auriol élu, il était président de l'Assemblée. Fonction qu'il refusera d'échanger, en septembre 48, contre celle de président du Conseil. Ne valait-il pas mieux demeurer l'ami de tous que de ternir sa réputation – à son âge, après un demi-siècle de politique! – en prenant les mesures, qu'il jugeait d'ailleurs indispensables mais qu'il savait impopulaires? C'est que l'automne 48 reproduira, à peine atténués, les troubles de l'année précédente : grèves, crises, vie chère. Le tout aggravé par la crise de Berlin, avec le représentant de l'Allemagne de l'Ouest à Paris prophétisant : « Nous allons être envahis par les Russes, puis ce sera votre tour. »

En novembre 47, le président Herriot trouve Teitgen sans moelleux, Moch déraisonnable et les communistes hystériques. Il se sent porteur de la sagesse nationale. Gris de peau, de cheveux, de costume, sa boulimie de vie s'atténue à peine. Aujourd'hui, prenant la présidence de la séance, l'académicien se sent le souffle court mais l'assurance intacte. Même les communistes ne peuvent pas l'attaquer : il est « bien » avec l'URSS (Herriot croit tant dans les rapports directs d'homme à homme; si Staline lui accordait un tête-à-tête suffisamment long, il pense qu'il pourrait le convaincre des vertus démocratiques... pour la France. Et puis, en 1935, n'a-t-il pas été l'un des plus chauds défenseurs du pacte franco-soviétique? Les anciens Résistants ne peuvent pas l'attaquer non plus : n'a-t-il pas été déporté? « Déporté d'honneur », disent les communistes; ils le disent aussi de Blum et de Jouhaux. N'empêche que le traumatisme de ces tribulations a ébranlé sa santé.

La force d'Herriot, face aux communistes, c'est précisément sa faiblesse : homme d'avant les techniques et les technologies il croit que la primauté accordée à l'économie politique est une mode. Il dira que « pour être ministre des Finances il suffit de savoir faire une addition et une soustraction ». La lutte des classes, substrat de toute société? Que les « malheureux » se défendent, il le faut. Herriot croit au syndicalisme. Mais il ne peut s'empêcher de montrer, par son propre exemple que, par son mérite, on peut « s'en » sortir : voyez : « Fils de cuisinière moi, grâce à la laïque, je suis devenu normalien, agrégé, docteur et député, ministre, président du Conseil, et académicien! »

Pour Herriot les idées sont déterminées par l'individu, non par sa classe. Certes il comprend bien les théories de Marx, mais c'est bien d'un Allemand, cette systématisation, ce dogmatisme, cet absolu. Pur produit du jacobinisme militant, Édouard Herriot admettait en principe les luttes pour l'indépendance nationale... toutefois, la France étant, pour le phénomène – transitoire – de la colonisation, le meilleur patron possible, il comprenait malaisément l'ardeur des luttes anticoloniales. L'année précédente, pendant les discussions sur l'Union Française, il s'était emporté contre André Philip, ce socialiste utopique qui truffait le statut de l'Union de phrases d'un député musulman de Sétif, Ferhat Abbas, qui en 47 avait d'ailleurs formé un mouvement tout à fait anti-français. Herriot avait dit à André Philip : « Vous ouvrez la porte à la sécession. Croyez-vous que si nous abandonnons Dakar il n'y aura personne pour prendre notre place? » Cette prise de position, dans la bouche de celui qui invoquait au moins une fois par semaine la sacrée Déclaration des Droits de l'Homme et du Citoyen, avait abasourdi les musulmans; ils soupiraient qu'Herriot était influencé par les banquiers de son entourage.

Le président prend donc la séance de l'Assemblée en main... Robert Schuman vient à la tribune. L'attaque part aussitôt...

Charles Tillon : « M. Schuman, où étiez-vous soldat en 1914? »

Jacques Duclos : « Dans l'armée boche! Le président du Conseil est un Boche! »

Des voix : « Casque à pointe! Doryphore! Fritz! »

Jacques Duclos *(déchaîné, en apparence du moins) :* « A bas les Boches! Vive la République! »

On applaudit dans la tribune du public et Herriot menace de faire évacuer. A la tribune les anciens de l'ARAC (Association Républicaine des Anciens Combattants, dont Jacques Duclos est le président d'honneur), on se passe la photo de Robert Schuman en uniforme allemand : « Nazi! Hitlérien! Heil Hitler! »

Gris, ayant communié le matin, prêt au martyre dans la dignité, le président du Conseil dit, la voix plus forte qu'à l'ordinaire : « Je suis le premier député non communiste que les nazis aient arrêté...

– Querelles de famille! – Déporté d'honneur! »

Des voix : « Nous demandons du pain pour les ouvriers. – Et on nous promet du plomb! – Gouvernement de misère et de matraque! »

Jules Moch intervient, du banc gouvernemental. Il parle de la nécessité de l'ordre...

Une voix : « Heil Hitler! »

Jules Moch rappelle son fils tué dans la Résistance. Ce « Heil Hitler » (qui s'adressait aux « lois de l'ordre » plus qu'à sa personne), déchaîne l'indignation.

Le fils de Clemenceau, Michel, avait conservé de son père le goût d'un ordre, au sens physique, musclé. Il rappelait souvent que Clemenceau, ancien Communard, n'avait pas hésité à faire fusiller les mutins de 1917, en disant : « Je fais la guerre. » Sur un signe de lui, quelques députés se lèvent à l'extrême-droite. Les « sportifs » de Clemenceau sont fiers de s'exercer quotidiennement à la salle de culture physique : boxe, « savate », lutte française et un art des coups nouvellement venu d'Extrême-Orient (le jiu-jitsu, un frère du judo). Ils se lancent. Des huissiers s'entremettent dans les couloirs. Pendant ce temps, dans l'hémicyle les mots d'auteur – originaux ou empruntés – continuent...

Robert Schuman ne parvient pas à se faire entendre; les cris « Allemand, Boche » couvrent tout.

Ramette : « Nous avons de la terre de France à nos souliers, nous! »

C'est une réponse indirecte à de Gaulle et à son invective récente contre les « séparatistes », à ceux qui en 1947 ont déjà lancé le mot : « Les communistes ne sont pas à gauche, ils sont à l'Est! », et au vieux cri : « A Moscou! »

Une voix : « Vous avez soif de sang! »

Le président Herriot tente d'intervenir : il n'est pas suspect de ne pas aimer, de ne pas comprendre les petites gens, dont il est, mais justement « une foule de petites gens souffrent des grèves... »

Herriot : « M. le Ministre de l'Intérieur va parler... »

Charles Tillon : « Ici la Voix de l'Amérique... »

Jules Moch, épaules hautes et tête basse, a plus que jamais l'air d'un oiseau de proie. Il croit le moment propice pour dire que c'est parce que ce gouvernement aime les gens...

Ramette : « Les gens? Vous les aimez comme le bifteck, saignants! »

Jules Moch continue; on n'entend rien, sinon les interrupteurs : « Fusilleur! Socialiste en peau de lapin! »

Et l'injure qu'on ne pouvait comprendre si l'on ignorait le nom du ministre de l'Intérieur – socialiste – qui en 1919 en Allemagne laissa torturer et assassiner Rosa Luxemburg et Karl Liebknecht...

« Noske! »

C'était de toutes les injures la plus sensible à Jules Moch : les « Heil Hitler » ne pouvaient l'atteindre, mais « Noske »...

Claudius Petit : « Il faut traiter la loi sérieusement... »

Laurent Casanova : « La Loi? comme disait Victor Hugo, vous traitez la loi comme une fille! Vous agissez en fasciste! »

La querelle flambe à nouveau. A la tribune, imperturbable, le communiste Gosnat, grand argentier du PCF, lit Jaurès...

Francisque Gay : « Oh assez! Vous sabotez la tribune... »

Des voix : « Bien sûr, Jaurès, ça vous gêne. C'est vous qui l'avez assassiné! Jaurès, lui, était avec les ouvriers! »

Robert Schuman ne peut parler : chaque fois Duclos rappelle Verdun. Visions d'histoire; chiffre des morts...

On en vient à s'injurier sur les origines sociales des députés, chaque parti se voulant plus prolétarien que les autres. On s'accuse mutuellement de compter des aristocrates parmi les siens. Un député de droite crie aux communistes :

« Et vous, avec vos marquis dégénérés : de Boysson, de Chambrun, d'Astier... »

Gilbert de Chambrun : « Moi, aristocrate? Mon ancêtre fut le premier des Républicains : La Fayette... »

L'obstruction de tribune rappelait, à la Chambre des Communes, les Chartistes lisant la Bible, ou le film *Mr. Smith au Sénat.*

Plusieurs fois déjà – et notamment tonné par Victor Michaut, ancien déporté, on avait entendu : « Salut, salut à vous braves soldats du 17e... » Cet hymne à la fraternisation entre troupe et rebelles prenait plus de sel encore quand on le lançait à Jules Moch, député de l'Hérault puisque les viticulteurs de ce département – soutenus par les socialistes – s'étaient, en 1907, révoltés.

Le dimanche 30 novembre à 19 heures se lève un autre député de l'Hérault, celui de Béziers, la ville même de la révolte vigneronne, Raoul Calas. Le PCF n'a sans doute jamais formé de militant plus dévoué, plus intègre, plus convaincu. Instituteur de quarante-huit ans, il avait été révoqué dès 1924 pour action syndicale et politique. Vichy l'avait révoqué une seconde fois. Il avait été arrêté, condamné à mort, gracié. Un normalien, ministre de Vichy, Max Bonnafous, avait dit à Laval : « Vous ne trouvez pas qu'une affaire Calas suffit pour un pays! »

Député, membre du Comité central, il habite avec sa femme et un enfant dans un deux-pièces de la porte d'Ivry où, en 47, le chauffage central n'est pas rétabli; il n'y a pas de cheminée... Calas se moque de l'inconfort et son seul défaut est la colère. Il parle de Voltaire, de Briand (pèlerin de la paix), de Guesde et de Jaurès. Il parle de Dimitrov, accusé par les nazis en 1934 d'avoir tenté d'incendier le Reichstag alors que c'était une provocation policière. Il parle de la Cagoule dont certains représentants, dans l'Assemblée « sont eux aussi capables de toutes les provocations contre les défenseurs du peuple » :

« 80 000 réservistes, dit M. Moch? Prenez garde! L'armée d'aujourd'hui n'est plus l'armée d'hier. Ce n'est plus la grande Muette. D'ailleurs, l'armée d'hier a déjà connu le glorieux 17e qui à Béziers... »

Sur les bancs communistes le chant s'élève en sourdine. Calas continue :

« Aujourd'hui nous sommes sûrs que son geste républicain et patriotique trouverait de nombreux... »

On n'entend plus « imitateurs »...

Levés, les députés communistes chantent tous les couplets;

Salut salut à vous — braves soldats du 17e
Salut, braves pioupious — Chacun vous admire et vous aime
Salut, salut à vous — Car votre geste est magnifique
Vous auriez, en tirant sur nous, assassiné la République.

Il est 19 h. 30; les bancs se vident, tous les non-communistes sortent, haussant les épaules, grognant, injuriant, riant...

« Lâches! Les chants du peuple vous font peur! Vous ne les entendez plus jamais les chants du peuple! »

Herriot a suspendu la séance pendant que l'hymne retentissait.

Dans les couloirs, le président est assailli. Ses amis ministres sont insistants, ils veulent une sanction contre Calas. Jules Moch au comble d'une de ses rages froides, prophétise, apocalyptique : « C'est la fin du pays! » Seul, Herriot aurait trouvé l'incident ridicule mais nullement menaçant. Il cède, tandis que Michel Clemenceau qu'il n'aime pas invoque les mânes de son père qu'il avait admiré. 19 h. 50, le président remonte sur son fauteuil. Raoul Calas lui n'a pas bougé; il a continué à citer, de mémoire, les classiques...

Herriot : « Vous avez tout à l'heure fait appel à la violence et à l'insurrection de l'armée contre les ordres qui pourraient lui être donnés. Je suis à cette place pour faire respecter la légalité républicaine, pour défendre la loi et assurer l'obéissance de tous à la loi. Conformément à l'article 107 du règlement je vais demander contre vous la censure avec exclusion temporaire... » [Il lit l'article 107.]

Thorez : « C'est une honte! »

Calas : « Je regrette, mais cet article ne peut s'appliquer à un chevalier de la Légion d'honneur médaillé de la Résistance. »

Malleret-Joinville : « Au nom des officiers de réserve républicains et de leur association je nous déclare solidaires de Raoul Calas. Notre association appellera tous ses membres à refuser de tirer sur le peuple... »

Herriot fait voter l'exclusion en demandant que ses partisans se lèvent. Parmi eux Édouard Daladier, président du Conseil du temps de Munich et de la mise hors la loi du PCF...

Jacques Duclos : « Non mais vous le voyez! »

Florimond Bonte : « C'est une honte? »

Cachin : « Socialistes, que dirait Jaurès? »

Calas : : « Je suis très honoré mais je reste à cette tribune! »

Herriot, au nom du règlement, suspend la séance. Il fait ranger des gardes tout autour de la tribune. L'orateur ne peut donc descendre, et personne ne peut parvenir jusqu'à lui.

Madeleine Braun est allée à la buvette et, revenant avec de gros paquets dans un panier, crie du ton des ouvreuses de théâtre à l'entracte : « Café crème, sandwich, chocolat! »

André Marty raconte des histoires marseillaises, d'autres chantent, certains dorment. Calas, là-haut, récite des vers, plaisante, se tait... Les heures passent...

Jeannette Vermeersch-Thorez a demandé un escabeau; des députés communistes le lui apportent. Elle le dresse devant les gardes postés autour de la tribune, qui s'amusent beaucoup et sont un peu gênés. Elle tend un sandwich et un verre de vin à Calas. C'est une marque d'honneur insigne; se faire nourrir par Jeannette... Comme dira Calas plus tard : « Le seul inconvénient, c'est qu'on n'est pas corps glorieux... »

Un peloton de la Garde républicainc prend possession des salons autour de l'hémicycle. Grésa, député communiste et questeur, déclare que c'est illégal. Une première fois des officiers entrent dans la salle de séances pour expulser les occupants.

Grésa : « Ah non, il faut un ordre écrit de la présidence! »

A près de 6 heures du matin, le colonel commandant la Garde entre : il montre et lit la réquisition signée d'Herriot. Calas met son écharpe – il l'avait sur lui. Mais comment l'attacher? Un camarade remonte sur l'escabeau, tend des épingles que des députés-femmes avaient dans leur sac...

Calas au colonel : « Vous n'êtes pas responsable de ce qu'on vous fait faire. Je cède à la force... »

Il commence à descendre. Les députés debout entonnent *La*

Marseillaise. Les gardes, colonel en tête, s'immobilisent, comme à la revue. Par quatre fois l'hymne national ralentit l'expulsion.

Aussitôt après, les gardes empoignent ceux des députés qui veulent continuer l'occupation et les lancent dans les portes à tambours. Sitôt dans les couloirs, la rencontre avec la droite mais aussi avec les socialistes provoque à nouveau des injures, des menaces, des coups de poing...

La séance doit reprendre le jour même, 2 décembre...

Ce jour-là *L'Humanité* annonce : « Paris sans électricité et sans métro. » Mais dans les rues par ce petit matin d'hiver reverbères et vitrines fonctionnent. A la CGT, 213 rue Lafayette, ascenseur et lumière marchent... Les responsables n'y comprennent rien : les syndicats de l'Électricité de France avaient voté la grève générale... Et dans toutes les centrales des militants de confiance avaient coupé le courant (sauf pour les hôpitaux et les services de sécurité). Les piquets de grève étaient en place... C'est le triomphe de Jules Moch; il n'est plus Napoléon, il est Fouché, duc d'Otrante. Il a fait transporter à Paris, secrètement, des ingénieurs de la Marine. Les pompiers, appliquant leurs échelles aux centrales électriques ont pénétré à l'intérieur malgré les piquets de grève. Ils ont ensuite ouvert les portes : le coup du cheval de Troie... Et les ingénieurs de la Marine ont rétabli le courant.

C'était pour l'ensemble du mouvement un échec assez dur : rien de spectaculaire comme une grève générale d'énergie à Paris.

Le Paris-Lille déraille

Par contre, on n'a jamais arrêté les auteurs – même présumés – du sabotage de l'express Paris-Lille-Tourcoing.

La nuit du 2 au 3 décembre... L'express Paris-Lille-Tourcoing a quitté la gare du Nord à 22 h 55. Il est 3 heures du matin (ce qui donne la mesure de la progression de la vitesse des trains en trente ans). La « Pacific » traîne 7 wagons de voyageurs et 10 wagons postaux (qui devaient primitivement être en tête et ont été changés au dernier moment).

Avant Arras, près du pont de Sicheux, brutalement, la locomotive tombe, les wagons se carambolent. Un apprenti-mécanicien, éjecté, court téléphoner. Les sauveteurs retirent 21 corps (mais on parlera de 16 cadavres), sans vie. Le signal était bloqué au vert qui signifie : pas besoin de ralentir... mais deux coupons de rail étaient sciés.

« Incendie du Reichstag » ou terrorisme individuel?

Le 3 décembre à 5 heures du matin, l'Assemblée siège.

Les communistes savent que la grève bat de l'aile.

Benoît Frachon, s'il n'y avait pas la pression de ses camarades de la direction du Parti d'une part et de quelques jusqu'au-boutistes locaux de l'autre, soutiendrait Jouhaux : il faudrait faire reprendre le travail. Encore faudrait-il aussi donner aux grévistes quelques avantages pour ne pas les laisser dans l'amertume de l'échec. Daniel Mayer dira : « Le retrait simultané de l'ordre de grève et du projet de loi, possible dimanche soir [*donc le 30 novembre*] ne l'est plus aujourd'hui. »

Cependant, la grève croule sous les coups de la police. Les centrales thermiques évacuées le 2 décembre, d'autres usines le sont par des forces de police venues, la nuit, surprendre des piquets de grève décimés et somnolents, et les jettent dehors « sans violence ».

A l'Assemblée c'est donc un « baroud d'honneur » que livre le PC. Les lois ne sont toujours pas votées. La droite, le chef de l'État, le chef du gouvernement, le ministre de l'Intérieur sentent monter leur exaspération...

Une voix communiste crie :

« Ces lois sont grotesques! »

Sur le banc du gouvernement celui qui s'entend, depuis quatre fois vingt-quatre heures traiter de « suppôt des banques » et d' « agent américain », ou de « laquais de Rothschild », se dresse. Il tend le bras :

« Grotesques? Ce que vous trouverez peut-être moins grotesque... »

Il lit le rapport sur le déraillement, interroge :

« Alors, c'est grotesque de réprimer le sabotage? »

Des hurlements l'interrompent :

« Provocateur! »

Voix de Cogniot :

« Ah! vous l'avez trouvé votre incendie du Reichstag. Ceux qui en 1938 mettaient des bombes au siège du patronat français pour accuser ensuite les communistes [1], voilà ce qu'ils ont trouvé aujourd'hui. Ils font dérailler les trains!

Des voix de droite crient : « Moscoutaires! Assassins! »

1. Allusion à l'attentat de la Cagoule, rue de Presbourg, le 11 septembre 1937.

Les voix communistes répètent : « Provocation... »

Lejeune qui préside inflige une « sanction » à Florimond Bonte; il déclarera vingt ans plus tard : « Les communistes ne voulaient pas saboter le pouvoir mais le noyauter... »

Les lois seront votées.

Le Monde daté du 4 (donc publié le 3) parle d' « organisation de banditisme planifié » et d' « œuvre de désagrégation sociale »; Rémy Roure est prudent mais clair. Le lendemain *L'Aurore* le sera davantage : « Il s'agit simplement d'assassins », ce que *L'Époque* explicitera encore : « Préméditation de saboteurs communistes? »

Aucune preuve n'a jamais été découverte, aucun suspect définitivement arrêté. Pour tous les autres actes de sabotage, il y eut, à tort ou à raison, interrogatoires, jugements, condamnations. Ici, rien.

Sabotages et hypothèses

Les sabotages, la droite et le gouvernement les attribuent tous, sans distinction, y compris le plus grave, aux grévistes. Les uns affirment que la CGT ou le PC en ont donné l'ordre. D'autres croient à ces initiatives locales nées du désespoir et de l'amertume : quand on comprend sa défaite au moins veut-on finir sur un éclat qui terrifie...

Peut-être – je l'écris sans preuves autres que des témoignages, des observations et souvenirs personnels – faut-il distinguer *deux espèces de sabotages*. Ceux qui étaient dirigés contre les « jaunes » les faux frères, l'adversaire intime. Et ceux qui atteignaient avant tout le public. Les premiers ont sans doute pour auteurs des grévistes qui perdent la tête. Les autres... combien de commissaires de police se prennent pour des mini-Fouché?

Le train venant d'Étampes qu'un signal stoppe à la gare Masséna pour que les grévistes puissent s'emparer du mécanicien et lui « faire la conduite » jusqu'au dépôt d'Ivry? C'est là, certainement une vengeance. De même le sabotage de la ligne de Sceaux. Au dépôt du métro, porte d'Auteuil, les motrices dont on a enlevé les dispositifs de sécurité? c'est peut-être une idée des grévistes...

Le 1er décembre dans l'Ain, près des Échets, une locomotive est sortie des rails : on avait déboulonné la voie. Les routes, alentour, étaient semées de clous pour éviter l'arrivée de secours. Ici on peut déjà se demander si vraiment des grévistes auraient pris ce risque (en tout cas, ni la direction de la CGT ni celle du PC ne l'auraient pris : le sabotage n'était pas « dans la note » des grèves de masse de 47).

Quant à la tragédie du Paris-Lille-Tourcoing...

Songeons qu'il y a eu 106 condamnations pour sabotage pendant cette période, ce qui prouve une surveillance policière fort avisée : presque tous les condamnés étaient membres du PC. Mais imaginer le PC ou la CGT, à un moment où le Parti est légal, et quand il ne peut s'agir d'un terrorisme de masse, consentant au déraillement d'un train lancé à pleine vitesse, est absurde. Le Kominform demandait aux PC d'Occident de montrer leur emprise sur leur peuple. Ce qui est l'opposé du terrorisme individuel. Si un parti, une centrale syndicale obtiennent que des millions de citoyens suivent – au moins par moments – ses mots d'ordre, par quelle folie suicidaire verseraient-ils dans le crime anonyme?

Une autre analyse serait possible. Quand les grèves ont éclaté, à Marseille, ceux que les communistes nommaient « la bourgeoisie-et-son-allié-objectif-l'impérialisme-américain », désemparés, ont tâtonné. Après quoi les diverses institutions du pouvoir et aussi les officines discrètes, mais inévitables, de tout pouvoir, ont commencé à fonctionner. Les renseignements généraux, la DGER, et les services des Alliés, notamment les services américains, l'OSS en train de devenir CIA, sont entrés dans une course où les « agents » des uns et des autres jouaient un grand rôle. Or, vers le début de décembre, les grèves commencent à s'effriter, les grévistes à « craquer ». Il n'est pas inimaginable qu'à ce moment, pour déconsidérer les grévistes dans l'opinion, soit un « service » soit un « agent » trop inventif, ait imaginé un « grand coup ». Ce n'est qu'une hypothèse : peut-être quand les archives, un demi-siècle après l'événement, s'ouvriront (vers 1997), apprendra-t-on la vérité. Et peut-être pas si ce fut, comme on dit, « l'acte d'un déséquilibré ».

En ce dernier quart de siècle, ce sont des groupes minoritaires, défendant des causes parfois justes mais sans écho, qui manifestent leur identité et dessinent leur image par l'attentat terroriste; les gauchistes extrêmes de la résistance palestinienne ou latino-américaine, la fameuse « armée rouge japonaise », desperados internationaux, mercenaires idéologiques. Ils détournent ou font exploser des avions... *pour ensuite revendiquer les crimes.* Ce sont encore des minoritaires comme les Basques : l'attentat est un moyen – le seul – d'attirer l'attention. Ne pouvant se manifester par des cortèges, des protestations de rues, difficilement par des grèves, ils se font connaître par la violence.

L'absurdité des suppositions de la presse devient d'ailleurs évidente à l'examen des résultats. En politique, les critères moraux ne mènent à rien : selon que l'on approuve ou que l'on rejette une idéologie, le bien et le mal changent de signe (le guerrier héroïque devient un assassin, sitôt la paix signée, etc.). Mais l'efficacité reste un critère de jugement. Les 16 cadavres du Paris-Lille ont, par l'indignation horrifiée des foules, fait oublier l'odieux de la répression et l'inutile brimade des « lois scélérates ». La catastrophe a scellé les socialistes à Robert Schuman, même des socialistes comme Daniel Mayer. C'était prévisible, et ajoute à l'invraisemblance d'une responsabilité communiste.

Le 4, le hasard a voulu que Foster Dulles, revenant de la conférence sur l'Allemagne à Londres, se trouve à Paris, juste le jour de vote des lois. Le général Tate, attaché militaire américain, fait à l'ambassade un rapport circonstancié sur la « guerre à la grève ». Quelques ministres sont reçus place de la Concorde. Après avoir pris connaissance du rapport et ces entretiens, Foster Dulles conclut : *« Les événements de France ont plus d'importance pour l'avenir de l'Europe que la Conférence à Quatre... »* (La conférence sur l'Allemagne, rythmée par le désormais célèbre *« Niet »* de Molotov, n'avait en effet qu'officialisé la coupure en deux blocs.) Durant son séjour londonien la presse britannique avait publié de véritables « bulletins du front » : « Les tanks et les gaz lacrymogènes brisent les émeutes », ou : « L'armée cerne Paris où s'élèvent des barricades » *(Sunday Chronicle)*, ce qui était fantaisiste, mais « le gouvernement français déclare la guerre à un million de grévistes », ce qui était vrai. Le lendemain même du déraillement, et comme en guise de réponse, la police a tiré. C'est à Valence. La police occupe la gare, pour empêcher les grévistes de s'y établir. Plusieurs milliers de manifestants conduits par Maurice Michel, député communiste, l'assiègent. La foule n'est pas armée. Elle parvient à saisir deux policiers, en otages. Barricadés, les autres ont-ils été égarés par la psychose du siège? Ils tirent. Y eut-il sommation? A-t-elle été entendue? Les opinions se contredisent. Deux ouvriers tombent...

Il y a donc une tension délirante, une surveillance hypertrophiée. Ce qui rend encore plus surprenant que nul responsable du déraillement n'ait été découvert.

Allons plus loin. Les groupes d'extrême-droite ne manquent pas d'hommes de main. Nous en avons vu agir à Marseille, au « Colibri ». Nous savons déjà que le RPF contrôle mal ses hommes de main et ses amis compromettants, démobilisés sans emploi ou venus du « milieu », nostalgiques des Ligues d'avant-guerre.

Après le déraillement, les communistes ont, aussitôt, accusé le

CNPF (Comité National du Patronat Français). C'était une réminiscence : en 1937, les « Cagoulards » avaient en effet fait exploser une bombe dans les locaux du patronat, rue de Presbourg, à Paris, afin d'en accuser les communistes : la Cagoule avait tenté son mini-incendie du Reichstag.

Quelques mois auparavant la découverte, par la police, d'un « Plan bleu » d'insurrection anticommuniste appuyé d'un stock d'armes, a montré que certains industriels ne répugnaient pas à financer un coup d'état. Loustaunau-Lacau, organisateur du réseau militaire de la Cagoule, avait été arrêté avec quelques complices, donnant à l'affaire un air d'opérette et de roman d'aventures. Mais était-ce un motif pour les industriels d'extrême-droite de ne pas utiliser des agents d'exécution plus sérieux?

Dans les eaux du CNPF ramait, nageait, s'agitait un très singulier et assez romanesque personnage qui, lui, utilisait des exécutants sans trop s'appesantir sur leurs scrupules. André Boutmy, officiellement, dirigeait une maison d'édition dont les fonds venaient du CNP : le président, Georges Villiers, était son ami personnel. En effet Boutmy, alors super-préfet de Vichy, avait obtenu des services nazis que Georges Villiers, arrêté, ne soit pas fusillé mais « seulement » déporté. Quand le haut fonctionnaire de Vichy se trouva, à la Libération, privé de poste administratif il « pantoufla » dans le privé... au CNPF.

Or, radical de l'espèce archaïque, dévot de la libre entreprise, André Boutmy s'était donné pour tâche de combattre – par tous les moyens, intellectuels, idéologiques ou même physiques – les deux « poisons mortels de la démocratie » : le communisme et le gaullisme. Il avait pour seule passion de manœuvrer les hommes, et pour arme le « renseignement » qui permet de les faire agir sans même sembler les contraindre. Les gouvernements faibles, composés de politiciens aux conceptions divergentes, les ministères à remaniements multiples lui offraient un terrain privilégié. Un jour – quand des archives encore secrètes seront accessibles – on découvrira combien la politique de ces années fut tributaire de cet étrange pionnier du whisky et de la résidence secondaire, et combien ses réceptions, parisiennes ou cannoises, ont influé sur les officiels. Mais pareille organisation ne se prive jamais de ceux dont on préfère ignorer les méthodes et parfois même les noms. Ceux que souvent la police trouve, interroge, fiche, ne garde pas... ou qu'elle préfère ignorer. Tout policier à la retraite avoue : mieux vaut ne pas connaître en détail les actes des bons indicateurs; en tout cas les « vagues » des bas-fonds ne doivent pas, sauf exception, troubler la surface de la société.

Le camp de Beauregard : « un coup pour rien »

Ce gouvernement et son ministre de l'Intérieur justifiaient les projets de loi et la très grande liberté laissée à la police (par exemple à la DST) par deux tâches essentielles : éviter le chaos, sauver la démocratie.

Il faut, à chaque instant, ne pas perdre de vue la scène internationale et bien y situer le gouvernement français. Déterminés à devenir bénéficiaires (privilégiés si possible) du plan Marshall, se sentant fermement attachés à un « bloc atlantique », Schuman et Moch, mais aussi Léon Blum et Daniel Mayer se considèrent comme aux avant-gardes de la démocratie menacée. Jules Moch croit au danger de l'invasion soviétique : les troupes rouges ne sont-elles pas en Allemagne? Léon Blum n'a-t-il pas proclamé la démocratie française en danger, menacée par le communisme international?

Pendant toute la durée des grèves en France la presse rappelle périodiquement des dangers d'intervention « internationale ». Nous avons vu l'affaire de la formation de « Brigades ». Qu'en Italie les anciens maquisards de tous les pays d'Europe fondent une amicale et on annonce qu'ils vont reprendre du service. Ce n'est plus l'œil, c'est la « main de Moscou » que l'on voit désormais partout.

Le 14 novembre, Wybot, directeur de la DST le racontera dans ses Mémoires des années 70 – avant même que Ramadier démissionne –, le gouvernement consent à ce que les Services de contre-espionnage se livrent à une opération spectaculaire.

Depuis la Libération, on traitait avec l'URSS l'interminable affaire des prisonniers de guerre soviétiques amenés en France par les Allemands, en même temps que des populations villageoises d'Ukraine et d'ailleurs qu'ils chassaient devant eux, ces prisonniers représentant à la fois un embarras et une monnaie de troc. Les Russes détenaient en effet des prisonniers français, surtout des Alsaciens et des Lorrains, et aussi des Français se trouvant, lors de la guerre et du partage de la Pologne, en territoire soviétique. Une mission de rapatriement française avait été constituée à Moscou, elle dépendait de l'ambassade. C'est le futur ambassadeur Joseph Lambroschini qui s'en occupait.

En France, les Soviétiques avaient été regroupés à La Celle-Saint-Cloud, au camp de Beauregard, qui était devenu, les années passant, une sorte de foyer de propagande. On y donnait des concerts avec chœur, des causeries avec des communistes français. Indubitablement, certains des prisonniers, avertis du sort que l'URSS réservait à ces « suspects » quand ils revenaient, avaient demandé à ne pas être rapatriés. L'ambassade soviétique s'opposait, parfois avec véhémence, à toute tentative de ce genre.

Le camp de Beauregard, placé sous la juridiction de l'ambassade soviétique, était en principe extraterritorial, donc intangible. Mais les services de la DGER, et Wybot en particulier avaient été avertis qu'on y stockait des armes et même qu'on y faisait de l'entraînement en prévision de l'insurrection. Mais sous quel prétexte intervenir? Roger Wybot a-t-il vraiment appris par des rapports que des Soviétiques qui voulaient rester en France étaient retenus au camp contre leur gré, ou avait-il pensé ce prétexte plausible? En tout cas, il a obtenu des ministères intéressés plus de 2 000 CRS et quatre chars d'assaut qui ont entouré le camp. On n'a rien trouvé du tout, avoue Wybot dépité.

Georges Bidault a eu avec M. Bogomolov, ambassadeur à Paris, une entrevue plus que désagréable. D'autant que, profitant de l'occasion et voulant masquer l'échec, le gouvernement expulsait 19 Soviétiques sous prétexte d'« ingérence dans les affaires intérieures du pays » et de « menées subversives ». Des Polonais et des Hongrois étaient également frappés d'expulsion. En tout 26 personnes... L'ambassadeur de Hongrie, Michel Karolyi, celui qui disait : « Ma vie est un mauvais film : trop d'aventures, trop d'invraisemblances », a eu alors ce mot : « Dis-moi qui tu expulses et je te dirai qui tu es. » Le comte rouge avait une longue habitude personnelle des expulsions. Bidault se sentait atteint dans sa tripe démocratique.

Bogomolov, lui, a une très longue habitude des officiels français : il a été ambassadeur auprès de Pétain, à Vichy, jusqu'en 1941. Il expose avec sérénité que tout ceci n'ira pas sans représailles. En effet, presque aussitôt, les négociations commerciales sont interrompues, les traités avec la Pologne et la Tchécoslovaquie mis en sommeil. A Moscou la mission de rapatriement est suspendue. Joseph Lambroschini, qui croyait avoir enfin recensé tous les Alsaciens-Lorrains, et avoir obtenu certaines facilités, est expulsé. Le colonel Marquié, un communiste « sans carte », qui s'occupe également de la mission, donne raison aux Soviétiques.

L'affaire de Beauregard se solde donc par un échec.

La Troisième Force

Les socialistes savent qu'à présent toute entente, même superficielle, toute alliance, même la plus temporaire est devenue impossible avec le PCF. Entre ceux qui revendiquent la propriété privée du marxisme et les gaullistes qui revendiquent celle du patriotisme, les socialistes tentent plus que jamais de se raccrocher à cette « Troisième Force » qu'ils tentent de créer. En 1945 Léon Blum avait écrit : « Nous combinons en nous le patriotisme français et un patriotisme international, tandis que nos camarades communistes combinent en eux le nationalisme français et le nationalisme soviétique. » Il disait pendant la guerre que les communistes français, sans être « ni aux ordres ni à la solde de Moscou », gardaient « une dépendance de sentiments qui entraîne une dépendance d'esprit ». A présent, il lui semble que les « ordres » sont à nouveau donnés et suivis. Cette différence – très profonde chez le lecteur attentif de Marx qu'il était – entre « patriotisme », c'est-à-dire attachement au lieu d'où l'on est issu et donc reconnaissance de ce même attachement chez les autres, et « nationalisme » c'est-à-dire orgueil de son origine et volonté de prééminence, lui semble essentielle.

Le 27 novembre, la veille de la séance de quatre fois 24 heures, Léon Blum au Conseil national de la SFIO reprend, répète ses invites pressantes à constituer une « Troisième Force ». *Le Monde* estime que communistes et gaullistes se sont également placés « en état de dissidence ». Alors, « la même bataille vaut pour les deux fronts ». Le gouvernement Schuman, croit-il, va devoir devenir un gouvernement de « Troisième Force. »

La fameuse séance de l'Assemblée, le déraillement du Paris-Lille-Tourcoing, l'amertume créée dans les masses par l'humiliante défaite de la reprise du travail retarderont la formation de cette « Troisième Force » de quelques mois. On veut amener Jouhaux à cette solution. En attendant, dès le début de 1948, la SFIO perd des militants. Les journalistes de *Libération* qui ne veulent pas de rupture consacrée avec le PCF : Andrée Marty-Capgras, Guignebert, Marcel Fourrier s'en vont. En février Claude Bourdet qui dirige *Combat* juge la Troisième Force trop parlementaire et Blum le soutient. Il invoque la « loi permanente d'évolution et de transformation » qui doit régir toute formation qui n'est pas un « parti de classe ». Plus tard, la Troisième Force tentera de s'accommoder du « Rassemblement Démocratique et Révolutionnaire » (RDR) de

Sartre et David Rousset. Mais en mai 48 les dirigeants socialistes condamneront le RDR (sauf Jean Rous et Léon Boutbien, Senghor s'abstenant).

Avant même ces tribulations, les grèves et surtout la répression de Jules Moch font tomber les effectifs des groupes socialistes d'entreprises : de 40 000 membres au début de 47 à 11 000 au début de 48. Quant aux adhérents, il est aussi difficile de les dénombrer que pour le PC : dans les deux partis on donne le chiffre des cartes envoyées aux fédérations et non des cartes réellement placées et payées. En tout cas, le budget de 1948 accusera une perte de 40 000 cotisants.

Deux absents : les jeunes, les femmes

Trente ans après, on est frappé, dans l'histoire de cette grève, par l'absence de la jeunesse en tant que force, organisation ou courant. Certes il y a des grévistes jeunes, mais ils présentent pas de revendications particulières. Bien entendu la CGT parle toujours des « droits des Jeunes » et des « droits des Femmes ». Mais ni l'un ni l'autre de ces larges secteurs de la société ne parlent eux-mêmes et pour eux-mêmes. Certes, le PCF comportait deux mouvements de masse, l'UJRF (Union de la Jeunesse Républicaine de France) et l'UFF (Union des Femmes Françaises), mais leurs revendications restaient comme le reflet et l'écho, affaiblis, du programme du Parti.

Les femmes parce que les militantes « faisaient confiance à leur syndicat » ou à leur parti, et que les non-militantes n'avaient pas l'idée de prendre la parole. Déjà, il y avait des grèves de travailleuses : textile du Nord, sucreries, biscuiteries du Midi, grands magasins, administrations, bureaux. Mais elles tentaient le plus possible de se fondre dans le flot des grévistes : leurs revendications « faisaient partie » de la contestation générale.

Quant aux jeunes, les Vingt Ans de 1947 nés juste avant-guerre, ils formaient une classe de natalité faible. Le baby-boom avait commencé, mais on était encore aux bébés! Est-ce en raison de ces deux absences que jamais, en 47, personne ne lancera l'idée de lutter pour « changer la vie »? On revendique les salaires, des primes, des horaires. On ne met pas en cause l'essentiel. La bourgeoisie victorieuse, face à des révoltes ouvrières classiques, se conduit elle aussi selon le modèle rodé depuis 1848 : c'est la réplique habituelle quand les classes laborieuses deviennent dangereuses.

L'imagination n'avait pas pris le pouvoir...

La scission de la CGT

Pendant la deuxième quinzaine de novembre et la première décade de décembre la fraction majoritaire, communiste, de la CGT, doit mener la lutte sur deux fronts : contre le gouvernement et contre la tendance minoritaire de Force Ouvrière.

Monatte[1] cite des lignes de Benoît Frachon, datant du 28 novembre; elles ne figurent pas dans son recueil d'articles. Par leur outrance elles font penser qu'il sait la scission inévitable... « Un groupement (FO) qui agit de la sorte ne saurait rien avoir de commun avec le mouvement syndical traditionnel. Tous les travailleurs le considèrent comme une entreprise de trahison et de briseurs de grève. »

La démoralisation des grévistes devient alors évidente. A mesure que des groupes de policiers surgissent la nuit dans les entreprises occupées et en éjectent les piquets de grève, l'inquiétude devient atroce. Malgré ses habituels bulletins de victoire, Auguste Lecœur, le « roi des mineurs », avoue en baissant la voix qu'il faut chercher un point de chute honorable.

L'électricité marche à 80 %; le textile a presque entièrement repris; aux PTT le ministère donne le chiffre de 4 % de grévistes.

Au Comité confédéral de la CGT la lutte devient véhémente. Jouhaux voudrait toujours éviter la scission. Dans ses tracts, Monatte le traite de « vieux quarante-huitard ». Benoît Frachon s'élève avec violence contre la campagne sur « l'emprise communiste sur la CGT ».

Frachon : « Les inspirateurs de cette campagne font le jeu des trusts américains, des agents stipendiés des syndicats américains comme Irving Brown, des réactionnaires gaullistes, des collabos exclus de la CGT... »

Il propose une motion s'élevant contre cette campagne... Capocci refuse.

Frachon : « C'est bon, nous retirons notre proposition de motion si vous vous engagez à cesser l'activité fractionnelle. »

Capocci s'obstine : « Nous ne sommes pas au PC ici, nous avons droit aux fractions... »

1. Pierre Monatte : *Trois scissions syndicales.*

La motion est mise aux voix et approuvée par 860 délégués contre 124.

Pierre Monatte se déchaîne : « Jouhaux en bon quarante-huitard voit facilement la réaction qui vient de droite habillée en général... Il ne se fait pas à l'idée que le fascisme peut aussi bien être incarné par Thorez ou Frachon. »

Malgré ces luttes intérieures, l'urgence demeure : comment en finir avec les grèves sans que les ouvriers désespèrent de leurs syndicats? Partout, dans le Nord comme aux bords de la Méditerranée, dans le froid gris de suie de Saint-Étienne ou de Lyon comme dans le vent de Nîmes ou de Toulouse, l'amertume confine au désespoir.

Comme toujours c'est au pays des terrils et crassiers, au pays où la flamme vient des cheminées de hauts fourneaux, au pays sans jour que l'angoisse est la plus prenante. Ce regard de la femme ou de l'homme qui dans une file attendent le « repas de solidarité », cette soupe populaire syndicale, ce regard sur ceux qui ont repris le travail et qui entrent, tranquilles, chez le charcutier ou à l'épicerie... Eux, pourtant, n'osent pas tourner le visage vers ces frères, ces ex-frères qui à la fois les méprisent et les envient.

« C'est simple, dit vingt-neuf ans après un ex-jaune... un soir, un copain depuis l'école m'a cassé la gueule à la sortie de l'estaminet; pourtant il n'avait rien bu : non c'était la colère. Eh bien, je n'ai même pas osé entrer à la pharmacie. Quand je suis arrivé à la maison ma femme a simplement dit : " Alors, ils t'ont trouvé? ", et m'a soigné. On n'osait même pas se parler nous deux... »

8 décembre, la nuit la plus dure

Le 8 décembre, Paris dit adieu au général Leclerc. Sous l'Arc de Triomphe le cercueil drapé de tricolore repose sur un char « Alsace ». Dans le cortège qui descendra aux Invalides on ne voit ni le président de la République ni celui du Conseil ni les ministres. La Nation remercie le libérateur de Paris en l'absence de ses représentants... Ils avaient peur d'incidents.

La veille, le Comité confédéral de la CGT a officiellement rencontré Daniel Mayer. Mais le ministre du Travail n'a pas obtenu grand-chose de son collègue des Finances. Schuman, approuvé par Jules Moch, préfère « laisser pourrir la grève ». Les deux conceptions des socialistes s'affrontent une fois de plus. D'une part la notion de la force, nécessaire pour défendre la démocratie (c'est Jules Moch). D'autre part, la conscience que les travailleurs se détourneront des socialistes s'ils doivent vivre une humiliante défaite. « Ce n'est pas seulement les communistes, et peut-être pas même principalement les communistes qu'ils accuseront », avait répété Daniel Mayer, soutenu d'ailleurs par Guy Mollet. Mais il n'avait pu offrir grand-chose à la CGT malgré les instances de Jouhaux.

Au Bureau politique de son Parti, Benoît Frachon parle avec une inhabituelle fermeté. Comme il s'oppose rarement à l'avis général, on l'en écoute d'autant plus : « Il nous faut donner l'ordre de reprendre le travail dans les vingt-quatre heures. Sinon notre obstination nourrira les groupes de FO. Or ni moi ni Jouhaux ne pouvons plus enrayer la scission... »

Pourtant le 8 au matin la presse communiste titre encore : « Tenir et vaincre... » Toute la nuit du 8 au 9, Benoît Frachon a marché dans son bureau. Quand une phrase est mûre dans sa tête il la trace de son écriture qui révèle colère et bonté. Il va d'un mur à l'autre de son bureau, bourrant et débourrant sa pipe... Il se sent lourd soudain, lui qui porte d'ordinaire sa neuve cinquantaine avec une tranquille allégresse. Évoque-t-il telle grève de sa vingtième année, à La Ricamarie, perdue, mais qui avait fait naître des militants? Ou une phrase d'un syndicaliste « anar » de sa jeunesse sur les batailles que la classe ouvrière perd mais la guerre des classes qu'à la fin, par la force de l'histoire, elle gagnera?

Ce texte qu'il rédige phrase à phrase, les formant lentement, les raturant mentalement, ne les écrivant qu'une fois bien au point, ces paroles simples ont oublié le « langage de bois » des hommes d'appareil. Il les grommelle pour lui et se sent intensément frère de ceux des corons et des HLM, entièrement homme de la masse, homme de masse. Cette nuit, Benoît Frachon l'a vécue lui, l'athée tranquille, comme un chrétien vivrait la nuit des oliviers.

Le lendemain, 9 décembre, journaux et affiches diffusent le texte collectivement adopté : « Aujourd'hui, 9 décembre, dans les seules corporations qui ont décidé la grève il y a plus de un million et demi de grévistes... Cependant les manœuvres de la réaction sont parvenues à entamer notre front de lutte sur plusieurs points. Elle espère porter un coup décisif à la classe ouvrière et à la CGT. Nous ne laisserons pas battre les forces ouvrières les unes après les autres... »

C'est vraiment un bulletin de défaite. Une capitulation : « Nous prenons la responsabilité de donner l'ordre de repli général. Ceux qui tiennent magnifiquement, dont les forces sont intactes et la combativité inentamée nous comprendront. »

Puis, viennent les consignes : « ... Demain 10 décembre dans toutes les corporations les ouvriers reprendront le travail en même temps que les fonctionnaires. Ils se présenteront ensemble à la porte de leurs entreprises respectives.

» Tous ceux qui, poussés par la faim, avaient repris de travail, et ceux qui sont restés en lutte jusqu'au bout seront unis dans une même volonté...

» Militants en tête, ils rentreront fièrement, sans laisser aucun des leurs dehors et en exigeant qu'aucune force de police, aucune troupe, ne soient dans l'entreprise ou dans les environs...

» Ils ne toléreront aucune brimade, aucun renvoi... »

Le texte évoque les « travailleurs trompés, influencés ou démoralisés », d'autres « poussés par la faim » : « Soyez compréhensifs avec eux. Discutez fraternellement les uns avec les autres. Mais soyez implacables avec les traîtres conscients qui ont fait les briseurs de grève... La classe ouvrière ne se laissera pas leurrer par des phrases. »

Cette affiche, ce constat d'échec est peut-être le plus émouvant des textes de cette époque. Dans sa totale sobriété il disait l'absolue, l'inimaginable confiance qu'avait Benoît Frachon dans les possibilités de combat toujours renaissantes de la classe ouvrière.

Je me suis entretenue de ces événements avec Léon Jouhaux, des années plus tard. Il me répéta qu'il n'était pas partisan de la scission, même ce jour-là.

Ce que Léon Jouhaux m'a dit peu avant sa mort, Mme Léon Jouhaux me l'a confirmé fin 1975 : l'homme dont la CGT avait si longtemps été la maison, la patrie, croyait pouvoir, en décembre 47, l'arracher aux communistes en six mois de travail de propagande assidu. Ce qu'il disait rejoint exactement ce que dit Daniel Mayer :

« L'attitude des syndiqués avait beaucoup changé pendant ces grèves. Beaucoup trouvaient insoutenable, insupportable, la conduite des communistes. Envers les " canaris ", les " jaunes ", les " roufions " (ceux en un mot qui, n'en pouvant plus et ne voyant plus de perspective de succès, voulaient reprendre le travail), les militants du PCF, et de la CGT, alliaient à la pression morale les menaces les plus physiques. Injurier leurs femmes, menacer d'incendier leurs maisons, voir leurs gosses battus en classe par les gosses des autres, n'incitait pas ces travailleurs à donner raison aux communistes. On en arrivait à une sorte de guerre civile à l'intérieur de la classe ouvrière. Ces hommes à bout d'argent qui reprenaient le travail ne voulaient pas aller se syndiquer chez les chrétiens de la CFTC, mais la CGT les décourageait. Je reste persuadé, aujourd'hui encore, qu'avec mes amis nous aurions reconquis une influence prépondérante. Sans la scission, après la deuxième vague de grèves, en 1948, qui a été au moins aussi terrible, ce n'était pas nous qui partions... »

Les syndicats américains, George Meany [1] s'en est glorifié après coup, et Irving Brown en convient volontiers, poussaient à la scission, s'y acharnaient : elle leur paraissait le seul signe certain de la rupture avec les communistes. Au même moment, aux États-Unis, la loi Taft et la pression du CAAA [2] obligeaient les syndicats à se désolidariser de leurs responsables et adhérents communistes. L'exemple d'une scission séparant les communistes du reste des syndiqués, en Europe occidentale, était dès lors important pour eux.

« Est-ce donc la pression des Américains qui a obtenu cette partition dont vous ne vouliez pas?, demandai-je à Jouhaux.

– Non, me répondit-il en accentuant chaque mot. Les Américains, en effet, désiraient cette rupture depuis longtemps et ne manquaient aucune occasion de nous le faire sentir. Il est vrai aussi que j'ai demandé leur aide " pour le cas d'une rupture ". Il est vrai que Jay Lovestone, David Dubinsky et Irving Brown insistaient et influençaient quelques-uns de mes camarades. Mais la vraie pression est venue de la base. Les mineurs? oui. Et aussi les postiers, cheminots, employés, fonctionnaires, parmi lesquels même des électriciens et gaziers, naguère encore unanimes derrière Marcel Paul, un dirigeant qui provoquait l'enthousiasme... »

A ces paroles, ajoutons les souvenirs d'un maire socialiste de Picardie, recueillis par un Français pour son doctorat américain; ce maire est devenu dès lors un responsable de « Force Ouvrière » :

« Ils m'appelaient chien de garde de Jules Moch. Cela ne s'oublie plus. »

Voilà dans quel tumulte de passions contradictoires, où l'ambition, les considérations financières, les vues politiques et les ressentiments personnels se mêlaient, intervint cette scission, cet échec de l'unité syndicale.

Les 17 et 18 décembre, la Conférence nationale de la fraction Force Ouvrière décide la rupture. La tendance représentée par Capocci l'a emporté.

Le numéro de *la Vie ouvrière* daté du 17-23 décembre, donc sorti la veille de la scission, n'en évoque nullement la possibilité.

1. George Meany était alors responsable de l'American Federation of Labour de New York; il deviendra président de l'AFL dont Irving Brown était, et reste le représentant pour l'Europe.

2. Comité des Activités Anti-Américaines.

L'éditorial de Monmousseau appelle à l'« Union dans une puissante CGT... les diviseurs peuvent bien bavarder sur la « dépolitisation » et « l'indépendance » du mouvement syndical, ils n'empêcheront pas le regroupement pour les combats futurs. »

Le 19 décembre la Commission administrative de la CGT se réunit comme d'habitude au 213 de la rue La Fayette. Aucun des cinq secrétaires confédéraux minoritaires n'est présent. D'après Monatte l'ordre du jour était périmé puisque la scission était décidée, mais Frachon veut gagner du temps : il fait comme si de rien n'était. En cours de séance, Jouhaux lui demande de sortir.

Benoît Frachon se trouve devant Jouhaux qui, entouré de Bothereau, Bouzanquet, Delamarre, Neumeyer, lui remet la lettre de démission. Benoît Frachon rentre dans la salle de la Commission administrative et lit la lettre. Tous feignent ou éprouvent une colère étonnée.

Sur l'heure, la Commission rédige une motion condamnant la scission. Peu après Alain Le Léap, secrétaire général de l'Union Fédérale des Fonctionnaires français, est élu secrétaire général de la CGT. Édouard Ehni, le « grand anar » de la Fédération du Livre, réaffirme sa volonté d'union dans la CGT, Pierre Le Brun et Germaine Guillé, non communistes, deviennent secrétaires. Louis Saillant qui, pendant une longue période, signait des textes avec Force Ouvrière, revient à la CGT. Il sera bientôt élu secrétaire de la Fédération Syndicale Mondiale qui déclare 71 millions d'adhérents.

Revenons au témoignage de Pierre Monatte [1] : « Dans les premiers mois de 48, tout se passait comme si un retour dans la grande Maison restait possible. De part et d'autre on avait l'impression que tout allait s'arranger. Benoît Frachon, il vous a toujours tous eus, vous les intellectuels, tout comme Jouhaux. C'est l'agneau stalinien. Il s'est mis à moduler sa chanson mélancolique : pourquoi quitter cette Maison si douce si calme où nous sommes si bien ensemble? En réalité qu'il le veuille ou non, c'est lui qui a provoqué la scission. Ce n'est ni Jouhaux ni la base, c'est lui par sa conformité aux ordres du Kominform, par ses " grèves Molotov. " »

Mais Monatte, qui avait rejoint Jouhaux à FO, soupire bientôt : « Par réaction contre la phraséologie révolutionnaire des staliniens, les nôtres se rejettent vers le corporatisme. » Force Ouvrière? « Nos ouvriers deviennent bourgeois. A FO on agit comme si l'on voulait reconstituer une CGT bien à soi où l'on puisse vivoter tranquille. »

1. Pierre Monatte, *op. cit.*

C'était là l'aile « gauchiste » de Force Ouvrière. Alimentée par les caisses américaines, FO dans sa réalité représente un réformisme prudent.

Monatte constate pourtant que dans le Nord, le Pas-de-Calais, la Loire, les mineurs, profondément ulcérés, prêtent l'oreille aux propositions de former de nouvelles unions syndicales.

On peut rarement voir avec plus de clarté la stabilité profonde, à la fois de la société et de la « contre-société » en France. On comprend que les syndicalistes américains et leurs conseillers aient parié sur le dégoût, l'amertume, des grévistes pour les détourner de la CGT et les pousser en masse vers une nouvelle centrale qui prenait le sigle – très habile – de CGT-FO. Locaux, journaux, machines, voitures ont donné lieu à des pourparlers, des plaintes... FO a perdu sur tous ces points. C'est alors que l'argent américain a permis à la nouvelle Centrale de fonctionner. D'après ses dirigeants, FO attirait, fin 47, 20 % des syndiqués. En fait la désaffection envers la CGT est très nette. La reprise des cartes de janvier 48, dans les syndicats comme au PC, a été désastreuse. Officiellement, le nombre de cartes délivrées, chiffré à 809 000 environ en janvier 47 tombe, en 48 à 788 459 (après avoir atteint, en décembre 47 le chiffre plus qu'optimiste de près de 908 000). On sait qu'entre carte délivrée et carte placée se situe la plage qui sépare espoir et réalité. Les tournants « durs » (sans nécessité évidente telle que les persécutions, etc.), déclenchent toujours un reflux. En réalité, même en comptant les pertes, le PCF demeure le plus nombreux des partis politiques français : le RPF après le feu de broussaille du début, allait très vite vivre sur les braises.

Les souffrances, les rancunes, les tragédies, les affrontements de la réalité française rendent grotesques les Bourbon's Follies parlementaires, dramatiques les scissions ouvrières dont ne profitent ni les partis communistes et socialistes, ni le syndicalisme, ni l'esprit de démocratie.

Les Français, à la fin de 47, se désintéressent d'une chose publique qu'ils ne comprennent plus. Ces hommes impliqués en un combat dont à présent le prix leur échappe, ces hommes suspendus entre le bonheur de se sentir « existants », impliqués et le malheur d'être finalement rejetés ont soudain aux yeux des Français représenté une force : les Grévistes ou les Ouvriers, les Travailleurs. Les voilà replongés dans la grisaille où personne ne les nomme plus, où simplement on les coudoye.

Ces grèves s'achevaient sur un tragique et complet malentendu. Le PC n'avait cessé d'affirmer qu'elles n'étaient pas politiques, mais jaillies du mal-à-vivre, ce qui était vrai. Mais il n'avait pas cessé non plus de les manœuvrer selon ce qu'il pensait être sa meilleure politique.

Le gouvernement disait que les lois répressives ne visaient pas les grèves mais seulement leur exploitation politique. Mais pour déposer et faire voter ces lois, les partis de gouvernement ne reculèrent devant aucune politicaillerie.

Durant cette année les communistes s'étaient par deux fois désavoués. Jusqu'en mai, déclarant qu'ils voulaient le pluralisme, jouant le jeu gouvernemental, ils acceptaient en fait une politique coloniale que leurs principes et leurs déclarations réprouvaient. Ils usèrent alors de toute leur influence, de toute la puissance des syndicats à mettre les grèves en sourdine. Équilibre fragile. Juste assez de mouvements sociaux pour tenir le gouvernement en alerte. Pas assez pour faire accuser le PCF de saboter l'union.

Puis il y eut un brusque virage. Le pluralisme, les alliances, l'espoir d'un « parti ouvrier uni » unique, la fraternité dans le socialisme, tout explosa d'un coup. Le PCF a, sans la déclarer, mené la guerre des classes. Il l'a perdue sans l'avouer.

Daniel Mayer répétera tristement : « Ce n'est pas seulement l'échec du PC, c'est aussi l'échec de la classe ouvrière. » Guy Mollet avouera : « Lequel de nous, lisant seul les lois anti-grèves les aurait approuvées ou signées? »

L'année s'est achevée en laissant à chaque Français le fameux goût de cendre que donne le dérisoire.

Palestine année zéro

Les *Exodus* et les bombes montraient la détermination des Juifs à devenir les citoyens de cet Israël qui leur était depuis la déclaration de Sir Arthur James Balfour, le 2 novembre 1917, promis et toujours refusé.

Le secrétaire d'État au Foreign Office verra sa célèbre Déclaration incluse dans le mandat sur la Palestine que la jeune Société des Nations, à peine créée, confiait à la Grande-Bretagne en 1920.

Les promesses de Lord Balfour entraient en contradiction avec la politique arabe traditionnelle de l'Angleterre, celle que le monde entier connaissait depuis Lawrence d'Arabie. Plus précisément, en 1915, Sir Henry McMahon, haut-commissaire en Égypte, avait promis par écrit au chérif Hussein de La Mecque qu'un État arabe serait créé dans celles des provinces de l'Empire ottoman où l'on parlait arabe, ceci en échange de troupes.

La déclaration Balfour elle-même n'était pas sans clauses restrictives. Elle comportait les mots : « Il sera clairement entendu que rien ne sera accompli qui puisse porter préjudice aux droits civils et religieux des communautés non juives qui existent en Palestine. »

Entre 1920 et 1937, l'action conjuguée des Anglais et des Arabes avait interdit la libre immigration des Juifs. Pendant la Deuxième Guerre mondiale, 30 000 Juifs de Palestine s'engagèrent comme volontaires dans les armées alliées. Ils portaient l'uniforme britannique, mais avec le signe, le badge distinctif de la Brigade juive qui se distingua notamment dans les combats d'Italie. Un jeune sergent, blessé, disait : « C'est du sang pour arroser les tomates israéliennes futures. »

Deux ans après la fin de la guerre rien n'était accompli et l'*Exodus,* cet assaut donné au blocus par des êtres à peine échappés de la mort lente, avait donné mauvaise conscience au monde, sans modifier la détermination des Anglais.

Ce qui s'explique en partie par la profonde et croissante démoralisation de la Grande-Bretagne qui, triomphatrice de cette guerre, sol d'asile pour les gouvernements des pays occupés, cible des bombardements nazis, sortait du grand ébranlement en vaincue.

L'Angleterre gardait la devise du plus contesté de ses premiers ministres du XIXe siècle; avec Disraéli elle disait : « Never complain never explain », et ne se plaignant ni ne s'expliquant demeurait incomprise. Pour se reconstruire, elle avait choisi l'austérité... alors que la France laissait s'instituer le marché noir, le gaspillage, le compromis. Par contre, si la France refusait de voir qu'elle perdait ses colonies la Grande-Bretagne était, sans masque, confrontée à la chute de sa puissance mondiale. Elle était entrée dans la guerre, confiante, riche du plus grand empire du monde moderne, maîtresse des mers, comme on disait, et traînant les États-Unis comme une mère sa fille richement mariée. Et la voilà, se sentant héroïque, démocratique, salvatrice de l'Occident... mais face à la revendication d'indépendance presque simultanée des plus grands, des plus riches de ses territoires.

A mesure qu'approche le 15 août, ce moment qui tranche toute l'histoire de l'Angleterre contemporaine, l'heure où reine et roi de Grande-Bretagne cessent à tout jamais d'être empereur ou impératrice des Indes, les Anglais prennent conscience d'une transformation radicale de leur place dans le monde : les deux « autres » Grands les ont dépassés, submergés. Les USA et l'URSS restent puissants et le deviennent de plus en plus. L'Angleterre elle, se dépouille. Mais évincée, elle s'obstine à vouloir défendre la « route des Indes » : c'est à présent la route du pétrole du Moyen-Orient.

Encore faut-il une alliance puissante pour paraître compter dans les conférences mondiales. S'engager en Europe? Les vieux réflexes de « splendide isolement » joueront pendant plus d'une génération encore. L'Angleterre préfère donc sa « fille riche » qui la réduit, en quelques années, à l'état de voix porte-parole, d'escale, de base face au continent européen. L'alliance américaine, du fait des souvenirs de guerre, de la langue, de l'aristocratie de souche anglo-saxonne est la plus facile, et la moins mutilante pour l'amour-propre. Un essayiste britannique, dans son autocritique de l'Angleterre [1], écrit : « Une question posée à la Chambre des Communes ne pouvait plus empêcher un rajah d'utiliser ses sujets comme appât pour le tigre, ni provoquer l'envoi de canonnières »; il constate qu'elle peut à peine « faire revenir sur ses décisions le conseil d'administration d'un hôpital régional ». Mais de plus en plus la Grande-Bretagne s'obstine à durer, à faire durer ce qui demeure de son pouvoir en s'appuyant sur Washington.

Les hommes politiques anglais ont été formés, ont mûri dans l'idée – et le culte – de l'Empire, qu'ils aient été des vieux-croyants tories ou des travaillistes « fabians » marxisants. C'est pourquoi – comme d'ailleurs leurs semblables français – ils s'accrochent en 47 aux signes d'un pouvoir en décadence et à la seule alliance qui puisse, croient-ils, les sauver : Washington. D'où l'obstination à garder le plus longtemps possible, jusqu'au dernier moment, les apparences de la décision en Palestine. Comment expliquer que les Anglais, champions verbaux de l'humanisme démocratique, aient perdu la face, aient accepté de laisser crier à la cruauté, à l'insensibilité, à l'horreur dans l'affaire de l'*Exodus?* Pour eux, continuer une politique de présence en Palestine comme à Chypre, comme en Égypte – c'est se donner l'illusion de leur importance au Moyen-Orient.

En dehors des Britanniques eux-mêmes, un homme croyait encore en la puissance – maléfique – de l'Angleterre : Staline. C'est seulement dans les années 50 que le grand obstiné du Kremlin admettra la décadence anglaise et la montée toute-puissante des États-Unis. Est-ce parce que Roosevelt et Truman lui avaient semblé plus souples, plus accessibles à la manœuvre que Sir Winston Churchill? L'incarnation du capitalisme occidental, de l'ennemi, c'était encore pour lui la City, le Mur d'Argent. Londres, cette capitale du monde analysée par Marx, n'avait-elle pas été la citadelle du veau d'or, du colonialisme, de la bonne conscience de l'Occident?

1. A. Hartley : *L'Angleterre – une autocritique.*

Il faut tenir compte de cette conviction pour comprendre la raison pour laquelle, en novembre 47 à l'ONU, l'URSS a voté avec les USA et contre l'Angleterre (mais avec une large majorité), en faveur de la division de la Palestine en deux États indépendants, l'un juif, l'autre arabe. Le 14 mai 1948 sera proclamé l'État d'Israël dont Chaïm Weizmann, chef historique du sionisme, sera le premier président.

Mais comme en URSS les courants idéologiques se propulsent toujours par gros bouillons, les Juifs soviétiques avaient le droit et même le devoir de soutenir le nouvel État né sur les ruines de la puissance anglaise. Les militants communistes étaient appelés à le saluer. Golda Meir, premier ambassadeur d'Israël à Moscou, sera saluée par des foules de Juifs soviétiques criant : « Chalom! » Des hommes comme Slansky seront ainsi en contact avec des hommes politiques israéliens : l'année suivante, il sera accusé de sionisme.

CONCLUSION

Finie, l'année terrible?

La moitié de la population terrestre est sans doute née après 1947. Les femmes, les hommes qui ont vu le jour cette année-là, à la fois adultes et jeunes, s'acheminant vers leur trentaine, pensent que tout a changé.

Au premier regard, c'est vrai.

Un autre style, d'autres rapports apparents, un langage très différent témoignent d'une transformation des mœurs. Que l'on parle de la pornographie non plus comme d'un secret honteux mais comme d'une marchandise rentable qui a fait « redémarrer » l'industrie du film, en effet, 1947 l'aurait difficilement imaginé.

Qu'assis dans son fauteuil ou son lit, chez soi, par-delà les frontières des pays et des idéologies, tous aient vu un Américain fouler d'un pas de rêve le sol de la Lune et mettre ainsi fin au symbole même de l'inconnaissable... Que les écrans de télévision nous aient « offert la Lune » au moment même où naissait l'ère interplanétaire, c'est en effet un changement profond. Qu'astronautes des USA et cosmonautes d'URSS se serrent la main, que les présidents des USA et d'URSS se fassent visite, que les Grands soient trois et non plus deux change assurément l'échiquier de la diplomatie.

La menace de guerre atomique, le maccarthysme, le Kominform, l'espionnite, la colonisation, et même le fascisme italo-hispano-portugais, et jusqu'au nazisme allemand, tout semble appartenir au passé. Au point qu'à présent les tabous les plus forts de 1947 : l'horreur de l'hitlérisme, du mussolinisme, du franquisme, considérés comme des sous-entendus, des évidences, sont comme abolis. Des films tournés par des réalisateurs qui se situent explicitement « à gauche » montrent une victime de camp d'extermination amoureuse de son bourreau, ou des enfants jouant à échapper à la Gestapo. Des livres sur Hitler, sur Mussolini, sur les camps d'extermination nazis ou les camps de travail forcé staliniens connaissent de gros tirages. Ce qui en 47 restait du ressort de la passion, du témoignage, du journalisme passionné, de l'indignation est devenu en 76 de l'« Histoire » : un décor, un objet d'examen, d'analyse, de discussion. La folie de Hitler, la responsabilité de Staline, les racines, le rayonnement, l'acceptation ou le refus du nazisme ou du stalinisme sont discutés par des historiens aux solides diplômes et pour qui 47 est une « année d'avant eux ».

Et en effet, tout semble différent. Le pays de Mao et Tchou En-laï – dont les figures s'effacent lentement de la scène, s'évanouissent avant même que soit annoncée la mort des corps – n'est plus lié au pays de Lénine et Staline. Les deux blocs héritiers de Marx et qui continuellement l'invoquent voient l'un dans l'autre le plus proche, le plus menaçant danger. Par contre l'un et l'autre tentent d'attirer – exclusivement – le pays où l'anticommunisme demeure inscrit dans la loi, le pays de la libre entreprise, du capitalisme, où le nom de Dieu est invoqué sur les pièces de monnaie.

Les tabous politiques se sont-ils à ce point métamorphosés?

Dans une interview du 7 décembre 1975, André Malraux rappelait ce mot d'Einstein : ce qui le surprenait le plus dans ses souvenirs, c'était les fiacres. 1947, c'est les « fiacres » de ceux qui l'ont vécu... Mais Malraux a jeté sur ces problèmes un de ces coups de sonde intuitifs, un de ces éclairs qui trouent les brumes de l'esprit : « Je crois que nous sommes la première civilisation en métamorphose, et qui s'en aperçoit. » Il insiste sur notre refus des mythes : si nous avons des mythes, nous ne les connaissons pas; nous refusons d'en avoir...

Un de nos mythes inconscients pourrait bien être notre obstination à refuser le poids de l'Histoire. Sous prétexte qu'elle ne se répète pas, mais bégaye, non seulement nous nions – avec raison – l'éternel retour d'événements identiques mais nous refusons de reconnaître une ressemblance, ou un effet. Sous prétexte de mettre à nu les structures sous les événements – là encore avec raison – nous négligeons la filiation des événements. Or une année cruciale, une année clé comme 1947 pèse fatalement sur notre présent... Comme toute autre année? Disons qu'à certains points, l'histoire se cristallise. Une chaîne d'actes, de faits, de conséquences est venue à maturité en 47 : en douze mois les mythes de la Libération – et ses espoirs – les alliances momentanées que l'on pouvait croire durables, un provisoire branlant, tout a changé, croulé, ou s'est durci. Voilà pourquoi notre filiation et notre différence apparaissent mieux à partir de cette « année terrible », caillou dur dans le flot du temps.

Si, aujourd'hui, la guerre généralisée ne suscite plus notre angoisse, les « conflits sectoriels » (mot d'après 47, inventé par des spécialistes qui en 47 n'avaient pas encore de nom : les politologues), se multiplient.

A peine liquidé l'héritage le plus durable de l'an 47, la guerre du Viêt-nam, et sporadiquement tandis qu'elle durait encore, les conflits de Moyen-Orient éclatent en guerres brèves, dures, qui renaissent et se déplacent, comme l'affrontement entre Libanais de la fin de 75. Comment oublier qu'ils ont pour source le dernier acte international de l'an 47 : cette décision mal appliquée de l'ONU de créer en Palestine un État juif, mais aussi un État arabe?

Le colonialisme, prospère et réorganisé en 47, a presque partout vécu (à condition d'affubler d'un autre nom l'apartheid d'Afrique du Sud et de Rhodésie), du moins sous sa forme politique et administrative. Mais les conséquences n'en sont pas abolies. Nous avons déjà dit combien directement le sang du Bangladesh coule des blessures laissées par les conditions de partition de l'Inde et du Pakistan en 47.

L'Europe? Plus que jamais l'occidentale et la centro-orientale, c'est-à-dire le bloc communiste et le bloc démocratique bourgeois, demeurent divisées. L'idée européenne que Robert Schuman défendait en 47 a donné naissance à une organisation puissante de l'Occident européen : on parle d'un passeport commun aux ouest-européens. Déjà aux USA depuis longtemps on dit : « Ce voyageur, cet objet sont européens », sans spécifier l'origine... mais c'est en effet d'Europe de l'Ouest qu'il s'agit.

Le « rideau de fer » qui, à l'annonce de l'aide américaine, du plan Marshall, a divisé le continent, n'est plus baissé devant le touriste, mais la division des intérêts et des liens économiques, politiques, militaires, n'en demeure pas moins.

Et voilà qu'après cette sortie à l'air libre que l'on avait baptisée détente et qui en effet indiquait la fin de la guerre froide, ce tunnel, de nouvelles rumeurs se mettent à sourdre et circuler.

A nouveau on brandit une arme absolue, plus définitive que la bombe atomique. On sait que l'accord prévu lors de la conférence de Salt risque de ne pas être signé pour la mettre hors la loi. Il semble qu'à nouveau l'idéologie prenne le pas sur le désir de coexistence, sur le besoin de paix. Il semble qu'à nouveau le monde entier ait la mémoire courte.

A la fin de 1975 l'OTAN, cette association militaire qui a désigné clairement les pays communistes pour ennemis, a repris corps. La France, que de Gaulle avait fait sortir de l'alliance, paraît tentée d'y rentrer. L'OTAN a décidé d'assimiler les « idées subversives » au « communisme » : ses pays-membres vont-ils reprendre une chasse aux sorcières en élargissant son domaine?

Si 47 marqua la fin de l'euphorie libératrice des fins de guerre, 76 va-t-il faire renaître la tension des fins de coexistence?

En 47, le secrétaire d'État américain à la Défense, James Forrestal, se haussait à des sommets prudhommesques en affirmant : « Ce n'est pas parce que nous sortons d'une guerre que nous ne pouvons pas en avoir une autre. » Ce qui, à l'époque, ne sonnait nullement comme un non-sens comique mais comme une prédiction périlleuse. C'était l'époque où Staline et ses ministres annonçaient constamment une agression américaine. A l'offre de l'aide Marshall qui leur semblait démontrer la mainmise de l'Amérique sur l'occident européen, l'URSS répondait par la formation du Kominform qui sera suivi du pacte de Varsovie. Le Kominform ne semble plus exister, au moins officiellement.

En 47, Staline interdisait les ententes régionales entre partis communistes au pouvoir (Yougoslavie, Bulgarie, Roumanie). Fin 75, à Rome, les deux principaux partis communistes d'opposition, l'italien et le français, concluaient un accord et rendaient ainsi difficile la convocation d'une conférence de l'ensemble des PC mondiaux. En Italie et en France les communistes, exclus des gouvernements en 47, se présentent comme des puissances institutionalisées, dynamiques, mais qui défendent l'ordre social et concluent avec des partis non-révolutionnaires des programmes et accords de gouvernement. Ils se font, paradoxalement, les défenseurs des valeurs mêmes les plus écrasées dans les pays où les communistes sont au pouvoir : libertés personnelles, individualisme des créateurs, multiplicité des points de vue, liberté d'expression, bonheurs quotidiens...

Mais en 76 les « faucons », les durs des USA reprennent une redoutable audience tant au Pentagone qu'à la Maison-Blanche et dans les coulisses du Congrès. A quoi répond en URSS l'importance grandissante des maréchaux et généraux.

Si en 47 George Marshall offrait l'aide américaine à l'Europe sans exclusive d'aucune idéologie, en 76 la livraison de blé à l'URSS donne lieu à des tractations difficiles et les USA rappellent explicitement que, seuls, ils peuvent sauver la planète de la famine.

Si en 47 les immigrants juifs étaient refoulés de Palestine, si l'État juif n'était qu'un projet, en 76 à l'ONU les Arabes et leurs alliés, majoritaires, assimilent racisme et sionisme.

Ce qui a sans doute le plus changé, au premier regard, c'est le langage, c'est la sensibilité des jeunes de tous les pays. Ce désir, ce besoin de rapports différents entre les êtres, cette liberté plus grande des rapports, ce refus des signes extérieurs de la hiérarchie, bref l'héritage des contestations beatniks, hippies aux USA, du printemps 68 en Europe est parvenu aussi jusqu'aux jeunes des pays est-européens. Peut-être en effet les gardiens de l'ordre ancien né de 47 et de la guerre froide ont-ils avant tout pour invisible mais inexterminable ennemi ce sens nouveau des libertés.

De plus en plus il apparaît que libertés personnelles et transformation des formes de la société sont liées indissolublement. En 47, Marx et Jésus se dressaient de part et d'autre d'une barrière fixe, et l'un était brandi en seul symbole de la révolution, tandis que l'autre restait l'étendard de l'ordre conservateur. Le glissement des symboles, le cocktail de Marx, de l'anarchie, des socialistes de l'utopie à la Fourier et l'évolution de toutes les Églises garantira peut-être contre ce bégayement de l'Histoire que serait un retour des « valeurs » de 1947 dans le dernier quart de siècle que nous avons entamé.

Appendice

Ce livre n'est pas un ouvrage de critique, ni d'exégèse, et si j'ai le plus possible cité mes sources, j'ai rarement commenté les vues des historiens.

Toutefois, le « mouvement révisionniste » a pris aux États-Unis, depuis peu, une telle ampleur, qu'il mérite d'être traité en phénomène social. Ouvrages individuels et collectifs « révisent » les positions américaines « orthodoxes » sur la guerre froide et, avec l'ardeur que prennent sur les campus américains les modes intellectuelles, un nouvel échiquier idéologique, avec ses « conservateurs », ses « radicaux » (extrémistes), son centre-droit, son centre-gauche s'affrontent en polémiques utilisant souvent les mêmes textes différemment interprétés.

Il se trouve que le courant révisionniste recoupe ce que les faits exposés dans ce livre nous ont amené à penser et à tenter de montrer : que la guerre froide s'est trouvée déclenchée par l'interaction de deux camps, les actes de chacun faisant monter d'un cran la réaction de l'autre, jusqu'au moment où le dialogue est devenu impossible.

Or, jusqu'aux très récentes années, la position américaine « orthodoxe » pouvait se résumer en trois points : sitôt après la guerre, l'URSS a tenté une expansion fondée à la fois sur ses conquêtes militaires et sur des insurrections provoquées dans le plus de pays possible par l'action des partis communistes. Les puissances occidentales ont donc été obligées de s'y opposer en « contenant » l'expansion soviétique par tous les moyens, guerre « chaude » exclue; moyens incluant l'aide économique à la Grèce et à la Turquie, puis le plan Marshall. Les États-Unis ont de ce fait abandonné leurs habitudes isolationnistes pour assumer leurs responsabilités de puissance mondiale dévouée à la sécurité collective du monde libre.

Avant de passer à l'examen des vues « révisionnistes », résumons les principes d'ensemble des plus contestataires de ces historiens :

L'expansionnisme se trouve du côté américain et non du côté soviétique. L'historien William Appleman Williams, par exemple, fait remonter l'interventionnisme américain à la doctrine de la porte ouverte de 1890. Ce mouvement n'est donc pas né d'une agression soviétique. De plus, dès la révolution de Lénine, les Occidentaux ont tenté d'isoler et d'encercler les Soviets, et l'intervention (armée) date d'avant 1920. Cette même stratégie se retrouve, à l'échelle mondiale et sous direction américaine, dans la mise sur pied de l'OTAN. Ce n'est pas l'idéalisme et la défense du monde libre qui motivent les États-Unis mais le besoin de conquérir les marchés mondiaux.

Les révisionnistes « radicaux » montrent que, dès 1945, et avant même que la guerre soit achevée, les États-Unis ont abandonné délibérément toute politique de collaboration et, forts de détenir l'arme atomique, entrepris une course à « l'agression froide ». Ils avaient pour but de déraciner l'influence soviétique de l'Est européen et d'établir des démocraties bourgeoises aux frontières de l'URSS. L'URSS a donc pris des mesures pour protéger ses frontières, d'où la guerre froide.

Les livres collectifs, comme *The Origins of the cold war* (Les Origines de la guerre froide) édité par Thomas G. Paterson ou *America and the origins of the cold war* édité par James V. Compton, regroupent à peu près les mêmes auteurs, presque tous universitaires, professeurs d'histoire ou de sciences politiques. Les noms les plus fréquemment cités sont Gal Alperovitz, Gabriel Kolko, J. M. Jones, D. F. Fleming, D. Horowitz, Lloyd C. Gardner, James P. Warburg, Adam B. Ulam, etc. Par contre le camp orthodoxe reste soutenu par des historiens célèbres, tels Robert Tucker, Arthur M. Schlesinger Jr, John Spanier, etc.

Robert Tucker, spécialiste très écouté d'histoire contemporaine, professeur à Princeton, pose un problème de politique-fiction fort intéressant : une Amérique socialiste aurait-elle soutenu une politique extérieure très différente? Il répond : non, à l'examen des causes structurales de l'hostilité soviéto-américaine : la guerre, estime-t-il, a déséquilibré les forces en changeant les zones d'influence, posant ainsi les bases d'un conflit qu'il juge inévitable.

Face à cette thèse « orthodoxe » et conservatrice d'un historien reconnu, Martin J. Sherwin montre « la route qui n'a pas été prise ». Son livre *A world destroyed : the atomic bomb and the Grand Alliance.* (Un monde détruit, la bombe atomique et la Grande Alliance), nous révèle un Roosevelt plus machiavélique que sa légende, un Roosevelt qui, déjà, éprouve à l'égard de Staline une méfiance cachée et pense en secret ce que Truman déclarera en public. C'est un Roosevelt beaucoup moins « Américain au cœur sur la main ». Sherwin montre combien pendant la guerre même Roosevelt gardait ses distances envers les Russes. L'historien pense qu'une attitude plus confiante aurait pu mener plus tard à une coopération et notamment au contrôle international de l'énergie atomique.

Sherwin attache une importance modérée au partage secret de Yalta qui, dit-il, n'a joué que dans les moments de crise (ce qui pourtant paraît déjà essentiel). Il nous montre un Truman, non pas tendu vers son but, mais fluctuant au gré des influences et de l'entourage (ce qui rend plus importante l'élimination d'Henry Wallace, *homme de l'entente,* et la promotion d'un antisoviétique phobique comme James Forrestal.

Mais le texte le plus curieux du courant révisionniste modéré est celui de H. Stuart Hughes, actuellement professeur d'histoire à Harvard, qui se trouvait en 1947 au cœur de l'action. Frais sorti des Services secrets du temps de guerre, officier de renseignement démobilisé, H. Stuart Hughes est, cette année-là, directeur du service des Recherches sur l'Europe au Département d'État.

Il nous surprend en affirmant avoir ignoré le partage de Yalta jusqu'à la publication des Mémoires de Churchill et assure que les hauts fonctionnaires de son niveau n'en étaient nullement informés. Il dit qu'au Département d'État, en 1946-1947, il voyait des personnalités aussi différentes que Henry Wallace et George F. Kennan pousser au partage des sphères d'influence : « Ainsi pour nous le drame – la tragédie – de la guerre froide résidait dans l'érosion progressive, la dégradation de l'idée des sphères d'influence », écrit-il. Et d'ajouter que cette situation leur semblait résulter d'une « série d'erreurs » dans les deux camps, chacune renforçant l'autre. « ... Dans ce jeu compliqué, notre gouvernement et celui de l'URSS semblaient presque travailler la main dans la main... » pour rendre la guerre froide inévitable, explique-t-il.

A lire H. Stuart Hughes il semble que le Plan Marshall soit en effet le résultat d'opinions très répandues parmi les techniciens de l'appareil du Département d'État : il fallait utiliser la puissance économique américaine pour jeter des ponts entre l'Est et l'Ouest. Ainsi l'affirmation de Henry Wallace, se targuant d'avoir pensé au « Plan » avant Marshall, devient plus vraisemblable.

H. S. Hughes considère que la brutalité inutile avec laquelle la Doctrine Truman avait été proclamée (en mars) est la cause du raidissement de l'URSS en juillet envers le Plan qui, au premier moment, embarrassa Moscou.

H. Stuart Hughes affirme qu'un mois avant le discours de Marshall à Harvard il envoya un rapport demandant : 1° que l'aide américaine soit administrée par le canal d'un organisme international; 2° qu'elle soit accordée pour des motifs purement économiques; 3° qu'elle ne comporte aucune discrimination contre les « satellites soviétiques »; 4° qu'elle n'accorde aucun appui privilégié à aucun parti ni à aucun groupe; 5° en conclusion que les États-Unis n'aient d'autres préoccupations, en étendant leur influence, qu'à améliorer le niveau des peuples qui profiteraient de leur aide.

Le Plan Marshall obéissait donc, en gros, aux conseils des techniciens. Son rejet par Moscou pour tous ses satellites causa à ceux-ci une profonde désillusion; au point qu'à l'automne de 1947 H. S. Hughes décida de regagner Harvard et la vie universitaire : après l'exécution du chef du parti agrarien bulgare, Nicolas Petkov, il estimait ne plus rien pouvoir faire en faveur de la coopération entre les deux camps.

Nous voyons, grâce à cet article retentissant de Hughes, publié sous le titre *La deuxième année de la guerre froide*, que même au Département d'État, un certain nombre de spécialistes de la politique européenne croyaient peu au danger de coups d'État communistes en Europe occidentale. L'auteur affirme avoir mis, dans ses rapports, le gouvernement en garde contre la reconstitution de la droite et des gouvernements routiniers, incapables de faire face à la misère des peuples. Il allait jusqu'à prévoir le danger d'une renaissance de « régimes autoritaires de droite ». Pour l'Est européen, ces spécialistes semblaient envisager la prise en main des gouvernements par les communistes comme un mal inévitable.

D'autres au contraire espéraient maintenir en Tchécoslovaquie et en Hongrie des gouvernements multipartis qui jetteraient des ponts entre l'Est et l'Ouest.

L'existence, le développement, relativement récent, de ces courants « révisionnistes » sur l'attitude américaine de l'après-guerre nous renforce dans notre analyse de « l'année où le monde a tremblé ». Pour certains, l'URSS comme les USA jouaient le jeu de la guerre froide sans croire à un réchauffement ultime. Pour d'autres, les USA étaient à la merci d'un Forrestal, d'un « Folamour » appuyant sur le bouton atomique. Pour les extrémistes de droite ou de gauche l'un des camps est innocent et l'autre coupable... pour les plus mesurés l'intérêt de la « révision » est de montrer comment des actes dictés à chacun par la peur de l'expansion de l'autre ont en effet conduit à la psychose de guerre. C'est ce que nous avons tenté de montrer.

Bibliographie

Les documents consultés sont en premier lieu les traités, plans (celui de George Marshall par exemple), résolutions (celles des bureaux politiques ou congrès des partis communistes), les comptes rendus des congrès de la SFIO, des réunions de la IIe Internationale, ainsi que du Bureau d'information des partis communistes (les premiers numéros de *Pour une paix durable, pour une démocratie populaire* son bulletin), les publications du Rassemblement du Peuple Français (RPF) du parti radical, etc. Nous avons ensuite dépouillé la presse, quotidienne et hebdomadaire, notamment et systématiquement la collection des journaux suivants :

Pour la France

QUOTIDIENS : *L'Aube, L'Époque, Le Figaro, France-Soir, L'Humanité, L'Ordre, Le Monde, Le Populaire.*

HEBDOMADAIRES : *Action, Aspects de la France, Le Canard enchaîné, Carrefour, Le Crapouillot, Elle, France nouvelle, Les Lettres françaises, La Vie ouvrière.*

MENSUELS : *Cahiers du Communisme, Cahiers internationaux, Esprit, Les Temps modernes, Cahiers du cinéma, Les Éphémérides du Monde.*

Presse étrangère

POUR L'URSS : *Études soviétiques, Temps nouveaux* et en russe *Liternatournaïa Gazeta.*

POUR LES USA : *New York Times, New York Herald Tribune, Life, Time Magazine, The Daily Worker, New Republic.*

POUR L'ITALIE : *Politecnico, I Borghesi, Espresso, Vie nuove, Nuovi Argomenti, Rinascita.*

Ouvrages

ACHESON, Dean, *A democrat looks at his party.*
AGULHON, M. et BARRAT, F., *Les C.R.S. à Marseille.*
AGULHON, M. et NOUSCHI, *La France de 1940 à nos jours.*
ALLEN J.S. et WILKINSON, *The economic crisis and the cold war.*
AURIOL, Vincent, *Journal 1947.*
AUDRY, Colette, *Léon Blum ou la politique du Juste.*
AVELINE, C. CASSOU, J., MARTIN-CHAUFFIER, L. et VERCORS, *L'Heure du choix.*
— *La Voie libre.*
BARDÈCHE, Maurice, *Lettre à François Mauriac.*
BARSALOU, *La Mal-aimée; Histoire de la IVe République.*
BONNET, Georges, *Le Quai d'Orsay sous trois républiques.*
BILLOUX, François, *Quand nous étions ministres.*
BLACKETT, *Atomic weapons and East-West relations.*
BLOCH-MORHANGE, J., *Vingt années d'histoire diplomatique.*
BELOFF, Max, *Soviet policy in the Far East.*
BERLIET (L'Expérience Berliet et la grève des cadres et techniciens), collectif anonyme.
BOCCA, Giorgio, *Palmiro Togliatti.*
BOTROT, *Une Allemagne toute neuve.*
BEDELL-SMITH, W., *Three years in Moscow.*
CERETTI, G., *A l'ombre des deux T* (Thorez-Togliatti).
CHURCHILL, Winston, *Mémoires.*
CHASTENET, J., *Winston Churchill et l'Angleterre.*
CLARK, Kerr, *Marshall, Marx & Modern Time.*
CLIFFORD, Alec, *Enter citizens.*
COULONDRE, *De Moscou à Berlin.*
DAVIDSON, Jean, *Correspondant à Washington.*
DEVILLERS, Ph., *Histoire du Viêt-nam, 1940-1952.*
DEWAR, Marg., *Soviet Trade with Eastern Europe 1945-1949.*
DEDIJER, V, *Tito parle.*
DJILAS, Milovan, *Conversations avec Staline.*
DOYON, J., *Les Soldats de Ho Chi Minh.*
DUCLOS, Jacques, *Mémoires.*
DUMAINE, Jacques, *Quai d'Orsay, 1945-1951.*
ELGEY, Georgette, « La République des illusions » (pièces d'archives inédites).
EHRENBOURG, Ilya, *Le Neuvième Flot.*
— *Retour des USA.*
FEJTÖ François, *Histoire des démocraties populaires.*
— *Dictionnaire des partis communistes.*
FABRE-LUCE, Alfred, *Paris 1947.*
FORRESTAL, James, *Diaries* (Journal).
FONTAINE, André, *Histoire de la guerre froide.*

FAUVET, Jacques, *Histoire du parti communiste français.*
— *Histoire de la IVe République.*
FLEMING, *The Cold War and its origins.*
FLANDIN, P.-E., *La Politique française.*
FRACHON, Benoît, *Au rythme des jours* (articles et discours).
GALLI, Giorgio, *Storia del partito communista italiano.*
GALTIER-BOISSIÈRE, *Mon journal dans la grande pagaille.*
DE GAULLE, Charles, *Mémoires.*
GEORGES, Pierre, *L'Économie de l'Europe centrale.*
DE LA GORCE, P.-M., *De Gaulle entre deux mondes.*
— *La République et son armée.*
GRAEBNER, Norman A., *Cold War diplomacy. American foreign policy 1945-1960.*
GROSSER A., *La IVe République.*
GUILLEMINAULT, Gilbert, *Le Roman vrai de la IVe République. Les lendemains qui ne chantaient pas.*
HALLE, Louis J., *Cold War history.*
HARTLEY, A., *L'Angleterre, une autocritique.*
HAMMOND, Paul Y., *Cold War years. American foreign policy since 1945.*
HOROWITZ, David, *De Yalta au Vietnam.*
HUSSEIN, M., *La Lutte des classes en Égypte.*
INGRAM, *History of the cold war.*
JONES, Joseph, *The fifteen weeks.*
KAMPELMANN, M., *The Communist party & the CIO.*
KARDELJ, *Notes on some questions of international development.*
KAROL, K.S., *Visa pour la Pologne.*
KENNAN, George, *La Russie et l'Occident.*
KEESINGS, *Contemporary Archives.*
KOLKO, G., *The Limits of power : the world & the U.S. foreign affairs 1945-1954.*
— *The Triumph of american conservatism.*
KORBEL, J., *Poland between East & West.*
KRAVCHENKO, *J'ai choisi la liberté* (trad. française 1947).
KOUSOULAS, D. G., *Revolution and defeat — the story of the greek communist party.*
KRIEGEL, Annie, *Communistes au miroir français.*
— *Les Communistes français.*
— *Le Pain et les roses.*
— *Les Grands Procès dans les systèmes communistes.*
LACORNE, Denis, « The red notables » (P.h.D. Yale-unpublished).
LAPIE, P.-O., *Édouard Herriot.*
LARRY et COLLINS, *Cette nuit la liberté.*
LE BRUN-KÉRIS, *Un Français à Moscou.*
LEFRANC, G., *Le Mouvement syndical de la Libération à 1968.*
LIPPMAN, Walter, *Cold War.*
Livre blanc du ministère des Affaires étrangères de Yougoslavie, 1951.
LORWIN, Val, *The French Labor Movment.*

MATLES, J. S. & HIGGINS, J., *Them and Us (struggles of a rank & file Union).*
MAURIAC, François, *Journal.*
MCCOY, *The Politics of heroin.*
MATTHIESSEN, *From the heart of Europe 1947.*
MARKOWITZ, Norman D., *The rise and fall of the peoples century - Henry A. Wallace and american liberalism.*
MENDE, Tibor, *L'Asie du Sud-Est entre en scène.*
MOCH, Jules, *Confrontations.*
— *L'URSS les yeux ouverts, 1956.*
— *Washington D. Smith.*
— *Discours devant l'Assemblée, 1948 (J.O).*
MONATTE, Pierre, *Trois scissions syndicales.*
MIKOLAJCZYK, *Le Viol de la Pologne.*
Néo-réalisme italien (Le) : ouvrage collectif.
NOËL-BAKER, Ph., *The arms race.*
PHILIPE, Anne et ROY, Claude, *Gérard Philipe.*
PIVASSET, *Essai sur la signification politique du cinéma.*
PRIOURET, R., *La République des partis.*
PUTNAM, S., *Paris was our mistress.*
QUILLIOT, R., *La S.F.I.O. et l'exercice du pouvoir, 1944-1958.*
REALE, Eugenio, *Avec Jacques Duclos au banc d'infamie (fondation du Kominform).*
RIBARD, André, *Essai sur la France actuelle (1948).*
ROBERTSON, Charles, *International politics since world war II.*
ROBRIEUX, Philippe, *Maurice Thorez, vie secrète et vie publique.*
ROY, Claude, *Jean Vilar.*
SADOUL, Georges, *Le Cinéma français, 1890-1962.*
SCHOENBRUNN, David, *Ainsi va la France.*
SENIGRA, Giulio, *Togliatti – Stalin – Contributo alla biografia del segredario del PCI.*
SHULMAN, Marshall, *Stalin's foreign policy reappraised.*
STAROBIN, Jo, *From Paris to Peking.*
— *American communism in crisis 1943-1957.*
STETTINUS, *Yalta, Roosevelt et les Russes.*
STIMSON & BUNDY, *On active service in peace and war.*
STONE, I., *The Truman era.*
SWEARINGEN, RODGER & LANGER, *Red Flag in Japan, 1919-1951.*
TRUMAN, *Memoirs* (peut-être apocryphes).
TUCKER, Katherine, *General Marshall, my husband.*
TUCKER, R. C., *The soviet political mind.*
ULAM, A., *Titoism and the Cominform.*
WECHSLER, J. A., *The Age of suspicion.*
WERTH, Alexandre, *La France depuis la guerre, 1944-1957.*
WINOCK, Michel, *Histoire politique de la revue « Esprit ».*
World communist movement, vol. II, 1946-1950. (Legislative reference service - Library of Congress).

INDEX DES NOMS CITÉS

Table

PREMIÈRE PARTIE

L'HIVER DU GRAND TOURNANT

DEUXIÈME PARTIE

GRÊLES ET TORNADES DU PRINTEMPS

TROISIÈME PARTIE

LUMIÈRES ET TONNERRES D'ÉTÉ

QUATRIÈME PARTIE

L'EXOTISME EST QUOTIDIEN

CINQUIÈME PARTIE

DU SOLEIL D'ITALIE AUX MOISSONS DE POLOGNE

SIXIÈME PARTIE

LE BRUIT ET LA FUREUR

Collection « H comme Histoire »
dirigée par Philippe Bourdrel

OUVRAGES DÉJÀ PARUS :

Maxime Mourin, *Reddition sans conditions*, ouvrage couronné par l'Académie française.

Guy Mollet, *Quinze ans après.*

Philippe Bourdrel, *Histoire des Juifs de France.*

Yves Cazeaux, *Journal secret de la Libération.*

Gilberte Brossolette, *Il s'appelait Pierre Brossolette.*

La composition
et l'impression de ce livre ont été effectuées
par l'Imprimerie Floch à Mayenne
pour les Éditions Albin Michel

Achevé d'imprimer le 20 avril 1976
N° d'édition 5698. N° d'impression 14143
Dépôt légal 2e trimestre 1976

Imprimé en France